Der Weg zum erfolgreichen Ausbilder

Der Weg zum erfolgreichen Ausbilder

7., überarbeitete und erweiterte Auflage

Herausgegeben von Günter Dobler

Mitbegründer: Waldemar Birkholz (†)

Unter Mitarbeit von Astrid Birkholz und Dr. Wolfgang Grulke

Mit 56 Illustrationen von Ralf Schnelle

Mit einem Geleitwort von Dr. med. R. Rossi

Verlagsgesellschaft Stumpf + Kossendey mbH, Edewecht 2010

Anmerkungen des Verlags

Die Herausgeber bzw. Autoren und der Verlag haben höchste Sorgfalt hinsichtlich der Angaben von Richtlinien, Verordnungen und Empfehlungen aufgewendet. Für versehentliche falsche Angaben übernehmen sie keine Haftung. Da die gesetzlichen Bestimmungen und wissenschaftlich begründeten Empfehlungen einer ständigen Veränderung unterworfen sind, ist der Benutzer aufgefordert, die aktuell gültigen Richtlinien anhand der Literatur zu überprüfen und sich entsprechend zu verhalten.

Die Angaben von Handelsnamen, Warenbezeichnungen etc. ohne die besondere Kennzeichnung ®/™/© bedeuten keinesfalls, dass diese im Sinne des Gesetzgebers als frei anzusehen wären und entsprechend benutzt werden könnten.

Der Text und/oder das Literaturverzeichnis enthalten Links zu externen Webseiten Dritter, auf deren Inhalt der Verlag keinen Einfluss hat. Deshalb kann er für diese fremden Inhalte auch keine Gewähr übernehmen. Für die Inhalte der verlinkten Seiten ist stets der jeweilige Anbieter oder Betreiber der Seite verantwortlich.

Bibliografische Information der Deutschen Nationalbibliothek

Die Deutsche Nationalbibliothek verzeichnet diese Publikation in der Deutschen Nationalbibliografie; detaillierte bibliografische Angaben sind im Internet über <http://www.d-nb.de> abrufbar.

Alle Rechte, insbesondere die der Übersetzung, des Nachdrucks, der Entnahme von Abbildungen oder Textteilen, vorbehalten. Einspeicherung in elektronische Systeme, Funksendung, Vervielfältigung in jeder Form bedürfen der schriftlichen Zustimmung der Autoren und des Verlags. Auch Wiedergabe in Auszügen nur mit ausdrücklicher Genehmigung.

© Copyright by Verlagsgesellschaft Stumpf und Kossendey mbH, Edewecht, 2010
(aktualisierter Nachdruck 2011)
Satz: Bürger Verlag Oldenburg GmbH
Umschlagbild: Ralf Schnelle
Druck: M.P. Media-Print Informationstechnologie GmbH, 33100 Paderborn

ISBN 978-3-938179-76-5

Geleitwort

Jeder, der schon einmal vor einer Gruppe gestanden hat, um einen Unterricht zu halten, kennt das Gefühl der Nervosität und Unsicherheit darüber, wie er das vorgesehene Wissensspektrum am besten vermitteln kann. Einzelne werden sich auf ihr Improvisationsvermögen verlassen und auf diese Weise die Situation mehr oder weniger gut und souverän bewältigen. Bei systematischer Betrachtung lassen sich aber eine Reihe von Regeln für eine gute Rede- und Lehrtätigkeit ableiten. Der erfolgreiche Vortrag beginnt bereits mit der geeigneten Termin- und Zeitplangestaltung. Optimale Hilfsmittel müssen gut vorbereitet zum richtigen Zeitpunkt eingesetzt werden. Die Redetechnik, unabhängig davon, ob der Text einem Manuskript entnommen oder frei vorgetragen wird, muss in Wortwahl, Satzbau und Tonführung den Inhalten entsprechend gestaltet werden. Stilmittel wie Körperhaltung, Motorik und Gestik sind weitere Möglichkeiten, einen Unterricht kurzweilig und effektiv für den Zuhörer zu gestalten. So wird der Vortragende die Last einer Lehrverpflichtung nicht mehr als solche empfinden, sondern die Freude verspüren, sein Wissen an Interessierte weiterzugeben. Das Buch wendet sich an Neulinge und Unterrichtserfahrene. Sie alle werden eine Vielzahl von Anregungen und Hinweisen zur Verbesserung ihrer Vortrags- und Unterrichtstechnik vorfinden. Es liefert umfassend und systematisch gegliedert alle notwendigen Voraussetzungen zur optimalen Gestaltung theoretischer und praktischer Unterrichtsveranstaltungen wie zum Beispiel Erste-Hilfe- und Sanitätskursen, Notfallmedizinfortbildungen und sonstigen Weiterbildungen im beruflichen und privaten Bereich. Im Interesse der verstärkten und intensivierten Weiterbildung ist dem Buch eine weite Verbreitung zu wünschen.

Dr. med. R. Rossi
Arzt für Anästhesie

Vorwort zur 7. Auflage

Neun Jahre sind bereits seit der 6. Auflage vergangen. Die fünf Grundpfeiler einer erfolgreichen Wissensvermittlung sind für den Ausbilder heute noch genauso aktuell wie 1986, als die erste Auflage des Buches »Der Weg zum erfolgreichen Ausbilder« erschien. Dennoch wurde es immer wieder durch Überarbeitungen, Erweiterungen und farbliche Neugestaltung verbessert, um so optimal auf eine Dozententätigkeit vorzubereiten.

Das Besondere an dieser Auflage ist ein eigenes Kapitel über die Besonderheiten bei Prüfungen, insbesondere aus der Sicht der Prüfer. Die Anforderungen an einen guten Prüfer werden beschrieben und wichtige Aspekte dieser besonderen Kommunikationssituation beleuchtet. Neu sind auch die praktischen Übungen, mit denen der Redeangst und dem Prüfungsstress begegnet werden kann. Mit dem Kenntnisstand des Buches gewinnt der Leser zunächst einen fundierten, aktuellen Gesamtüberblick über alle relevanten Anforderungskriterien eines überzeugenden Rhetorikers. Die Erweiterung des Spektrums von praktischen Tipps und Hinweisen macht das Buch schließlich besonders für den Praktiker interessant. Es zeigt auf, wie einfach man durch die Beseitigung typischer Präsentationsfehler den Stil des persönlichen Vortrags optimieren sowie seinen Eindruck auf die Zuhörerschaft positiv beeinflussen kann.

Dieses Buch lebt vor allem auch davon, dass Sie als interessierter Leser dem Verlag und den Autoren ein persönliches Feedback zukommen lassen. Für Anregungen zu dieser Auflage möchten sich der Verlag und die Autoren deshalb jetzt schon bei Ihnen bedanken.

Ulm, Juli 2010   Die Autoren

Vorwort zur 1. Auflage

Während der Erarbeitung dieses Buches durften wir vielfältige Unterstützung erfahren. So haben uns Frau Ulrike Beer, Herr Erwin Denner und Herr Rüscher durch ihre sorgfältigen und mühevollen Korrekturen das Schreiben dieses Werkes erleichtert. Auch ein Personalcomputer hat dazu beigetragen, dass der Buchinhalt so rationell wie möglich entstehen konnte. Für diese Unterstützung möchten wir uns auf diesem Wege nochmals recht herzlich bei allen Mitwirkenden bedanken.

Dank der Illustrationen von Herrn Ralf Schnelle ist es gelungen, dieses Buch nicht nur mit Worten, sondern auch mit Humor zu füllen. Dies hinterlässt beim Leser sicherlich einen bleibenden Eindruck.

Wir danken auch dem Verlag für die gute Zusammenarbeit, die eine zeitgerechte Veröffentlichung ermöglichte.

Für kritische und kreative Anmerkungen, Hinweise und Anregungen sind wir dem interessierten Leser jederzeit dankbar. Das soll kein Lippenbekenntnis sein, sondern für die Zukunft praktizierte Wirklichkeit.

Ulm, Juni 1986   Die Autoren

Inhalt

Geleitwort 5
Vorwort zur 7. Auflage 6
Vorwort zur 1. Auflage 7
Einleitung 10

1 **Lernverhalten** 15
    1.1   Die Lernbereitschaft 21
    1.2   Die Lernfähigkeit 23
    1.3   Die wichtigsten Lerntheorien 27
    1.4   Die Informationsverarbeitung im weiteren Sinne 42
    1.5   Der Zusammenhang der Informationsverarbeitung mit anderen Reizverarbeitungssystemen 43
    1.6   Das Gehirn 47
    1.7   Behalten und Wiederauffinden von Informationen und das »Vergessen« 49
    1.8   Die Lernpausen 57
    1.9   Die physiologische Leistungsbereitschaft 64
    1.10 Die Motivation 67
    1.11 Berücksichtigung sonstiger Faktoren im Lernprozess 77
    1.12 Praktische Hinweise zum individuellen Lernen 82
    1.13 Zusammenfassende Merkregeln »Lernverhalten« 87

2 **Didaktik** 89
    2.1   Persönliche Eignungsvoraussetzungen (Anforderungen an den Dozenten / die Dozentin) 91
    2.2   Die Selbsteinschätzung 96
    2.3   Ihr persönliches Zielhierarchiesystem 100
    2.4   Der Teilnehmerfaktor 103
    2.5   Die Stoffvorbereitung 109
    2.6   Die Stoffauswahl / Lernstoffabgrenzung 111
    2.7   Die Zeiteinteilung 114
    2.8   Das Stimmungsbarometer 120
    2.9   »Die erste Kursstunde« 123
    2.10 Zusammenfassende Merkregeln »Didaktik« 124

3 **Methodik** 125
    3.1   Das Referat 127
    3.2   Der Vortrag 128
    3.3   Die freie Rede 129
    3.4   Allgemeine Grundsätze der Vortragstechnik 129
    3.5   Das Lehrgespräch 132
    3.6   Die Gruppenarbeit 146
    3.7   Die Diskussion 148
    3.8   Die Stations- und Praxisausbildung 154
    3.9   Die Moderation 155
    3.10 Die Unterstützung des Lernprozesses durch die Lernwege 158
    3.11 Der Medieneinsatz 160
    3.12 Zusammenfassende Merkregeln »Methodik« 201

4 Rhetorik ... 203
- 4.1 Die Redeangst ... 205
- 4.2 Die persönlichen Kommunikationsregeln ... 207
- 4.3 Das rhetorische Instrumentarium ... 209
- 4.4 Der Themenbegleiter / das Redemanuskript ... 223
- 4.5 Zusammenfassende Merkregeln »Rhetorik« ... 225

5 Die Aura ... 227
- 5.1 Entspannungsmethoden ... 229
- 5.2 Ausbilder und Ernährung ... 232
- 5.3 Der Biorhythmus ... 235
- 5.4 Das Gehirn-Jogging ... 239
- 5.5 Die verschiedenen Menschentypen ... 242
- 5.6 Körpersprache für Ausbilder ... 245
- 5.7 Die Kraft der positiven Gedanken ... 253
- 5.8 Wie motiviere ich mich selbst? ... 255
- 5.9 Augenstellung zur Erkennung von Lernstilen und Lernstrategien ... 257
- 5.10 Durch Hirnintegration zu besseren Lernerfolgen ... 259
- 5.11 Redeangst und Prüfungsstress auflösen ... 259
- 5.12 Beurteilungskriterien für Seminar- und Lehrveranstaltungen ... 262
- 5.13 Checkliste »Richtige Seminarwahl« ... 267
- 5.14 Fragen zur praktischen Umsetzung einer erfolgreichen Ausbildungstätigkeit ... 268

6 Prüfungen ... 273
- 6.1 Bedeutung von Prüfungen ... 274
- 6.2 Anspruch und Wirklichkeit ... 277
- 6.3 Kommunikationssituation Prüfung ... 281
- 6.4 Das Problem der Bewertung ... 294

7 Anhang ... 297

»Themenausarbeitungen« ... 298

Literatur ... 314

Abbildungsnachweis ... 317

Herausgeber und Autoren ... 317

Index ... 318

Einleitung

Um eine konkrete und detaillierte Einführung in die Problematik der Ausbildungslehre geben zu können, möchten wir unsere eigenen Erfahrungen im Ausbildungswesen darstellen und nachfolgend auch auf die vielen Probleme hinweisen, die sich mit dem ganzen Themenkomplex verbinden lassen.

Nachdem wir unsere aktive Ausbildungstätigkeit im Bereich der Ersten Hilfe aufgenommen hatten, wollten wir voller Tatendrang die Vermittlung von Erste-Hilfe-Kenntnissen an die Frau bzw. den Mann bringen. Natürlich bekamen wir während unserer eigenen Ausbildung zum Ausbilder theoretische und praktische Unterweisungen in der Ausbildungsmethodik. Der erste Lehrgang war jedoch für uns wie ein Sprung ins kalte Wasser. Er führte zur Ernüchterung und zur Bestätigung, dass das bisher erworbene Wissen über die Ausbildungslehre nicht ausreichend war, um eine effektive Wissensvermittlung durchführen zu können. Da wir jedoch sehr interessiert im Ausbildungswesen tätig waren, blieb uns nichts anderes übrig, als uns erweiterte Kenntnisse in der theoretischen Ausbildungslehre selbstständig anzueignen und diese in die Praxis umzusetzen. So haben wir über viele Jahre hin versucht, die wissenschaftlich fundierten Kenntnisse in der Praxis auszuprobieren. Dabei sind uns erhebliche Mängel im erlernten Ausbildungsstil aufgefallen. Wir mussten feststellen, dass der Weg vom Theoretiker zum Praktiker schwer ist und nur durch lange Übung, Einsatzwillen und kreative Selbstkritik zu überwinden war. Da wir auch eine große Anzahl von Fort- und Weiterbildungsveranstaltungen, anderweitigen Ausbildungen und Studienvorlesungen besucht hatten, bemerkten wir auch dort, dass speziell im Bereich der Ausbildungslehre Mängel erkennbar vorherrschen. Ganz egal, wie sich diese Personengruppe nun nennt: Ausbilder, Dozenten, Fachreferenten, Ärzte, Doktoranden oder Professoren; ein Großteil war davon überzeugt, dass die vorhandenen Fachkenntnisse (Fachautorität) ausreichen, um eine effektive Wissensvermittlung durchzuführen. Dabei waren jedoch häufig die Aus- und Weiterbildungsveranstaltungen in der organisatorischen, didaktischen, methodischen oder rhetorischen Vortragsweise so schlecht, dass von dem Begriff »effektive Wissensvermittlung« nicht mehr gesprochen werden konnte. Wir erkannten im Laufe der Zeit diese Schwächen der Vortragenden und kamen zu zwei wichtigen Erkenntnissen:

> Ein guter theoretischer Fachmann (Fachautorität) ist noch lange kein guter praktischer Wissensvermittler.
>
> Ein guter Ausbilder ist jederzeit in der Lage, einen Lehrstoff dem breiten Publikum gut zu vermitteln, wenn er sich die erforderlichen Fachkenntnisse angeeignet hat.

Das Problem im Ausbildungsbereich lässt sich mit kritischen Fragen folgendermaßen darstellen:
1. Was nützt dem Teilnehmer die beste Erinnerung und die Fähigkeit, gut wiedergeben zu können, wenn vorgetragene Informationen gar nicht oder nur zu einem Bruchteil verstanden werden?

2. Welchen Nutzen hat der Zuhörer aus einem Vortrag, wenn er außer der körperlichen Anwesenheit keine langandauernden geistigen Lernvorteile mitnehmen kann?
3. Was bringt dem Hörer eine Veranstaltung, in der er mit verbalen Argumenten und Wissensfortschritten konfrontiert und überschüttet wird, sodass er diese vielleicht nach zehn Tagen nicht mehr selbstständig wiedergeben kann?
4. Was nützen dem Teilnehmer die interessantesten Informationen, wenn er diese gedanklich nicht aufnehmen kann, weil er vorher schon »abgeschaltet« hat?
5. Welchen Vorteil hat der Teilnehmer vom besten fachlichen Dozenten, Fachreferenten, Professor oder Doktoranden, wenn dieser nicht über die grundlegenden Informationen, Kenntnisse und Fähigkeiten der effektiven Wissensvermittlung verfügt, um das zu Vermittelnde so
   - informativ
   - interessant
   - motivierend und
   - emotionalisierend

   wie möglich vortragen bzw. referieren zu können?

Wir dürfen Ihnen versichern, dass wir schon viele Veranstaltungen erlebt haben, bei denen die Teilnehmer am Ende genauso viel wussten wie am Anfang. Hier dürfen wir Ihnen ein persönliches Erlebnis nicht vorenthalten: Ein promovierter Fachreferent sprach ca. 30 Minuten ohne eine definitive Aussage zum Thema. Das ist nur ein Beispiel unter vielen.

Es ließen sich bestimmt noch viele andere persönliche Erfahrungen anführen. Unser Anliegen ist aber nicht die Kritik, unser Anliegen ist es einfach, Ihnen die notwendigen theoretischen, fachlichen und praktischen Kenntnisse mitzuteilen, die wir im Verlauf unserer Ausbildungstätigkeit »am eigenen Leibe« erfahren mussten und die mit den neueren wissenschaftlichen Methoden und Modellen in Einklang zu bringen sind. Bei unserer weiteren Erörterung werden wir Ihnen Negativ- und Positivbeispiele demonstrieren, damit Ihnen die theoretischen Erläuterungen in der Praxis voll bewusst werden und Sie später in der Lage sind, eine Ausbildungsveranstaltung erfolgreich organisieren und durchführen zu können.

Mehrfach wurde der Begriff »effektive Wissensvermittlung« genannt. Sie werden sich fragen, wie dieser Begriff umschrieben ist bzw. was er eigentlich aussagen soll. Unter »effektiver« oder »erfolgreicher Wissensvermittlung« verstehen wir die Aufgabe und Fähigkeit eines Ausbilders, dem Teilnehmer einen bestimmten Lehrstoff so zu vermitteln, dass dieser ihn sicher aufnehmen, verarbeiten und bei Bedarf wiedergeben bzw. anwenden kann. Dabei bedient man sich der fünf Grundpfeiler der Wissensvermittlung, auf die nachfolgend eingegangen wird.

Einleitung

Die fünf Grundpfeiler einer erfolgreichen Wissensvermittlung sind:

ABB. 1 ▶ Die fünf Grundpfeiler einer erfolgreichen Wissensvermittlung

Dem Dozenten müssen diese Themenschwerpunkte in ihrer jeweiligen Gewichtung bekannt sein, und er muss die Fähigkeit besitzen, sie bei Bedarf auch anwenden zu können. In der heutigen Ausbildungs- und Fortbildungspraxis wird zu sehr der Schwerpunkt auf den fachlichen Stoffumfang und damit auf die fachliche Qualifikation des Dozenten gelegt. Ausbildungstheoretische und pädagogische Gesichtspunkte finden kaum oder unzureichend im Lehr- und Lernprozess einer Veranstaltung Beachtung. Folgende Fragen heben die Bedeutung dieser Punkte besonders hervor:

1. Wie soll man eine effektive Wissensvermittlung durchführen, wenn man die grundlegenden wissenschaftlichen Vorgänge über den Lernprozess im Körper nicht kennt und damit auch nicht beachten kann? Ein Dozent wird nur dann eine gesteigerte Informationsaufnahme in der Lerngruppe erreichen, wenn er selbst über den Ablauf des Lernprozesses am Menschen informiert ist und dieses Wissen mit seiner Vortragstechnik und den darin enthaltenen Teilelementen kombinieren kann. Mit dieser Fragestellung werden wir uns im Teil 1 »Lernverhalten« beschäftigen.

2. Was soll überhaupt dem Lernenden vermittelt werden? Man könnte annehmen, dass ein Fachmann diese Frage ohne Weiteres beantworten kann. Werden jedoch psychologische Elemente mit berücksichtigt, so ist es notwendig, eine objektive Eingrenzung des Lehrstoffes durchzuführen. Außerdem müssen Unterrichtszeit sowie Unterrichtslänge und Pausengestaltung aufeinander abgestimmt und die körperlichen und geistigen Faktoren des Lernenden mit berücksichtigt werden. Diese Problematik wird im Teil 2 »Didaktik« erörtert.
3. Wie soll dem Lernenden der Lehrstoff vermittelt werden? Welche Medien müssen eingesetzt werden, um das gesprochene Wort optimal zu verstärken und zu unterstützen? Gut vorgetragene Reden, Vorträge, Lehrgespräche (also das gesprochene Wort) bedürfen des visuellen Medieneinsatzes. Der menschliche Geist nimmt Informationen nicht nur akustisch, sondern auch durch eine Vielzahl anderer Sinnesorgane auf. Teil 3 wird sich mit der »Methodik« eingehend beschäftigen.
4. Jedes gesprochene Wort kann sich von einem anderen gesprochenen Wort durch Klang, Mimik, Gestik, Artikulation und Dynamik unterscheiden. Erst die optimale Kombination dieser Kriterien baut das gesprochene Wort zu einer anspruchsvollen, interessanten und Aufmerksamkeit weckenden Rede auf. Ein methodisch und didaktisch unzureichend aufgebauter Lehrgang kann zum Teil durch eine gute Redetechnik »verschönert« werden. Ein methodisch und didaktisch gut aufgebautes Seminar wird durch eine mangelnde Redetechnik des Vortragenden erheblich verschlechtert. Teil 4 befasst sich mit der Redekunst, der »Rhetorik«.
5. Nicht nur die soeben geschilderten Themenkomplexe müssen im Lernprozess berücksichtigt werden. Auch Randbereiche wie zum Beispiel
    - Körpersprache,
    - Anwendung der Biorhythmik,
    - Entspannungstechnik,
    - gesundheitsbewusste Ernährung und
    - andere wissenschaftliche Randgebiete

    spielen im Verarbeitungsprozess einer effektiven, erfolgreichen Wissensvermittlung eine wesentliche Rolle. Im Teil 5 »Aura« dieses Buches werden Sie mehr über diese Randgebiete erfahren.

Da wir stark von der Praxis der Ausbildungstätigkeit geprägt sind, erachten wir es als sehr wichtig, die geschilderten theoretischen Informationen und praktischen Erfahrungen anhand von beispielhaften Vorgaben darzustellen. Deshalb soll der Praxisbezug auch einen besonderen Stellenwert in diesem Buch erhalten. Dabei werden wir sechs Schwerpunktthemen aus dem großen Katalog der Wissens- und Informationsdatenbank herausnehmen und Ihnen diese als Musterlösungen darstellen. Folgende Themen werden behandelt:
- Erste Hilfe
- Sanitäts- und Rettungssanitäterausbildung
- gesunde Lebensweise
- Sprachunterricht

- Technik
- Wirtschaft.

Wir meinen, dass wir mit diesem Verfahren, einer Kombination zwischen notwendigen theoretisch/wissenschaftlichen Grundkenntnissen und umfassendem Praxisbezug, eine neue Art von Fachbuch entwickelt haben, das verständlich (und nicht verwissenschaftlicht) geschrieben wurde und trotzdem alle Aspekte einer modernen Wissensvermittlung beinhaltet. Natürlich gibt es auf dem Buchmarkt viele Veröffentlichungen auf dem Gebiet der Ausbildungslehre. Nach unseren Kenntnissen erfüllt aber keines dieser Bücher den Anspruch auf

- Vollständigkeit
- Klarheit
- Übersichtlichkeit
- Einfachheit
- Aussagefähigkeit.

Wir würden es begrüßen, wenn es uns mit der 7. Auflage dieses Werkes gelingt, die mit den Vorauflagen unseres Buches teilweise schon begonnene Schließung der Lücke in dem unübersichtlichen »Dschungel« der Ausbildungslehre noch voranzutreiben. Wir möchten dabei nochmals betonen, dass dies ein Ausbildungshandbuch von Praktikern für Praktiker ist. Wir wollten bewusst nicht die große Fülle wissenschaftlicher Forschungen alter und neuer Generationen in ein Ausbildungshandbuch hineinzwängen, um den Praxisbezug stärker hervorheben zu können. Natürlich erheben wir mit diesem Werk nicht den Anspruch auf Vollständigkeit. Täglich werden neue Erkenntnisse in ausbildungstheoretischer Sicht gewonnen. Dies ist gut so. Es gewährleistet den kontinuierlichen Drang zu einer ständig sich verbessernden Erkenntnis über das Lernverhalten unserer heutigen Generation. Jedoch muss in jedem Werk ein Schwerpunkt gesetzt werden, damit das betreffende Buch nicht einen Umfang von vielen hundert Seiten annimmt. Unser Schwerpunkt liegt hier hauptsächlich auf der Praxis.

Die erfolgreiche praktische Ausbildungstätigkeit beginnt und endet beim Teilnehmer eines Seminars, einer Vorlesung und eines Vortrags.

1 Lernverhalten

1 Lernverhalten

Mit den einleitenden Bemerkungen haben wir bereits auf die Bedeutung der fünf Grundpfeiler einer erfolgreichen, effektiven Wissensvermittlung hingewiesen. Wir werden nun mit der Thematik der Ausbildungslehre beginnen und uns als Erstes dem Themenkomplex des Lernverhaltens zuwenden.

Wer anderen etwas vermitteln will, muss selbst die Grundkenntnisse des Lernverhaltens eines Menschen kennen und in der Lage sein, diese Kenntnisse auf jede spezielle Situation anwenden zu können. Bei der Erörterung dieses Themenbereichs muss von der Frage ausgegangen werden, ob der Lernprozess beim Erwachsenen in der Erwachsenenbildung von anderen Gegebenheiten abhängig ist als der Lernprozess der Kinder und Jugendlichen in der Schule. Viele Menschen bringen diesen Sachverhalt mit dem Sprichwort in Verbindung: »Was Hänschen nicht lernt, lernt Hans nimmermehr«. Aufgrund dieses Sprichworts werden dann Schlussfolgerungen auf das Lernverhalten Erwachsener gezogen. Die Interpretation dieses Sprichworts ergibt, dass nur Hänschen etwas lernen kann, aber Hans nicht mehr. Zumindest lässt es den Schluss zu, dass ein Kind erheblich besser lernt als ein Erwachsener. Wie jedoch Beispiele aus dem Leben und lernpsychologische Untersuchungen zeigen, gibt es viele Bereiche im alltäglichen Leben, die nur von Erwachsenen ausgeführt werden und damit auch nur von Erwachsenen gelernt werden können. Nur sie bringen die notwendigen Erfahrungen und das erforderliche Grundwissen mit, um diesen Umweltsituationen gerecht zu werden. Beispiele lassen sich aus dem alltäglichen Lebensbereich vielfältig aufzählen, etwa bei Berufsausbildung und Studium, Führerschein, Flugschein, praktischer Berufsausübung etc. Aber auch grundlegende Fähigkeiten wie das Lesen, Schreiben, Rechnen und Lernen von Fremdsprachen kann man nicht nur in der Ju-

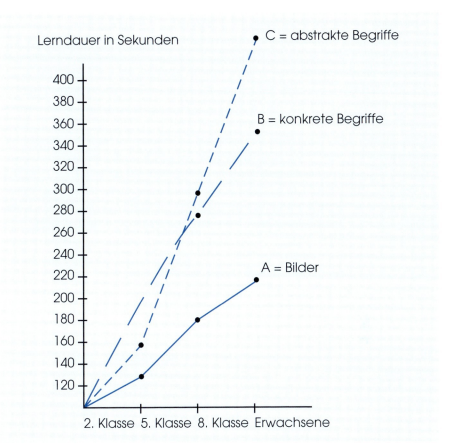

Abb. 1 ▶ Tempo des Einprägens von bildhaften und verbalen Stoffen bei Kindern, Jugendlichen und Erwachsenen (nach Farapanowa und Smirnow)

gend, sondern auch im Erwachsenenalter erlernen, teilweise sogar besser und schneller, wie dies viele Beispiele aus dem täglichen Leben eindrucksvoll bestätigen (Abendkurse, Abendschulen, das Lesen und Schreibenlernen in den Entwicklungsländern etc.). Zwar ist das Gehirn bei Kindern und Jugendlichen aus physiologischen Gründen leistungsfähiger als bei Erwachsenen, dies bezieht sich jedoch nur auf bessere Leistungen im Auswendiglernen. Erwachsene sind dagegen den Kindern und Jugendlichen beim Lernvorgang dann überlegen, wenn das Lernen vom herkömmlichen Auswendiglernen zum Verständnislernen übergeht. Je größer und dichter sich das persönliche Wissensnetz beim Erwachsenen entwickelt hat, desto leichter erfolgt die Verknüpfung neuer Lerninhalte an bekanntes Wissen. Außerdem können Erwachsene die äußeren Lernumstände individueller planen (Wann und wie wird gelernt?) und ihre Lerngründe (Weshalb wird gelernt?) in viel stärkerem Maße beeinflussen. In experimentellen Untersuchungen wurde nachgewiesen, dass Erwachsene den Lernstoff gut gliedern und ihn sich durch Erkennen sinnvoller Zusammenhänge besser einprägen können als Kinder und Jugendliche.

Die Ergebnisse der Untersuchungen dokumentieren die Überlegenheit Erwachsener gegenüber Kindern verschiedener Altersstufen beim Einprägen von abstrakten bzw. konkreten Begriffen und Bildern. Es bestehen aber nicht nur Unterschiede zwischen Erwachsenen, Jugendlichen und Kindern, sondern auch bei den Erwachsenen untereinander sind Lern- und Merkleistungen zum Teil sehr verschieden. So nimmt zum Beispiel mit steigender fachlicher Qualifikation bzw. höherer Schulbildung des Erwachsenen das Interesse an einer weiteren Qualifikation bzw. Weiterbildung zu. Eine geringe Schulbildung steht oft im Zusammenhang mit dem fehlenden Bedürfnis nach fortschreitender Qualifikation. Daneben ist auch die geistige Leistungsfähigkeit im Erwachsenenalter viel stärker durch die unterschiedlichen Berufe bedingt als durch die sogenannten Altersbesonderheiten. Es wurden deutliche Unterschiede im geistigen Leistungsvermögen von Personen verschiedener Berufsgruppen festgestellt, wobei der Leistungsabfall im Alter besonders bei den Berufsgruppen sehr hoch war, bei denen keine besondere geistige Tätigkeit verlangt wird. Umgekehrt bleibt die Leistungsfähigkeit bei den Gruppen von Berufstätigen relativ gut erhalten, deren beruflicher Bereich mit hoher Intelligenzbeanspruchung ausgestattet ist. Die Leistungsfähigkeit im Alter kann bei dieser Personengruppe sogar noch ansteigen. Deshalb wird heute den berufstätigen Menschen empfohlen, nach dem täglichen Arbeitsende eine entgegengesetzte Ausgleichstätigkeit auszuüben. Wer im beruflichen Bereich vorwiegend körperlicher Tätigkeit ausgesetzt ist, sollte sich als Ausgleich nach Feierabend und an den Wochenenden geistig fordernder Lektüre oder anderen geistig beanspruchenden Tätigkeiten widmen. Achten Sie bei der Lektüre auf deren Qualität. Anspruchsvolle Literatur sollte »Groschenromanen« vorgezogen werden, seriöse Zeitungen sollten Vorrang vor Boulevardblättern haben. Bei vorwiegend im Sitzen ausgeführter Betätigung sollte ein Ausgleich in Form von Sport oder/und An- und Entspannungsübungen (z.B. autogenes Training etc.) gesucht werden. Der Ausgleich zwischen körperlichen und geistigen Anspannungsphasen muss im Interesse eines gesunden und vitalen Körpers unbedingt beachtet werden. Geist, Körper und Seele arbeiten eng zusammen. Der Geist kann nicht den ganzen Tag voll beansprucht werden. Bei der Darstellung der geistigen Leistungsfähigkeit im Erwachsenenalter müssen

- ▶ die Schulbildung,
- ▶ die spezielle berufsbezogene Ausbildung,
- ▶ die Teilnahme an Weiterbildungsveranstaltungen,
- ▶ die effektive Nutzung der Freizeit für die Entwicklung geistiger Fähigkeiten
- ▶ und die Frage des geistigen Trainings usw.

unbedingt mit einbezogen werden.

Die Lernfähigkeit bleibt grundsätzlich erhalten. Die Lerngrenze kann im Alter nur durch krankhafte Defekte im Lernzentrum (Gehirn) eingeschränkt werden. Lernleistungen können jedoch bis ins hohe Alter erbracht werden.

Der ältere Mensch kompensiert eine Abnahme der Lernschnelligkeit durch verstärkte Gründlichkeit (in der Produktion, Technik, Verwaltung etc.). Zwischen dem 20. und 40. Lebensjahr hat der Erwachsene den Höhepunkt seiner geistigen Leistungsfähigkeit erreicht. Danach sinkt sie ab, kann aber durch eine gesunde Lebensweise, durch richtige Lerntech-

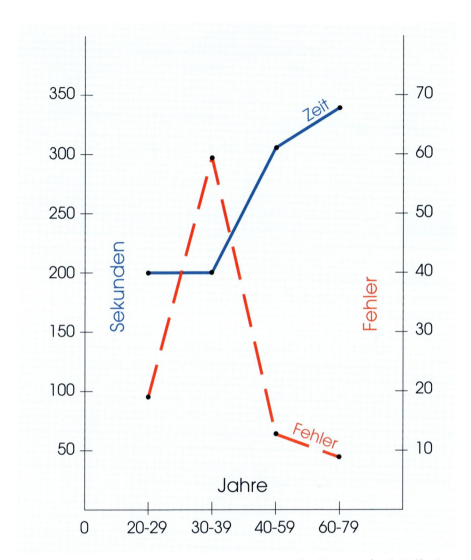

ABB. 2 ▶ Zusammenhang von Lernleistung, Lernzeit und Fehlerquote (nach Welford und Speakman)

niken und durch ein Training der Gedächtnisleistung auf einem hohen Leistungsstand gehalten werden. Der individuelle Verlauf der Kurve der Lern- und Merkleistung wird durch diese Faktoren wesentlich beeinflusst.

Ein Versuch mit 20- bis 24-jährigen Studenten und 60- bis 65-jährigen Wissenschaftlern demonstriert in anschaulicher Art und Weise die altersbezogenen Unterschiede der Lern- und Merkleistungen abhängig von der Komplexität des Lernmaterials. Den beiden Gruppen wurden einfache Wörter und kleinere bzw. größere Sinnzusammenhänge dargeboten. Danach wurde die jeweilige Lernleistung ermittelt (nach Istomina). Hier ist das Ergebnis:

	Studenten	Wissenschaftler
Lernleistung bei Wörtern	31,5 %	19,9 %
Lernleistung bei kleineren Sinnzusammenhängen	36,9 %	31,2 %
Lernleistung bei größeren Sinnzusammenhängen	52,9 %	56,5 %

TAB. 1 ▶ Altersbezogene Unterschiede der Lernleistung in Abhängigkeit des Lernmaterials (nach Istomina)

Werden also dem Älteren größere Sinnzusammenhänge zum Lernen vorgelegt, ist der Student (der Jüngere) diesem unterlegen. Unsere geistige Hochphase bei der Verarbeitung von Informationen in größeren Sinnzusammenhängen beginnt sich also mit zunehmendem Alter aufgrund des vorhandenen Wissensnetzes zu entwickeln, wie etwa der Wein, der auch erst durch lange Lagerdauer zu einem köstlichen Gaumengenuss wird. Diese Reifungsphase während des zunehmenden Alters ist auch hier vom Stoffgebiet, von einer gesunden Lebensweise und dem Training der Gedächtnisleistung abhängig. Somit kann der Schluss gezogen werden, dass auch im Alter noch ein sinnvoller und aussichtsreicher Lernvorgang ablaufen kann. Häufig hört man jedoch Klagen von älteren Menschen, die ihre Passivität im geistigen Bereich mit dem Argument entschuldigen, dass sie nicht mehr die Geduld, Konzentrationsleistung und Merkfähigkeit besitzen wie in der Schulzeit. Sie entschuldigen damit ihre Inaktivität und ändern nicht ihre bisherige, eingefahrene Lebensweise. Sie gehen lieber den bequemeren Weg (bewusst oder unbewusst?) und ihre Gedächtnisleistungen nehmen durch die mangelnde Beanspruchung des Gedächtnisses und durch die körperlicher Inaktivität noch weiter ab. Alles, was im Körper optimal arbeiten soll, muss in Bewegung gehalten werden. Es muss ein dauernder Trainingszustand (natürlich mit den notwendigen Erholungspausen) gegeben sein. Denken Sie nur an einen Boxer, der sich vor einem Wettkampf schonen will und deshalb sein Training ruhen lässt. Seine körperliche Leistungsfähigkeit wird aufgrund des fehlenden Trainings sinken.

Der Erwachsene lernt in vielen Lebenssituationen, bewusst oder unbewusst, so zum Beispiel durch Aufnehmen von Nachrichten, Informationen und Daten aus Rundfunk, Film, Fernsehen, Internet und Zeitungen oder aus dem alltäglichen Lebensablauf. Der Mensch macht Erfahrungen, aus denen er Schlüsse zieht, die ihm dann wiederum zur Bewältigung neuer Situationen behilflich sind. Lernen ist jedoch immer mit Veränderungen des Verhaltens eines Menschen verbunden, zum Beispiel mit Veränderungen im Bereich des Denkens, Fühlens, der Wertvorstellungen, mit Veränderungen im Handeln, im Erkennen und im Urteilen. Oft werden aber dem Menschen neue Informationen angeboten, die nicht zu einer Änderung der bisherigen Verhaltensweisen führen. Hier haben besonders Punkte wie Vorurteile, Einstellungen, persönliche Verhältnisse etc. eine zentrale Bedeutung. Aber es können auch Informationen angeboten werden, die überhaupt nicht aufgenommen werden. Mit diesen Bereichen werden wir uns später noch beschäftigen. Das bewusste Lernen setzt dagegen eine klare Entscheidung des Lernenden voraus, lernen zu wollen. Beim bewussten Lernen spielt die Frage der Lernwilligkeit (Lernbereitschaft) des Erwachsenen neben der Lernfähigkeit eine besondere Rolle.

1.1 Die Lernbereitschaft

Die Begriffe »Lernwilligkeit« oder »Lernbereitschaft« bezeichnen die Frage, ob der Erwachsene (ggf. bis ins hohe Alter) bereit ist, eine Lernentscheidung zu treffen, sich also bewusst zu entschließen, Altes und Überkommenes infrage zu stellen, durch Neues seinen Denkhorizont zu erweitern, sich im Alter mit der Umwelt zu beschäftigen, vertiefende Fragen zu stellen und eingefahrene Verhaltensweisen aufgrund der neuen Informationen zu verändern. Weshalb hat aber die Lernbereitschaft einen so großen Stellenwert für das Lernverhalten? Dafür gibt es im Wesentlichen zwei Gründe:

1. Durch das Lernen an sich erreichen wir, dass unser Gehirn trainiert wird und die Fähigkeiten des Lernens, Behaltens und Wiedergebens verbessert bzw. auf einem hohen Stand gehalten werden.
2. Kein Mensch darf heute behaupten, dass er ausgelernt hat. Alle Berufe sind durch die schnelle Entwicklung in Forschung, Wissenschaft und Technik durch das Wachstum des Wissens der Menschheit in relativ kurzem Zeitraum starken Veränderungen unterworfen. Das Sprichwort vom lebenslangen Lernen hat Einzug gehalten. Obgleich die meisten Menschen durch die ohnehin lange Ausbildungszeit erst mit 18 Jahren – viele erst mit dem 20. bis 25. Lebensjahr – im Berufsleben voll einsetzbar sind, können sie heute kaum länger als sieben bis zehn Jahre aus ihrem

Wissensreservoir schöpfen. Dem ständig wachsenden Umfang des Wissens steht jedoch eine begrenzte Zeit für dessen Aneignung gegenüber. Täglich werden neue, interessante Dinge entdeckt, die vielleicht unser künftiges Leben stark verändern werden. Denken wir doch nur an die Entwicklung der elektronischen Datenverarbeitung, die unser heutiges Leben, aber in viel größerem Umfang auch unsere zukünftige Lebensentwicklung entscheidend bestimmen wird. Neue Berufe entstehen (Datentypist, Operator, Systemprogrammierer, Anwendungsprogrammierer, Systemanalytiker etc.) und alte Berufe (Setzer bei der Zeitung, Sachbearbeiter in der Rechnungsabteilung etc.) sterben aus. Ständig werden die neuen Berufe noch weiter untergliedert, da der Drang zum Spezialistentum immer mehr fortschreitet. Man muss immer mehr von immer weniger wissen. Wichtig ist in einem sich so schnell entwickelnden Zeitalter, dass man nicht nur der gesuchte Spezialist ist, sondern dass man nach wie vor den Gesamtüberblick besitzt und die Allgemeinbildung entsprechend verbessert.

Diese bedeutsamen Gründe wurden von vielen Erwachsenen bisher noch nicht erkannt. Es ist deshalb wichtig, die Lernbereitschaft der Erwachsenen durch geeignete Maßnahmen zu erhöhen. Wovon hängt aber die Lernbereitschaft eines Menschen ab?

1. Sie hängt von der Nähe des Lernstoffes zur Wirklichkeit ab. Je konkreter Themen behandelt werden und je mehr der Erwachsene überzeugt ist, »etwas damit anfangen zu können«, umso engagierter arbeitet er mit. Zum Beispiel ist es in der beruflichen Weiterbildung wichtig, die zu vermittelnde Theorie in Verbindung mit praktischen Beispielen zu präsentieren, damit beide Seiten des Wissensgebietes ganzheitlich aufgenommen werden können.
2. Die Einsicht in die Notwendigkeit des Lernens für sich persönlich und für die Gesellschaft beeinflusst die Lernbereitschaft eines jeden Menschen. Auf die Erste-Hilfe-Ausbildung bezogen bedeutet dies, dass jeder Kursteilnehmer darauf hingewiesen werden muss, dass eine moralische Pflicht besteht, anderen in der Not zu helfen. Denn jeder Kursteilnehmer erwartet ja bestimmt auch, dass man ihm selbst sofort hilft, wenn er einmal in eine Notsituation kommt.
3. Je deutlicher der Erwachsene erfährt, dass er fähig zum Lernen ist, desto eher wird er bereit sein, gegenwärtigen und zukünftigen Lernangeboten nachzukommen. Er muss erkennen, dass er etwas bewegen kann, dass durch das Einbringen seiner Erfahrungen, Erlebnisse, Meinungen und Kenntnisse der Lernprozess bereichert wird. Das Erlebnis, dass der eigene Beitrag, die eigene Frage von den anderen als wertvoll anerkannt wird und zur Lösung des Problems beigetragen hat, verstärkt sein Selbstwertgefühl hinsichtlich des Lernens. Deshalb ist es auch für die Praxis wichtig, einen Unterricht nicht nur in Form eines Vortrags zu organisieren, sondern auch durch ein angeregtes Lehrgespräch sämtliche Erfahrungen, Meinungen und Vermutungen der Kursteilnehmer mit in den Unterricht einfließen zu lassen.

Die Lernbereitschaft zu erhöhen, das ist eine besondere Aufgabe der Motivation. Diese werden wir in einem späteren Abschnitt ausführlich besprechen.

1.2 Die Lernfähigkeit

Die Lernfähigkeit ist kein konstanter Faktor, sondern eine sich im Verlauf des Lebens ändernde Beeinflussungsgröße. Sie bezieht sich speziell auf die Geschwindigkeit des Lernens, auf die Lernmenge und auf die Lernqualität. Die Lernfähigkeit ist abhängig von:
- beruflichen Aktivitäten
- außerberuflichen Aktivitäten
- Lerntraining
- bisherigen Lernerfahrungen
- geistiger Mobilität und Flexibilität.

1.2.1 Berufliche und außerberufliche Aktivitäten

Wer in einem interessierten und geistig offenen Verhältnis zu seiner Umwelt lebt, das kurzfristige Nachlassen der Lernbereitschaft bewusst erkennt und die Konsequenzen zieht, für den spielt das Lebensalter hinsichtlich seiner Lernfähigkeit keine übermäßige Rolle. So können sich zwei Gleichaltrige schon durch einen unterschiedlichen Grad der Lernfähigkeit erheblich unterscheiden. Der Eine ist aufgrund eines fehlenden geistigen und körperlichen Trainings nur bedingt lernfähig; beim anderen bleibt die Fähigkeit des Sinnerfassens, des logischen Denkens, der Urteilsfähigkeit etc. konstant, weil er geistige Arbeit und Interessen während seiner Lebensphasen gepflegt hat. Die Umwelt des Menschen spielt dabei eine wichtige Rolle, besonders der Bereich des Berufes und der außerberuflichen Aktivitäten. Gehen von der Berufs- und Arbeitswelt eines Menschen Anregungen aus, die den Arbeitnehmer zum Lernen, zur Weiterbildung, zum Sich-Auseinandersetzen anregen, dann ist seine Chance gegenüber dem Arbeitnehmer, dessen Tätigkeit ihn in eine geistig anspruchslose und dem Lernen nicht förderliche Situation führt, wesentlich günstiger. Da der Mensch durch die Arbeits- und Berufswelt mitgeprägt wird, ist seine Möglichkeit, in der Freizeit das beruflich bedingte Defizit durch Lernbereitschaft und eigene freiwillige Lerneinsätze aufzuholen, relativ begrenzt. Er muss in diesem Fall schon bewusst den Gedanken fassen, die berufliche Einbahnstraße durch außerberufliche Aktivitäten auszugleichen. Dies setzt jedoch voraus, dass er sich seiner beruflichen »Minderbeanspruchung« bewusst ist und die Gefahr eines größeren geistigen Leistungsabfalls durch diesen Faktor erkannt hat. Als Beispiel für eine berufliche »Höchstbeanspruchung« braucht man nur an die vielen Politiker und Geschäftsleute zu denken, die noch bis ins hohe Alter verantwortungsvolle Positionen ausüben und ständig neuen Situationen gegenüberstehen, die eine qualitativ hohe geistige Aktivität erfordern. Die Lernfähigkeit ist also stark vom Beruf und von außerberuflichen Aktivitäten abhängig. Deshalb müssen die außerberuflichen Aktivitäten so gestaltet werden, dass die beruflich bedingten geistigen und körperlichen Mangelerscheinungen kompensiert werden.

1.2.2 Lerntraining / bisherige Lernerfahrungen

Von einiger Bedeutung für die Lernfähigkeit und -bereitschaft ist, welche Erfahrungen in früheren Lernsituationen gemacht wurden. Dabei wird meistens auf die Lernerfahrungen in der Schule zurückgeblickt, wobei die Pflicht zum Schulbesuch, ständiger Lerndruck, Prüfungssituationen, Zeugnisnoten und Hausaufgaben das Lernen in der Erinnerung mit einem Zwang in Verbindung gesetzt wird. Dies stellt für den weiteren Lernfortschritt einen negativen Beeinflussungsfaktor dar. Aber auch in der Erwachsenenbildung werden von den Dozenten häufig noch Methoden der »alten« Schulausbildung übernommen und in ihren jeweiligen Unterricht einbezogen. Weshalb soll man es ihnen aber verdenken, wenn sie die »am eigenen Leibe« erfahrenen Unterrichtsmethoden im guten Glauben für ihre eigenen Lehrveranstaltungen übernehmen? Nur selten erlebt man in der Erwachsenenbildung, dass Lernsituationen lebendig oder auch »unbewusst« eingearbeitet werden, um so das negative »Flair« der Schulausbildung vergessen zu lassen. Interessant gestaltete Fortbildungen führen zu verstärkter Lernbereitschaft in späteren Lebensphasen.

Entscheidend für bisherige Lernerfahrungen ist also auch die Tatsache, wie etwas gelernt wurde, ob der Lernvorgang mit dem subjektiven »Erfolg« gekoppelt worden ist. Erfolgreiches Lernen regt zum Weiterlernen an, Misserfolge bewirken hingegen eine weitere, verstärkte Abneigung gegen das Lernen überhaupt. Erfolgs- oder Misserfolgserlebnisse besitzen eine große gefühlsmäßige Bindung und beeinflussen so mehr unbewusst als bewusst die Bereitschaft, im späteren Lebensabschnitt zu lernen.

1.2.3 Geistige Mobilität und Flexibilität

Unser tägliches Denken und Handeln wird entscheidend davon beeinflusst, wie uns unsere Umwelt im Verlauf der Erziehung bis heute geprägt hat und unter welchen Glaubenssätzen wir die Realität wahrnehmen. Solche subjektiv meist als Wahrheit empfundenen Wertmaßstäbe steuern dann das individuelle Verhalten.

Täglich wird der Mensch mit neuen Eindrücken konfrontiert, welche auf unterschiedliche Weise verarbeitet werden. Letzteres ist davon abhängig, inwieweit die erhaltenen Informationen dem persönlichen Weltbild entsprechen. Dieses Phänomen führt zur selektiven Wahrnehmung.

Glaubt ein Mensch, dass er zum Reden nicht geboren ist, dann wird er auch nicht die notwendige Übung einbringen, um seine rhetorischen Fertigkeiten zu trainieren. Steht er dann allerdings vor der Anforderung, vor Personen sprechen zu müssen, wird er sicherlich aufgrund mangelnden Trainings vor der Zuhörerschaft nicht überzeugend wirken. Es ist dann tatsächlich zur selbsterfüllenden Prophezeiung gekommen: »Mir ist es nicht in die Wiege hineingelegt worden, reden zu können«. Gerade in solchen Fällen ist es aber wichtig zu wissen, dass noch kein (Rede-)Meister vom Himmel gefallen ist, sondern dass sich auch die guten Rhetoriker ihre Kenntnisse durch viel Mühe, Fleiß, Beharrlichkeit, Ausdauer und Training über viele Jahre angeeignet haben.

Für Dinge, für die man sensibilisiert ist, nimmt man sich mehr Zeit als für Angelegenheiten, die einen generell nicht interessieren. Ob man jedoch einer Sache ablehnend oder zustimmend gegenübersteht, ist entscheidend für das eigene zukünftige Wissenspotenzial. Ein erfolgreicher Ausbilder muss daher stets soviel geistige Mobilität und Flexibilität besitzen, um damit die täglichen Eindrücke bewusst wahrzunehmen und in die eigene Ausbildungsbefähigung zu integrieren. Würden wir unser Wissenspotenzial nicht erweitern, dann hätten wir in unserer sich ständig verändernden Welt ein massives Problem, nämlich neues Wissen aufzunehmen. Während unsere Eltern noch mit dem Erlernen eines Ausbildungsberufes ihre berufliche Existenzgrundlage über die gesamte Lebensarbeitszeit ermöglichten, müssen wir uns heute mit der Tatsache auseinandersetzen, dass unser angeeignetes Berufs- und Lehrwissen für maximal zehn Jahre einsetzbar ist, danach befinden wir uns wieder im Informations- und Wissensdefizit. Das gesamte Weltwissen verdoppelt sich alle vier bis sechs Jahre. Aufgrund der Vielzahl von vorhandenen Informationen herrscht eine absurde Situation vor: Informationsarmut im Informationsüberfluss! Für uns alle bedeutet die zukünftige Entwicklung, dass ein lebenslanges Lernen notwendig sein wird. Während in den letzten Jahrzehnten mehr Spezialwissen von Experten gefordert war, werden wir uns in der Zukunft immer mehr zu Generalisten entwickeln, was nämlich bedeutet, von allen beteiligten Bereichen die notwendigen Grundlagen zu beherrschen, um die Gesamtstrukturen im vernetzten System der Gesellschaft und Wirtschaft erfassen und behandeln zu können. Und das auch auf die Gefahr hin, nicht mehr alle einzelnen Detailbausteine im Fachgebiet zu kennen. Damit gewinnt das eigene Lernen in Form der geistigen Mobilität und Flexibilität immer mehr an Bedeutung, wenn sich erfolgreiche Dozenten zukunftsfähig machen wollen.

Robert H. Heinlein beschreibt die Anforderungen an lebenstüchtige Personen folgendermaßen (von den Autoren modifiziert): Ein menschliches Wesen sollte in der Lage sein,

- eine Windel zu wechseln
- ein Schwein zu schlachten
- ein Schiff zu steuern
- ein Gebäude zu planen
- ein Musikinstrument zu spielen
- ein Sonett zu schreiben
- ein Konto abzuschließen
- eine Mauer zu bauen

- einen gebrochenen Knochen zu richten
- die Sterbenden zu trösten
- Befehle anzunehmen und zu geben
- im Team zusammenzuarbeiten
- allein tätig zu werden
- Gleichungen zu lösen
- ein neues Problem zu analysieren
- den Boden landwirtschaftlich zu bearbeiten
- einen Computer zu bedienen
- ein schmackhaftes Mahl zu bereiten
- vor Menschen zu sprechen
- wirkungsvoll zu kämpfen
- tapfer zu sterben.

Heinlein kommt zu dem Schluss, dass Spezialisierung nur für Insekten sinnvoll ist, aber nicht für Menschen in Verantwortung.

Die »Steine« unserer »Lebensmauer« wählen wir selbst. Verhaltensfehler, Missverständnisse und Fehlinterpretationen sind dann die Folgen im Handeln des Menschen. Wir bedienen uns zwar einiger Handwerker, der Bauherr aber sind jedoch wir und nicht die anderen.

Je offener der Dozent gegenüber der Aufnahme von Neuem ist, je mehr er nicht nur das Pro einer Thematik, sondern auch das Kontra in Betracht zieht und objektiv bewertet, desto offener wird der menschliche Geist für eine volle Informationsaufnahme.

ABB. 3 ▶ Darstellung der Zeitphasen des angeeigneten Wissens und der Wirkungskraft von Denken und Handeln

Wie die bisherigen Ausführungen gezeigt haben, spielt die Unterscheidung von Altersstufen beim Lernprozess keine wesentliche Rolle. Nachdem wir auf die grundsätzlichen Unterschiede der Erwachsenenbildung eingegangen und zu der Erkenntnis gekommen sind, dass im Erwachsenenalter der Lernprozess nicht aufhören muss und nicht aufhören darf, gehen wir im Folgenden auf die verschiedenen Möglichkeiten des Lernprozesses ein. So wurden im Laufe der Zeit (beginnend mit dem Ende des 19. Jahrhunderts) diverse Theorien über das Lernen aufgestellt und durch verschiedene Versuchsanordnungen belegt. Kein Lernstoff gleicht einem anderen. Jeder Stoff unterscheidet sich von einem anderen in Aussage, Struktur, Umfang, Stoffbeziehung etc. Damit gibt es auch verschiedene Arten des Lernens. Je nach Situation bietet sich eine der folgenden Lerntheorien am ehesten zur Erklärung an.

1.3 Die wichtigsten Lerntheorien

1.3.1 Lernen nach Signalen (klassische Konditionierung)

Hauptvertreter dieser Lerntheorie ist der russische Physiologe I. P. Pawlow (1849 – 1936). Seine berühmt gewordenen Experimente beschäftigten sich mit dem Speichelfluss von Tieren. Seine Versuche führte er an Hunden (und Mäusen) durch.

Er fand heraus, dass nicht erst bei der Aufnahme des Futters die Speichelflüssigkeit im Maul vermehrt erzeugt wurde, sondern dass dies schon beim Vorsetzen des Fressens erfolgte. Das Futtervorsetzen bezeichnete er als unkonditionierten (unbedingten) Reiz, den Speichelfluss als unkonditionierten (unbedingten) Reflex.

Pawlow ließ dann jedes Mal mit der Verabreichung des Futters ein Klingelzeichen ertönen. Nach einigen Kopplungsversuchen produzierte das Tier bereits beim Ertönen des Glockenzeichens den Speichel. Der ursprünglich neutrale Klingelton (neutraler Reiz) ist zum

Auslöser des Reflexes geworden. Dieser Vorgang wurde als Konditionierung bezeichnet. Ein konditionierter, bedingter Reiz (Klingelton) löst den konditionierten, bedingten Reflex (Speichelfluss) aus.

Andere Forscher erzielten ähnliche Erfolge beim Konditionieren weiterer Reflexe. Im Säuglingsalter spielen diese Reflexe und deren Konditionierung eine bedeutende Rolle. Nachstehend zeigen wir für die mögliche Konditionierung eines Reflexes Beispiele auf. Die Art des bedingten Reizes kann verschieden variiert werden.

Mögliche Anwendungsgebiete können zum Beispiel die Stimme des Ausbilders sein, der ständig einen trockenen Stoff vorträgt oder einen demotivierenden Unterrichtsstil besitzt. Damit kann der Teilnehmer schon zur Ablehnung des Ausbilders kommen, wenn er dessen Stimme wahrnimmt. Er zieht damit automatisch Rückschluss auf den Unterrichtsstil des Lehrers oder auf den zu vermittelnden Lehrstoff. Dies kann sich aber auch im positiven Sinne bemerkbar machen, wenn die Teilnehmer die Stimme des Ausbilders mit einem angenehmen Unterricht verbinden.

Neben der Stimme können auch andere Merkmale wie zum Beispiel Kleidung, besondere Angewohnheiten etc. eine Konditionierung erreichen. Das Phänomen der Konditionierung macht man sich auch bei der Gestaltung des Arbeits- und Unterrichtsplatzes zunutze. Eine bestimmte Anordnung von Gegenständen und eine angenehme Raumfarbe können bewirken, dass die Lernstimmung beim Teilnehmer aktiviert wird. Diese Aktivierung wird aber erst nach einer längeren Gewöhnungsdauer erfolgen. Da in der Erwachsenenbildung der Lernstoff verbal, bildlich und akustisch dargeboten wird und zu Veränderungen im Bereich des Verhaltens führen soll, haben die Erkenntnisse der Konditionierung hier keine direkte praktische Bedeutung für den Lernprozess. Indirekt können sie über die Schaffung einer negativen oder positiven Lernumgebung bzw. durch Aktivierung oder Nichtaktivierung des Lerneifers der Teilnehmer von Bedeutung sein.

Unbedingter Reiz	Unbedingter Reflex
Nahrung	Speichelfluss, Öffnen des Mundes, Schluckbewegung (z. B. beim Säugling)
Berührung der Wange	Saugbewegung beim Säugling
Helligkeitsveränderungen	Pupillenreaktion
Temperaturveränderungen	Gefäßverengung oder -erweiterung
Schlag gegen die Kniescheibensehne	Streckung des Beines
Körperdrehung	Augenbewegung
Luftstoß gegen das Auge, Schreckreiz, Zufliegen eines Gegenstandes auf das Auge	Lidschlussreflex
Schreckreiz, Schmerzreiz	Veränderung der Atmung und der Pulsfrequenz
Elektrischer Schlag auf Arm/Bein	Bewegung des Armes/Beines, Veränderung des Hautleitwiderstandes

TAB. 2 ▶ Die wichtigsten Reize und ihre Reflexergebnisse

1.3.2 Lernen durch Verstärkung (operante Konditionierung)

Die operante Konditionierung widmet sich im Gegensatz zur klassischen Konditionierung nicht der Reizkomponente, sondern mehr der Verhaltensseite, die durch den äußeren Reiz erzeugt wurde. Hauptvertreter dieser Richtung sind der Psychologe E. L. Thorndike (1874 – 1949) und der Verhaltensforscher B. F. Skinner (1904 – 1990), beide Amerikaner. Ein Versuchstier lernt eine bestimmte Handlung, um so ein angenehmes Ziel (Futtergabe) zu erreichen oder ein unangenehmes Geschehen (Elektroschock) zu vermeiden. Ein speziell dafür entwickelter Käfig (die sogenannte Skinnerbox) lässt folgende Versuchsanordnung zu:

1. Vollbringt ein Tier eine gewünschte Handlung (Drücken eines Hebels), so wird diese Handlung durch eine Futtergabe belohnt. Man spricht dann von der positiven Verstärkung (Futter) bei gewünschter, erwarteter Reaktion.
2. Führt das Tier eine gewünschte Verhaltensweise durch, um einen unangenehmen Reiz (kleiner elektrischer Schlag) zu vermeiden, dann handelt es sich um eine negative Verstärkung.
3. Keine Verstärkung führt zur Abschwächung bis hin zum Verschwinden des erlernten Verhaltens.

Je mehr Wiederholungen zum selben »Lernergebnis« führen, desto besser wird das Einprägen der Verhaltensweise. Diese Untersuchungsergebnisse lassen sich in Verbindung bringen mit dem Belohnen oder Bestrafen einer erwünschten oder unerwünschten Verhaltensweise. Lernprozesse bei Kindern im Entwicklungsalter laufen oft in dieser Richtung ab. Untersuchungen zeigen, dass positive Verstärkungen intensiver auf die Lernsituation wirken als negative Verstärkungen und somit den Lernerfolg erhöhen. Lernerfolge müssen somit in der Ausbildung durch verbale, gestische und handelnde Belohnungen (Lob, Anerkennung, Hervorhebung etc.) unterstützt werden. Der Lernprozess darf nicht als etwas Selbstverständliches beim Erwachsenen angesehen werden. Lob ist dort angebracht, wo etwas Sinnvolles geleistet wurde. Aber Vorsicht: Nicht jede Lernleistung loben! Was oft gehört wird, verliert mit der Zeit an Attraktivität. Beachten Sie bitte auch, dass Sie vom herkömmlichen Loben wegkommen müssen. Erarbeiten Sie sich verschiedene Möglichkeiten und wenden Sie diese bei unterschiedlichen Gelegenheiten an.

Beispiele:
- ▶ »Diese Aufgabe haben Sie gut gelöst.«
- ▶ »Man merkt, dass Sie von diesem Sachverhalt viel verstehen.«
- ▶ »Recht herzlichen Dank für Ihren interessanten Beitrag.«
- ▶ »Genau so wie Sie es gezeigt haben, muss es in der Praxis durchgeführt werden.«

1.3.3 Lernen am Modell

Diese Theorie beschäftigt sich mit dem Nachahmungstrieb von Personen, also mit dem imitativen Lernen. Die Übernahme einer Verhaltensänderung (die bei einer anderen Person, einem Modell etc. gesehen wurde) kann sich durch bloßes Beobachten vollziehen. Die Verhaltensänderung braucht nicht sofort einzutreten. Sie kann auch erst nachträglich imitiert und vollzogen werden. Diese Lerntheorie wird vielfach in der Werbung eingesetzt, wo bekannte Persönlichkeiten aus Politik, Wirtschaft, Unterhaltung und Sport als Vorbild für andere dargestellt werden. Auch der Ausbilder kann ein imitatorisches Lernen beim Teilnehmer erreichen. Gestaltet er seine Handlungen und Aussagen attraktiv und trägt sie langsam und verständlich vor, so wird der Teilnehmer bestrebt sein, diese zu übernehmen. Eine gute Grundlage zum imitativen Lernen ist dann geschaffen, wenn der Ausbilder auf den Teilnehmer einen positiven Eindruck macht. Er muss vom Teilnehmer fachlich und persönlich akzeptiert werden (»Was der kann, muss ich auch können«). Wie ein positiver Eindruck beim Teilnehmer erzeugt werden kann, wird später noch intensiv behandelt.

1.3.4 Lernen durch Verknüpfung

Unter dieser Methode versteht man das Lernen durch »Einpauken«, Einprägen und wiederholtes Üben. Dabei werden einfache Paarbeziehungen durch Assoziationsbildung eingeprägt. Wir treffen es häufig an beim Lernen von Vokabeln, Geschichtszahlen, Verkehrsregeln und bei vielen anderen Möglichkeiten. Zur besseren Veranschaulichung für diese Art des Lernens werden wir einige Beispiele (nach Kugemann) präsentieren. Wenn Sie wollen, lieber Leser, können Sie am eigenen Leib einen Lernfortschritt miterleben und sich in diese Art des Lernens besser hineinversetzen.

Betrachten Sie bitte das nachstehende Lernfeld »Kyrillische Buchstaben« 15 Sekunden und prägen sich dabei so viele Assoziationsbeziehungen wie möglich ein.

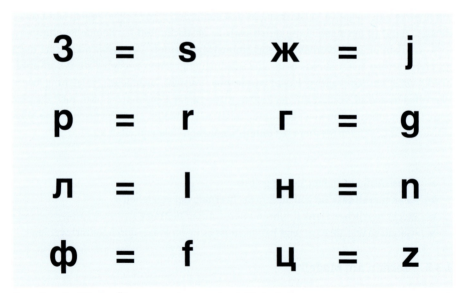

ABB. 4 ▶ Praktische Übung zum Lernen durch Verknüpfung

Jetzt decken Sie das Lernfeld wieder zu. Tragen Sie nun die behaltenen, gelernten Buchstaben in das nachstehende Kontrollfeld (Abb. 5) ein.

1 ▶ Lernverhalten

nach dem 1. Lerndurchgang	nach dem 2. Lerndurchgang
ж = н = р = з = л = ф = ц = г =	ж = н = р = з = л = ф = ц = г =
Zahl der im 1. Durchgang behaltenen kyrillischenBuchstaben: _____	Zahl der im 2. Durchgang behaltenen kyrillischenBuchstaben: _____
nach dem 3. Lerndurchgang	nach dem 4. Lerndurchgang
ж = н = р = з = л = ф = ц = г =	ж = н = р = з = л = ф = ц = г =
Zahl der im 3. Durchgang behaltenen kyrillischenBuchstaben: _____	Zahl der im 4. Durchgang behaltenen kyrillischenBuchstaben: _____
nach dem 5. Lerndurchgang	nach dem 6. Lerndurchgang
ж = н = р = з = л = ф = ц = г =	ж = н = р = з = л = ф = ц = г =
Zahl der im 5. Durchgang behaltenen kyrillischenBuchstaben: _____	Zahl der im 6. Durchgang behaltenen kyrillischenBuchstaben: _____

Abb. 5 ▶ Übungsbogen

Wiederholen Sie diesen Lernvorgang so lange, bis Sie sich alle Buchstaben eingeprägt haben (die Korrektur lassen wir außer Acht, da sonst noch das Problem eines zusätzlichen Lernvorgangs bei der Korrektur miteinbezogen werden müsste). Benutzen Sie bitte zur Überprüfung jeweils ein neues Kontrollfeld. Tragen Sie nach Beendigung des ganzen Lernvorgangs die Anzahl der behaltenen Buchstaben pro Lerndurchgang in die nachstehende Lernkurve ein. Sie erhalten damit Ihre individuelle Lernkurve.

Abb. 6 ▶ Lernkurve

Eine durchschnittlich verlaufende Lernkurve wird folgendes Aussehen haben:

Abb. 7 ▶ Individuelle Lernkurve (wie viele Buchstaben haben Sie in den sechs Lerndurchgängen behalten?)

Die Interpretation dieser Lernkurve zeigt, dass am Anfang viel und gegen Schluss wenig Neues hinzugelernt wird. Wenn Sie über dem Durchschnitt liegen, haben Sie bei dieser Lernform wahrscheinlich dadurch einen Vorteil, dass Sie Ihr Gehirn des Öfteren mit derartigen Situationen konfrontieren. Liegen Sie im Durchschnitt oder gar darunter, dann machen Sie sich noch keine unnötigen Sorgen. Diese »mechanische« Gedächtnisleistung kann durch Üben fortentwickelt werden. Die Lernkurve sagt also aus, dass, je näher man dem Ziel seiner »Lernträume« kommt, um so schwieriger der Lernfortschritt wird. Führt man diese Versuche weiter und erhöht die Anzahl der zu lernenden Buchstaben, würde sich die individuelle Lernkurve erheblich verschlechtern. Das bedeutet, dass eine Vergrößerung des Lernmaterials zu einer unverhältnismäßig großen Steigerung der Lernzeit führen würde.

Daraus lässt sich der Schluss ziehen, dass man mehr Lernstoff lernt, wenn weniger Lernmaterial angeboten wird. Für viele mag das ein bisschen unglaubwürdig klingen. Die Praxis zeigt aber, dass heutzutage viel zu viel Lernstoff in eine Unterrichtseinheit hineingepackt wird.

Der Lernstoff muss also auf ein Minimum reduziert werden und der Ausbilder muss die besondere Lernanstrengung gegen Ende des Lernfortschritts in seine Unterrichtsplanung mit einbeziehen. Diese Erkenntnisse werden wir im Abschnitt »Didaktik« nochmals aufgreifen, weiterverfolgen und mit in die stoffliche Unterrichtsgestaltung einbeziehen.

ABB. 8 ▶ Abhängigkeit der erinnerten Lerneinheiten vom verteilten und massierten Lernen (nach Angermeier)

1 ▶ Lernverhalten

Schnell angeeignetes Wissen wird nicht so dauerhaft behalten wie langsam angeeignetes Wissen. Dies wurde in einem Experiment nachgewiesen:

Die erste Gruppe lernte zeitlich konzentriert, während die zweite Gruppe für den Lernprozess genügend Zeit hatte. Dabei wird deutlich sichtbar, dass die erste Gruppe wesentlich mehr Fehler bei der Bearbeitung der Aufgaben gemacht hat als die zweite Gruppe. Die Geschwindigkeit des Lernens muss also dem Bekanntheitsgrad des Stoffs angepasst werden. Der Ausbilder muss die Präsentierung eines neuen Lernstoffs so langsam und deutlich wie möglich durchführen. Erst allmählich kann dann das Lerntempo erhöht werden. Man erreicht durch diese Präsentationsform beim Teilnehmer wesentlich bessere Lernergebnisse, als wenn unter Zeitdruck ein oberflächliches und meist »nervöses« Lernen erfolgt. Ein anfangs rasches Lernen hat keinen vorteilhaften Einfluss auf das dauerhafte Behalten. Auch fehlende und/oder falsche Zeitplanung im Unterricht führt unweigerlich zu Zeitstress und damit zur verminderten Aufnahme des Lernstoffs. Der Teilnehmer soll nicht durch den Lernstoff gehetzt werden. Sie können ja auch nur einen langsam fahrenden Zug in allen Einzelheiten betrachten. Je schneller der Zug an Ihnen vorbeifährt, desto weniger Informationen werden Sie über ihn aufnehmen. Versuchen Sie lieber, das Lerntempo zu drosseln, um den Teilnehmern die Möglichkeit zu geben, den Lernstoff zu durchdenken und ihn mit eigenen Worten wiederzugeben. Prägen sich Erwachsene bestimmte Sachverhalte nur mechanisch ein, ist das sehr unvorteilhaft. Das mechanische Lernen (Lernen durch Verknüpfen), bei dem nur die Worte beachtet werden, ist immer nachteiliger als das Lernen, bei dem die Aufmerksamkeit auf den Sinn gerichtet ist. Selbst das vollkom-

ABB. 9 ▶ Abhängigkeit des Lernerfolges vom Lerntempo (nach Schardakow)

mene Auswendigkönnen der Worte eines Textes garantiert keinesfalls, dass auch dessen Sinn erfasst wurde. Lehrkräfte in der Erwachsenenbildung sollten das sinnvolle Einprägen dadurch fördern, dass sie – vor allem bei Wiederholungen – die Teilnehmer einen theoretischen Sachverhalt mit eigenen Worten und durch aktive Denkarbeit wiedergeben lassen. Dadurch setzt sich der Zuhörer mit dem Lernstoff auseinander und erfährt den Sinn bzw. inneren Zusammenhang des Stoffs. Mit dieser Methode erreichen wir auch, dass ein weiteres Teilgebiet der Lernmöglichkeiten beim Hörer aktiviert wird, nämlich das Lernen durch Denken und Sprechen.

1.3.5 Lernen durch Denken und Sprechen

In einem Experiment musste die erste Gruppe von Versuchspersonen einen Stoff vier Mal lesen, während ihn die zweite Gruppe zwei Mal lesen und zwei Mal frei wiedergeben sollte. Dabei kamen folgende Ergebnisse zustande:

Das Schaubild zeigt, dass die zweite Gruppe bessere Reproduktionsleistungen im Zeitraum von einer Stunde bis zu zehn Tagen erbrachte als die erste Gruppe. Teilnehmer, die sich aktives Wissen angeeignet haben, vergessen weniger als solche Teilnehmer, die den Lernstoff nur gehört und ihn nicht aktiv im Gedächtnis verarbeitet haben. Übertragen wir diese Erkenntnis auf den Unterrichtungsprozess, dann soll der Teilnehmer in kleineren Lernaktionen Referate zu einem bestimmten Stoffgebiet ausarbeiten und der Gruppe vortragen. Eine abschließende Diskussion vervollständigt den aktiven Lernprozess. Eine weitere Möglichkeit besteht darin, den theoretisch vorgetragenen Lernstoff in kleineren Gruppen nochmals nacharbeiten zu lassen und der Gruppe zu diesem Lernstoffbereich kleinere Aufgaben zur Lösung zu geben. Damit erreichen wir, dass sich jeder Teilnehmer durch seinen eigenen Beitrag nochmals aktiv mit dem Lernstoff beschäftigt. Der enge Zusammenhang von Denken und Sprechen und die Rückwirkung des Sprechens auf die Ge-

ABB. 10 ▶ Abhängigkeit des Lernerfolges vom aktiven Wissen (nach Iwanowa)

dankentätigkeit ist eine längst bekannte, jedoch nicht genügend genutzte Erfahrung. Die einfachste Möglichkeit zur Anwendung dieser Technik ist die Fragestellung. Dabei soll der Kursteilnehmer die Frage entweder aufgrund seiner eigenen Erfahrungen oder aufgrund des Lernens im Unterricht beantworten können. Arbeiten wir mit diesen Möglichkeiten, dann erreichen wir auch automatisch, dass der Lernprozess vom mechanischen Einprägen zur Sinnerfassung übergeht.

1.3.6 Lernen durch Strukturieren

Lernen durch Strukturieren befasst sich mit dem Lernen durch Nachdenken, Ordnen, Überlegen und Aufgliedern eines Lernstoffs. Diese Lernart findet hauptsächlich Anwendung in praktischen Lerntätigkeiten mit geistiger Grundlage wie zum Beispiel Auto fahren, Entschlüsseln und Senden von Morsezeichen, Maschine schreiben, Ski fahren etc. Hier erfolgt eine Blockbildung von bestimmten Einzelelementen in einen geordneten Bewegungs- und Gedächtnisablauf. Aber auch bei ungeordnetem Lehrmaterial kann durch Strukturierung eine Verbesserung der Lernkurve erreicht werden (Ordnen als Unterpunkt zum Strukturieren). Die durchschnittliche Lernkurve hat dabei folgendes Aussehen:

Abb. 11 ▶ Lernkurve beim Lernen durch Strukturieren (nach Kugemann)

Jeder von uns hat schon bemerkt, dass ab Erreichen eines bestimmten Lernplateaus der Lernfortschritt einfach nicht weitergeht. Aber dann kommt irgendwann der Augenblick, wo das lange Üben plötzlich schnell ein weiteres Lernplateau erklimmen lässt. Hier spielt die Übung der speziellen Bewegungsabläufe in Körper und Gehirn eine wichtige Rolle.

Zum Lernen durch Strukturieren zählt auch das Strukturieren eines ungeordneten Lernmaterials. Beim Vortragen eines Lernstoffs ist es sehr wichtig, die Hauptgedanken, die wesentlichen Fakten klar herauszuarbeiten und zu präsentieren. Ein Lernender, der es nicht versteht, das Wesentliche im Text zu erkennen und hervorzuheben, prägt sich den

Stoff ungegliedert ein. Demzufolge sind seine Kenntnisse oft unsystematisch, oberflächlich und wenig dauerhaft. Das konnte durch folgenden Versuch nachgewiesen werden:

Abb. 12 ▶ Abhängigkeit des Lernerfolges von der Strukturiertheit des Einprägens (nach Smirnow)

Das Ergebnis bestätigt recht eindrucksvoll, dass beim planvollen Einprägen die Festigung der Kenntnisse fast doppelt so gut gelingt. Deshalb ist es auch zweckmäßig, die wichtigsten Informationen optisch zu unterstützen und in einem Schema festzuhalten. Auch das Präsentieren nach Oberbegriffen führt als geordnetes Lernmaterial zu einem besseren Lernergebnis. Hier einige mögliche Beispiele für die Bildung von Oberbegriffen:

1 ▶ Lernverhalten

Nicht strukturiert			Strukturiert			
1.						
Hund	Nelke	Pferd	(Tiere:)	Hund	Katze	Pferd
Posaune	Banane	Rose	(Musikinstrumente:)	Posaune	Geige	Klavier
Apfel	Geige	Katze	(Obst:)	Apfel	Banane	Birne
Klavier	Birne	Aster	(Blumen:)	Nelke	Rose	Aster

2.
Mohammed, Koran, Mekka, Hedschra, Allah, Sunniten-Schiiten, Islam.

Islam — 1. Allah, 2. Mohammed, 3. Koran, 4. Mekka, 5. Hedschra, 6. Sunniten-Schiiten, (Weiterer Punkt)

3.
Moose, Schachtelhalme, Bedecktsamer, Samenpflanzen, Nacktsamer, Sporenpflanzen, Farne, Sprosspflanzen.

Sprosspflanzen → Sporenpflanzen (Moose, Schachtelhalme, Farne), Samenpflanzen (Bedecktsamer, Nacktsamer)

4.
Heizzweck, Waldraubbau, Hausbau, Verkarstung, Befestigung, Schiffsbau, Abschwemmung des Bodens, Störung des Wasserhaushaltes.

Waldraubbau — Auswirkungen: Heizzwecke, Schiffsbau, Hausbau, Befestigung; Störungen: Abschwemmung des Bodens, Störung des Wasserhaushaltes, Verkarstung

Abb. 13 ▶ Beispiele für strukturiertes/nicht strukturiertes Lernen

Wir wollen zwar nicht behaupten, dass der Vortrag eines Redners unstrukturiert präsentiert wird, aber häufig befindet sich die Struktur des Vortrags nur im Kopf des Redners, aber nicht optisch dargelegt vor den Augen der Zuhörer. Allein die Ordnung nach Oberbegriffen erleichtert spürbar das Lernen. Es ist deshalb sinnvoll, den Unterrichtsstoff übersichtlich zu gliedern und in der richtigen Reihenfolge dem Teilnehmer zu vermitteln. Es sollte nicht von einem Gebiet in ein anderes gesprungen werden, um dort wieder einige Punkte anzusprechen. Gedankensprünge sind im Ausbildungsprozess nicht erwünscht. Werden die strukturierten Beispiele jetzt noch mit Medieneinsatz und guten rhetorischen Fertigkeiten unterstützt, dann erfolgt eine optimale fachliche Präsentation des Stoffes.

1.3.7 Lernen durch Einsicht

Unter Lernen durch Einsicht versteht man das plötzliche Erkennen der zur Lösung entscheidenden Gesichtspunkte. Es liegt dann vor, wenn man ein Problem vor sich hat und durch aktive Gehirnarbeit (z. B. Denken, Überlegen, Folgern, Rückschluss) auf einmal einen »zündenden« Gedankenblitz hat. Die Lösung erfolgt also durch den sogenannten »Aha-Effekt«.

Zur Problemlösung wurden zuerst überwiegend Einzelinformationen und Erfahrungswerte gesammelt. Man überdenkt die gefundene mögliche Problemlösung und kommt entweder zu dem Entschluss, dass sie stimmt, oder dass sie nicht stimmt. Ist die Lösung falsch, geht das gedankliche Arbeiten wieder von vorne los. Man spricht auch vom »Alles-oder-Nichts-Prinzip«. Das Lernen durch Einsicht wurde zuerst an Tieren in Versuchen ausprobiert. So wurde zum Beispiel ein Affe in einen geschlossenen Käfig gebracht. Außerhalb des Käfigs hingen Bananen, die der Affe jedoch mit seinen eigenen Armen nicht erreichen konnte. Man legte dem Tier nun zusätzliche Hilfsmittel wie ein langes Rohr, eine Kiste, zwei verkürzte, ineinanderschiebbare Rohre oder andere nützliche Gegenstände in den Käfig. Nach einigen vergeblichen Bemühungen kamen viele Versuchstiere auf die »Idee«, sich die begehrte Frucht mithilfe des Rohres etc. heranzuholen.

ABB. 14 ▶ Lernkurve beim Lernen durch Einsicht (nach Kugemann)

ABB. 15 ▶ Phasen des Super-Learning

1.3.8 Lernen mit Super-Learning

Diese neuere Methode geht auf den bulgarischen Mediziner und Psychotherapeuten Georgi Lazanow zurück, der im Laufe seiner Untersuchungen feststellte, dass Menschen in der Regel beim Lernen nur einen Bruchteil ihrer geistigen Leistungsfähigkeit beanspruchen. Die so brachliegenden geistigen Reserven können nach Meinung Lazanows genutzt werden, indem man eine Lernatmosphäre schafft, in der sich der Lernende wohl fühlt. Super-Learning ermöglicht es, Wissen schnell und in konzentrierter Form aufzunehmen. Der Lernprozess wird dabei verbunden mit Entspannung, Anspannung und Muße. Die Wissensvermittlung geht in drei Phasen vor sich (s. Abb. 15).

Diese Methode arbeitet also stark mit der Lernatmosphäre. Dem Teilnehmer wird unbewusst der Wechsel zwischen Anspannung und Entspannung dargeboten. Dies kann auch in den normalen Unterrichtsvorgang eingearbeitet werden, allerdings nicht so ausgeprägt wie beim Super-Learning. Der Ausbilder hat darauf zu achten, dass eine gute und ausgeglichene Lernatmosphäre im Unterrichtsraum entsteht. Dabei muss er die Planung des Lehrraums und dessen Gestaltung sowie andere äußere Umstände mit berücksichtigen. Angenehme Entspannungsmusik im Hintergrund wirkt sich ebenfalls positiv aus. Auf diese Elemente werden wir jedoch noch im Einzelnen näher eingehen.

1.3.9 Lernen nach der Theorie des gehirngerechten Denkens

Hier handelt es sich um ein Lernverfahren, das von Vera Birkenbihl über zwei Jahrzehnte hinweg durch praktische Erfahrungen und theoretische Fundierung weiterentwickelt und im Bereich der Ausbildung verbreitet wurde. Dabei wird das Gehirn unter Spezialisierungsaspekten betrachtet und in ein linkes und rechtes Gehirn unterteilt, die miteinander verbunden sind und den gesamten Lernvorgang beeinflussen. Dem linken Gehirn wird eine digitale Lernleistung zugeordnet, dem rechten Gehirn hingegen eine analoge (s. Abb. 16).

Linke Hirnhälfte:

- Lineare Detailwahrnehmung, Schritt für Schritt

- „Verbale" Sprache zur Informationsvermittlung

- Zeitliche Orientierung

- Analytisches Denken, im Detail

- Logische Fähigkeiten mit analoger Informationsverarbeitung

- Vitale Zentren

- Emotionale Reaktion

- Eigenes Selbstbildnis mit Ich-Bezogenheit

Rechte Hirnhälfte:

- Denken in Synthese, durch Überblick

- „Bildhafte" Sprache zur Informationsvermittlung

- Räumliche Orientierung bei fehlendem Zeitbezug

- Bildhaftes Denken und Erinnern und ganzheitliche Verarbeitung

- Künstlerische Fähigkeit und Kreativität mit digitaler Informationsverarbeitung

- Rhythmusgefühl und Körperbewusstsein

- Emotionsfreie Reaktion

- Soziales Gruppenverständnis und Unparteilichkeit

ABB. 16 ▶ Lernleistung der verschiedenen Gehirnhälften

Unter Einbeziehung von verstärktem bildhaften Aufnehmen und Verarbeiten lassen sich häufig bessere Lernergebnisse in komplexeren Themenbereichen ermöglichen. Dazu ein Beispiel (nach Birkenbihl). Versuchen Sie den nachfolgenden Text auswendig zu lernen:

Ein Zweibein sitzt auf einem Dreibein und isst ein Einbein. Da kommt ein Vierbein und nimmt dem Zweibein das Einbein weg. Daraufhin schlägt das Zweibein mit dem Dreibein das Vierbein in die Flucht.

Je nachdem, über welche Gehirnhälfte Sie jetzt versucht haben, den Lernstoff aufzunehmen, haben Sie mehr oder weniger viel Zeit zum Erlernen benötigt. Die linke Gehirnhälfte wird nur durch stures Auswendiglernen (mehr als fünf Lernversuche) den Satz erfassen. Die rechte Gehirnhälfte kann allein durch die Vorstellung und Verbindung mit Bildern (Zweibein = Mensch, sitzt auf Dreibein = Stuhl und isst Einbein = Hühnerbein) nach einem Versuch den Satz wiedergeben. Je bildhafter also Vorgänge und Abläufe dem geistigen Auge präsentiert werden, desto mehr wird die rechte Gehirnhälfte zum Lernen angeregt.

Da viele Menschen ihr Gehirn nicht gleichlastig nutzen, entstehen häufig Störungen durch die Verschiebung zu einer Gehirnhemisphäre. In der westlichen Zivilisation der Erde überwiegen Personen mit stark links-hemisphärisch ausgeprägten Gehirnaktivitäten. Der Ausbilder kann dieses Wissen für den Medieneinsatz, die Sprechtechnik und die Inhaltsgestik in der Wissensweitergabe nutzen.

Damit haben wir die heute gängigen Lerntheorien und Lernmethoden besprochen und wenden uns nun dem Problem der Informationsaufnahme des menschlichen Geistes zu.

1.4 Die Informationsverarbeitung im weiteren Sinne

In diesem Unterabschnitt wollen wir uns mit den Möglichkeiten beschäftigen, wie Informationen in das Gehirn gelangen, dort verarbeitet werden und eine Verhaltensänderung bewirken. Der Weg vom äußeren Reiz bis zur endgültigen Speicherung der Information ist lang. Viele Störfaktoren können während des langen Verarbeitungsprozesses auftreten und so erreichen, dass äußerlich vorhandene Informationen nicht genutzt werden können.

1.4.1 Informationsaufnahme

So umfasst die Informationsaufnahme alle Vorgänge von der Entstehung einer Information bis zu ihrer Übernahme ins Gehirn. Die Wahrnehmung eines Menschen ist damit Teil der Informationsaufnahme. Werden zum Beispiel Umweltreize vom Auge erfasst, die mit unserer Auffassung oder unserem bisherigen Handeln nicht übereinstimmen, so werden sie entweder gar nicht aufgenommen oder aufgenommen und herausgefiltert. Damit baut der Körper von sich aus schon Aufnahmebarrieren auf, um nur für ihn wichtige Umweltreize zum Gehirn weiterzuleiten.

Jeder Mensch hat eine Wahrnehmungsschwelle. Wird diese überschritten, so kommt es zur Selektion der Wahrnehmung, d.h. es wird nur noch ein Teil vom Ganzen wahrgenommen. Dies führt zur Verzerrung der Wahrnehmung. Fragt man zehn verschiedene Personen nach einem gleichzeitig erlebten Ereignis, wird man bestimmt zehn verschiedene Aussagen darüber erhalten. Jeder Mensch legt auf eine andere Bedeutungsrichtung besonderen Wert. »Wir sehen nur das, was wir sehen wollen.«

1.4.2 Informationsverarbeitung

Unter der Informationsverarbeitung versteht man die »innere Beschäftigung« mit einem aufgenommenen Reiz. Denken und Problemlösen gehören ebenso zur Informationsverarbeitung wie ein großer Teil der Wahrnehmung. Nehmen wir etwas wahr, das nicht mit unserem Gedankengefüge übereinstimmt, dann wird es als falsch oder mit Vorurteilen beladen abgewertet. Der Mensch möchte seine innere Einstellung nicht durcheinanderbringen. Er ist immer bestrebt, sich mit dem zu identifizieren, was seiner Haltung entspricht.

1.4.3 Informationsspeicherung

Unter Informationsspeicherung verstehen wir das »Ablegen« von aufgenommenen und verarbeiteten Informationen im Gehirn zur jederzeitigen Verfügbarkeit. Lernen und Gedächtnis werden in dieser Einteilung zur Informationsspeicherung gezählt. Für den Lernprozess ist es nicht nur wichtig, Kenntnisse über die Informationsspeicherung zu besitzen: Schon von der Informationsaufnahme bis zur Informationsverarbeitung können Störprozesse im Gehirn stattfinden, die es erst gar nicht zur Informationsspeicherung kommen lassen.

1.5 Der Zusammenhang der Informationsverarbeitung mit anderen Reizverarbeitungssystemen

Zur Erklärung eines Lernvorgangs und des anschließend geänderten Verhaltens möchten wir ein Modell vorstellen, das in der neueren informationstheoretischen Wissenschaft für derartige Fragestellungen herangezogen wird.

ABB. 17 ▶ Modellhafter Aufbau des menschlichen Gehirns/Gedächtnisses (nach Kroeber-Riel)

Eine Verhaltensänderung kann nur dann erfolgen, wenn von außen ein Reiz aufgenommen wird, der im Gesamtsystem verarbeitet wird. Dieser Reiz wirkt zunächst auf die Empfangsorgane des Menschen. Diese können sein: Auge (Sehen), Ohr (Hören), Nase (Riechen), Haut (Fühlen) und Zunge (Schmecken). Nicht alle Informationen gelangen zu den Empfangsorganen. Wahrnehmungsbarrieren vermindern den Informationsfluss zum Gehirn. Die wahrgenommenen Reize werden dann in körpereigene Signale umgewandelt und an das Gehirn weitergeleitet. Über Nervenbahnen werden dabei die anderen Systeme stimuliert, die nun ihrerseits zum Lernprozess beitragen. Das Aktivierungssystem zum Beispiel hat die Aufgabe, den Grad des Aktivitätsniveaus für die anderen Teilsysteme zu bestimmen. Es regelt also das Ausmaß einer Tätigkeit (Denken, Lernen etc.) im Gehirn. Die allgemeine Leistungsfähigkeit bei der Reizaufnahme und -verarbeitung hängt damit entscheidend von der Aktivierung ab. Wie Abbildung 17 anschaulich zeigt, wird das Aktivierungssystem aber auch von den anderen Systemen, insbesondere vom Informationsverarbeitungssystem, stimuliert und damit beeinflusst. Im System des beobachtbaren Verhaltens ist schließlich als Ergebnis des abgelaufenen geistigen Prozesses die tatsächliche Handlung in Form von Verhaltensänderungen oder Tätigkeiten zu erkennen. Es ist aber auch möglich, dass direkt von den Empfangsorganen Reize zum System des beobachtbaren Verhaltens gelangen und dort zu Aktivitäten führen. Man spricht dann vom sogenannten reflexiven Verhalten.

Kommen wir nun zur Erklärung des wichtigen Systems der Informationsverarbeitung und -speicherung. Es wird nach neueren Erkenntnissen in drei Einzelsysteme unterteilt. Es handelt sich hierbei um ein Mehrspeichermodell, in dem Informationen nicht nur gespeichert (abgelegt), sondern auch verarbeitet werden. Der Informationsfluss zwischen den Einzelspeichern geht dabei folgendermaßen vor sich:

1.5.1 Das Ultrakurzzeitgedächtnis

Das Ultrakurzzeitgedächtnis (kurz UKZG, auch sensorischer Informationsspeicher genannt) speichert die Sinneseindrücke der Empfangsorgane nur für ganz kurze Zeit. So erfolgt diese kurze Speicherung, etwa am Auge durch die Netzhaut. Geistige Verarbeitungsvorgänge finden dabei noch nicht oder nur auf einem sehr niedrigen Niveau statt. Es erfolgt lediglich ein passives Festhalten dieser Sinneseindrücke. Das UKZG arbeitet dabei wie ein Spiegel mit Nachbildungswirkung oder wie ein Echo. Die Kapazität des UKZG (alle Informationen, die von den Empfangsorganen aufgenommen werden) ist sehr groß, die Speicherdauer dagegen sehr kurz. Untersuchungen haben ergeben, dass die Speicherdauer im Bereich von einer Viertelsekunde bis zu einer Sekunde liegt. Die Informationsaufbewahrung über eine längere Zeitperiode ist nicht möglich. Der Vergessensprozess kann nicht beeinflusst werden. So können die Sinnesorgane pro Sekunde mehr als 500 Millionen Bit aufnehmen, wobei einem Bit eine Information entspricht. Von diesen 500 Millionen Bit werden jedoch höchstens 16 Bit bewusst aufgenommen, also vom UKZG ins Kurzzeitgedächtnis übertragen. Dieses Überangebot an Informationen aus der Umwelt führt dazu, dass jeder Mensch unterschiedliche Informationen bewusst aufnimmt. Denken Sie nur an die verschiedenen Augenzeugenberichte mit zum Teil sehr unterschiedlichen Ergebnissen. Die bewusst aufgenommene Informationsmenge ist altersabhängig, kann aber durch ständiges Training verbessert werden. Im Alter nimmt diese Zuflussgeschwindigkeit bei mangelndem Training ab. Im UKZG befinden sich Informationen, die uns nicht bewusst werden. Nur ein Bruchteil davon wird uns durch eine weitere Verarbeitung im Gehirn bewusst. Dieser Vorgang ist abhängig von der Aufmerksamkeit, die die Information in uns auslöst. Informationen, denen wir keine Aufmerksamkeit zuwenden, gehen sofort wieder verloren. Solche, die mit unseren Interessen einhergehen, werden von uns automatisch mit der notwendigen Aufmerksamkeit belegt. Wir können täglich feststellen, dass uns das Lernen im Bereich unserer Hobbys oder unserer Interessen leichter fällt und der Lernvorgang fast automatisch abläuft, während wir uns mit unbekannten Themen gar nicht anfreunden können. Die für den Lernprozess notwendige Konzentration geht sehr schnell verloren, wenn nicht unsere gesamte Aufmerksamkeit für den Lernprozess aktiviert werden kann. Ist die notwendige Aufmerksamkeit gewährleistet, wird die Information aus dem UKZG ins Kurzzeitgedächtnis übernommen.

1.5.2 Das Kurzzeitgedächtnis

Vom Kurzzeitgedächtnis (kurz KZG) sprechen wir dann, wenn wir einen Stoff, zum Beispiel eine Telefonnummer, einige Minuten behalten. Das Kurzzeitgedächtnis kann auf eine Vielzahl von Einzelinformationen zurückgreifen. Nur ein Teil dieser Informationen wird aus dem UKZG übernommen. Im KZG werden diese entschlüsselt, in gedanklich verfügbare Informationen umgewandelt, mit anderen Sachverhalten in Beziehung gesetzt und zu größeren Informationsinhalten verknüpft. Das KZG ist ein aktives Gedächtnis, da es zum einen eine Speicherung von einigen Sekunden und zum anderen eine aktive Verarbeitung der eingegangenen Informationen übernehmen kann. Dabei besitzen die beiden Gehirnhälften eine unterschiedliche Informationsaufnahmeintensität. Das Speichern der Informationen geschieht im KZG sehr wahrscheinlich über elektrophysiologische Prozesse (auch bioelektrische Aktivitäten genannt), die keine Spuren hinterlassen. Die Kapazität des KZG ist nicht sehr groß. Sie entspricht bei einem Durchschnittsmenschen ungefähr 7 +/- 2 Chunks. »Chunk« ist die Speichereinheit des KZG. Wieviel Chunks (Kurzzeitspeicherplätze) eine Information benötigt, hängt davon ab, was bereits als Gesamtelement in einem anderen Speicher bzw. anderen Gehirnhälfte vorliegt. Betrachten Sie etwa das Wort »Wind« in seinen verschiedenen Ausführungen (nach Metzig, Schuster):

ABB. 18 ▶ Anzahl der »Chunks« in Abhängigkeit von der Darstellung

Beim Wort »Wind« hängt die Anzahl der Chunks davon ab, ob es als Anzahl von Linien (zehn Chunks), als Buchstabenkombination (vier Chunks) oder als ein Wort (ein Chunk) gesehen wird (s. Abb. 18). Es ist also gleichgültig, ob es sich um sieben Zeichen, Buchstaben oder Worte handelt. Unabhängig von der Information werden sieben Elemente (+/- 2) abgespeichert. Die Kapazität des KZG schwankt je nach Vorwissen und Einbeziehung der Information. Die Leistungsfähigkeit des KZG ist davon abhängig, ob ein Sachverhalt zu einem Element zusammengefasst werden kann. Werden dem KZG neue Informationen zugeführt, verschwinden dafür in gleicher Anzahl alte Speicherinformationen aus dem KZG. Die Informationsaufbewahrung ist durch mehrmaliges Wiederholen möglich. Kommt es zu Störungen in diesem Wiederholungsvorgang, dann erlischt die Information wieder. In Versuchen wurde festgestellt, dass das reine Wiederholen von Informationen keinen längerfristigen Lerneffekt bewirken muss, also zu keiner wirksameren Einprägung führt. Der beste Lerneffekt wird dann erzielt, wenn die Selbstüberprüfung durch aktive Reproduktion und Wiederholung des Lernstoffes im Verhältnis 60:40 durchgeführt wird.

Wir können nur höchstens fünf Prozent von dem behalten, was uns bewusst wird. Somit speichern wir also im KZG nur 0,7 Bit pro Sekunde, im Langzeitgedächtnis sogar nur 0,05 Bit pro Sekunde. Die aufwendigste Lernphase ist also das Einprägen von Informationen. Der reine Lernstoff muss deshalb so gering wie möglich gehalten werden. Das Merken soll außerdem durch das Denken ersetzt werden. Der Teilnehmer soll sich also durch aktive Denkarbeit den Lernstoff erarbeiten und der Ausbilder muss die Wissensvermittlung durch aktive Denkarbeit des Teilnehmers erreichen. Bewusst gewordene Informationen bleiben nur einige Sekunden im KZG erhalten. In dieser Zeit können die Informationen weiterverarbeitet, mit anderen Informationen verknüpft und verglichen werden. Die Zeit der Erhaltung von bewusst gewordenen Informationen wird Gegenwartsdauer genannt. Diese ist in der Regel altersabhängig. Beim 20-Jährigen beträgt sie ca. sechs Sekunden.

> Zuflussgeschwindigkeit x Gegenwartsdauer = Bewusstseinskapazität

So wird der 20-Jährige auf eine maximale Bewusstseinskapazität von 96 Bit kommen, der durchschnittliche Erwachsene erreicht immerhin eine Kapazität von 72 Bit. Dies lässt also den Schluss zu, dass wichtige Informationen dem Teilnehmer längere Zeit angeboten werden müssen.

Damit Informationen im KZG weiterverarbeitet werden können, muss es auf vorhandene Informationen vom Langzeitgedächtnis (kurz LZG) zurückgreifen. So werden Informationen aus dem KZG und dem LZG zusammengebracht und verarbeitet. Das KZG ist als die Kontaktstelle zwischen gegenwärtiger und vergangener Erfahrung anzusehen. Dabei ist die derzeitige Perspektive des Menschen immer durch die Vergangenheit beeinflusst. Somit ist die Vergangenheit immer als ein Filter der Wahrnehmung einer Person anzusehen. Sie wirkt als »Schleier der Informationsverarbeitung«.

1.5.3 Das Langzeitgedächtnis

Unter dem LZG verstehen wir den Teil der Informationsspeicherung, der zu einem dauerhaften Einprägen der aufgenommenen Informationen führt. Es ist als das »Gedächtnis« des Menschen bekannt. Die verarbeiteten und gedanklich organisierten, zusammengesetzten Informationen werden hier langfristig gespeichert. Das Langzeitgedächtnis gibt das gesamte Wissen und die Erfahrung eines Menschen wieder. Die Speicherung von Informationen im LZG erfolgt über biochemische Prozesse in Eiweißmolekülen. Um eine Information vom KZG ins LZG übertragen zu können, muss die Information entsprechend lange im Bewusstsein festgehalten werden, damit die biochemischen Prozesse ablaufen können. Informationen, die im LZG gespeichert sind, können nach vorherrschender Ansicht nicht mehr vergessen werden (z.B. Muttersprache, eigener Name, Kindheitserinnerungen etc.). Das, was man herkömmlich unter dem Begriff des Vergessens zusammenfasst, ist das Nicht-Wiederauffinden von gelernten Informationen im Gehirn. Dies geschieht tagtäglich. Wir sehen eine Person, die uns bekannt vorkommt, deren Name uns aber nicht mehr einfällt. Wir denken intensiv darüber nach, kommen aber nicht auf den richtigen Namen. Wir finden die gespeicherte Information nicht mehr wieder. Meistens sagt man dann »Es liegt mir auf der Zunge, aber ...«. Das LZG kann dabei mit einer Bibliothek verglichen werden, in der wir im Moment nicht wissen, in welchem Buch und auf welcher Seite sich die benötigte Information bzw. wo sich das betreffende Buch befindet. Eine Information muss im LZG so eingeordnet sein, dass auf sie jederzeit zurückgegriffen werden kann. Das große Problem in der Lernpsychologie ist nicht so sehr das Speichern von Gedächtnisinhalten, sondern dessen Wiederauffinden bei Bedarf. Mit der Verknüpfung von sprachlicher und bildlicher Informationsdarbietung kann der Ausbilder die Informationsverarbeitung beim Zuhörer wesentlich steigern.

1.6 Das Gehirn

Wie wir bereits erörtert haben, muss das Gehirn eine bestimmte Steuerungs- und Verhaltensfunktion besitzen, damit Lernprozesse ablaufen können. Alle Lernprozesse spielen sich im Gehirn des Menschen ab. Das Gehirn und die Nervenbahnen zu den Organen werden als das menschliche Nervensystem bezeichnet. Es besteht aus vielen Milliarden einzelner Nervenzellen (Neuronen). Diese Nervenzellen sind zu Tausenden zusammengefasst und bilden die Nervenstrukturen im Rückenmark und im Gehirn. Schätzungen zufolge können bis zu 10800 Nervenstrukturen auf der Großhirnrinde gebildet werden. Die Kapazität solcher Strukturbildungen ist nahezu unbegrenzt.

Wollen wir nun das Gehirn etwas näher betrachten. Das menschliche Gehirn wiegt im Durchschnitt etwa 1 350 Gramm (geschlechtsspezifische Unterschiede sind vorhanden). Die äußere Rinde des Gehirns (Cortex) ist aufgrund ihrer Größe (durch entwicklungsgeschichtliches Wachstum) mehrfach gefaltet, sodass ein großer Teil der äußeren Rinde des Gehirns innerhalb dieser Furchen und Einkerbungen nicht sichtbar ist. Das Gehirn besteht aus dem Hirnstamm, dem Kleinhirn und den beiden Hirnhälften des Großhirns (Hemisphären). Der Hirnstamm ist der entwicklungsgeschichtlich älteste Teil und beinhaltet die Steuerungszentren lebenswichtiger Funktionen im Körper wie zum Beispiel das Atem-

Grobaufbau des menschlichen Gehirns mit den spezifischen Funktionsbereichen

zentrum, Kreislaufzentrum, Temperaturregulationszentrum etc. Das Kleinhirn dient überwiegend der Koordination von Muskelbewegungen. Dazwischen befindet sich das Limbische System, welches für die emotionale Situation im Körper zuständig ist. Die beiden Hirnhälften des Großhirns sind wichtig für geistige Vorgänge, insbesondere den Lernvorgang. Rückenmark und Hirnstamm sind gewissermaßen der feste Teil der »Schalttafel« im Gehirn. Die beiden Hirnhälften hingegen sind wie eine Ansammlung nicht festgelegter »Kabelverbindungen«, die für neue Verbindungen benutzt werden können und den Denkprozess im Gehirn ermöglichen. Dabei erfolgt ein ständiger Informationsfluss von den Sinnesorganen zum Gehirn und vom Gehirn zu den Organen. Die Größe des Gehirns ist zum Erlernen vielfältiger Dinge notwendig. Wenn Sinneswahrnehmungen zum Cortex weitergeleitet werden, kommt es zur Aktivierung der einzelnen Nervenzellen und es werden bestimmte Nervenstrukturen im Körper gebildet, wozu auch der biochemische Gedächtnisstoff zählt.

Nervenzellen sind gegenüber Sauerstoffmangel, Alkohol und Energiemangel besonders empfindlich. Ein »Vollrausch«, ein extremer Zuckermangel oder gar ein länger andauernder Sauerstoffmangel im Körper führt zum Absterben von Nervenzellen im Gehirn und zum Untergang von Gedächtnisinhalten.

Eine länger andauernde Nervenzellenverbindung führt zum Übergang der Information vom KZG ins LZG. Der gebildete Gedächtnisstoff kann dann als »Gedächtnis« bezeichnet werden. Wenn Langzeitgedächtnisinhalte gebildet werden, geschieht dies über biochemische Prozesse.

Bei der hier erfolgten Beschreibung handelt es sich um eine sehr einfache und damit leicht verständliche Erklärung über das Entstehen und Speichern des Gedächtnisstoffes. Es ist nicht unser Bestreben gewesen, Sie mit wissenschaftlichen Funktionsvorgängen zu »überhäufen«, sondern der Vorgang des Lernens sollte auf einfache Weise anschaulich gemacht werden. Die Lernpsychologie steht hier erst am Anfang der Erforschung der theoretischen Lernabläufe im Gehirn.

Wir wollen nun den Nutzen aus den geschilderten Beispielen ziehen und in den Folgeabschnitten Schlussfolgerungen für das eigene Ausbildungsverhalten ziehen.

1.7 Behalten und Wiederauffinden von Informationen und das »Vergessen«

Die Aufnahmekapazität des menschlichen Gehirns ist aufgrund seines Aufbaus und seiner Anordnung riesig. Man schätzt, dass das menschliche Gehirn in der Lage ist, das Wissen einer Bibliothek mit einigen tausend Büchern zu speichern. Wenn wir uns aber bei unseren eigenen Lernbemühungen betrachten, kommt uns dies sehr unwahrscheinlich vor. Sobald es uns gelungen ist, eine Information im Langzeitgedächtnis einzuprägen, haben wir nach einer gewissen Zeit Schwierigkeiten, auf diese Information zurückzugreifen.

Dieser Vorgang wird umgangssprachlich »Vergessen« genannt. Nach dem heutigen Stand der Lernpsychologie geht man davon aus, dass es sich bei diesem Phänomen nicht um ein wirkliches Vergessen handelt. Die benötigte Information kann im Gedächtnis lediglich nicht aufgefunden werden oder ist durch Störungen überlagert worden. Wie es zu diesem »Missgriff« kommen kann, werden wir im nachfolgenden Teil zu erklären suchen.

Wollen wir feststellen, welche Informationen nicht auffindbar und welche fehlerfrei vorhanden sind, müssen wir die vier verschiedenen Arten des Erinnerns ansprechen. Unter Erinnern verstehen wir das Wiederauffinden einer einstmals gelernten Information im LZG. Die erste Art des Erinnerns wird als »gewöhnliches Wiedererkennen« betrachtet. Die Erinnerung im Sinne des Wiedererkennens (Bild, Ort, Melodie, Film etc.) ist beim Menschen häufig bemerkenswert gut. Er ist in der Lage, ein Gesicht, eine Handlung, einen Ton oder eine Information nach vielen Jahren wiederzuerkennen, wenn er diese wieder optisch-akustisch dargeboten bekommt, obwohl vielleicht der Mensch mit dem Wiedererkannten in der Zwischenzeit nicht konfrontiert wurde. Fordert man eine Versuchsperson auf, den Lernstoff wiederzuerkennen, den sie zuvor gelernt hat, so wird ihre Wiedererkennensleistung, im Gegensatz zu den anderen Arten des Erinnerns, in der Regel sehr hoch sein. Es lässt sich nämlich gar nicht vermeiden, dass die Versuchsperson schon beim Beginn des Wiedererkennens einen weiteren Lernzyklus beginnt. Es ist gewöhnlich viel leichter, einen alten von einem neuen Reiz zu unterscheiden, als von Neuem eine Lernleistung hervorzubringen. Multiple-choice-Prüfungsfragen arbeiten zum Beispiel mit dem Prinzip des Wiedererkennens.

Die zweite Art des Erinnerns ist das »qualitative Wiedererkennen« von sprachlichen Informationen (Wörter, Vokabeln etc.). Dabei handelt es sich um eine qualitative Verfeinerung der ersten Art des Erkennens. Es werden wesentlich mehr gedankliche Prozesse benötigt als bei der ersten Möglichkeit des Erinnerns.

Die dritte Art des Erinnerns ist das »freie Erinnern«. Dabei muss der Teilnehmer nicht nur bloß wiedererkennen, sondern sich aktiv durch Gedächtnisarbeit mit der betreffenden Information auseinandersetzen und diese frei reproduzieren. Diese Art des Erinnerns bringt im Gegensatz zur ersten und zweiten Art wesentlich schlechtere Ergebnisse. Es ist schwieriger, etwas zu reproduzieren als etwas nur wiederzuerkennen, da unter anderem auch der Nachwirkeffekt des wieder aufgenommenen Lernprozesses vermieden wird.

Die vierte und letzte Art der Erinnerung ist das »Erinnern an Fertigkeiten« (Fahrrad fahren, Ski laufen, Durchführen praktischer Übungen, Wiederholung bestimmter körperlicher Handlungsabläufe etc.). Was am eigenen Körper erlebt bzw. mit dem Körper gelernt wurde, kann besser wiedererkannt und wiederholt werden, als wenn nur die Augen oder die Ohren den Lernstoff aufgenommen haben.

Die häufigste Art des Erinnerns ist das Erinnern an sprachliche Informationen. Diese können unterschiedlich strukturiert sein. Sprachliche Informationen können dabei vom einzelnen Buchstaben über Wörter, Prosatexte und Gedichte bis hin zu wissenschaftlichen Abhandlungen gehen. Dabei wird ein Lernstoff, der ein Spezialisierungsfeld des Menschen betrifft (Hobby), wesentlich besser aufgenommen und wiedergegeben, als wenn ein unbekanntes Lerngebiet angesprochen wird. Ein Koch wird die gelernten Rezepte besser behalten als ein Ober, ein Zimmermann wird Informationen über Arten und Stärke

ABB. 19 ▶ Abhängigkeit der Behaltensleistung vom Zeitverlauf (nach Ebbinghaus)

von Holz leichter aufnehmen und wiedergeben können als ein Maurer etc. Außerhalb seines eigenen Spezialisierungsfeldes erscheint einem das Aufnehmen und Erinnern an umfangreiche Informationen als nicht sehr bedeutsam für die eigenen Lebensziele. Deshalb müssen auch Zuhörer davon überzeugt werden, dass der zu lernende Stoff bedeutsam für sie ist.

Die Phase des Erinnerns gibt uns Auskunft darüber, ob die gelernte Information aufgefunden wird oder nicht. Fällt die Phase des Erinnerns negativ aus, so spricht man üblicherweise vom Vergessen. Schon Ende des letzten Jahrhunderts hat sich der deutsche Wissenschaftler Ebbinghaus intensiv mit dem Phänomen des Vergessens beschäftigt. Er arbeitete hauptsächlich mit den »sinnlosen Silben«, also Silben, die keinen sprachlichen Teilsinn ergeben. Er lernte diese Silben auswendig und stellte nach einem gewissen Zeitablauf fest (20 Minuten, 1 Stunde, 1 Tag etc.), wieviel von den gelernten sinnlosen Silben er noch reproduzieren konnte. Seine Ergebnisse fasste er in der Ebbinghaus-Behaltenskurve (Vergessenskurve) zusammen, die im Wesentlichen in Abbildung 19 zu sehen ist.

Die Interpretation der Vergessenskurve ergibt folgendes Bild: Unmittelbar nachdem der Lernstoff zu 100 % aufgenommen wurde, vergessen wir relativ rasch. Das Vergessen wird dann aber mit zunehmender Zeitdauer immer langsamer. Schließlich bleibt nach einer gewissen Zeitperiode ein kleiner Rest an Lernstoff im Gedächtnis vorhanden. Der Verlauf der Vergessenskurve hängt selbstverständlich auch davon ab, was und unter welchen Bedingungen gelernt wurde. Die Geschwindigkeit des Vergessens wird von vielen Faktoren beeinflusst. Es ergeben sich unterschiedliche Vergessenskurven, je nachdem, wie das zu lernende Material angeboten wurde:

- ▶ sinnvoll oder sinnlos,
- ▶ gegliedert oder ungegliedert,
- ▶ einfach oder schwierig,

1 ▶ Lernverhalten

- mit Motiv lernen oder ohne Motiv lernen,
- mit Begeisterung oder unter Zwang.

In Abbildung 20 sehen Sie den Verlauf mehrerer Vergessenskurven, gegliedert nach der Art des Lernmaterials.

Sinnvolles Material (Gesetzmäßigkeiten, Regeln, logische Strukturen, Prinzipien) werden wenig bis kaum vergessen. Wer einmal eine Gesetzmäßigkeit verstanden und vielleicht selbst im praktischen Versuch ausprobiert hat, der wird diese Gesetzmäßigkeit lebenslang reproduzieren können. Eine gewisse positive Lernverstärkung muss aber auch hier erfolgen. Je geringer strukturiert das Material ist (Gedichte, Prosatexte, sinnlose Sil-

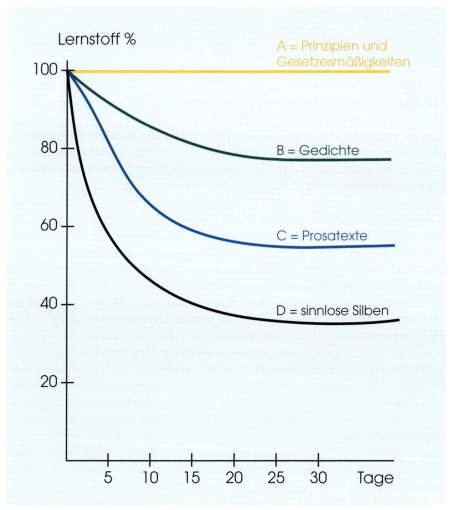

ABB. 20 ▶ Abhängigkeit der Behaltensleistung von der Art des Lernmaterials (nach Naef)

ben), desto weniger wird behalten. Besonders gravierend ist der Vergessensanteil in der ersten Zeit nach dem Lernen. Übrigens, mehr als 100 % können wir nicht lernen. Es hat daher wenig Sinn, wenn wir nach einem Lernvorgang das Etappenziel von annähernd 100 % erreicht haben, noch weiter lernen. Damit geht das Vergessen auch nicht langsamer vonstatten. Diese zusätzliche Zeit können wir uns sparen und für nützlichere, wichtigere Vorhaben einsetzen. Außerdem ist der Vergessensprozess eine sinnvolle Einrichtung unseres Gehirns. Er ermöglicht, dass unser Gehirn nicht mit so vielen Belanglosigkeiten vollgestopft wird. Vergessen ist kein passives Verschwinden von Informationen, sondern eine Überlagerung durch neue, andere Eindrücke. Wird gelerntes Wissen über längere Zeit nicht benutzt, tritt es in den Hintergrund. Bei Bedarf wird es nicht mehr aufgefunden, sodass jetzt wieder ein neuer Lernprozess erfolgen muss. Das benötigte Material wird wieder eingeprägt, jetzt aber mit einem erheblich geringeren Zeitaufwand als beim ersten Lernprozess. Wir alle haben dieses Phänomen schon beobachtet, wenn wir über einen längeren Zeitraum einen Erholungsurlaub unternommen haben und unser Gedächtnis kaum mit den Problemen und Informationsbedürfnissen des Alltags konfrontiert wurde. Nach dem Erholungsurlaub benötigten wir dann erst einige Tage Eingewöhnungszeit, um wieder voll in den Alltagsprozess eingreifen zu können. Wiederholungen in Form von Wiedererkennen, Reproduzieren und Wiederdurchführung von Bewegungsabläufen sind daher lediglich ein Signal an unser Gedächtnis, das momentan nicht Wiederauffindbare in den Vordergrund des Gedächtnisses zu holen.

1.7.1 Das persönliche Wissensnetz

Je mehr Informationen vom Ausbilder aufgenommen und gelernt werden, desto höher wird sich sein persönliches Wissensnetz entwickeln. So engmaschig wie das Netz einer Spinne gebaut ist, so muss das eigene gelernte und praktizierte Wissen durch aneinandergereihte Assoziationen miteinander verknüpft sein. Je schwächer die Assoziation von Teilwissensbereichen bzw. Worten ist, je schwächer also das Spinnennetz gewoben ist, desto wahrscheinlicher wird es den Naturgewalten nicht standhalten können bzw. desto schwieriger ist es für den Menschen, aktives Wissen zu erwerben, zu verarbeiten, abzulegen und bei Bedarf wiedergeben zu können. Je mehr wir also von einem Fachbereich wissen, desto leichter können wir dazu neue Informationen aufnehmen. Je besser es uns gelingt, neues Wissen mit bekannten Netzstrukturen zu verknüpfen, desto höher wird unser persönlicher Lernerfolg. Stellen wir uns jetzt dieses Netz nicht nur zweidimensional vor, sondern vielleicht dreidimensional, dann bildet jede Netzschicht ein persönliches Wissensgebiet ab, das wiederum mit anderen Netzschichten oberhalb bzw. unterhalb verknüpft werden kann. Damit ist es nicht nur wichtig, die Technik des Lernens zu kennen, sondern gezielt durch den Einsatz bereits vorhandener Wissenselemente das eigene Wissensnetz zu erweitern, und zwar zu einem gigantischen mehrdimensionalen Netzwerkblock.

Die in diesem Buch vorgestellten Lerntheorien geben nur einen modellhaften Eindruck über das Lernen wieder. Wie groß der eigene Lernerfolg schließlich ist, bestimmt jeder selbst durch den Aufbau solcher Netzwerkblöcke. Nicht die quantitative Menge ist ent-

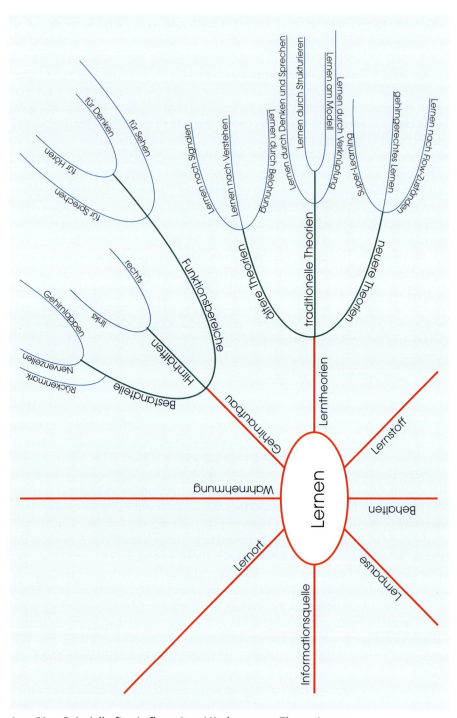

ABB. 21 ▶ Beispielhafter Aufbau einer Mindmap zum Thema Lernen

scheidend, sondern die qualitative Verknüpfung gewinnt immer mehr an Bedeutung. Die bereits beschriebene geistige Mobilität und Flexibilität beeinflusst dabei in einem hohen Maße die Möglichkeit zur Schaffung von Wissensnetzen. Natürlich kann sich der Ausbilder dies auch für seinen Unterricht zunutze machen, indem er mit Analogien bzw. mit fachfremden Assoziationen dem Publikum »einfache« Fäden anbietet, welches diese dann in sein eigenes Wissensnetz einflechten bzw. einbinden kann. Sprechen Sie zum Beispiel in der Ersten-Hilfe-Ausbildung über ein Encephalon, dann werden normalerweise keine Verknüpfungspunkte im Wissensnetz des Teilnehmers angesprochen. Zeigen Sie allerdings gleichzeitig das Bild eines Gehirns, sind sofort Verknüpfungspunkte gegeben. Sprechen Sie in der Rettungssanitäterausbildung nur mit Fachtermini, werden nur diejenigen Teilnehmer folgen können, die sich bereits dazu das medizinische Fachvokabular eingeprägt haben. In medizinischen Fachfortbildungen reduziert sich dann der allgemeine Informationsgehalt auf fast Null Prozent, der fachliche Informationsumfang hingegen steigt auf fast 100 % an. Abkürzungen und Ähnliches verstärken diesen Mechanismus. Für den EDV-Fachmann ist die Begriffsbezeichnung »MB« klar, nämlich die Maßeinheit für die Bezeichnung der Speichergröße eines Speichermediums. Eltern würden damit vielleicht einen deutschen Spielzeughersteller in Verbindung bringen, Kaufleute im Baustoffbereich assoziieren damit wahrscheinlich eine deutsche Baustoff-Kooperation. Ob Sie über Megaherz sprechen oder auf die Taktfrequenz der Verarbeitung hinweisen, ob Sie sich zu einem Floppy-Laufwerk oder einem EDV-Laufwerk äußern, ob eine Emulation umgesetzt oder ein Verbindungsprogramm aktiviert wird – immer wieder kann man als Dozent erheblich Einfluss auf die Verknüpfungsfähigkeit des vermittelten Wissens beim Zuhörer-Wissensnetz erreichen. Proteine oder Eiweiße, essenzielle Spurenelemente oder lebensnotwendige Nahrungsbestandteile, Reanimation oder Wiederbelebung, ein Homo oeconomicus oder der Vernunftsmensch – der Grad der Assoziationsfähigkeit des Wortes wird durch die Ausdrucksfähigkeit des Referenten bestimmt.

Der Sinn dieser letzten Ausführungen sollte sein, Ihnen bewusst zu machen, dass bereits nach Beendigung des Lernprozesses der Vergessensprozess beginnt. Was aber der Teilnehmer vergisst, kann er nicht aus dem Unterricht mitnehmen, davon kann er nicht profitieren. Deshalb ist es für den Dozenten wichtig, nach einer kurzen Zeitspanne eine Wiederholung des Lernstoffs und damit auch eine Überprüfung der Kenntnisse der Teilnehmer im Unterrichtsverlauf durchzuführen. Es ist jedoch nicht sinnvoll, zu Beginn jeder neuen Stunde eine Wiederholung anzusetzen. Das Gelernte muss sich ja zuerst einmal festigen, bevor der Versuch des Wiedergebens gemacht wird. Auch zu diesem Bereich sind Versuche durchgeführt worden.

Die Abbildung 22 demonstriert eindeutig, dass zu viele Wiederholungen innerhalb eines kurzen Zeitverlaufs den Lernerfolg des Teilnehmers nicht optimal beeinflussen. Der Lernerfolg ist aufgrund der unterschiedlich verteilten Wiederholungen verschieden. Auch Ebbinghaus fand heraus, dass man mit viel weniger Wiederholungen auskommen kann – unter der Voraussetzung, dass die Wiederholungen auf einen größeren Zeitraum verteilt werden. Der Lernerfolg ist also nicht mit Gewalt zu erzwingen, sondern die Wiederholungen müssen rationell aufgeteilt werden. Sinnvolle Wiederholungen können so aussehen, dass während eines Lerntags die erste Wiederholung entweder vor der Mittagspause, eine Stunde nach der Mittagspause (unmittelbar nach der Mittagspause für Bewegung sorgen) oder gar am Ende des Unterrichtstages erfolgen kann. Weitere Wiederholungen können jeweils am nächsten Morgen erfolgen. Wichtige Themenbereiche können dabei aber auch während der Stunden durch wiederholtes Ansprechen in das Gedächtnis der Teilnehmer zurückgerufen werden. Beachten Sie bitte, dass die auf einen größeren Zeitraum sinnvoll verteilten Wiederholungen wesentlich effektiver sind. Das gilt nicht nur für die Aneignung von Wissen und Kenntnissen, sondern auch für die Entwicklung von Fertigkeiten.

Informationen können auch deshalb im Gedächtnis nicht wieder aufgefunden werden, weil sie durch Überschneidungen in Form von Lernhemmungen verändert worden sind.

ABB. 22 ▶ Abhängigkeit des Lernerfolges von der durchgeführten Anzahl der Wiederholungen (nach Engelmayer)

1.7.2 Die inhaltliche Lernhemmung (Ähnlichkeitshemmung)

Der Grad der Ähnlichkeit zweier Lernstoffgruppen kann zu einer inhaltlichen Lernhemmung führen. Werden zum Beispiel zwei sehr ähnliche Sprachen kurze Zeit hintereinander gelernt, so kann man feststellen, dass beim Wiederholen bzw. Wiedergeben der gelernten Wörter eine Verwechslung der Worte eintreten wird. Auch das ungehinderte Einprägen wird gestört. Um zwei ähnliche Lernstoffe hintereinander zu erlernen, wird mehr Zeit und Mühe benötigt, als wenn man hintereinander zwei unterschiedliche Lernstoffe erlernt. Diese Ähnlichkeitshemmung ist umso ausgeprägter, je ähnlicher sich die beiden Lernstoffe sind. Deshalb muss der Lernstoff so eingeteilt werden, dass möglichst verschiedenartiges Material nacheinander dargeboten wird.

1.7.3 Die zeitliche Lernhemmung

Untersuchungen haben gezeigt, dass der Lernprozess nicht in dem Augenblick beendet ist, in dem die Wahrnehmung des Lernstoffs abgeschlossen wird. Das Einprägen und Einordnen des Lernstoffs nimmt noch zusätzliche Zeit (ca. 5 bis 10 Minuten) in Anspruch. Dieser Vorgang wird auch als postmentaler Prozess bezeichnet. Erfolgt z. B. in dieser Phase eine starke gefühlsmäßige Erregung (Angst, Schrecken, Freude, Ärger), so kann festgestellt werden, dass der Einprägungsvorgang gestört wird. Man spricht dann von der affektiven Gedächtnishemmung. Starke Erregung bei einem Unfall führt auch zu diesem Erscheinungsbild. Zur selben Lernhemmung kommt es, wenn zwei Lernprozesse zeitlich zu dicht aufeinanderfolgen. Dabei kann der zuerst vermittelte Lernstoff den zweiten Lernstoff beeinträchtigen, oder der zweite Lernstoff führt zur Lernhemmung des ersten Lernstoffs. Man spricht dann von vor- und rückwirkender Hemmung. Je schneller die beiden Lernstoffe aufeinanderfolgen, desto stärker sind die zu erwartenden Lernhemmungen. Eine Wiedergabehemmung tritt dann ein, wenn ein neuer Einprägungsprozess noch nicht beendet ist und man auf früher Gelerntes zurückgreifen möchte. Deshalb ist es auch nicht ratsam, kurz vor einer Prüfung oder sonstigen Wiedergaben noch Neues dazuzulernen, da dann diese Wiedergabehemmung entsteht. Um diese zeitlichen Lernhemmungen vermeiden zu lernen, werden wir im Folgenden die körperlichen Voraussetzungen eines Lernenden ansprechen und unter anderem die Bedeutung von Lernpausen darstellen.

1.8 Die Lernpausen

Wissenschaftliche Untersuchungen haben gezeigt, dass der Lernprozess stark vom Konzentrationsniveau des Lernenden abhängt. Er wird besser vonstatten gehen, wenn das Konzentrationsniveau hoch ist.

Deutlich ist in Abbildung 23 zu sehen, dass bei einer Lerngruppe, die unter ständigem Lernstress gehalten wird, nach den ersten 10 bis 20 Minuten ein Konzentrationsabfall zu verzeichnen ist. Nach 45 Minuten ist die Konzentrationsfähigkeit des Teilnehmers stark eingeschränkt. Ab diesem Zeitpunkt wird vom Teilnehmer kaum noch der dargebotene Lehrstoff aufgenommen und verarbeitet. Hat jedoch der Teilnehmer die Möglichkeit, individuelle Pausen nach seinem eigenen Empfinden einzulegen, dann verläuft die Konzentra-

1 ▶ Lernverhalten

»Man kann über alles reden, nur nicht über 45 Minuten.«

ABB. 23 ▶ Konzentrationsfähigkeit einer Versuchsperson im Lernprozess während 60 Minuten (nach Mierke)

tionsfähigkeit des Lernenden über 60 Minuten stets im oberen Niveaubereich (gestrichelter Kurvenverlauf). Wie soll aufgrund dieser Ergebnisse eine optimale Pausengestaltung aussehen? Bevor wir uns dieser Frage zuwenden, müssen wir erst noch einige Anforderungen an eine optimale Pausengestaltung stellen:

1. Pausen dürfen nicht zu lang sein, sonst wird in den Pausenabständen schon wieder ein beträchtlicher Teil des aufgenommenen Lernstoffs vergessen. Außerdem kommt man aus der Lernroutine (dem Lernrhythmus) heraus und benötigt dann wieder eine entsprechend längere Anlaufzeit, um für das Lernen wieder »warm« zu werden (Aufwärmeffekt).
2. Pausen müssen lang genug sein, damit sich der Lernstoff nicht durch die zeitliche Nähe gegenseitig hemmt.
3. Von der gesamten Lernzeit sollen 10 – 30 % (abhängig von der individuellen Lernerfahrung) für Pausen eingeplant werden.

Dies zu erreichen ist fast unmöglich, da die Forderungen zum Teil entgegengesetzte Wirkungen auslösen. Man muss deshalb versuchen, einen goldenen Mittelweg zu finden. Wie kann dieser nun aussehen? Auf jeden Fall müssen wir von zeitlich verschiedenen Pausengestaltungen ausgehen, die sich während des Unterrichtsverlaufs ständig ändern. Gehen wir deshalb von der Überlegung aus, dass die Pausengestaltung in vier Pausentypen unterteilt werden kann:

- kurze Unterbrechung
- Minipause
- Auffrischungspause
- Erholungspause/Mittagspause.

1.8.1 Die kurze Unterbrechung

Bei der kurzen Unterbrechung »verlässt« man kurz gedanklich den Unterricht, indem man seine Konzentration auf einen anderen Bereich fixiert oder die Gedanken in die Ferne schweifen lässt. Mögliche Beispiele für eine kurze Unterbrechung, die vom Redner richtig interpretiert werden sollten, sind:

- kurz aus dem Fenster blicken
- einige Male tief durchatmen
- sich an der Wange, der Nase oder dem Ohr kratzen
- sich kurz und kräftig in der Skelettmuskulatur dehnen
- den Bleistift spitzen
- eine Kugelschreibermine auswechseln
- ein neues Blatt hervorholen
- etwas trinken
- ein anderes Buch aufschlagen
- multimediale Entspannungseinheit
- kreative Pausenfüller einsetzen.

Es gibt unzählige Möglichkeiten, wie eine kurze Unterbrechung entstehen kann. Diese kurze Unterbrechung soll aber nicht länger als eine Minute dauern, wobei der Unterrichtsraum nicht verlassen werden muss. Sie läuft selbstständig ab und kann direkt nur vom Lernenden herbeigeführt werden, da Konzentrationspausen individuell von Person zu Person zeitlich und sachlich verschieden sind. Solche kurzen gedanklichen Abschweifungen müssen vom Ausbilder erkannt und dürfen nicht mit einem strafenden Blick oder einer rügenden Geste beantwortet werden. Diese kurze Unterbrechung beim einzelnen Teilnehmer soll vom Dozenten als produktive Pause betrachtet werden. Fällt sie jedoch zu lang aus (mehrere Minuten), dann kann der Dozent versuchen, den Teilnehmer durch direkte Ansprache (in Form einer Wiederholungsfrage, Verständnisfrage, Denkfrage etc.) oder durch Ausführung einer praktischen Tätigkeit wieder in den gedanklichen Lernprozess miteinzugliedern. Aber auch der Dozent kann durch einen häufigeren Methoden- und Medienwechsel (s. Kap. 3, »Methodik«) eine kurze Unterbrechung für den Zuhörer erzielen, welcher danach wieder mit erhöhter Aufmerksamkeit dem Unterrichtsprozess folgen wird.

1.8.2 Die Minipause

Die Minipause beträgt ungefähr fünf Minuten. Der Lernende verlässt dabei seinen Unterrichtsplatz und widmet sich kurz einem anderen Geschehen. Mögliche Beispiele sind:

- an das Fenster gehen, öffnen und hinausblicken
- eine praktische Übung ausführen
- sich mit anderen Teilnehmern unterhalten
- sich etwas zum Trinken holen
- sich ein Getränk zubereiten
- kreative Pausenfüller einsetzen
- Es sind auch einfache Entspannungsspiele (z. B. kleinere Kugel unter dem Fußballen rollen und jeden Hautbereich die Oberfläche der Kugel erleben lassen) oder kurze gemeinsame Lockerungs- und/oder Dehnübungen möglich, die vom Ausbilder angeregt werden können.

Je schwieriger, gleichförmiger und anstrengender der Lernstoff ist, desto mehr Minipausen müssen durchgeführt werden. Dabei wird von der Grundregel ausgegangen, dass von der gesamten Lernzeit 5 – 15 % für Minipausen und kurze Unterbrechungen verwendet werden sollen. Eine Minipause erfolgt nach 20 – 30 Minuten. Handelt es sich bei dem vorzutragenden Lernstoff um eine interessante Ausführung, die von den Teilnehmern aufmerksam und interessiert verfolgt wird, oder befindet man sich in einer lebhaften Diskussionsrunde oder Fragestunde, dann kann eine Minipause auch erst nach 45 Minuten erfolgen. Es muss jedoch beachtet werden, dass die Minipausen gleichmäßig über die gesamte Lernzeit verteilt werden. Auch bei interessant vorgetragenen Themen sinkt zwar die Konzentrationsleistung aufgrund geistiger Beanspruchung ab, sie kann dafür aber durch die erzeugte Aufmerksamkeit, Interessantheit des Themas etc. zum Teil wieder ausgeglichen werden. Eine besondere Bedeutung der Minipause liegt in der Unterrichtszeit am Nachmittag oder in der Unterrichtung während des Abends. Hierauf werden wir jedoch zum Ende des Themenkomplexes »Pausengestaltung« noch genauer eingehen.

1.8.3 Die Auffrischungspause

Nach einer Unterrichtszeit von 90 – 120 Minuten muss eine längere Auffrischungspause eingelegt werden. Sie beträgt mindestens 15 und höchstens 20 Minuten. Dabei muss beachtet werden, dass die vorgegebene Lernatmosphäre (Unterrichtsraum) verlassen wird, damit auch die äußeren Umstände zu einer geistigen und körperlichen Entspannung führen. Mögliche Ausführungen sind:
- ▶ eine Frühstückspause mit Erfrischungsgetränken und belegten Vollkornbrötchen
- ▶ ein kurzer Spaziergang etc.

1.8.4 Die Erholungspause / Mittagspause

Wie wir alle wissen, muss der Körper über bestimmte Zeiträume Nahrung aufnehmen, damit der Unterrichtsprozess nicht durch körperliche Missempfindungen gestört wird. Bei einer reinen Lernzeit von mehr als drei Stunden muss deshalb eine Erholungspause eingelegt werden, in der sich Körper und Geist entspannen können. Die Dauer der Erholungspause soll sich zwischen eineinhalb und zweieinhalb Stunden bewegen. Legen Sie dem Teilnehmer dabei ans Herz, bei längeren Pausen diese auch durch körperliche Betätigung in Form von Schwimmen und Laufen sinnvoll auszufüllen. Meistens wird die Entspannungspause am Mittag zur Tischmahlzeit benutzt.

Beachten Sie bitte, wenn Sie einen Unterricht über den ganzen Tag anbieten, dass eine reine Lehrzeit von 2 x 3 Stunden nicht überschritten werden soll. Was nützt es dem Teilnehmer und Ihnen, wenn er nur körperlich, aber nicht geistig anwesend ist. Lieber etwas weniger Unterrichtszeit ansetzen und die gewonnene Zeit zur Pausenzeit hinzurechnen. Wichtig ist doch am Ende des Lehrgangs nur, wieviel von dem vermittelten Lehrstoff vom Teilnehmer überhaupt aufgenommen worden ist. Vermeiden Sie den Lernstress. Ein ständiger Lernstress wirkt nach längerer Zeit abschreckend auf den Unterrichtsverlauf. Der Teilnehmer soll doch Spass am Lernen haben. Vermeiden Sie auch den eigenen Lehrstress. Wenn Sie in jeder Unterrichtseinheit Ihr Bestes geben, dann haben Sie ebenfalls dringend eine sehr große Erholungspause nötig. Auch Sie selbst können nicht über einen längeren Zeitraum in der Didaktik, Methodik und Rhetorik Höchstleistungen erbringen. Irgendwann muss auch Ihre Stimme, Ihr Körper und Ihr Geist auf Sparflamme geschaltet werden und eine Ruhepause einlegen. Außerdem schadet es auch Ihrem Ruf als Ausbilder, wenn Sie bei starker Beanspruchung erhebliche Mängel zeigen. Beachten Sie bitte auch am Anfang einer größeren Unterrichtseinheit, besonders nach der Erholungspause, dass Sie nicht gleich voll in den Lehr- und Lernprozess einsteigen, sondern den entstehenden Aufwärmprozess bei sich und bei den Teilnehmern berücksichtigen. Unter dem Aufwärmprozess versteht man das subjektive Einstellen einer Person auf die Lernaktion. Der Teilnehmer muss erst »warm« werden, um in die gesamte Lernsituation hineinzukommen und die richtige Lernstimmung aufzubauen.

Bei kurzen Unterbrechungen und in Minipausen können kleine Pausenfüller in Form kleiner Denkaufgaben (s. Abb. 24 – 27) zum Einsatz kommen, die der Dozent präsentiert.

1.8.5 Die Schatzkiste »Pausenfüller / heitere Denkspiele«

ABB. 24 ▶ Die Teilnehmer sollen die abgebildeten neun Punkte mit vier aufeinanderfolgenden Strichen verbinden.

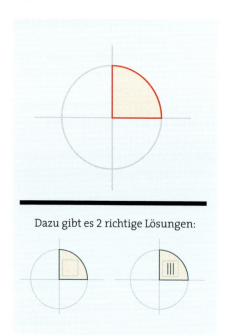

ABB. 25 ▶ Die Teilnehmer sollen in den abgebildeten rechten oberen Kreissektor ein Quadrat mit drei geraden Linien einzeichnen.

ABB. 26 ▶ Die Teilnehmer sollen bestimmen, wie viele Quadrate sie abgebildet sehen.

Abb. 27 ▶ Die Teilnehmer sollen diese Aufgabe lösen

Durch die persönliche Erläuterung gibt der Dozent mit den richtigen Lösungen auch gleichzeitig Denkanstöße und wissenswerte Informationen zum individuellen Lernvorgang und zur persönlichen Betrachtungsebene. Diese Schatzkiste »Pausenfüller/heitere Denkspiele« kann beliebig vom Ausbilder mit eigenen Aufgaben ergänzt werden, sodass immer ein ausreichendes, unterschiedliches Spektrum an kleinen Denkaufgaben zum Einsatz kommen kann.

1.9 Die physiologische Leistungsbereitschaft

Bei der Unterrichtung muss der Ausbilder auch Kenntnisse über die körperliche Leistungsbereitschaft (die Lebensvorgänge im Organismus betreffend) einer Person besitzen. Nicht zu jeder Unterrichtszeit ist der Mensch in der Lage, dieselbe Leistung zu erbringen. Die Leistungsbereitschaft schwankt im Verlauf von 24 Stunden, und zwar zum Teil recht erheblich, wie Abbildung 28 beweist.

Wie dem Schaubild zu entnehmen ist, hat der Organismus nach dem Mittagessen bis ca. 15 Uhr und am Abend von 22 bis 5 Uhr eine deutlich verminderte Leistungsbereitschaft (z. B. in der Reaktionsfähigkeit und der Aufmerksamkeit, bemerkbar als Müdigkeitsgefühle und Konzentrationsschwäche etc.). Untersuchungen haben auch ergeben, dass jeder Mensch diesen Prüfung(s)Leistungsschwankungen während der Tages- und Nachtzeit unterworfen ist und diese nicht durch Gewöhnung (Nachtarbeit, Schichtarbeit, Überseereisen) beeinflusst werden können. Unsere höchste Leistungsbereitschaft besitzen wir in der Zeit von 8 bis 12 Uhr. In dieser Zeit können wir besser schwierigen geistigen Lernstoff aufnehmen als zu jeder anderen Tageszeit. Außerdem ist es während dieser Tageszeit auch möglich, die geplanten Minipausen erst nach 40 – 45 Minuten erfolgen zu lassen, wenn gewährleistet ist, dass der zu vermittelnde Lehrstoff interessant und vom Ausbilder »berauschend« vorgetragen wird. Bei einer längeren Unterrichtszeit (über 45 Minuten) sollte der Ausbilder dem Teilnehmer aber die Möglichkeit zur geistigen Entspannung geben. Das kann bereits durch sinnvollen Methodenwechsel (vom Vortrag zur Gruppenarbeit), durch Medienwechsel (von der Tafel zur Videovorführung), durch eine eingelegte lockere Diskussion oder manchmal auch durch einen Scherz (Witz, Anekdote, Erfahrung aus

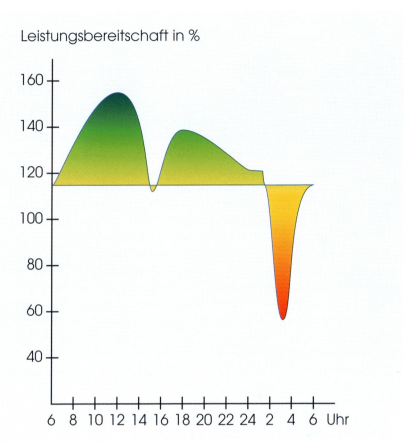

ABB. 28 ▶ Schwankungen der physiologischen Leistungsbereitschaft über 24 Stunden (nach Graf)

dem eigenen Bereich etc.) erfolgen. Denken Sie deshalb immer während Ihrer Unterrichtung daran, dass Sie weg vom eingefahrenen, monotonen, bekannten Unterrichtsstil kommen sollten, damit Sie sich durch die Vielfalt Ihrer Möglichkeiten der Aufmerksamkeit des Zuhörers immer sicher sein können.

Wir empfehlen Ihnen, die Erholungspause in das erste Tief der Leistungsbereitschaftskurve zu legen. Nach der Erholungspause erreicht die physiologische Leistungsbereitschaft nicht mehr den Höchstpunkt des Vormittags. Gegen 18 Uhr fällt diese sogar noch um einige Prozentpunkte nach unten. Da Sie ja den schwierigen Lernstoff bereits am Vormittag abgehandelt haben, können Sie am Nachmittag dazu übergehen, den gelernten Stoff anhand von Fallbeispielen zu vertiefen, oder in Form von praktischen Übungen den Teilnehmern selbst die Möglichkeit geben, ihr Wissen nun direkt anzuwenden. Eine Wiederholung unmittelbar nach der Mittagspause ist nicht so sehr zu empfehlen. Eine günstigere Zeit für die Wiederholung ist in der Mitte des Nachmittags oder gar zum Schluss des Lerntags.

Sie sollten ebenfalls die Tatsache mit in Ihre Betrachtungen einfließen lassen, dass nach dem Essen der Verdauungsvorgang im Körper einsetzen wird. Die Magen- und Darmtätigkeit wird aktiviert, sonstige wichtige körperliche Funktionen wie z.B. Puls, Blutdruck, Durchblutung etc. werden herabgesetzt. Nach dem Essen befindet sich viel Blut im Magen-Darm-Trakt und wenig Blut im Gehirn. Folge davon ist, dass man sich nach dem Essen stets müde fühlt. Um der Müdigkeit begegnen zu können, gibt es verschiedene Möglichkeiten. Sie alle kennen sicher das Sprichwort: »Nach dem Essen sollst du ruhen, oder tausend Schritte tun«. Gehen Sie dabei nun nicht so vor, dass eine dieser beiden Möglichkeiten in seiner Extremform ausgeführt werden soll. Nur schlafen nach dem Essen, und Sie stehen wie erschlagen auf und haben Schwierigkeiten, wieder voll in den notwendigen Lernprozess einzusteigen. Ebenfalls ist es auch nicht sinnvoll, nach dem Essen eine körperliche Höchstleistung zu vollbringen. Sie entziehen damit dem Magen-Darm-Trakt nur unnötig viel Blut, sodass die Verdauungstätigkeit im Körper nicht voll durchgeführt werden kann. Geben Sie deshalb Ihren Kursteilnehmern den Rat, eine vernünftige Kombination der zwei Möglichkeiten zu wählen. Nach dem Essen entweder eine halbe bis eine Stunde Schlaf, oder, was noch viel besser ist, eine Entspannungsübung in Form von autogenem Training, Meditation, Yoga oder einer anderen Muskelentspannungstechnik durchführen. Danach, wenn der Geist und die Seele zu ihrem Recht gekommen sind, kann der Teilnehmer die restliche Zeit zur körperlichen Betätigung nutzen, z.B. durch entspannendes Schwimmen, mäßigen Dauerlauf, Tischtennis oder sonstige leichte sportliche Betätigungen, die relativ schnell und ohne große Vorbereitungszeit durchgeführt werden können.

Beachten müssen Sie aufgrund des Verlaufs der physiologischen Leistungsbereitschaft beim Unterricht am Nachmittag oder am Abend, dass

- Sie keinen zu schwierigen (zu theoretischen) Lernstoff präsentieren,
- jede Minipause nach 20 – 30 Minuten erfolgen soll und
- der Lehrstoff eine körperliche Bewegung der Teilnehmer ermöglicht (praktische Übungen, Gruppenarbeit etc.).

Sicherlich können nicht alle diese Bedingungen immer eingehalten werden, weil sehr oft die Kursgestaltung von anderen Faktoren beeinflusst wird, die von uns als gegeben betrachtet werden müssen. Einmalige Veranstaltungen über einige Stunden oder über einen Tag können nicht so optimal durchgeführt werden wie z.B. Seminare während einer Woche oder eines Wochenendes. Vorgegebene Lernzielkataloge zwingen den Ausbilder immer wieder dazu, Kompromisse bei der Lehrstoffwiedergabe einzugehen. Der Seminarort (möglicherweise mit oder ohne Hotelbetrieb) bestimmt den Umfang der möglichen Freizeittätigkeiten. Unser Ziel muss es aber sein, so viele Elemente wie möglich in unser neues Ausbildungskonzept zu übernehmen. Haben Sie deshalb ruhig auch einmal Mut zu einer unbeliebten bzw. ungern gesehenen Lehrstoffkürzung. Diese bringt im Endeffekt dem Teilnehmer mehr als die oftmals vorherrschende Stoffüberfüllung in den Lehrplänen, Lernzielen und sonstigen vorgegebenen Lernstoffbereichen. Manchmal könnte man wirklich meinen, dass die Gestalter dieser Lehrpläne Profilierungsabsichten haben.

Zu lange Unterrichtszeiten und langweilige Vorträge werden dazu führen, dass sich Unruhe im Lehrraum breit macht (unruhige, ungeduldige Sitzstellung, Seitengespräche) oder dass die Teilnehmer müde bzw. schläfrig werden.

Zu lange Pausen können dazu führen, dass in den ersten Minuten der nächsten Stunde noch so viel Unruhe herrscht (Gespräche, Bewegungen etc.), dass der Dozent erst mehrere Minuten warten muss, bevor er mit der tatsächlichen Unterrichtung beginnen kann.

Der Unterrichtsverlauf am Abend muss so gestaltet sein, dass Minipausen schon nach 20 Minuten eingelegt werden. Der Abendunterricht hat aber neben der physiologischen Minderleistungsbereitschaft noch andere negative Faktoren, die dessen Qualität schmälern können. Versetzen Sie sich einmal in die Lage eines solchen Teilnehmers. Er muss den ganzen Tag über (9 Stunden) geistig und körperlich arbeiten, kommt dann um 17 Uhr nach Hause, nimmt eine leichte Abendmahlzeit zu sich und muss nun von 18 bis 21 Uhr noch eine Fortbildung besuchen, die seine ganze Konzentration verlangt. Erstens hat er zu wenig Zeit, um sich von dem Arbeitsalltag zu erholen, und zweitens ist sein Gehirn tagsüber mit Informationen überschüttet worden, die teilweise jetzt noch »nachverdaut« werden. Wer tagsüber viel geistige Arbeiten verrichtet, wird sich beim Abendunterricht von der geistigen Seite her schwer tun, da die tägliche Leistungskapazität des Gehirns fast schon erreicht ist.

Wird ein Mensch nun aber während des Arbeitstages durch ständige körperliche Bewegung gefordert, hat dieser umgekehrt Schwierigkeiten, sich nun am Abend drei Stunden lang still hinzusetzen und aufmerksam der Stimme des Ausbilders zu lauschen. Diesen Personen sieht man oft die Auswirkungen der ungewohnten abendlichen Atmosphäre an, wenn ihre Körpermotorik sich so verändert, dass sie z. B. ständig von einer Seite des Stuhls auf die andere Seite rutschen. Sobald jedoch der Dozent über die Besonderheiten des Abendunterrichts informiert ist, kann er sich besser darauf einstellen und seine Vortragstätigkeit danach gestalten.

1.10 Die Motivation

Ein weiterer wichtiger Punkt, der das Lernverhalten eines Erwachsenen beeinflussen kann, ist die eigene, aktive Motivation des Teilnehmers und die passive Motivation durch den Ausbilder während der Unterrichtsphase. Unter Motivation versteht man die Schaffung eines Beweggrundes (Motiv), der die Ausübung einer Tätigkeit positiv unterstützt. Der Begriff »Motiv« umfasst Bezeichnungen wie Bedürfnis, Trieb, Neigung und Streben. Die Motivation entsteht damit durch das Wirksamwerden eines Motivs.

Zum Lernen muss ein innerer Beweggrund geschaffen werden. Das kann dadurch erfolgen, dass der Teilnehmer sich selbst motiviert, z.B. durch Planung eines Erlebnisurlaubs in einem fremden Land, von dem er die Sprache erlernen möchte. Will er im beruflichen Bereich weiterkommen, so ist dies nur möglich, wenn er Spezialkurse besucht, seinen Ausbildungsstand erhöht und ständig seinen Bildungshorizont erweitert. Wir können hier von der aktiven Motivation sprechen: Die Bemühungen und Bestrebungen zur Motivschaffung gehen vom Lernenden aus. Der Lernende setzt sich aufgrund seiner Motive (in Urlaub zu fahren) ein Ziel (die Sprache zu lernen) und will dieses Ziel nun mit dem inneren Beweggrund verknüpfen und es so erreichen.

Dann gibt es noch die passive Motivation. Der Teilnehmer befindet sich in einer Lehrveranstaltung aufgrund von Zwang (gesetzlich, beruflich, familiär etc.). Hier existieren beim Teilnehmer momentan noch keine ausgeprägten Motive, die zum Lernen anregen. Jetzt kann der Ausbilder von sich aus eine Motiverzeugung beim Teilnehmer anregen, indem er z.B. den Teilnehmer durch seine Vortragstechnik so begeistert, dass dieser mit voller Aufmerksamkeit dem Unterricht folgt und Informationen aufnimmt. Er verspürt jetzt den Wunsch, noch mehr über dieses Thema zu hören, weil der Ausbilder in ihm durch sein Verhalten einen Beweggrund ausgelöst hat. Die passive Motivation ist stark vom Ausbilder abhängig, da er versuchen muss, diese bewusst (Motive aufzeigen) oder unbewusst (Motive durch sein Verhalten zu schaffen) beim Teilnehmer entstehen zu lassen. Handelt es sich um keine Pflichtveranstaltung, dann wird der Teilnehmer meistens schon schlummernde Motive besitzen, die jetzt vom Dozenten nur noch geweckt werden müssen.

Sie wissen ja zwischenzeitlich schon, dass Lehren darin besteht, bewusste oder unbewusste Lernprozesse auszulösen oder zu verfestigen, damit es zur Verhaltensänderung oder zur Verhaltensverstärkung kommen kann. Dabei bedeutet Lehren nicht nur Vermittlung von Wissen, sondern Lehren heißt auch Voraussetzungen für den Lernprozess zu schaffen, damit das Lernen überhaupt vollzogen werden kann. Wir haben schon viele mögliche Voraussetzungen zur Schaffung eines Lernprozesses kennengelernt. Fehlen einige dieser Voraussetzungen, sind sie nicht optimal erfüllbar oder reichen sie nicht aus, dann muss die Motivation eingreifen, um einen Menschen zum Lernen zu bewegen. Die Bedeutung des Lernens muss hervorgehoben und der Teilnehmer davon überzeugt werden, den Lernprozess aufzunehmen. Der Grad der Motivation beeinflusst die Ausdauer und Konzentration beim Lernen. Besonders bei Pflichtveranstaltungen (Ausbildung im Erste-Hilfe-Bereich, schulische Ausbildung, betriebliche Pflichtveranstaltungen etc.) erhält die Motivation einen hohen Stellenwert. Das Lernen ist zu einem großen Teil davon abhängig, ob der Teilnehmer überhaupt willig ist, neue Informationen aufzunehmen.

Bedenken Sie bitte auch, dass ein Mensch mit Desinteresse reagiert, wenn er mit Informationen vollgestopft wird, von deren Wichtigkeit er selbst nicht überzeugt ist. Klären Sie deshalb die Teilnehmer Ihrer Veranstaltungen über die Bedeutung des Stoffs für sich selbst auf. Beweisen Sie ihnen, wie wichtig es ist, Kenntnisse über dieses Stoffgebiet zu besitzen. Wer von der Bedeutung des Lernstoffs nicht überzeugt ist, wird sich auch nicht der Mühe unterziehen, sich ihn einzuprägen.

Wir werden uns im weiteren Verlauf der Ausarbeitung nun mit einigen wichtigen Motivationsmöglichkeiten beschäftigen und aufzeigen, wie eine optimale Gestaltung der Motivation aussehen kann. Dabei gehen wir von der passiven Motivation aus. Selbstverständlich sind hier aber auch starke Elemente der aktiven Motivation beinhaltet. Aktive und passive Motivation sind zwei Bestandteile, die sich stets gegenseitig beeinflussen.

1.10.1 Strafe / Bedrohung / Angsterzeugung als Motivation

Man spricht hier auch von der negativen Motivation. Durch die negative Motivation wird erreicht, dass Strafen, Furcht vor schlechten Noten, Angst vor Misserfolg, Blamagen etc. vermieden werden.

Beispiel (Jugendliche):
»*Wenn Du nicht lernst, darfst Du heute abend nicht ausgehen.*«
Also wird gelernt, damit das Ausgehverbot vermieden wird.

Untersuchungen haben bewiesen, dass die Lernergebnisse bei der negativen Motivation schlechter sind als bei der positiven Motivation, da sich die Lernleistung beim Teilnehmer nicht voll entwickeln kann. Der Teilnehmer (meist Kind oder Jugendlicher in der Schule, Arbeitnehmer im Betrieb bei der Pflichtweiterbildung mit Konsequenzandrohung etc.) strengt sich nur deshalb an, um keine Bestrafung in Form schlechter Noten, Angst vor den Eltern, Taschengeldentzug, Sitzenbleiben, Blamage vor der Klasse oder ausbleibender Beförderung zu erhalten. Die angedrohte Strafe ist für den Teilnehmer unangenehmer als die von ihm erwartete Lernleistung.

ABB. 29 ▶ Abhängigkeit der Lernleistung vom Grad der Erregung (nach Yerkes und Dodson)

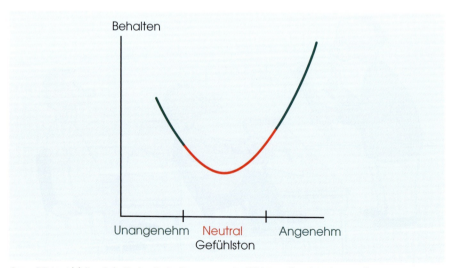

ABB. 30 ▶ Abhängigkeit des Behaltens vom Gefühlston (nach Schwerin)

In Abbildung 29 wird gezeigt, dass eine Maximierung der Lernleistung nur dann erzielt werden kann, wenn sich der Teilnehmer in einer leichten Erregungsphase (Anspannungsphase) befindet. Ruhe- oder Angstzustände vermindern die Lernleistung.

Abbildung 30 untermauert die Aussagen von Yerkes und Dodson. Dabei wird hier jedoch zwischen unangenehmen und angenehmen Erregungsphasen unterschieden. Die angenehme Erregungsphase erzielt in Bezug auf das Behalten einer Information wesentlich bessere Ergebnisse als die unangenehme Erregungsphase. Damit ist auch erklärbar, weshalb die Lernleistung sich nicht voll bei der negativen Motivation entfalten kann und weshalb die negative Motivation schlechtere Behaltensergebnisse erzielt.

1.10.2 Belohnung / Erfolg als Motivation

Belohnung und Erfolgserlebnisse (positive Motivation) sind ein erfolgreicherer Weg zur Motivation. Dabei wirkt jedes Erfolgserlebnis, jede Belohnung in Form des Lobs, der Anerkennung, der Dankbarkeit etc. so, dass die Lust zum Weiterlernen steigt. Dazu möchten wir Ihnen in den Abbildungen 31 und 32 kleine Aufgaben präsentieren (nach Kugemann):

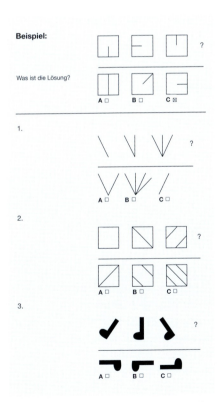

ABB. 31 ▶ Die richtigen Lösungen sind: 1 B, 2 C, 3 A.

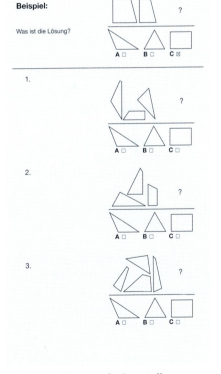

ABB. 32 ▶ Diese Aufgabenstellung war relativ schwierig. Die richtigen Lösungen lauten: 1 A, 2 B, 3 C.

Betrachten Sie bitte die gesetzmäßigen Reihen in den Übungsbeispielen (Abb. 31) und kreuzen Sie danach die Figur an, die Ihrer Meinung nach die jeweilige Gesetzmäßigkeit fortsetzt!

Sie werden sicherlich festgestellt haben, dass die Aufgaben relativ einfach zu lösen waren, dass Sie einen sofortigen Lernerfolg erzielen konnten und dass Sie nun weiterhin Lust verspüren, derartige Aufgaben zu lösen. Dieses Erfolgserlebnis wirkt jetzt bei Ihnen wie eine Belohnung (durch den Ausbilder) nach. Sie machen mit Freude weiter. Der Lernerfolg ist eine der wichtigsten Belohnungen beim Lernen.

Versuchen Sie nun, die Aufgaben in Abbildung 32 in der gleichen Art und Weise zu lösen. Jetzt wird Ihr visuelles Vorstellungsvermögen getestet. Abgebildet sind puzzlemäßig auseinandergeschnittene geometrische Formen. Durch richtiges Anlegen der Einzelstücke ergibt sich jeweils eine der unten abgebildeten Formen.

Sie haben nun »am eigenen Leib« erfahren, wie sich schwierige Aufgaben auf Ihre Motivation auswirken können. Durch die Auswahl der Aufgaben hat man versucht, Ihnen ein oder mehrere Misserfolgserlebnisse zu vermitteln. Haben Sie mehrere Misserfolge erlebt, dann werden Sie nun nicht mehr das Bedürfnis haben, weitere Aufgaben dieser Schwerpunktreihe zu lösen. Ihre Motivation ist gesunken. Misserfolge setzen also nicht nur eine schwere Aufgabenlösung voraus, sondern sie bewirken auch ein starkes Nachlassen der Motivation zum Weiterlernen. Häufig schaltet der Zuhörer schon zu Beginn ab, wenn er sich vom Lernstoff überfordert fühlt. Deshalb muss im Unterrichtsprozess daran gedacht werden, dass dem Teilnehmer über längere Zeiträume in Intervallen jeweils ein Erfolgserlebnis vermittelt wird. Dies kann folgendermaßen geschehen:

Eine Antwort oder Aktivität des Teilnehmers wird hervorgehoben durch

- ▶ Lob (»Die stabile Seitenlage ist ausgezeichnet durchgeführt worden«),
- ▶ Anerkennung in Form der Bestätigung (»Da haben Sie völlig recht«; »Ihre Überlegungen in dieser Richtung zeigen mir, dass Sie sich intensiv mit der Materie auseinandergesetzt haben«; »Ihre Antwort beweist mir, dass Sie den Lernstoff verstanden haben«; »Ihre Überlegungen zeigen, dass Sie die Problematik des Stoffs verstanden haben«),
- ▶ dankbaren Blick,
- ▶ nickende Kopfbewegung,
- ▶ lobende Handbewegung usw.

Außerdem können Sie nach jedem abgeschlossenen Themenkomplex jeweils zu Beginn der nächsten Unterrichtseinheit eine kleine Lernkontrolle durchführen, die so ausgelegt ist, dass wahrscheinlich ein Erfolgserlebnis zu erwarten ist. Durch diese Maßnahme erreichen Sie auch eine gedankliche Wiederholung des Lernstoffs. Stellt sich dabei heraus, dass irgendwelche Sachverhalte noch unklar sind, können diese nochmals mit anderen Worten und Beispielen besprochen und die Einfachheit des Lernstoffs aufgezeigt werden.

1.10.3 Leistungsanforderung als Motivation

Hierbei handelt es sich um eine Motivationsform, die das Lernen als Sport betrachtet und in dem der Leistungsvergleich angestrebt wird. Man erlebt es sehr häufig in unserer Gesellschaft, dass eine Leistungsanforderung als Motiv zum Lernen angesehen wird. Folgende *Beispiele* können aufgeführt werden:

- *sportlicher Bereich:*
  einen sportlichen Wettbewerb bestreiten, um Sieger zu werden
- *schulischer Bereich:*
  durch einen guten Notendurchschnitt sich von den anderen Mitschülern hervorheben
- *beruflicher Bereich:*
  durch einen Leistungsvergleich zeigen, dass man auch für höhere Positionen die geeigneten Qualifikationen besitzt.

Dafür wird dann schon das ganze Jahr über körperlich und/oder geistig trainiert. Beim Leistungsmotiv handelt es sich demnach um das Bestreben eines Menschen, seine Tüchtigkeit in den Bereichen zu erhalten oder zu steigern, die für ihn subjektiv von besonderer Bedeutung sind. Dieses Leistungsmotiv bildet sich im Menschen schon relativ früh aus (ab dem 10. – 15. Lebensjahr). Je nachdem, welche Hobbys ein Mensch hat, wird er immer versuchen, seine Fähigkeiten in diesem Bereich zu erhalten bzw. zu verbessern, und sogar einen Leistungsvergleich mit anderen nicht scheuen. Haben wir eine Lerngruppe vor uns, die die gleichen Anforderungen an den Lehrgang stellt und damit dieselben Erwartungen und Schwerpunkte in diesem Bereich besitzt, ist es durchaus möglich, das bereits vorhandene Leistungsmotiv zu aktivieren und als positive Motivation im Lehrprozess einzusetzen. Dies kann dann in der Form erfolgen, dass verschiedene Gruppen gebildet werden, die unterschiedliche Arbeiten/Tätigkeiten zu verrichten haben und sich zum Schluss mit den Ergebnissen der anderen Gruppen auseinandersetzen. Solche »Wettbewerbe« sind nur möglich, wenn die einzelnen Gruppen relativ homogen zusammengesetzt sind (z.B. bei Experten). Es wird sich nämlich nur derjenige einem Leistungsvergleich stellen, der in seinem Bereich einen relativ guten Wissensstand besitzt. Wer kaum Wissen besitzt, der fürchtet sich davor, aufgrund des Leistungsvergleichs bloßgestellt zu werden. Meistens sind in einer Veranstaltung Personen mit unterschiedlichem Wissensstand, unterschiedlichen Vorkenntnissen und unterschiedlichen Erwartungshaltungen. Hier darf bei der Gruppenbildung nicht so stark der »Wettbewerb« im Vordergrund stehen, sondern mehr die Gruppenarbeit, in der jeder seine eigenen Erfahrungen und Kenntnisse mit einbringen soll. Es muss auch beachtet werden, dass die einzelnen Gruppen gleich stark sind, damit der Wissensschwache vom Wissensstarken profitiert. Damit wird er durch die Gruppenleistung gefördert. Die Gruppenbildung lässt sich bei einem Seminar (Kurs etc.) dann mit Erfolg durchführen, wenn der Unterricht über einen längeren Zeitraum andauert. Tageskurse oder Tagesveranstaltungen eignen sich nicht besonders gut für diese Technik. Die Teilnehmer kennen sich gegenseitig noch nicht so gut, und die Furcht vor Neuem lässt sie in eine abwartende, teilweise ablehnende Distanzhaltung gehen. Teilweise sind sie sogar gegen neue Kontakte negativ eingestellt. Solche Gefühlsschwankungen beeinträchtigen dann auch selbstverständlich das Gruppengefühl und die Lernleistung. Außerdem benötigt man für eine richtig durchgeführte Gruppenarbeit relativ viel Zeit, die in Kurzveranstaltungen bestimmt nicht vorhanden ist.

1.10.4 Neugierde / Wissensdrang als Motivation

Die Neugier ist das ursprünglichste und wahrhaftigste Motiv, mit dem es der Mensch erreicht, Wissen aufzunehmen. Mit allen anderen Motiven, die wir im Laufe unseres Lebens entwickeln, wollen wir etwas Höherwertiges erreichen (Urlaub machen, Sprachen lernen, mehr Geld verdienen, soziale Anerkennung bekommen, beruflichen Aufstieg erreichen usw.). Entwickelt der Mensch Neugier für ein bestimmtes Gebiet, verspürt er Befriedigung, wenn er dadurch einen höheren Wissensstand erworben hat. Ohne diesen Wissensdrang wäre der Mensch noch nicht so weit entwickelt und Amerika wahrscheinlich viel später entdeckt worden. Das Kleinkind fragt aufgrund seiner Wissensbegierde. Es lernt dadurch, weil es neugierig ist. Sind wir neugierig auf einen Sachverhalt, dann werden wir uns wesentlich intensiver darum kümmern, als wenn wir nur ein langfristiges Ziel vor Augen haben, das wir irgendwann einmal erreichen wollen. Dabei erfährt das Wort »Neugierde« heute zum großen Teil eine negative Bewertung. Wieso denn? Für den Lernprozess ist der Wissensdrang nicht wegzudenken. Der Ausbilder muss deshalb versuchen, die Neugierde seiner Teilnehmer zu wecken. Sie drückt sich aus in Fragen. Deshalb provozieren Sie durch Fragen die Neugierde der Teilnehmer. Regen Sie Ihre Zuhörer zum Fragen an. Fragen sind ein nicht wegzudenkender Faktor im Ausbildungsbereich. Nehmen Sie den Lernenden die Angst davor. Haben Sie Angst vor dummen Fragen? Es gibt keine dummen Fragen. Nur die Antwort, die man bekommt, kann dumm ausfallen. Und dies ist kein gutes Erscheinungsbild für den Befragten. Machen Sie Ihre Hörer darauf aufmerksam, dass anscheinend dumm klingende Fragen einen wichtigen Themenkomplex neu darstellen können.

1.10.5 Langfristige und kurzfristige Motive

Kurzfristige Motive haben einen stärkeren Einfluss auf den Erwachsenen als langfristige Motive, da sie wesentlich schneller zur vollen Stärke ansteigen und dann erfüllt werden müssen (z. B. Fernsehen, Nahrungsverhalten). Langfristige Motive erreichen ihre volle Stärke erst in der fernen Zukunft (z. B. Ausbildung zur Fachkraft in 2 Jahren). Wenn kurzfristige Motive mit langfristigen Motiven konkurrieren, werden die kurzfristigen Motive zur Bedürfnisbefriedigung immer stärker sein als die langfristigen Motive. Es wird dann die Tätigkeit durchgeführt, die über den stärksten Erfüllungsgrad verfügt. Es muss also immer darauf geachtet werden, dass die Motivation durch den Unterrichtenden stets mit kurzfristigen Motiven erfolgt, z. B.

- Vorgabe des Themenkomplexes für die nächste Stunde
- Darstellung der Lernziele, die erarbeitet werden sollen
- Hinweise für den praktischen Nutzen, den man aus diesem Lernstoff ziehen kann
- Ankündigung einer Zwischenpause nach dem Erreichen des geforderten Wissensstandes
- Ankündigung eines belebenden Gruppenspiels nach dem abgeschlossenen Lernvorgang usw.

Dies ist besonders bei Kursen wichtig, die über einen längeren Zeitraum gehen. Erfahrungen zeigen, dass bei vielen Lehrgängen, Veranstaltungen und Kursen, die einen langen Zeitraum umschließen, verhältnismäßig viele Teilnehmer während des Verlaufs aufgeben und nicht mehr wiederkommen. Die ursprüngliche Begeisterung in Form eines langfristigen Motivs hat nicht ausgereicht, den alltäglichen Verführungen (wie z. B. Fernsehen, Kino, Vergnügungen, Bekanntschaften) oder der menschlichen Trägheit standzuhalten. Aber nicht nur die unzureichende oder fehlende Motivation kann Ursache für diesen Lehrgangsabbruch sein, auch das Erscheinungsbild, das Verhalten und die Ausbildungsbefähigung einer Lehrkraft beeinflussen die Lehrgangsfluktuation (den Teilnehmerschwund) zu einem erheblichen Teil.

1.10.6 Die Bedürfnishierarchie (nach Maslow)

Die Bedürfnishierarchie geht von einer angeborenen dynamischen Bedürfnisrangfolge aus und unterscheidet dabei fünf Antriebsebenen.

Die Ordnung der Bedürfnisse erfolgt hier nach der Dringlichkeit (s. Abb. 33). Zuerst müssen die untersten Grundbedürfnisse erfüllt sein, bevor die nächsthöheren Bedürfnisse als Antrieb für eine Tätigkeit wirken können. Dazu ein Beispiel: Wenn zwei Bedürfnisse, nämlich der Wunsch nach Nahrung und Flüssigkeit und das Bedürfnis nach sozialer Anerkennung durch beruflichen Aufstieg, konkurrieren, dann werden immer die physiologischen Bedürfnisse erfüllt werden und der Drang nach sozialer Anerkennung wird beiseite geschoben. Wenn also von Seiten des Ausbilders eine Motivation des Teilnehmers auf der dritten oder vierten Ebene erfolgen soll, muss er immer mit berücksichtigen, dass die

ABB. 33 ▶ Klassische Einteilung der Bedürfnisse in die Bedürfnishierarchie (nach Maslow)

ABB. 34 ▶ Bedürfnisverläufe nach dem Grad der zeitlichen Bedürfnisbefriedigung

unteren Ebenen zur Bedürfnisbefriedigung erfüllt sein müssen. Dabei handelt es sich um einen dynamischen Prozess, der durch die zeitlich unterschiedliche Bedürfnisentstehung und -befriedigung gekennzeichnet ist, was durch Abbildung 34 aufgezeigt wird.

1.11 Berücksichtigung sonstiger Faktoren im Lernprozess

Beim Vortragen und Übermitteln von Informationen ist es wichtig, die Hauptgedanken, die wesentlichen Fakten, das, was der Teilnehmer am Ende auf jeden Fall aus dem Lernprozess mitnehmen soll, klar herauszuarbeiten und darzustellen. Der Lernende muss bei der Informationsvermittlung das Wesentliche erkennen, damit er sich den Stoff gegliedert einprägen kann. Wie bereits am Anfang gezeigt wurde (s. Abb. 12), werden die Kenntnisse fast doppel so gut gefestigt, wenn man im Unterricht planmäßig vorgeht. Heben Sie also wichtige Informationen durch Medieneinsatz, Schemata oder Wiederholungen am Ende einer Unterrichtseinheit hervor.

1.11.1 Der erste Eindruck / Vorurteil

Im Unterricht spielt der erste Eindruck eines Ausbilders auf den Teilnehmer eine wichtige Rolle. Die erste Stunde hat einen großen Einfluss auf den Erfolg oder Misserfolg der Lehrveranstaltung. Gelingt es dem Ausbilder, die Teilnehmer in dieser ersten Stunde zu überzeugen (zum Beispiel durch die notwendigen Fachkenntnisse, das Erscheinungsbild, die Ausstrahlung, das sichere Auftreten etc.), dann wirkt dieser erste Eindruck oft über die ganze Veranstaltung. Macht der Dozent in der Einführungsphase keinen sicheren und guten Eindruck und/oder stößt den Teilnehmer irgendetwas am Dozenten ab, dann entsteht gegen ihn ein negatives Vorurteil. Dieses wird dann in vielen Fällen automatisch auch auf die anderen Fähigkeiten des Dozenten übertragen.

Mögliche negative Faktoren sind: Ein zu forsches, arrogantes, überhebliches Auftreten, große Unsicherheit, Stottern aufgrund der Aufgeregtheit, irgendwelche anderen schlechten Angewohnheiten oder Marotten (z. B. Füllwort »äh«). Zusätzliche Faktoren beim Teilnehmer sind: Persönliche Abneigung gegen den Ausbilder, vergangenheitsbeeinflusste Gefühle, eigene negative Lerneinstellungen. Diese beiden Ursachenkomplexe können dazu führen, dass der Teilnehmer den Dozenten ablehnt und seinen Aussagen nicht den Stellenwert einräumt, der angemessen ist. Vorurteile können bestehen gegenüber

- der Lehrkraft (sympathisch/unsympathisch)
- dem Lernstoff (im Bereich der Ersten Hilfe: »Bevor ich etwas falsch mache, mache ich überhaupt nichts.« Oder: »Weshalb soll ich das überhaupt lernen, ich kann damit in der Praxis sowieso nichts anfangen.«)
- oder gar gegen das Lernen überhaupt (Pflichtveranstaltung).

Fast jeder Mensch neigt zu Vorurteilen. Diese können mehr oder weniger ausgeprägt sein. Es kann sich um bewusste oder unbewusste Vorurteile handeln. Voreingenommene Menschen werden immer behaupten, dass sie genügend Beweise für ihre Ansichten haben. Dabei handelt es sich meistens um sehr subjektiv erlebte Ereignisse oder dürftige Tatsachen, die mehr oder weniger mit Verallgemeinerungen, Gehörtem und eigenen Erinnerungen kombiniert werden. Der Mensch neigt dazu, aus einem Fingerhut voll Tatsachen eine Verallgemeinerung in der Größe einer Badewanne herzuleiten, die dann für ihn als Leitbild seines weiteren Verhaltens dient. Menschen, die Vorurteile haben, diese aber aufgrund objektiver Tatsachen oder anderer aufklärender Momente ablegen bzw. verändern, sind nur voreingenommen. Es gibt aber auch Personen, die hartnäckig an ihren Vorurteilen festhalten, obwohl objektive Tatbestände eindeutig die Falschheit dieser Vorurteile belegen. Diese Personengruppe lässt sich nicht überzeugen, sondern hält an ihren Vorurteilen fest. Sie können nicht sachlich argumentieren, sondern werden stets emotional ihren eigenen Standpunkt verteidigen. Sie handeln nach dem Motto: »Was die anderen sagen, ist falsch. Meine Meinung ist die einzig Richtige.« Solche Menschen sind auch kaum kritikfähig und suchen die Fehler in ihrem Lebensablauf immer in der Umgebung, niemals bei sich selbst. Sie durch sachlich objektive Argumente zu überzeugen, ist sehr schwer. Bildet sich ein Vorurteil, und wird dieses Vorurteil während einer Beobachtung durch ein neues Beispiel bestätigt, dann reagiert man sehr schnell mit Bemerkungen wie »Na, hatte ich nicht recht? Wie ich schon immer sage! Das beweist wieder meinen Standpunkt!« etc. Deshalb werden Beobachtungen, die nicht dem Vorurteil entsprechen, gerne verdrängt oder umgedeutet. Man verschließt sich dann dieser entgegengesetzten Richtung oder versucht, diese Erscheinung abzutun, indem man behauptet »Ausnahmen bestätigen die Regel«; »Ausnahmen wird es immer geben«; »Dies kann natürlich sein, aber der Normalfall sieht doch immer anders aus«. Die widersprechende Information wird also nicht angenommen und die Verallgemeinerung in Form des Vorurteils wird nicht verändert (selektive Wahrnehmung).

Viele Beispiele aus der Vergangenheit zeigen, dass ein Vorurteil gegen einen Menschen oder eine Sache Ursache dafür ist, dass sich das Vorurteil im weiteren Verlauf bestätigt. Wenn z. B. ein Vorgesetzter gegenüber einem Mitarbeiter ein Vorurteil hat (aufgrund des

Aussehens oder weil er von anderen gehört hat, dass dieser faul, träge und nicht besonders intelligent sei), dann wird der Vorgesetzte immer dann seine Meinung als bestätigt ansehen, wenn der Mitarbeiter gerade »typisch träge« Aktionen zeigt. Entgegengesetztes Verhalten wird aber vom Beobachter gar nicht oder kaum wahrgenommen. Aufgrund seines Vorurteils wird der Vorgesetzte nun dem Mitarbeiter nur noch solche Aufgaben zuweisen, die er seiner Ansicht nach noch erfüllen kann. Er wird den Mitarbeiter also gar nicht beanspruchen, und so kann der Mitarbeiter nicht zeigen, was in ihm steckt. Der »minderwertige« Arbeitsbereich wirkt sehr wahrscheinlich demotivierend auf den Mitarbeiter; sein Leistungswille sinkt und er wird sein Verhalten entsprechend der Erwartung verändern (träge, faul, nicht besonders intelligent). Hier ist also das Vorurteil die Ursache dafür gewesen, dass der Mitarbeiter nicht die Leistungen erzielte, die normalerweise von ihm gefordert werden. Man nennt diesen Vorgang auch Andorra-Phänomen (nach dem Theaterstück von Max Frisch). Folgende Schilderung zeigt eindrucksvoll die Wirkung dieses Phänomens (zitiert aus »Das Bild vom Mitarbeiter« von Heinz Schuler):

> *»Ein braver Bürger des fiktiven Landes Andorra hat das angebliche Judenkind Andi aus dem ‚Land der Schwarzen' mitgebracht, um es vor dem dortigen Judenpogrom zu retten. In Wirklichkeit ist Andi sein unehelicher Sohn, was aber vertuscht werden soll. Auch Andi selbst weiß nicht die Wahrheit über seine Herkunft. Nun gibt es aber auch in Andorra Vorurteile gegenüber Juden; man erwartet von ihnen Geldgier, Hinterhältigkeit, eine gebückte Haltung und ganz bestimmte Gesten. Einen anderen Beruf als den des Kaufmanns traut man einem Juden in Andorra nicht zu. Anfangs wehrt sich Andi gegen diese Schablone, aber allmählich beugt er sich dem Druck, zeigt wirklich nur noch Interesse fürs Geldverdienen und reibt sich, wie man es von ihm erwartet, ständig die Hände. Er lernt die Rolle, die man ihm vorschreibt, so gut, dass er die Wahrheit nicht glauben kann, als ihn sein Vater schließlich aufklärt. Die Schwarzen, die in Andorra einmarschieren, erkennen ihn sofort als typischen Juden und bringen ihn um«.*

Viele Leute sind ja besonders stolz auf ihre sprichwörtlichen Menschenkenntnisse. Dabei behaupten sie besonders gern, dass sich diese noch immer bestätigt haben. Sie hätten bei der Beurteilung von Personen bisher noch immer richtig gelegen. Sehr wahrscheinlich haben sie aber mehr falsche als richtige Urteile über diese Personen abgegeben. Wer bekennt sich schon gern zu seinen eigenen Fehlern? Man kann deshalb davon ausgehen, dass das Bild, das man von sich selbst hat, oft ein Wunschbild ist. Einen Menschen objektiv richtig beurteilen zu können ist schwierig, wenn nicht gar ausgeschlossen. Viele Faktoren beeinflussen die Wahrnehmung eines Menschen und damit auch die Beurteilung einer Person. Deshalb soll man sich vor einer eiligen Beurteilung hüten und erst neutral über längere Zeit den zu Beobachtenden objektiv mustern und überprüfen, bevor man eine abschließende subjektive Beurteilung über ihn abgibt.

Diese Ausführungen sollen Ihnen zeigen, dass die Bedeutung des ersten Eindrucks nicht unterbewertet werden darf. Zwar könnten wir unseren ersten Eindruck jederzeit verändern, aber viele Experimente zeigen, dass gerade er von nachhaltiger Wirkung ist.

Man ist nicht sehr bestrebt, den ersten Eindruck zu verändern. Deshalb werden die neuen, widersprechenden Informationen abgeschwächt oder ganz aus der Betrachtung des Teilnehmers eliminiert. Zwar wirkt der erste Eindruck nicht so nachhaltig wie ein Vorurteil und kann damit auch leichter abgeändert werden, aber der Beginn und der Verlauf eines Unterrichts kann stark von ihm geprägt werden. Umfragen zeigen, dass ca. 40 % der Bevölkerung glauben, dass der erste Eindruck der Richtige sei. Eindrücke werden aber sehr stark bestimmt von der persönlichen Einstellung, den Erwartungen und Wünschen des Menschen. Deshalb müssen Sie die Kenntnisse über den Wirkmechanismus des ersten Eindrucks besitzen und versuchen, zu Beginn des Unterrichts eine Atmosphäre zu schaffen, die es ermöglicht, einen angenehmen Eindruck beim Teilnehmer zu erreichen. Dabei spielen das Aussehen, die rhetorischen Kenntnisse, das Einfühlungsvermögen, die Wortgewandtheit und die Ausstrahlungsfähigkeit eines Ausbilders eine zentrale Rolle.

1.11.2 Die Gestaltung des Lehrsaals

Damit der Lernprozess beim Teilnehmer optimal ablaufen kann, muss auch eine gemütliche Lernatmosphäre geschaffen werden. Beim Lernen muss man sich wohlfühlen und darf nicht durch die äußeren Umstände abgeschreckt werden. Deshalb müssen gerade diese Umstände, z.B. die Gestaltung des Lehrsaals, mit in die Betrachtungen einbezogen werden. Die Raumatmosphäre muss zum Lernen einladen. »Wo man sich wohlfühlt, da lass' dich ruhig nieder«.

Die Farbenlehre, die wir noch in Kap. 3 »Methodik« ausführlich ansprechen werden, muss bei der Lehrsaalgestaltung ebenfalls Berücksichtigung finden. Achten Sie bitte darauf, dass der Lehrsaal eine einheitliche, leicht anregende Farbrichtung bekommt, damit schon die Farbe auf den Geist des Teilnehmers wirken kann.

Die Raumwände sollen nicht mit auffallendem Material bedeckt sein, damit gewährleistet ist, dass sich die Aufmerksamkeit voll auf die Person des Ausbilders, dessen Medieneinsatz und den Lernstoff konzentriert. Störende Einflüsse von außen können die Teilnehmer vom Unterricht ablenken. Lärmgeräusche (nicht über ca. 45 db) werden durch geschlossene Fenster vermieden. Optische Störfaktoren verhindert man durch Einschränkung der Blickrichtung zum Fenster (Zuziehen der Vorhänge, Blickrichtung vom Fenster weg etc.).

Die Tisch- und Stuhlordnung muss so gestaltet sein, dass die Teilnehmer einen freien Blick zur Lehrkraft, zur Tafel, zur Projektionsfläche und zu anderen Medien besitzen. Dabei darf auch die Sicht der hinteren Teilnehmer nicht durch die vorderen Teilnehmer eingeschränkt werden. Wie derartige Sitz- und Stuhlanordnungen aussehen können, werden wir noch im weiteren Verlauf aufzeigen.

Auch die künstliche Beleuchtung des Lehrsaals muss Berücksichtigung in der Planung finden. Sie soll von der Decke gerade nach unten oder leicht schräg nach hinten abstrahlen. Damit wird der Gefahr vorgebeugt, dass die künstliche Lichtquelle blendet und zur Spiegelung der Tafel- oder Projektionsfläche führt. Mit tageslichtähnlichen, künstlichen Lichtquellen kann man unabhängig von der Tageszeit und den Witterungsverhältnissen ungetrübtes »Tageslicht« erzeugen und die Aufmerksamkeitshaltung der Teilnehmer verstärken. Auch die Farben wirken natürlicher. Deshalb sollten solche tageslichtähnlichen Lichtquellen bevorzugt eingesetzt werden.

Bequeme Stühle, praktische Tische, ein optisch und farblich gut ausgewählter Teppich (der sich nicht statisch auflädt) tragen auch zur angenehmen Raumsituation bei. Bedenken Sie bitte, dass ein Teilnehmer viele Stunden auf dem Stuhl verbringen muss. Harte und nicht einstellbare Stühle führen bei ihm nach längerer Zeit zu körperlichem Unwohlsein. Dies zeigt sich unter Umständen dadurch, dass der Teilnehmer ständig unruhig seine Sitzstellung auf dem Stuhl verändert.

Die Raumtemperatur soll einen angenehmen Mittelwert besitzen und zwischen 18 bis 20 Grad Celsius liegen. Ist es im Lehrsaal zu warm, kann dies zum Einnicken der Teilnehmer führen. Frische Luft und eine gewisse Luftfeuchtigkeit erreicht man dadurch, dass während der Pausen ständig die Fenster geöffnet werden. Zusätzlich kann auch noch ein Luftbefeuchter im Lehrraum aufgestellt werden. Sauerstoffmangel im Lehrsaal führt zu Sauerstoffmangel im Gehirn; die Folge ist eine schnellere Ermüdung der Teilnehmer.

Zur Benutzung von technischen Medien müssen sich die dafür erforderlichen Anschlüsse in unmittelbarer Nähe der Medien befinden. Fest installierte Medien wie z.B. Dia-, Videoprojektor und Filmgerät erleichtern die Anordnung der technischen Anschlüsse. Das Licht und die Lichtstärke müssen vom Ausbilder von vorne einstellbar sein. Es empfiehlt sich, diese Funktionen in einer Medienwand (z. B. Vorwand-/Rückwandprojektion) zu integrieren, damit auch diese Tätigkeiten bei Bedarf problemlos vom Dozenten durchgeführt werden können, ohne dass er selbst zum Schattenbild an der Projektionsfläche wird.

ABB. 35 ▶ Beispielhafte Gestaltung eines Lehrsaals

Die Ausgestaltung des Lehrsaals muss den Erfordernissen der erfolgreichen Wissensvermittlung angepasst sein.

Viele der aufgeführten Forderungen können nur noch bedingt angewandt werden, wenn der Lehrsaal schon vorgegeben ist. Man soll jedoch in einer solchen Situation versuchen, so optimal wie möglich die Kombination dieser Faktoren in die Lehrsaalgestaltung zu integrieren.

1.12 Praktische Hinweise zum individuellen Lernen

Nun wollen wir Ihnen persönlich noch einige Anregungen für Ihr eigenes Lernen geben. Auch Sie müssen sich ständig durch Literaturstudium oder Besuch von Fortbildungsveranstaltungen auf den neuesten Stand des Wissens bringen. Dies ist für einen erfolgreichen Ausbilder unabdingbar. Dabei können Sie aber Ihre eigenen Lernanstrengungen vermindern sowie Ihr Lernergebnis optimieren.

Die geistige Lernkapazität kann gesteigert werden, indem man dafür Sorge trägt, dass man sich nur in ausgeschlafenem Zustand dem Lernen widmet. Der Schlaf erfüllt beim Menschen eine wichtige biologische Funktion. Hier werden die erlebten Situationen während des Tages verarbeitet und der Körper erholt sich von den körperlichen, seelischen und geistigen Belastungen. Er tankt wieder frische Kraft für den nächsten Tag. Mit Tierexperimenten wurde nachgewiesen, dass ständiger Schlafentzug zum frühzeitigen Tod führen kann. Durchschnittlich braucht der Erwachsene acht Stunden Schlaf, wobei die individuellen Schwankungen zwischen sechs und neun Stunden liegen können. Wird zu wenig geschlafen, kann man zwar trotzdem geistig arbeiten, aber es fällt einem wesentlich schwerer und erfordert eine größere Anstrengung. Ein ständiges Schlafdefizit führt zu Reizbarkeit, Arbeitsunlust, Absinken der Initiative bis hin zu Angstzuständen und Depressionen.

Auch der Zeitpunkt, wann man schläft, ist von Bedeutung. Es ist zu empfehlen, lieber früher zu Bett zu gehen und zeitiger aufzustehen, als spät zu Bett zu gehen und lange zu schlafen. Führen Sie den Schlaf allerdings nicht künstlich herbei durch die Einnahme von Beruhigungs- und Schlafmitteln. Die erfrischende Tiefschlafphase wird dadurch nur gestört.

Ein gelernter Stoff wird besser behalten, wenn Sie sich vor dem Schlafen mit dem Einprägen des Lernstoffs beschäftigen. Dies kann dadurch erklärt werden, dass die gelernten Informationen sich ungehindert im Gehirn festsetzen können und durch keine anderen Informationsüberschreibungen von außen beeinflusst werden. Je vielfältiger Eindrücke während des Tages sind, desto mehr wird wieder »weggeschwemmt« (zeitliche und inhaltliche Hemmungen etc.). Ein zu häufiges Fernsehen zum Beispiel – besonders nachdem gelernt wurde – verbessert auf keinen Fall den Lernerfolg. Das Gehirn nimmt die Eindrücke der Umwelt durch seine Sinnesorgane auf. Es besitzt eine Kapazität von 109 Bit pro Sekunde. Ein Buchstabe kann zum Beispiel im Durchschnitt mit 4,5 Bit dargestellt werden. Die Seite eines Buches mit 1 000 Buchstaben könnte vom Gehirn durch Lesen in 20 Sekunden aufgenommen werden. Das normale Lesen erfolgt aber durch das Gehirn mit 50 Bit pro Sekunde. Durch eine schnelle Lesetechnik wird z. B. versucht, mehr Informationen in der gleichen Zeiteinheit aufzunehmen. Die bewusste Wahrnehmung im Gehirn spielt sich zwischen 10 bis 100 Bit pro Sekunde ab. Beim Fernsehen werden dem Gehirn ca. 1 000 000 Bit pro Sekunde dargeboten. Es kommt also zur Reizüberflutung des Gehirns, wodurch man nach einer gewissen Zeit schläfrig wird. Die beste Art, sich durch geistige Aktivität zu entspannen, ist demnach nicht das Fernsehen, sondern das Lesen eines Buchs. Hier wird das menschliche Gehirn weniger stark beansprucht.

Neben diesen Hinweisen sollten Sie natürlich auch die Erkenntnisse der Lernpsychologie (des Lernverhaltens) mit in Ihren eigenen Lernprozess einbauen. Viele dieser Erkenntnisse findet man in der Technik der Lernkartei, die deshalb für ein effizienteres Lernen vorteilhaft eingesetzt werden sollte.

1.12.1 Welcher Lerntyp sind Sie?

Bitte kreuzen Sie an!

1. Es ist ein nebliger Novembermorgen. Um zu Ihrer Arbeitsstelle zu kommen, können Sie Ihr Auto, Ihr Fahrrad oder den Bus nehmen. Um sich zu entscheiden,
   - ❏ a) schauen Sie im Fernsehen den Wetterbericht an.
   - ❏ b) hören Sie den Wetterbericht im Radio an.
   - ❏ c) schauen Sie aus dem Fenster.

2. Im Urlaub möchten Sie in einem guten Restaurant zu Abend essen.
   - ❏ a) Sie kaufen sich einen Restaurantführer.
   - ❏ b) Sie fragen bei der ortskundigen Bevölkerung nach.
   - ❏ c) Sie machen einen Spaziergang und schauen sich die Restaurants an.

3. Welche Kunstart mögen Sie?
   - ❏ a) Malerei
   - ❏ b) Musik
   - ❏ c) Theater

4. Sie besuchen einen Freund das erste Mal. Um sein Haus zu finden,
   - ❏ a) schauen Sie auf einem Stadtplan nach.
   - ❏ b) telefonieren Sie mit ihm und lassen sich die Route erklären.
   - ❏ c) schnappen Sie sich Ihr Auto und fahren drauflos.

5. Beim Fernsehen...
   - ❏ a) studieren Sie zuerst das aktuelle Wochenprogramm.
   - ❏ b) schauen Sie nur, wenn Sie hören, dass ein guter Film kommt.
   - ❏ c) zappen Sie durch das Programm.

6. Um mit Ihren Freunden den Kontakt zu pflegen,
   - ❏ a) schreiben Sie Briefe und/oder E-Mails.

1 ▶ Lernverhalten

- ❏ b) telefonieren Sie mit ihnen.
- ❏ c) besuchen Sie sie und verbringen das Wochenende mit ihnen.

7. Sie sind zu einer Hochzeit eingeladen, die etwas weiter entfernt stattfindet und haben eine Hotelliste vor sich liegen. Um sich für eine Übernachtungsmöglichkeit zu entscheiden,
   - ❏ a) durchforsten Sie die Hotelliste und reservieren ein Zimmer.
   - ❏ b) rufen Sie das Brautpaar an und lassen sich ein Hotel empfehlen.
   - ❏ c) möchten Sie die Zimmer erst vor Ort begutachten.

8. Um sich Telefonnummern zu merken,
   - ❏ a) müssen Sie sich die Nummer mehrmals aufschreiben.
   - ❏ b) müssen Sie sich die Nummer mehrmals aufsagen.
   - ❏ c) müssen Sie die Nummer mehrmals wählen.

Zählen Sie nun Ihre Antworten!

▶ Überwiegend »a« angekreuzt:
Sie sind ein visueller Lerntyp. Sie lernen am besten mithilfe von Skizzen und schriftlichen Notizen.

Tipp: Arbeit mit Tafelanschrieben, Folien, PowerPoint-Präsentation, farbigen Markierungen.

▶ Überwiegend »b« angekreuzt:
Sie sind ein auditiver Lerntyp. Sie verstehen schwierige Lerninhalte am besten, wenn Sie sie mit jemandem besprechen. Mündlich Vorgetragenes können Sie sehr gut einordnen.

Tipp: Arbeit mit Tonaufnahmen, Lesen, Gruppenarbeit.

▶ Überwiegend »c« angekreuzt:
Sie sind ein kinästhetischer Lerntyp. Sie probieren Neues aus und lernen durch praktische Erfahrungen.

Tipp: Arbeit mit Rollenspielen.

1.12.2 Die Lernkartei

Bei der Lernkartei handelt es sich um ein Lernverfahren, bei dem ein Lernstoff in seine Bestandteile gegliedert und dann durch Einprägen erlernt wird. Für die Lernkartei wird ein Karteikasten mit einer Länge von 32 cm, einer Breite von 11 cm und einer Höhe von 5 cm benötigt. In der Lernkartei werden vier feste Unterteilungen angebracht, sodass im Ganzen fünf Fächer mit folgenden Abständen entstehen (s. Abb. 36):

- 1. Fach 1 cm breit,
- 2. Fach 2 cm breit,
- 3. Fach 5 cm breit,
- 4. Fach 8 cm breit und
- 5. Fach 16 cm breit.

Außerdem benötigt man noch in ausreichender Stückzahl Karteikarten der Größe DIN A 7. Unterschiedliche Themenbereiche können durch verschiedene Farbkarten zusammengefasst werden. Pro Karteikarte wird nun eine Frage formuliert, bei der die Antwort begrenzt sein muss. Auf der Rückseite der Karteikarte wird dann die Antwort vorgegeben (Schrift und Bild). Haben Sie also einen Lernstoff mit vielen wichtigen und zentralen Aussagen vor sich, dann gliedern Sie den Gesamtlernstoff in kleine Einzelbestandteile. Besonders bei Fremdsprachen kann diese Technik bevorzugt angewandt werden, indem auf der Vorderseite der deutsche Begriff aufgeführt wird, auf der Rückseite die Übersetzung mit Lautschrift und evtl. ein Satzbeispiel vermerkt werden (umgekehrte Reihenfolge ist ebenfalls möglich). Nachdem Sie nun einen Lernstoff in vielleicht 50 Karteikarten gegliedert haben, nehmen Sie 10 bis 15 Karteikarten und versuchen, die entsprechenden Fragen zu beantworten. Ist die Beantwortung der Frage korrekt erfolgt, dann haben Sie eine Karteikarte, eine Frage oder einen Begriff erlernt und können diese Karteikarte in das 1. Fach legen. Wurde die Frage nicht richtig beantwortet, dann wird sie nach hinten gesteckt und die nächste Karteikarte wird beantwortet. Dieses Verfahren wird so lange durchgeführt, bis die 10 bis 15 Karteikarten vollständig erlernt und in das 1. Fach der Lernkartei gewandert sind. Dann

ABB. 36 ▶ Aufbau einer Lernkartei

wird ein neuer Pack von Karten genommen und das Lernverfahren beginnt von Neuem. Irgendwann wird aber das 1. Fach voll sein, sodass es keine weiteren Karten aufnehmen kann. Nehmen Sie dann diese Karteikarten aus dem 1. Fach heraus und führen Sie eine erste Wiederholung durch. Alle die Karten, deren Fragen Sie beantworten konnten, werden in das 2. Fach gesteckt; alle nicht oder falsch beantworteten Karten kommen aus dem Karteikasten heraus und werden den neu zu lernenden Karten hinzugefügt. Nun beginnt man wieder von vorne. Dieses Verfahren wird so lange wiederholt, bis eine gelernte Information im 5. Fach landet. Ist auch dieses Fach voll, dann erfolgt die letzte Wiederholung. Werden die Fragen jetzt zum letzten Mal richtig beantwortet, dann gelten sie als erlernt und ins Langzeitgedächtnis aufgenommen. Sie können ganz aus der Lernkartei entfernt werden. Durch Einsatz der bildhaften Visualisierung kann zusätzlich noch die rechte Gehirnhälfte zum Lernen aktiviert werden.

Mit der Lernkartei wird die Stoffmenge begrenzt, die gelernt werden soll. Außerdem erfolgen die Wiederholungen so sinnvoll, dass nicht immer gelernte und nicht gelernte Informationen wiederholt werden, sondern nur ungelernte Informationen im Lernvorgang erneut überprüft werden müssen. Die gelernten Informationen rücken immer von der kleineren in die nächstgrößere Ablage. Die Vergessenskurve nach Ebbinghaus wird dabei optimal berücksichtigt. Der Lernvorgang kann jederzeit angehalten und zu einem späteren Zeitpunkt fortgesetzt werden. Mit der Lernkartei wird es Ihnen möglich sein, auf einfache Art und Weise Lernstoff in größerem Umfang aufzunehmen und nachhaltig zu behalten. Die Lernkartei kann in vielen Lernbereichen eingesetzt werden. Sobald es möglich ist, einen Lernstoff so zu strukturieren, dass er in Einzelbestandteilen dargestellt werden kann, ist der Einsatz der Lernkartei sinnvoll. Zwar haben Sie am Anfang mehr Arbeitsaufwand (mit dem Erstellen der Karteikarten), aber zum Schluss ist wirklich gewährleistet, dass die von Ihnen aufgenommenen Informationen auch tatsächlich behalten werden und ins Langzeitgedächtnis übergegangen sind. Sinn der Lernkartei ist, Lernstoff

Lernen ist wie Rudern gegen den Strom. Wer aufhört, treibt zurück!

durch Lernen und Wiederholen vom Kurzzeitgedächtnis ins Langzeitgedächtnis zu bringen, ohne dass ein Lernstoff zu oft wiederholt wird.

Die Lernkartei ist stets ein individuelles Lernverfahren, das auf eine Person beschränkt bleiben muss. Versuchen Sie einmal selbst mit der Lernkartei zu arbeiten. Sie werden feststellen, dass Sie nach der Einarbeitungsphase mit viel mehr Spass beim Lernen sind, da Ihnen Ihr eigener Lernfortschritt an der Zunahme der Karteikarten in der Lernkartei bewusst wird. Die Motivation durch den Lernerfolg greift hier unmittelbar. An dieser Stelle soll nicht unerwähnt bleiben, dass es natürlich auch Computerprogramme zur Erstellung von Lernkarteien gibt wie etwa das Programm Phase-6 zum Vokabellernen und mehr.

1.13 Zusammenfassende Merkregeln »Lernverhalten«

1. Lernleistungen können bis ins hohe Alter erbracht werden.
2. Das Gehirn muss ständig trainiert werden, damit es gute Lernleistungen vollbringen kann.
3. Die Leistungs- und Lernfähigkeit eines Menschen ist von vielen Faktoren abhängig. Sie ist kein konstanter Faktor, sondern verändert sich im Laufe des Lebens ständig.
4. Vor jedem Lernvorgang muss die Lernbereitschaft des Teilnehmers durch die Motivation geweckt bzw. verstärkt werden.
5. Körper, Geist und Seele müssen im ausgewogenen Verhältnis trainiert werden, damit der Mensch als Gesamtsystem im Gleichgewicht bleibt.
6. Es gibt verschiedene Möglichkeiten, wie ein Lernstoff im Gehirn aufgenommen und verarbeitet wird. Die Lerntheorien beschäftigen sich mit diesem Phänomen.
7. Je weniger Lernmaterial zum Lernen angeboten wird, desto besser sind die Lernergebnisse beim Teilnehmer.
8. »Überlernen« – mehr als 100 % – ist nicht möglich, es ist zeitlich aufwendiger und bringt keine besseren Lernergebnisse.
9. Schnell angeeignetes Wissen wird nicht so dauerhaft behalten wie langsam erarbeitetes Wissen.
10. Lernstoff, der durch aktive Denkarbeit angeeignet wurde, wird dauerhafter behalten als derjenige Lernstoff, der »nur« auswendig gelernt wurde.
11. Strukturiertes, geordnetes Lernmaterial wird besser aufgenommen und verarbeitet als unstrukturiertes Lernmaterial.
12. Eine angenehme Lernatmosphäre wirkt sich positiv auf den Lernprozess aus.
13. Nach einem erfolgten Lernprozess beginnt das »Vergessen«. Am Anfang wird relativ viel »vergessen«. Mit fortschreitendem Zeitablauf verringert sich der »Vergessensprozess«.
14. Je ähnlicher zwei aufeinanderfolgende Lernstoffe sind, desto größer ist die Lernhemmung im Gehirn eines Menschen.
15. Je schneller zwei ähnliche Lernstoffe aufeinanderfolgen, desto stärker sind die zu erwartenden Lernhemmungen.

16. Die Konzentrationsfähigkeit eines Teilnehmers ist relativ begrenzt. Pausen vermindern den Konzentrationsverlust und steigern die geistige Aufnahmekapazität des Teilnehmers.
17. Lernpausen sind keine verlorene Zeit.
18. Am Vormittag wird besser gelernt als am Nachmittag oder gar am Abend. Der Lernstoff und die Lernpausen (Unterrichtszeit) müssen der Tageszeit angepasst sein.
19. Vorsicht vor Vorurteilen! Sie können die Ursache für das tatsächliche Verhalten eines Menschen sein.
20. Ihr erster Eindruck auf die Teilnehmer muss positiv sein, damit der weitere Unterrichtsverlauf reibungsloser vonstatten geht.
21. Durch die Gestaltung des Lehrsaals soll eine gemütliche Lernatmosphäre erreicht werden.
22. Ausgeschlafen lernt man besser, als wenn man müde ist.
23. Beim Lernen vor dem Schlafengehen wird weniger vergessen als beim Lernen während des Tages.
24. Mit der Lernkartei kann ein effektiveres Lernen erreicht werden.

2 Didaktik

2 Didaktik

Didaktik bedeutet streng übersetzt die Lehre vom Lehren und Lernen, zusammengefasst umschrieben als Unterrichtslehre. Didaktik befasst sich mit der Fragestellung, was im Unterrichtsprozess vermittelt und gelehrt werden soll.

Ist der Lehrstoff in Form von Lernzielen fest vorgegeben (z.B. in Erste-Hilfe-Ausbildung, schulischer Ausbildung, beruflicher Ausbildung), kann nur noch eine Feinabstimmung erfolgen, wenn vom vorgegebenen Lehrstoff nicht abgewichen werden soll. Aber in fast allen Bereichen der Weiterbildung legt der Dozent selbst fest, welche wichtigen Themenschwerpunkte vermittelt, welche nur kurz angedeutet und über welche ganz hinweggegangen werden soll.

Bevor wir uns aber der Stoffbetrachtung zuwenden, möchten wir noch einige Gedanken über die persönlichen, fachlichen und sachlichen Eignungsvoraussetzungen des Ausbilders darlegen.

2.1 Persönliche Eignungsvoraussetzungen (Anforderungen an den Dozenten / die Dozentin)

An eine Lehrperson müssen hohe Anforderungen gestellt werden, da sie die von ihr repräsentierte Organisation und/oder Institution nach außen vertritt und somit die Kontaktstelle zwischen der Öffentlichkeit und dem Lehrinstitut darstellt. So wie das Publikum sie sieht, so stellt man sich auch oft die repräsentierte Organisation vor. Ein guter Ausbilder erreicht, dass auch die Organisation in einem positiven Licht erscheint. Außerdem ist nicht jeder Mensch zur Lehrkraft (Dozent, Ausbilder oder Fachreferent) geeignet. Derjenige, der in die Öffentlichkeit tritt und Wissen, Informationen und Darstellungen vermittelt, muss bestimmte Eignungsvoraussetzungen erfüllen, um diese Aufgabe auch erfolgreich bewältigen zu können. Folgende Anforderungen sollte ein guter Dozent erfüllen:

1. Die Lehrkraft muss eine gewisse *Veranlagung* zum Lehren besitzen. Es gibt Personen, die sehr gerne Ausbildung betreiben möchten, die aber einfach dafür nicht geeignet sind. Wer im Ausbildungsbereich erfolgreich tätig sein will, muss sich selbst kritisch fragen, ob er überhaupt die Fähigkeit besitzt, mit Menschen umzugehen. Er hat es im Ausbildungsbereich nicht mit Maschinen, sondern mit Menschen zu tun. Viele Personen haben aber auch im Bereich der Rhetorik große Schwierigkeiten, weil sie nicht vor einem größeren Publikum sprechen können. Auch das richtige Alter eines Referenten ist in diesem Zusammenhang wichtig. Relativ junge Personen haben Probleme, sich bei älteren Teilnehmern Achtung und

Glaubwürdigkeit zu verschaffen. Um einen guten Kontakt zu den Teilnehmern herstellen zu können, benötigt die Lehrkraft deshalb auch eine sympathische Ausstrahlung.

Veranlagung zum Lehren ist zwar eine gute Voraussetzung für eine erfolgreiche Ausbildungstätigkeit, beim Fehlen der Primärveranlagung ist es aber auch durchaus möglich, dass diese durch intensive und lange Übung erworben werden kann. Der Ausbilder muss nur seine Schwächen erkennen und an deren Verbesserung arbeiten. Aber auch die Personen, die schon die Primärveranlagung besitzen, müssen diese durch ständige Übung festigen und verbessern.

2. *Pädagogische Fähigkeiten* sind erforderlich, um bei den Teilnehmern ablaufende Lernvorgänge zu unterstützen und nicht zu hemmen. Neben dem Einsatz von Kenntnissen aus dem Lernverhalten müssen didaktische Überlegungen die Informationsvermittlung begleiten und durch geeignete Medien ansprechend und sprechtechnisch überzeugend präsentiert werden. Pädagogik bedeutet in diesem Zusammenhang auch die Fähigkeit, im Umgang mit Menschen unter Berücksichtigung der örtlichen Rahmenbedingungen individuell verschieden »lehrend« tätig zu werden. Dies erfordert notwendigerweise Flexibilität bei Ansprache unterschiedlicher Zielgruppen und die Unterstützung und Förderung der sich daraus ergebenden gruppenspezifischen Eigendynamik.

3. Gute *Allgemeinkenntnisse* sind für die Lehrkraft notwendig, um den Teilnehmern den Lehrstoff so aktuell und interessant wie möglich darbieten zu können. Er muss alltagspolitische Ereignisse genauso wie historische Entwicklungen mit dem Lehrstoff verknüpfen, um diese Ziele zu verwirklichen. Daraus ist zu folgern, dass neben dem Fachwissen auch die Allgemeinbildung des Ausbilders mit in den Unterricht einfließen soll. Aber nicht nur die Allgemeinbildung der Lehrkraft, sondern auch die der Teilnehmer kann dazu benutzt werden, sie zur aktiven Mitarbeit anzuregen (Fragen stellen, kritische Denkanstöße geben etc.). Schwachpunkte in der Rechtschreibung (beim Tafelanschrieb, bei der Foliengestaltung) hinterlassen einen schlechten Eindruck auf die Teilnehmer und sollen deshalb nach Möglichkeit durch Weiterschulung der Orthografie vermieden werden.

4. *Fachwissen*, fachliche und praktische Fähigkeiten sind notwendig, damit der Ausbilder über das, was er vermittelt, auch selbst optimal informiert ist. Als Regel gilt, einen um eine Stufe höheren Ausbildungsstand zu besitzen, um auf einer niedrigeren Ausbildungsstufe unterrichten zu können. Ausbilder, die nicht über das benötigte qualitativ höhere Fachwissen verfügen, tun sich sehr schwer, aufkommende Fragen zu beantworten und benötigtes Hintergrundwissen sicher anzuwenden. Nervosität, Aufgeregtheit und Unsicherheit sind oft Zeichen mangelnder Fachkenntnisse. Mit diesen fundamentalen Fähigkeiten wird er sich über den Durchschnitt des Anforderungsprofils stellen. Im Gegensatz dazu kann ein zu hohes Fachwissen (zwei oder drei Stufen über der Unterrichtsstufe) dazu führen, dass der Dozent »zu hoch einsteigt« und nicht mehr die Fähigkeit zum einfachen Erklären besitzt. In solchen Vorträgen überwiegt die Anwendung von Fach- und Fremdwörtern, die die Verständlichkeit des Vortrags erheblich einschränken können.

5. Mit einer vorhandenen *Berufserfahrung* werden theoretische Vorträge praktischer wiedergegeben, da ein direkter Bezug zum üblichen Tätigkeitsablauf hergestellt werden kann. Vorhandene Berufskenntnisse können zusätzlich durch Ausübung vielseitiger Tätigkeiten verstärkt und durch eine regelmäßige Fort- und Weiterbildung über Seminare und Fachliteraturstudien vertieft werden. Es zeigt sich immer wieder, dass gerade die Umsetzung von Theorie in die Praxis viele Schwierigkeiten bereitet, die am Ende zu Frust beim Zuhörer und zu Misserfolg beim Ausbilder führt.
6. Mit *organisatorischem Geschick* erleichtert sich der Dozent den täglichen Routineablauf. Durch Automatisierung häufig wiederkehrender Tätigkeiten gewinnt er Zeit für die Klärung anderer Fragestellungen und Aufgaben. Daneben sind planerische Fähigkeiten erforderlich, um Terminengpässe zu vermeiden und langfristige Zukunftsperspektiven heute schon anzudenken. Mithilfe von kaufmännischen Kenntnissen kann er sich kostenbewusst verhalten und die benötigten Mittel nach Wirtschaftlichkeitskriterien einsetzen. Mögliche Engpasssituationen werden durch Kreativität überbrückt. Durch aufgebaute Beziehungen und Ideenreichtum kann er sein Umfeld selbst gestalten und so gute Ergebnisse bei der Aufgabenbewältigung erzielen.
7. *Verantwortungsbewusstsein* darf für den Referenten nicht nur einfach ein Schlagwort sein, sondern muss von ihm selbst auch praktiziert werden. Pünktlichkeit bei Vortragsbeginn, Zuverlässigkeit in der Ausführung der Veranstaltung und vorausschauend kritische Entwicklungen frühzeitig zu erkennen und ihnen vorzubeugen zeichnet das Verantwortungsbewusstsein aus. Das bedeutet dann für den Referenten auch, die eigene Tätigkeit als Hilfe für die Zuhörer zu sehen, damit diese wieder neue Informationen aufnehmen und verarbeiten können. Erkenntnisse des vernetzten Denkens zeigen, dass ein Dozent nicht um seiner selbst Willen referiert, sondern Teil einer Gesamtheit ist und damit einen wesentlichen Beitrag für die gesellschaftlichen Verhältnisse mit einbringt. Bedenken Sie: Fünfzehn Personen sind gekommen, um etwas zu erfahren und um Wissen aufzunehmen. Sie sind nicht gekommen, um gelangweilt zu werden, warten zu müssen oder untätig ihre Zeit zu verbringen. Erledigen Sie deshalb Ihre Aufgabe immer mit entsprechender Begeisterung und Einfühlungsvermögen!
8. Auch Geschick und *Einfühlungsvermögen* im Umgang mit Menschen zählen zu den persönlichen Eignungsvoraussetzungen eines Ausbilders. Er muss die Fähigkeit besitzen, auf jeden einzelnen Teilnehmer einzugehen, aus sich selbst herauszugehen und ohne Vorurteile gegen die Teilnehmer zu sein. Er darf nicht überheblich und arrogant auf die Zuhörer wirken. Er soll die menschlichen Probleme erkennen, die jemand vielleicht mit dem Lernen, der Aufmerksamkeit oder der Konzentration besitzt, und darauf in zurückhaltender Art reagieren. Der Dozent darf dabei aber auch nicht in das Gegenteil verfallen, indem er aufdringlich und als Alleswisser auf den Teilnehmer wirkt. Er muss also ein gesundes Mittelmaß an den genannten Eigenschaften, nämlich Aufgeschlossenheit, Einfühlungsvermögen und Durchsetzungskraft besitzen, um als Lehrperson akzeptiert zu werden.

9. *Kritikfähigkeit* kann nicht gegenüber den Teilnehmern ansetzen, sondern muss in erster Linie dem Ausbilder eigene Schwächen aufzeigen. Sich kritisch im Vorfeld zu fragen, welche Anforderungen erfülle ich und welche Bedingungen muss ich noch erfüllen, führt zu einer ständigen Arbeit am eigenen »Ich«. Die nachträgliche, selbstkritische Analyse der eigenen Persönlichkeit verbessert die Eignungsvoraussetzungen Schritt um Schritt. Neben der Selbstkritik soll auch die Fremdkritik konstruktiv nachgearbeitet und nicht als persönlicher Angriff auf das »Ich« gewertet werden. Wer aus Fehlern lernt, erhält Lebenserfahrung. Wer Fehler verdrängt, wird nur älter! Nicht umsonst besagt ein altes chinesisches Sprichwort:

> Wer mir schmeichelt, ist mein Feind.
> Wer mich tadelt, ist mein Lehrer.

10. Wegen des unterschiedlichen *Reifegrades* von Menschen muss auch die vorhandene persönliche Reife der Lehrkraft entsprechendes Gewicht im Anforderungsprofil finden. Selbstbewusstsein verbunden mit kompetenter Ausstrahlung führen zu einem sicheren Auftreten vor Publikum. Durch ein ausgeglichenes Verhalten gegenüber den Teilnehmern kommen damit Spannungen erst gar nicht auf und eine sachliche, korrekte Verhaltensweise wird kein Anlass für Auseinandersetzungen sein. Offen auf die Zuhörer einzugehen und mit realitätsbezogener Betrachtungsweise auf dem Boden der Tatsachen zu stehen, das zeigt sich als Belastbarkeit im täglichen Umgang. Mithilfe einer gewissen Lebenserfahrung lässt sich ein ausgeprägterer inidividueller Reifegrad erkennen. Diesen für die Zukunft zu stärken und auszubauen, ist eine wichtige Voraussetzung für den täglichen Kontakt zu Menschen.

11. *Korrektes und sicheres Auftreten* ist für einen Ausbilder unerlässlich. Zu diesem gehört, dass er gepflegt erscheint (saubere und geschnittene Fingernägel, saubere Hände, sauberes Gesicht, sauberer Hals, saubere Kleidung, kein Körpergeruch, kein Mundgeruch, nicht zu auffällig gekleidet etc.) und sich stets seiner Repräsentationspflicht bewusst ist (keine starken Übertreibungen im Benehmen). Das äußerliche Erscheinungsbild soll unauffällig und korrekt sein. Durch freundliches Auftreten und selbstbewusstes Handeln verstärkt er den positiven Eindruck bei der Zuhörerschaft. Ziel der Lehrkraft soll sein, folgende Eigenschaften im Groben zu erfüllen bzw. nicht die Gegeneigenschaften anzunehmen:
    - *Charakterliche Eigenschaften:*
      Vertrauenswürdigkeit, Zielstrebigkeit, Sorgfalt, Fürsorglichkeit, Geduld, Einfühlungsvermögen, Durchsetzungskraft, Aufgeschlossenheit, Selbstbewusstsein, Freundlichkeit, Belastbarkeit.
    - *Geistige Eigenschaften:*
      Urteilsfähigkeit, Einfallsreichtum, Wortgewandtheit, Redegewandtheit, Klarheit, Wendigkeit, Reaktionsfähigkeit.
    - *Körperliche Eigenschaften:*
      Gewandtheit, Gepflegtheit, Frische, sicheres Auftreten, Spannkraft.

Die geschilderten Anforderungen sind größtenteils erlernbar. Nur: Man muss etwas tun, um diese Fähig- und Fertigkeiten zu erreichen, wenn man sie noch nicht besitzt. Es ist noch kein Meister vom Himmel gefallen. Arbeiten Sie deshalb ständig an Ihren persönlichen Eignungsvoraussetzungen.

Kein Unterricht gleicht dem anderen. Jede Veranstaltung kann zur Verbesserung der Unterrichtstechnik genutzt werden. Wer die Augen aufmacht und seine Ausbildungstätigkeit kritisch betrachtet, wird durch die erkannten Fehler und deren Behebung von Veranstaltung zu Veranstaltung seine qualitative Lehrtätigkeit verbessern.

2.2 Die Selbsteinschätzung

Die Frage nach dem »Wer bin ich« bzw. »Wie komme ich als Dozent und Person bei meinen Zuhörern an« beschäftigt uns mehr oder weniger unbewusst beim Auftritt vor der Zuhörerschaft. Hier erscheint es für den Dozenten wichtig, zu erfahren, wo er tatsächlich steht bzw. was Andere von ihm tatsächlich halten bzw. wie sie ihn bewerten. Gerne gehen wir in der eigenen Einschätzung von anderen Grundgegebenheiten aus, als sie tatsächlich sind.

- *Beispiel 1:*
  Wollen wir in einen Seminarraum eintreten, in dem ein Kurs bereits begonnen hat, dann öffnen wir die Tür und treten sicher oder weniger sicher ein. In diesem Moment denken wir dann, dass uns jeder Anwesende im Lehrsaal anblickt. Nicht wahr?
- *Beispiel 2:*
  Wir wollen die öffentlichen Nahverkehrsmittel benutzen. Wir verfügen über keine Mehrfahrtenkarte und müssen jetzt beim Busfahrer vorne einsteigen und eine Einzelfahrkarte lösen. Wenn wir jetzt alle ehrlich zu uns sind und diese Situation schon einmal erlebt haben, dann denken wir doch in dem Moment des Einsteigens in den Bus »Jetzt schauen mich alle, die im Bus sitzen, an!«.

In der Bewertung vieler Situationen gehen wir von der Annahme aus, dass wir der Mittelpunkt der Welt sind. Und danach handeln wir in unserer Entscheidungsfindung und Tätigkeitsabwicklung. Nur ein Problem ist bei dieser Einschätzung vorhanden: Nach der letzten Zählung der Weltgesundheitsorganisation gibt es über 5 Milliarden »Mittelpunkte« auf der Welt. Deshalb kann an unserer persönlichen Einschätzung etwas nicht stimmen. Die nachfolgende Selbsteinschätzung (siehe Tab. 1) soll Ihnen deshalb Auskunft über Ihre eigenen, individuellen Eigenschaften geben. Nehmen Sie sich bitte Zeit und füllen Sie die Tabelle in Ruhe aus.

Fragen Sie andere Personen nach einer Fremdeinschätzung, dann werden Sie feststellen, dass nicht immer die von Ihnen als gegeben betrachteten Verhaltensmerkmale beim Dritten auch so ankommen bzw. aufgenommen werden. Bitten Sie deshalb eine andere Person, die Sie persönlich gut kennt, um die Abgabe einer Fremdeinschätzung (siehe Tab. 2). Glauben Sie, dass Sie eine einzige Person nicht umfassend beschreiben kann, dann verteilen Sie Kopien der Tabelle zur Fremdeinschätzung an 10 verschiedene Bekannte. Wenn Sie meinen, Sie verhalten sich privat anders als im beruflichen Umfeld – kein Problem: Verteilen Sie weitere Kopien der Tabelle an noch mehr Bekannte, Verwandte, Freunde, Mitarbeiter, Vorgesetzte, Kunden oder Lieferanten etc.

Treten erhebliche Abweichungen (mehr als 3 Bewertungspunkte) zwischen den beiden Einschätzungen auf, dann muss eine Veränderung Ihrer persönlichen Bewertung erfolgen, damit die anderen Sie auch wirklich so aufnehmen, wie Sie glauben, auf andere zu wirken.

Nachdem wir die persönlichen Eignungsvoraussetzungen einer Lehrperson betrachtet haben, kommen wir nun zu den notwendigen Vorbereitungen, die vor jeder Lehrveranstaltung durchgeführt werden müssen.

Die Selbsteinschätzung

Persönlichkeitskriterium	schwach ausgeprägt/niedrig				stark ausgeprägt/hoch		
	-3	-2	-1	0	1	2	3
aggressiv							
anpassungsfähig							
aufgeschlossen							
ehrgeizig							
einfühlsam							
entschlossen							
freundlich							
fürsorglich							
geduldig							
geltungsbedürftig							
kompromissbereit							
mutig							
optimistisch							
pünktlich							
selbstbeherrscht							
selbstbewusst							
sensibel							
sympathisch							
teamfähig							
temperamentvoll							
tolerant							
unsicher							
verantwortungsbewusst							
vertrauenswürdig							
zuverlässig							
aufmerksam							
ausgeglichen							
autoritär							
begeisterungsfähig							
fähig, Andere zu beeinflussen							
gewandt							
hilfsbereit							
kompetent							
kontaktfreudig							
konzentriert							
kreativ							
belehrend							
selbst lernbereit							
motivierend							
sachlich-nüchtern							
schlagfertig							
talentiert im Umgang mit Menschen							
urteilsfähig							
vielseitig							
zielstrebig							
belastbar							
entspannt							
frisch							
gepflegt							
geschickt							
sorgfältig							
verspannt							

Die ersten 25 Merkmale sind **Charakterliche Eigenschaften**, die folgenden 20 **Geistige Eigenschaften** und die letzten 7 **Körperliche Eigenschaften**.

TAB. 1 ▶ Die Selbsteinschätzung

2 ▶ Didaktik

Die Fremdeinschätzung							
Persönlichkeitskriterium	schwach ausgeprägt/niedrig				stark ausgeprägt/hoch		
	-3	-2	-1	0	1	2	3
aggressiv							
anpassungsfähig							
aufgeschlossen							
ehrgeizig							
einfühlsam							
entschlossen							
freundlich							
fürsorglich							
geduldig							
geltungsbedürftig							
kompromissbereit							
mutig							
optimistisch							
pünktlich							
selbstbeherrscht							
selbstbewusst							
sensibel							
sympathisch							
teamfähig							
temperamentvoll							
tolerant							
unsicher							
verantwortungsbewusst							
vertrauenswürdig							
zuverlässig							
aufmerksam							
ausgeglichen							
autoritär							
begeisterungsfähig							
fähig, Andere zu beeinflussen							
gewandt							
hilfsbereit							
kompetent							
kontaktfreudig							
konzentriert							
kreativ							
belehrend							
selbst lernbereit							
motivierend							
sachlich-nüchtern							
schlagfertig							
talentiert im Umgang mit Menschen							
urteilsfähig							
vielseitig							
zielstrebig							
belastbar							
entspannt							
frisch							
gepflegt							
geschickt							
sorgfältig							
verspannt							

Die Zeilen sind gruppiert als: **Charakterliche Eigenschaften** (aggressiv bis zuverlässig), **Geistige Eigenschaften** (aufmerksam bis zielstrebig), **Körperliche Eigenschaften** (belastbar bis verspannt).

TAB. 2 ▶ Die Fremdeinschätzung

2.3 Ihr persönliches Zielhierarchiesystem

Befragt man erfolgreiche Rhetoriker, welche Gründe sie für ihren Erfolg aufzählen würden, dann wird häufig ein wesentlicher Hauptgrund genannt: Zielstrebigkeit. Das bedeutet nicht nur, dass der Dozent mithilfe der selbst gesetzten Ziele seinen persönlichen Entwicklungsweg zum erfolgreichen Ausbilder bestimmen muss, sondern dass auch sein gesamtes Planungssystem sowohl im beruflichen als auch im privaten Bereich danach auszurichten ist. Diese eigene Lebensplanung muss sich mit den folgenden Bereichen beschäftigen:

- Karriereplanung
- Partnerplanung
- Familienplanung
- Berufsplanung
- Gesundheitsplanung
- Sozialplanung
- Ergebnisplanung
- Urlaubsplanung.

Im Wesentlichen muss ein Zielhierarchiesystem entwickelt werden, welches in Bezug auf die Zieldimension, die Zielbeziehung und die Zielkategorien klare Anhaltspunkte für die eigene Zukunft fixiert. Bei den Zieldimensionen werden die Fragen nach Zielinhalt, Zielausmaß und zeitlichem Bezug der Ziele bestimmt. Wer keine klare Zielvorstellung über sein zukünftiges Leben besitzt, der wird auch kein klares tägliches Zukunftsverhalten praktizieren können. »Wischiwaschi«-Ziele rufen nun mal auch ein entsprechendes Verhalten hervor.

Bei den Zielbeziehungen ist die gegenseitige Zuordnung mehrerer Ziele zueinander wichtig, wie z. B. der Grad der Zielbeziehung (komplementäre, konkurrierende und indifferente Ziele). Ober-, Zwischen- und Unterziele bestimmen den Ort der Veränderung eines Zieles, Haupt- und Nebenziele legen die Zielpriorität fest. Wenn zwei zukünftige Hauptziele eine konkurrierende Zielentwicklung erzeugen (beispielsweise Ziel 1: Karriereplanung; Ziel 2: Gesundheitsplanung), dann wird mit der Erreichung des Zieles 1 durch das tägliche Verhalten die Erfüllung des Zieles 2 immer unwahrscheinlicher. Die Folge davon ist, dass sich ein karriereorientierter Berufsmensch zur Mitte seines Lebens häufig mit Sinnfragen beschäftigt, Anzeichen der Midlife-Krise erfährt oder sogar dem bekannten Burnout-Syndrom unterliegt.

Bei den Zielkategorien können die Wirkungselemente zur Zielerfüllung bestimmt werden, z. B. kurz-, mittel- und langfristige Ziele genauso wie quantifizierbare und nicht quantifizierbare Ziele. Je nachdem, für welchen Bereich ein Zielsystem entwickelt wird, sprechen wir von privaten Zielen, beruflichen Zielen oder Unternehmenszielen (absatz-, produktions- und finanzwirtschaftliche Ziele). Existiert kein ganzheitlich geordnetes Zielsystem, überwiegt immer häufiger die Zielerfüllung von rein kurzfristigen Zielen, anstatt dass mittelfristige und langfristige Ziele als Optimalverlauf das eigene Handeln bestimmen. Die durch die wahrgenommenen Umweltbedingungen getroffene Erstentscheidung beeinflusst wesentlich das zukünftige Handeln des Einzelnen. In vielen Lebensbereichen kennen wir solche Handlungsketten. Beispielsweise werden in Unternehmen auftretende externe Marktveränderungen (z. B. Verbraucherverhalten) häufig erst zu spät oder nicht richtig wahrgenommen und führen dann zu reaktiven Anpassungsmaßnahmen (beispielsweise Imagekampagnen). Durch den erhöhten Kosteneinsatz (z.B. Werbekosten) bei zurückgehendem Ertrag (Umsatzrückgang) werden Folgehandlungen (wie Budgetverlagerungen) notwendig, die wiederum zu einer neuen zentralen Entscheidungssituation führen (z.B. Einführung von Reengineering-Maßnahmen). Mittelfristig könnte dies jetzt zur Kosteneffizienz beitragen, die aber wiederum nur durch Optimierung von Personal (beispielsweise Produktivitätssteigerungen) und Material (wie Materialkostenreduzierung) erreicht wird. Die kurzfristigen Auswirkungen lassen sich an der Abnahme der Mitarbeiterzufriedenheit, an der Angst vor Arbeitsplatzverlust und der Furcht vor Zunahme der Verantwortung erkennen. Die das Unternehmen tragenden Mitarbeiter versuchen diese Situation unter Vernachlässigung von Stressfaktoren zu bewältigen, was jedoch kurz-/mittelfristig zu persönlichen Krankheitssymptomen und Krankheit führt. Das hat wiederum erhebliche quantitative und qualitative Fehlzeiten für das Unternehmen zur Folge.

Die konsequente Begehung der passenden Zielrichtung führt üblicherweise zum optimalen erfolgreichen Ende der Handlungssituation. Sie führt zur langfristigen Optimallösung, da sie das zur Handlung zwingende Problem ursächlich löst. Jede Abweichung vom Weg zieht zwangsläufig Folgehandlungen nach sich. Man fühlt sich dabei zwar unheimlich beschäftigt, löst aber nicht das ursächliche, sondern nur noch das derzeitige Problem. Es handelt sich dann um eine mittelfristige Ziellösung, die nur zum Erfolgsdurchschnitt (z.B. ausbilderisches Mittelmaß) hinführt. Ganz besonders gefährlich können daraus entstehende kurzfristig ausgerichtete Ziellösungen werden, welche zwar das mit dem Beginn der Folgehandlung ausgelöste sichtbare Einzelproblem anscheinend aufheben, aber durch die weiteren Zusatzhandlungen Folgeprobleme erzeugen, die wiederum einer Entscheidung und sich daraus ergebenden Folgehandlungen bedürfen. Man entfernt sich so immer weiter von der ursächlichen Problemlösung (Der Weg zum erfolgreichen Ausbilder); man kämpft zwar an Nebenschauplätzen, die Hauptvorstellung aber wird versäumt. Eine kurzfristig getroffene (Fehl-)Entscheidung (z.B. Improvisation beim Vortragen aufgrund mangelnder Seminarvorbereitung) führt zur nächsten kurzfristigen (Fehl-)Entscheidung (z.B. Besuch eines Seminars für Rhetoriker zum Erlernen der Technik des Improvisierens).

Mithilfe der Fixstern-Vision sind alle Ziele mit voller Energie in eine Richtung, auf ein Lebensziel gerichtet. Eine Anekdote über Napoleon berichtet von diesem Phänomen. Napoleon, als junger Leutnant recht selbstsicher und überzeugend (er wusste ja schon damals, was er werden wollte), wurde einmal nach einer gewonnenen Schlacht von seinem General befragt, was er denn gerne in seinem Leben erreichen möchte. Da sich beide in einem Zelt am Rande des Schlachtfelds befanden, trat Napoleon aus dem Zelt, wies mit dem Finger seiner Hand in den Himmel und sagte: »Mein General, dort oben befindet sich mein persönlicher Fixstern.« Der General schaute daraufhin in den Himmel und meinte: »Wie, wo, was? Ich sehe ja nur Wolken.« Daraufhin erwiderte Napoleon: »Richtig, und hinter diesen Wolken ist mein persönlicher Fixstern, und ich weiß immer, wo er gerade steht und wohin ich will.« Je mehr der Einzelne vor berufliche und private Schwierigkeiten ge-

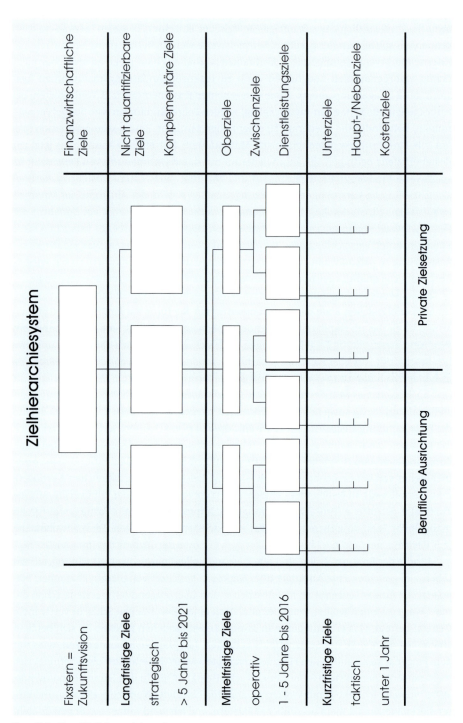

TAB. 3 ▶ Das Zielhierarchiesystem

stellt ist, desto mehr werden seine vorhandenen Ziele in unterschiedliche Zielrichtungen auseinanderstreuen. Mit einem klaren, bedeutsamen und richtungsweisenden Fixstern strahlt die Vielzahl der Ziele nicht mehr mit unterschiedlichen Energiepotenzialen sternförmig auseinander, sondern richtet sich mit ihrer ganzen Energie zu 100 % auf den persönlichen Fixstern aus.

Wie sagte einmal Mark Twain: »Nachdem wir das Ziel endgültig aus den Augen verloren hatten, verdoppelten wir unsere Anstrengungen.« Deshalb gilt: Nicht die Geschwindigkeit ist entscheidend, sondern die Richtung. Und die Richtung kann ein erfolgreicher Ausbilder nur durch Festlegung und Umsetzung seines eigenen Zielhierarchiesystems erhalten. Das beigefügte Schaubild (s. Tab. 3) soll einen Einblick in den Aufbau eines Zielhierarchiesystems geben. Ein angehender erfolgreicher Dozent hat sich zu Beginn seiner Ausbildungstätigkeit sein eigenes Zielhierarchiesystem festgelegt und handelt im täglichen Ausbilden vor der Zuhörerschaft entsprechend danach. So wird er schließlich fachlich kompetent und rhetorisch überzeugend auch das Ende des Wegs zum erfolgreichen Ausbilder erreichen.

2.4 Der Teilnehmerfaktor

Bevor die Schulung beginnt, muss man sich erst vergewissern, welchen Teilnehmerkreis man vor sich haben wird. Dabei sind die nachfolgenden Punkte abzuklären:

2.4.1 Pflichtteilnahme / freiwillige Teilnahme

Kommen die Zuhörer aus eigenem Antrieb, wird ihre Motivation zum Lernen wesentlich höher sein als bei Teilnehmern von Pflichtveranstaltungen. Anwesende einer Pflichtveranstaltung müssen stärker passiv motiviert werden, da ihre aktive Motivation relativ gering ist. Der Zwang zur Teilnahme überträgt sich auf den Zwang zum Lernen, und damit sinkt die Lernbereitschaft schon erheblich ab. Der Zuhörerschaft muss die Bedeutung des Themas vor Augen geführt und die positiven Auswirkungen durch erfolgreiche Erarbeitung des Lernstoffs aufgezeigt werden. Der freiwillig erschienene Hörerkreis besitzt bereits Motive zum Lernen. Diese müssen vom Dozenten nur noch durch Lernerfolge, Lob, Anerkennung usw. verstärkt werden.

2.4.2 Teilnehmererwartungen

Mit welchen Einstellungen und Erwartungen kommen die Teilnehmer in die Vortragsveranstaltung? Zwei Personen können an ein Stoffgebiet recht unterschiedliche Erwartungen haben. Der Eine will beim Englischunterricht die Sprache erlernen, damit er sich während seines Urlaubs dort besser mit den Engländern unterhalten kann. Der Andere dagegen besucht den Englischunterricht, damit er seine Grundkenntnisse auffrischen und die grammatikalischen Regeln vertiefen kann, die er im beruflichen Bereich benötigt, um seine englischen Geschäftsbriefe besser gestalten zu können. Weichen die Erwartungen der Beteiligten stark voneinander ab, dann muss die Lehrkraft versuchen, eine durchschnittliche Summe an Erwartungshaltungen zu erfüllen. Sind die Teilnehmererwartungen vor Beginn der Veranstaltung noch unbekannt, empfiehlt es sich, folgendermaßen vorzugehen: Nach der eigenen Vorstellung und einer problemorientierten Einführung wird im Verlauf der ersten Unterrichtseinheit ein Überblick über das Stoffgebiet gegeben. Danach erfolgt die Vorstellung der Teilnehmer (bei Veranstaltungen über mehrere Tage), wobei dann der Einzelne darlegen kann, auf welche Themen besonders Wert gelegt werden soll. Die mündliche Aussprache bietet sich besonders dann an, wenn die gesamte Teilnehmergruppe die Aussprache mit dem Ausbilder sucht und beginnt, Fragen zu stellen und Antworten auf Fragen zu geben. Da aber meistens der Teilnehmerkreis recht unterschiedlich zusammengesetzt ist, wird es Personen geben, die in der Anfangsphase kaum aus sich herausgehen und sich nicht freiwillig an der Diskussion beteiligen. Für diesen Fall (und bei kürzeren Veranstaltungen) empfiehlt es sich, die Teilnehmererwartungen schriftlich am Ende der Unterrichtseinheit (vorgegebene Ankreuzmöglichkeiten) zu ermitteln. Hier bekommt jeder Teilnehmer ein Blatt Papier und kann dann diejenigen Positionen ankreuzen, die seiner Meinung nach behandelt werden müssen. Man kann aber auch ein Blatt am Unterrichtsende herumreichen, auf dem dann jeder durch einen Strich am betreffenden Themengebiet seine Einstellung bzw. Erwartung mitteilt.

2.4.3 Teilnehmervoraussetzungen / Vorkenntnisse

Welche Vorkenntnisse bringt der einzelne Zuhörer mit? Wie weit bzw. wie tief hat er sich schon mit dem Lernstoff beschäftigt?

Die Vorkenntnisse lassen auch schon Rückschlüsse darauf zu, welche Erwartungen diese Personen von dem Lehrgang haben werden. Vorkenntnisse und Erwartungen beeinflussen sich dabei gegenseitig. Je unterschiedlicher das Hintergrundwissen der Teilnehmer ist, desto schwieriger wird es für den Ausbilder werden, einen goldenen Mittelweg zu finden. Der Lehrstoff darf einerseits nicht zu leicht sein, da sonst die Personengruppe mit den höheren Anforderungen vom Unterrichtsverlauf enttäuscht ist und deshalb weiteren Unterrichtseinheiten fernbleiben wird. Andererseits riskiert man mit einer Ausrichtung des Lehrstoffs auf das höhere Anforderungsniveau, dass die Teilnehmer mit den geringeren Vorkenntnissen (frustriert über das hohe Niveau der Unterrichtung) den Lernprozess abrupt beenden und nicht mehr wiederkommen werden. Dies ist die Folge davon, dass ihr subjektiver Lernerfolg ausbleibt. Hier den goldenen Mittelweg zu finden, ist nicht ganz einfach. Es empfiehlt sich deshalb immer, schon bei der Ausschreibung der Veranstaltung die Schwierigkeitsstufe mit den Erwartungen und den erforderlichen Vorkenntnissen anzugeben, damit wirklich nur diejenigen am Unterricht teilnehmen, die ungefähr die gleichen Voraussetzungen mitbringen. Je unterschiedlicher der Teilnehmerkreis zusammengesetzt ist, desto allgemeiner und durchschnittlicher muss der Lehrstoff gehalten werden. Bei einem längeren Verlauf der Unterrichtung ist es allerdings möglich, beim Basiswissen anzufangen und die Teilnehmer langsam auf ein höheres Kenntnisniveau zu bringen. Damit erreicht man, dass alle Teilnehmer während des Unterrichtsverlaufs gefordert werden. Dies wird besonders dann gut möglich sein, wenn Intensivseminare mit einer Dauer von mehreren Tagen bis zu einer Woche durchgeführt werden. Solche Intensivseminare trifft man häufig in der beruflichen Weiterbildung, in der Ausbildung zum Sanitäter oder Rettungssanitäter und in anderen Ausbildungsbereichen an.

Die beiden hier beschriebenen Verfahren (mündlich/schriftlich) könnten z.B. bei einem Verkaufsseminar folgendermaßen aussehen:

»Kleine« Vorstellungsrunde

1. Name
2. Schulischer und beruflicher Werdegang
3. Eigene Erwartungen an das Seminar
4. Praktische oder theoretische Verkaufserfahrungen
5. Persönliche Zielsetzungen der nächsten 3 Tage
6. Drei positive Merkmale von Ihnen
7. Drei negative Merkmale von Ihnen
8. Beschreibung einer eigenen erlebten Käufererfahrung (positiv oder negativ)
9. Was erwarten Sie von einem guten Verkäufer?
10. Derzeitige Gefühlslage

Dankeschön.

ABB. 1 ▶ Möglichkeit zur mündlichen Vorstellung/Äußerung der Erwartungshaltung in der Teilnehmergruppe

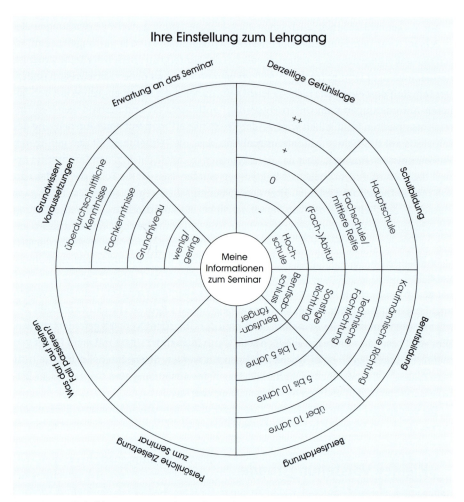

ABB. 2 ▶ Möglichkeit zur Ermittlung der Teilnehmererwartung in schriftlicher Form

2.4.4 Teilnehmeranzahl

Die Teilnehmeranzahl ist abhängig von der Art der durchzuführenden Veranstaltung und von den Zielen, die damit verbunden werden. Reine Vortragsveranstaltungen ermöglichen einen Teilnehmerkreis von mehr als 50 Personen. Die Höhe des Teilnehmerkreises hängt dabei von der Qualität des Lehrsaales ab. Wird mit Medien gearbeitet, was eigentlich jeder Lehrkraft zu empfehlen ist, dann muss die Zuhörerzahl so begrenzt sein, dass es für jeden Zuhörer möglich ist, den Redner zu verstehen und den Inhalt über die dargebotenen Medien gut zu erkennen. Somit kann also schon die Redekraft (Lautstärke) eines Redners zur Einschränkung der Zuhöreranzahl führen, wenn keine technischen Möglichkeiten zur Stimmverstärkung (Mikrofon) existieren. Auch die optisch gut sichtbare Medienarbeit beeinflusst die Größe des Zuhörerkreises. Die Art der Medien muss immer so gewählt wer-

2 ▶ Didaktik

den, dass jeder Teilnehmer, auch jemand aus der letzten Reihe, alle Präsentationselemente klar erkennen kann..

Werden andere Unterrichtungsmethoden angewandt (Gruppenarbeit, Lehrgespräch, Stationsausbildung etc.) oder sollen die unterrichteten Themen durch Nacharbeitung der Teilnehmer verstärkt und geübt werden, empfehlen wir, nicht über eine Teilnehmerzahl von 20 Personen hinauszugehen. Je größer die Teilnehmerzahl ist, desto weniger besteht für den Teilnehmer die Möglichkeit, durch seinen eigenen Beitrag den aufgenommenen Lehrstoff verstärken zu können. Veranstaltungen, die sehr zeitintensiv pro Teilnehmer sind (z.B. praxiskombinierte Seminare wie Rhetorikkurse, Ausbilderschulungen, autogenes Training), sollen nicht über eine Teilnehmerzahl von 10 Personen hinausgehen. Solche Lehrgänge müssen mit intensivem Üben der Fertig- und Fähigkeiten jedes Teilnehmers einhergehen, wobei der Dozent auf jede einzelne Person intensiv eingehen und sich mit ihr beschäftigen muss. Es ist eine Zumutung, eine große Teilnehmerzahl praktisch unterrichten zu wollen, ohne die reine Lehrzeit entsprechend zu verlängern. Betrachtet man solche Massenveranstaltungen, muss man sich immer wieder die Frage stellen, was Veranstalter eigentlich damit bezwecken:

Soll qualitativ gut ausgebildet werden oder will man nur Geld verdienen über die Menge?

Schauen wir uns doch nur einmal eine einfache Schulung im Bereich der Rhetorik an. Hier muss gewährleistet werden, dass jeder Teilnehmer die gelernte Information auch praktisch vollziehen kann, und zwar unter der Anleitung des Ausbilders und vor der Teilnehmergruppe als Zuhörerkreis. Das bedeutet, dass jeder Teilnehmer einige Ausarbeitungen erstellen und diese dann vor der Gruppe vortragen muss (in Form eines Referates, eines Vortrages, einer freien Rede oder eines Lehrgesprächs). In jeder dieser Unterrichtungsmethoden muss der Teilnehmer seine praktischen Erfahrungen im Unterricht machen. Außerdem ist es wünschenswert, wenn jeweils die beiden ersten Vorträge jedes Teilnehmers über Videoanlage aufgenommen und anschließend gezeigt werden. Diese Erfahrung, sich selbst bewusst zu sehen und zu erleben, wie man eigentlich auf Andere wirkt, ist ein nicht wegzudenkender Faktor bei der Rhetorik- und Ausbilderschulung. Nach jedem Vortrag muss eine Besprechung in der Gruppe erfolgen, in der auf gute Ansätze hingewiesen und die vorhandenen Schwächen dargestellt werden. Wenn man jetzt den benötigten Zeitbedarf pro Person einmal schätzt, der für die praktische Ausbildung benötigt wird, und dann dieses Ergebnis mit der Lehrgangsdauer und der Teilnehmerzahl in Verbindung bringt, dann wird jeder verstehen, dass eine zu große Gruppe keine optimale und individuelle Ausbildung gewährleisten kann.

> Qualität muss Vorrang haben vor Quantität!

Nicht die Masse soll es machen, sondern der einzelne gut ausgebildete Teilnehmer muss Vorrang vor allen anderen Überlegungen haben.

2.4.5 Persönliche Ansprache

Um aus der oft existierenden Anonymität des Unterrichts herauszukommen, empfehlen wir Ihnen, vor Unterrichtsbeginn Namensschilder zu erstellen, und diese dann in der Vorstellungsphase den jeweiligen Teilnehmern auszuhändigen. Meistens fertigt man schon rechtzeitig vor Kursbeginn eine Anmelde- bzw. Kursliste an, anhand derer man die benötigten Daten dann übernehmen kann. Existiert keine Kursliste oder kommen zu dem angebotenen Seminar unangemeldete Personen, so kann kurzfristig während der Vorstellungsphase das Namensschild erstellt werden. Mit ihm erhält man als Lehrkraft die Möglichkeit, vom unpersönlichen »Sie« auf den persönlichen »Namen« zurückzugreifen. Es existieren sicherlich einige Tausende Namen, aber einen Namen hören wir alle am liebsten: unseren eigenen Namen. Durch Einsatz dieses »eigenen Namens« wird somit eine weitere positive Motivation in der Zuhörerschaft frühzeitig ermöglicht. Des Weiteren ist es möglich, Fragen an das gesamte Publikum zu stellen und dann nach kurzer Überlegungszeit eine bestimmte Person zur Beantwortung der Frage aufzufordern (Beispiel: »Herr Maier, können Sie sich vorstellen, wie dieses Problem gelöst werden kann?«). Oder die Antwort eines Teilnehmers kann persönlich entgegengenommen werden (Beispiel: »Herr Maier, Sie haben eine Idee zur Lösung unseres Problems«). Durch die gezielte, persönliche Ansprache wissen die Teilnehmer genau, wer von der Lehrkraft angesprochen wurde. Es fühlt sich immer jemand angesprochen, wohingegen das unpersönliche »Sie« zu Verwechslungen (zwei

Teilnehmer antworten) oder zum »Nicht-Angesprochen-Fühlen« führt (keiner antwortet, alle schauen den Nachbarn an, es muss konkreter nachgefragt werden). Es existiert zwar in der deutschen Sprache die Höflichkeitsfloskel »Sie«, aber ihre Verwendung hat unter dem Aspekt der persönlichen Kommunikationsbeziehung zu unterbleiben. Anfängliche Hemmungssituationen können vom Ausbilder wesentlich besser beherrscht werden. Die Unterrichtsbeteiligung nimmt zu und ein reges Lehrgespräch wird entstehen. Mit der direkten Anrede erreicht man außerdem, dass der persönliche Kontakt zu den Teilnehmern viel schneller hergestellt wird. Es entsteht eine angenehmere Lernatmosphäre.

2.5 Die Stoffvorbereitung

Zur stofflichen Vorbereitung zählt das notwendige Erwerben der Fachkenntnis (mindestens eine Ausbildungsstufe über dem Unterrichtsniveau) und die Vorbereitung des Lehrstoffs für den Unterricht. Fundiertes Fachwissen ist notwendig, damit es zum sicheren Auftreten des Ausbilders kommt. Die fachliche Unsicherheit wird sich im Normalfall auch auf das Allgemeinbefinden und den körperlichen und geistigen Zustand des Ausbilders übertragen. Je nach Wissensstand erfolgt vor dem Unterricht eine mehr oder weniger intensive Einarbeitung in die Thematik. In dieser Einarbeitungsphase (durch Studium der Fachliteratur, Vertiefung interessanter Sachverhalte, Beschäftigung mit dem Für und Wider eines Sachverhaltes) erstellt die Lehrkraft eine Stoffsammlung über das The-

ABB. 3 ▶ Unterteilung eines Lernstoffs nach dem Kriterium der Bedeutsamkeit

ma, z. B. inhaltliche Stichpunkte, wichtige Argumente und Hintergrundinformationen. Die Stoffsammlung wird in einem weiteren Arbeitsschritt nach bestimmten Gesichtspunkten strukturiert (z.B. Anatomie, Physiologie, Pathophysiologie (Krankheitslehre); Ursachen, Auswirkungen, Maßnahmen; Vorteile, Nachteile, Bewertung). Ist die Ordnung nach Oberbegriffen beendet (erinnern Sie sich bitte an die besseren Lernergebnisse beim Lernen nach Oberbegriffen), beginnt man mit der Stoffauswahl, d.h. man erarbeitet sich einen mehr oder weniger ausführlichen Stichwortzettel, der als roter Faden für den Unterricht benutzt werden kann. Wir wollen ihn »Themenbegleiter« nennen. Existieren bereits detaillierte und verbindliche Lernziele, muss der Unterrichtsstoff so ausgewählt werden, dass er das Erreichen der Lernziele ermöglicht. Die Lehrkraft ist hier in ihrer Stoffauswahl eingeschränkt. Existiert aber nur eine Groblernzielplanung oder ist es in den Ermessensspielraum der Lehrkraft gestellt, was vermittelt werden soll, dann empfehlen wir die vorangegangene Einteilung (s. Abb. 3).

2.6 Die Stoffauswahl / Lernstoffabgrenzung

Bitte erinnern Sie sich nochmals an die Erkenntnisse der Lernpsychologie, die sich mit dem Umfang des Lernstoffs beschäftigt haben. Die Ergebnisse sagen aus: Je mehr man versucht, in kurzer Zeit an Lernstoff zu vermitteln, desto weniger wird behalten. Das lässt nun den Schluss zu, dass die Fachkenntnisse des Ausbilders nicht unbedingt für das Verstehen und Begreifen des Basislernstoffs wichtig sind. In der heutigen Informationsgesellschaft strömen täglich eine Vielzahl von Informationen auf den Menschen ein. Nicht alle Informationen haben denselben Informationswert. Einige sind für den Menschen wichtig, die anderen kaum von Bedeutung und die restlichen haben vielleicht keinen Informationswert. Deshalb muss man vor der Unterrichtung entscheiden, welche Kenntnisse für den Teilnehmer von Bedeutung sind und welche vernachlässigt werden können. Je mehr Stoff man in eine Unterrichtseinheit hineinzwängen will, desto eher wird das Lerngedächtnis überstrapaziert und desto weniger wird am Ende tatsächlich behalten. Bei der vorangegangenen Unterteilung des Lernstoffs nach Bedeutungsstufen sind wir von der in Abbildung 3 dargestellten Abstufung ausgegangen.

Wichtige Punkte muss der Teilnehmer am Ende des Lernprozesses behalten haben. Diese werden als *Basiskenntnisse* bezeichnet, die in unserer Ausbildungtätigkeit absoluten Vorrang haben müssen. Der Ausbilder hat sich deshalb zu fragen, was der Zuhörer unbedingt wissen muss. Je nachdem, welches Stoffgebiet behandelt wird und welchen Nutzen der Teilnehmer hinterher von dem Lehrgang haben soll, kann es zu unterschiedlichen Ergebnissen kommen. Um das Basiswissen richtig eingrenzen zu können, empfiehlt es sich, Lernziele zu formulieren, die angeben, welche Tätigkeiten bzw. Informationen man vom Teilnehmer eines Seminars auf jeden Fall erwarten muss. Das Ziel der Unterrichtseinheit entspricht der Vermittlung von Basiskenntnissen eines Themenkomplexes. Es dürfen aber nicht mehr als 5 bis 7 wichtige Muss-Punkte pro festgelegte Unterrichtseinheit abgehandelt werden. Außerdem soll das Niveau des Lehrstoffs nicht zu hoch angesetzt werden, da im Endergebnis nur Durchschnittsleistungen (im Verhältnis zu dem Gesamtniveau des Lehrgangs) von den Lehrgangsteilnehmern gefordert werden dürfen. Das stoffliche Unterrichtsniveau hat sich weder an dem besten noch an dem schlechtesten Teilnehmer zu orientieren, sondern an dem durchschnittlichen Gesamtniveau aller Beteiligten. Das Basiswissen muss deshalb besonders inhaltlich und rhetorisch gewichtet und mit audiovisuellen Medien (siehe Kap. 3, »Methodik«) unterstützt und hervorgehoben werden.

Danach erfolgt die weitere Einteilung des Lernstoffs, indem man sich fragt, was der Teilnehmer zum Schluss noch zusätzlich mitnehmen soll. Meist handelt es sich hier um Stoffbereiche, die zwar für das Verständnis nicht unbedingt notwendig, aber zur *Abrundung des Basiswissens* geeignet sind. Dazu zählt auch die Vertiefung des Muss-Lernziels. Wird z. B. das ausgearbeitete Thema häufiger vor unterschiedlichen Zielgruppen präsentiert, können sich dann in Abhängigkeit vom Zuhörerinteresse und je nachdem, welcher Vertiefungspunkt ausgewählt wurde, Einzelvorträge entwickeln.

Die dritte Bedeutungsstufe regelt die Frage: Was kann für den Teilnehmer noch zusätzlich als *Hintergrundwissen* interessant sein? Das Hintergrundwissen wird aber meistens gar nicht mehr in den Lernprozess mit eingebracht, sondern kommt nur dann zum Zuge, wenn vom Teilnehmer spezifische Fragen darüber gestellt werden. Befand man sich bei der Fragestellung also im »Muss-Bereich«, kann die Beantwortung durch eine Übertretung in den »Soll-Bereich« erfolgen. Ist die Fragestellung aus dem »Soll-Bereich« hervorgegangen, kann zur Beantwortung das Hintergrundwissen herangezogen werden. Aber was passiert, wenn man sich als Redner schon im »Kann-Bereich« befindet und dann vom Zuhörer eine Vertiefungsfrage gestellt wird? Dieser Umstand führt häufig zu einer Verunsicherung der Lehrkraft. Andererseits muss ein guter Ausbilder in so einer Situation der Versuchung widerstehen, sich mit seinem eigenen Wissen zu profilieren.

Diese durchgeführte und eingegrenzte Stoffauswahl wird dann mit entsprechenden Merkmalen auf dem Themenbegleiter versehen (Muss, Soll, Medieneinsatz). Dabei kann der Dozent die Länge der Unterrichtseinheit themenabhängig gestalten.

Hier *Beispiele* aus dem Sanitäts- und Ausbildungsbereich:

1. Beispielthema:
Atemstillstand (Ursachen, Erkennen, Maßnahmen)
Unterrichtseinheit: 3 Ausbildungsstunden à 45 Minuten

Muss:
Erkennen eines Atemstillstandes durch
- ▶ Sehen (1. Bewusstlosigkeit, 2. Blauverfärbung, 3. keine Atembewegungen)
  - Maßnahmen (1. Kontrolle Mund-Rachen-Raum, 2. Kopf überstrecken)
- ▶ Hören (kein Atemgeräusch)
- ▶ Fühlen (kein Atemstoß)
- ▶ Sehen (keine Atembewegung)

Durchführung der Maßnahme »Atemspende« mit den erforderlichen theoretischen Kenntnissen (richtige Handhaltung, Atemfrequenz, Atemzugvolumen etc.). Jeder Teilnehmer hat die Übung intensiv eigenständig zu trainieren.

Soll:
Ursachen des Atemstillstands, Anatomie der Atmung.

Kann:
Hintergrundwissen, z.B. Kenntnisse für die Beatmung bei Patienten mit Schwellung der Nasenschleimhäute, Besonderheiten bei Patienten mit Tracheostoma, mögliche Besonderheiten bei speziellen Ursachen des Atemstillstandes (Kontaktgifte etc.).

2. Beispielthema:
Richtiges Ablesen eines Referats vor der Zuhörerschaft
Unterrichtseinheit: 2 Ausbildungsstunden à 45 Minuten

Muss:
Praktische Anwendung von
- ▶ Blickkontakt (80 % der Redezeit)
- ▶ Gestik (Einsatz- und Inhaltsgestik)
- ▶ Sprechtechnik (Betonungselemente)
- ▶ Atemtechnik

Soll:
Erläuterung des gesamten rhetorischen Instrumentariums

Kann:
Hintergrundwissen, z.B. vertiefte Beispiele zum rhetorischen Instrumentarium und persönliche Kommunikationsregeln.

2.7 Die Zeiteinteilung

Aus der Lernpsychologie wissen wir, dass eine gute Einteilung der Unterrichtszeit, der Pausenlänge und der Pausenart die Lernleistung erheblich verbessert. Wir geben Ihnen jetzt einige Beispiele für Unterrichtszeiteinteilungen.

1. Beispiel: *Ganztagsunterricht, während eines Tages*

8.00	–	8.45	Uhr	Lernstoffvermittlung
8.45	–	9.30	Uhr	Lernstoffvermittlung
9.30	–	9.50	Uhr	Auffrischungspause
9.50	–	10.35	Uhr	Lernstoffvermittlung
10.35	–	10.40	Uhr	Minipause
10.40	–	11.25	Uhr	Lernstoffvermittlung
11.25	–	11.30	Uhr	Minipause
11.30	–	12.15	Uhr	Lernstoffvermittlung
12.15	–	13.45	Uhr	Erholungspause
13.45	–	14.15	Uhr	Lernstoffvermittlung
14.15	–	14.20	Uhr	Minipause
14.20	–	14.50	Uhr	Lernstoffvermittlung
14.50	–	15.05	Uhr	Auffrischungspause
15.05	–	15.35	Uhr	Lernstoffvermittlung
15.35	–	15.40	Uhr	Minipause
15.40	–	16.10	Uhr	Lernstoffvermittlung
16.10	–	16.15	Uhr	Minipause
16.15	–	16.45	Uhr	Lernstoffvermittlung

kurze Unterbrechung je nach Aufmerksamkeitsgrad der Zuhörer

Effektive Unterrichtszeit:
- ▶ Vormittag: 3 Stunden 45 Minuten
- ▶ Nachmittag: 2 Stunden 30 Minuten

- ▶ = Gesamt: 6 Stunden 15 Minuten

Effektive Pausenzeit:
- ▶ Vormittag: 30 Minuten
- ▶ Mittag: 1 Stunde 30 Minuten
- ▶ Nachmittag: 30 Minuten

- ▶ = Gesamt: 2 Stunden 30 Minuten

2. Beispiel: *Ganztagsunterricht über mehrere Tage, Freizeitmöglichkeiten vorhanden (Seminare in Hotels etc.)*

8.30	–	9.15	Uhr	Lernstoffvermittlung
9.15	–	9.20	Uhr	Minipause
9.20	–	10.05	Uhr	Lernstoffvermittlung
10.05	–	10.20	Uhr	Auffrischungspause
10.20	–	11.05	Uhr	Lernstoffvermittlung
11.05	–	11.10	Uhr	Minipause
11.10	–	11.40	Uhr	Lernstoffvermittlung
11.40	–	11.45	Uhr	Minipause
11.45	–	12.15	Uhr	Lernstoffvermittlung
12.15	–	14.45	Uhr	Erholungspause
14.45	–	15.15	Uhr	Lernstoffvermittlung
15.15	–	15.20	Uhr	Minipause
15.20	–	15.50	Uhr	Lernstoffvermittlung
15.50	–	16.10	Uhr	Auffrischungspause
16.10	–	16.40	Uhr	Lernstoffvermittlung
16.40	–	16.45	Uhr	Minipause
16.45	–	17.15	Uhr	Lernstoffvermittlung
17.15	–	17.20	Uhr	Minipause
17.20	–	17.50	Uhr	Lernstoffvermittlung

kurze Unterbrechung je nach Aufmerksamkeitsgrad der Zuhörer

Effektive Unterrichtszeit:
- Vormittag: 3 Stunden 15 Minuten
- Nachmittag: 2 Stunden 30 Minuten

- = Gesamt: 5 Stunden 45 Minuten

Effektive Pausenzeit:
- Vormittag: 30 Minuten
- Mittag: 2 Stunde 30 Minuten
- Nachmittag: 35 Minuten

- = Gesamt: 3 Stunden 35 Minuten

3. Beispiel: *Abendunterricht*

18.30	–	18.50 Uhr	Lernstoffvermittlung
18.50	–	18.55 Uhr	Minipause
18.55	–	19.15 Uhr	Lernstoffvermittlung
19.15	–	19.20 Uhr	Minipause
19.20	–	19.40 Uhr	Lernstoffvermittlung
19.40	–	19.55 Uhr	Auffrischungspause
19.55	–	20.15 Uhr	Lernstoffvermittlung
20.15	–	20.20 Uhr	Minipause
20.20	–	20.40 Uhr	Lernstoffvermittlung

kurze Unterbrechung je nach Aufmerksamkeitsgrad der Zuhörer

Effektive Unterrichtszeit:
▶ Abend: 1 Stunden 40 Minuten

Effektive Pausenzeit:
▶ Abend: 30 Minuten

Die hier gezeigten möglichen Unterrichtszeiten können natürlich an den jeweiligen Lernstoff (Aktualität), die Vortragsweise des Ausbilders (ansprechend, motivierend) und die Ausführungsmöglichkeit der Lernstoffvermittlung (körperliche Betätigung etc.) angepasst werden.

Die erstellte Unterrichtseinheit muss dem Zuhörer nach einem bestimmten organisatorischen Schema vorgetragen werden. Dabei kann eine Unterrichtseinheit verschieden lang sein. Sie bezieht sich nicht auf die Unterrichtszeit, sondern auf das Unterrichtsthema. So kann sich also eine Unterrichtseinheit aus einer oder mehreren Unterrichtsstunden (45 Minuten, 30 Minuten oder 20 Minuten) zusammensetzen. Die Einteilung ist themenabhängig und schwankt im Normalfall zwischen einer und fünf Unterrichtsstunden. Jede Unterrichtseinheit soll stofflich und zeitlich eingeteilt werden in

- ▶ Einleitung
- ▶ Hauptteil
- ▶ Schlussteil

und soll so dem Zuhörer auch vorgetragen werden.

2.7.1 Die Einleitung

Aufgabe der Einleitung ist es, auf das gestellte Thema hinzuführen. Daneben besteht über die Einleitung die Möglichkeit, alle Zuhörer (auch die noch nicht motivierten Zuhörer) zu Beginn der Präsentation auf ein hohes Motivationsniveau zu führen. Sie gibt also hier zum letzten Mal vor der Unterrichtung dem Dozenten die Möglichkeit, schlummernde Motive aller Zuhörer zu wecken und Aufmerksamkeit über die Folgezeit zu gewinnen. Diese sachliche und persönliche Hinführung kann dadurch erfolgen, dass an einen bekannten Lehrstoff angeknüpft wird und wichtige Teile nochmals wegen ihrer Bedeutung hervorgehoben werden. Diese Art der Einleitung nennt man die *wiederholende Einleitung*. Sie empfiehlt sich besonders bei Fortbildungsveranstaltungen, wenn also bereits fachliche Informationen beim Teilnehmer vorhanden sind.

Eine weitere Möglichkeit besteht darin, dass der Dozent aus seinem eigenen Erfahrungsbereich einen tatsächlichen Vorfall schildert. Hier handelt es sich um die *persönlich erlebte Einleitung*. Außerdem kann man die *tagespolitisch aktuelle Einleitung* wählen, indem auf ein bedeutsames Tagesereignis Bezug genommen und dieses Ereignis mit dem Thema verbunden wird. Man macht hier den Zuhörer darauf aufmerksam, dass das Thema nahezu vollständig auf die heutige Situation übertragbar und somit tagespolitisch hochaktuell ist.

Zur Motivation in der Einleitungsphase sind *Begriffsdefinitionen* am wenigsten geeignet. Sie werden zwar häufig in Fachveranstaltungen eingesetzt, motivieren den Teilnehmer aber keineswegs ausreichend.

Eine andere Einleitungsvariante ist es, von einem *bedeutenden historischen Ereignis* auszugehen und dann zum aktuellen Thema überzuleiten. Man fragt, wie sich die historische Situation bis heute entwickelt hat. Dabei muss jedoch ein sachlicher Bezug in der Form bestehen, sodass eine vergleichende Beschreibung damaliger und heutiger Standpunkte möglich ist.

Auch eine *auflockernde Vorgehensweise* in Form einer Anekdote, eines Spaßes, eines Witzes oder eines selbst erlebten lustigen Ereignisses kann zur Hinführung zum Thema eingesetzt werden. Dabei ist aber auch hier zu beachten, dass der sachliche Bezug zum Thema direkt oder indirekt vorhanden ist.

All diese Einleitungsmöglichkeiten müssen so gestaltet sein, dass sie in einer interessanten Art und Weise den Teilnehmer auf das Thema neugierig machen und somit die Lernbereitschaft des Teilnehmers wecken oder gar erhöhen. Die Einleitung soll direkt zum Thema hinführen und muss aus diesem Grunde auch kurz gehalten werden. Einleitungen dürfen generell nicht länger als fünf Minuten dauern. Eine gute Einleitung muss auf das Ausbildungsziel, das man mit dem nachfolgenden Unterricht erreichen möchte, hindeuten. Gleichzeitig hat die Einleitung auch Einfluss darauf, ob der Dozent vom Publikum angenommen bzw. akzeptiert wird und welche Prägung er erfährt. Er muss schon in dieser Phase ruhig und gelassen auf den Zuhörerkreis wirken. Innere Unruhe hinterlässt einen schlechten, nervösen und unsicheren Eindruck.

Eine ansprechende Einleitung kann zwischen 5 % und 10 % der Zeit umfassen und ist ein guter Ausgangspunkt zum Einstieg in das Thema, also zum Einstieg in den Hauptteil der Unterrichtsveranstaltung.

2.7.2 Der Hauptteil

Im Hauptteil erfolgt die Unterrichtung in den Stoffbereichen, die in der Stoffauswahl als unbedingt wichtig (Muss) und wissenswert (Soll) bezeichnet wurde. Lernziele sind häufiger zu nennen (z. B. unterschiedliche Wortbezeichnung), mediengerecht zu visualisieren, beispielsweise mit einem Beamer, und rhetorisch geschickt zu präsentieren (Stimme, Gestik). Sind Teillernziele erarbeitet worden, müssen diese in inhaltlich verknüpfter Form und logischem Aufbau dargeboten werden. Der innere Aufbau des Hauptteils muss ohne Gedankensprünge und äußere Lernstoffbrüche gestaltet werden. Jedes neue Teillernziel soll auf das vorhergehende aufbauen bzw. Bezug nehmen und die Hinleitung zum nächsten Teillernziel ermöglichen. Der Hauptteil umfasst ca. 80 bis 90 % des Zeitbedarfs einer Unterrichtseinheit. Je nach Art der Unterrichtung, ob Referat, Vortrag, freie Rede, Diskussion, Lehrgespräch, Gruppenarbeit oder Stationsausbildung/Praxisausbildung, muss der Dozent darauf achten, dass der Hauptteil so

- interessant,
- belebend,
- abwechslungsreich und
- motivierend

wie möglich vermittelt wird. Damit wird immer gewährleistet, dass der Teilnehmer sich auch gedanklich mit dem Thema auseinandersetzt. Je nach der Themenvorgabe, der Formulierung des Lernziels und dem Teilnehmerkreis kann der Ausbilder dieses Ziel mit den unterschiedlichsten Möglichkeiten erreichen. Wir kommen aber später im Kapitel über Methodik wieder darauf zurück. Das Erreichen des Lernziels ist maßgebend und darf nicht durch Abschweifung in andere Themengebiete oder durch Gedankensprünge gefährdet werden. Seien Sie auch als Fachreferent behutsam mit der Weitergabe Ihres Lehrstoffs. »Erschlagen« Sie Ihre Zuhörer nicht mit Ihrem eigenen Wissen.

> Widerstehen Sie der Versuchung, den Zuhörerkreis durch Ihr Wissen beeindrucken zu wollen.

Vermeiden Sie bei einer allgemeinen Lehrveranstaltung die Benutzung von Fremdwörtern und Fachsprache. Nicht derjenige, der die meisten Fremdwörter im Unterricht gebraucht, ist ein guter Ausbilder, sondern demjenigen, der es versteht, einen komplexen Sachverhalt so einfach und verständlich wie möglich darzubieten, gebührt das Prädikat »erfolgreicher Ausbilder«.

2.7.3 Der Schlussteil

Im Schlussteil erfolgt die Zusammenfassung der wesentlichen Punkte des Unterrichts. Der Teilnehmer muss die besonders wichtigen Inhalte der »Muss-Ziele« als Kurzzusammenfassung nochmals präsentiert bekommen, um so die Möglichkeit zu erhalten, sich diese auf jeden Fall einzuprägen. Je nachdem, wie zeitintensiv die Unterrichtseinheit ausgelegt ist, kann im Schlussteil eine Wiederholung erfolgen. Der Teilnehmer bekommt praktische Aufgaben (Fragen oder Situationsvorgaben) gestellt, in denen er sich durch Überlegung an die Lösung heranarbeiten muss. Dies kann in Einzel- (Arbeitsblätter) oder Gruppenarbeit erfolgen.

Im Schlussteil werden dann noch offene Fragen geklärt, Missverständnisse beseitigt und mögliche Denkfehler ausgeräumt. 5 bis 10 % der vorhandenen Unterrichtszeit sollen für den Schlussteil verwendet werden. Es empfiehlt sich, vorher eine Minipause anzusetzen, damit der Lehrstoff im Gehirn verarbeitet werden kann. Meistens entstehen beim Teilnehmer erst dann Fragen, wenn sie sich während der Pause Gedanken darüber machen oder in Pausengesprächen zwischen den Teilnehmern strittige Punkte auftauchen. Diese können dann nach der Pause angesprochen werden. Im Schlussteil muss der Dozent dem Teilnehmer auch den notwendigen Lernerfolg erleben lassen, damit er weiter Lust zum Lernen verspürt.

Zum Ende der Unterrichtseinheit kann dann der vermittelte Lehrstoff in Form einer schriftlichen Kurzzusammenfassung ausgeteilt werden, damit der Teilnehmer nochmals die wichtigsten Punkte zum Nacharbeiten vor sich liegen hat.

Beachten Sie bitte bei Ihrem Unterricht folgende Grundsätze:

- ▶ vom Einfachen zum Schweren
- ▶ vom Bekannten zum Unbekannten
- ▶ vom Einzelnen zum Ganzen
- ▶ vom Greifen zum Begreifen
- ▶ von der Kenntnis zur Erkenntnis
- ▶ vom Alten zum Neuen
- ▶ vom Allgemeinen zum Besonderen.

Der Lernvorgang geht wesentlich besser vor sich, wenn mit kleinen Schritten vorgegangen wird. Je weiter die Schrittlänge, desto größer die Gefahr des Nichtverstehens und desto geringer der Lernerfolg. Ermöglichen Sie es, dass der Teilnehmer so oft wie möglich sein Allgemeinwissen und seine Erlebnisse mit in den Lernprozess einbringen kann. Wählen Sie Vergleiche zwischen Thema und allgemeinem Erfahrungsbereich der Teilnehmer. Stellen Sie Fragen, die von den Zuhörern aufgrund ihrer Allgemeinbildung auch beantwortet werden können.

2.8 Das Stimmungsbarometer

Unterricht über mehrere Abende und Wochen lebt davon, dass stets ausreichend Teilnehmer vorhanden sind. Oft beginnt ein Kurs mit 20 und mehr Personen. Nach dem fünften Abend ist aber nur noch die Hälfte bereit, den Lehrgang weiter zu besuchen. Am letzten Abend sind von den ursprünglich 20 Teilnehmern vielleicht noch 20 bis 30 Prozent vorhanden. Wie kommt es aber nun zu dieser mehr oder minder hohen Teilnehmerabwanderung? Natürlich beeinflussen hier viele Gründe das Kursverhalten der Teilnehmer. Der Erste wird beruflich kurzfristig so beansprucht, dass er abends keine Zeit mehr zur Weiterbildung hat. Der Zweite möchte vielleicht abends mehr Zeit mit seiner Familie verbringen. Dem Dritten hat der zu vermittelnde Lernstoff nicht zugesagt. Der Vierte lehnt den Dozenten ab. Der Fünfte wurde vom Lernstoff überfordert und der Sechste fühlt sich nicht genug im Lernprozess berücksichtigt.

Für den Ausbilder ist es nun aber wichtig, dass er nicht erst am Ende feststellt, wie der Lehrgang von den Teilnehmern angenommen worden ist. Er muss schon ab dem Ende des ersten Abends ständig überprüfen, wie der Lehrgang bei den Teilnehmern ankommt. Um den Teilnehmerschwund so gering wie möglich zu halten, muss er also auf die Stimmungslage der Einzelnen eingehen und stets versuchen, durch Wechsel der Unterrichtsmethode, Erweiterung oder Verkürzung des Lernstoffs und Schaffung eines lebendigeren Unterrichts die Lernstimmung der Teilnehmer zu verbessern. Eine Möglichkeit zur Feststellung der Teilnehmerstimmung ist der Einsatz des Stimmungsbarometers. In Abbildung 4 werden einige mögliche Arten von Stimmungsbarometern vorgestellt.

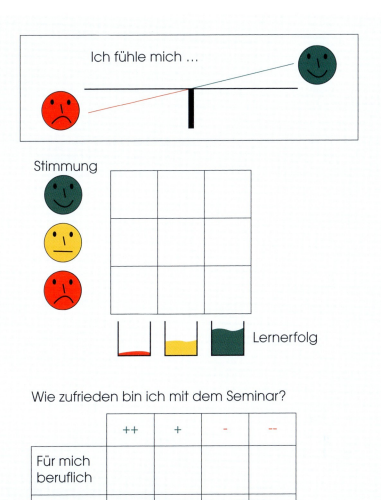

Abb. 4 ▶ Stimmungsbarometer, wie sie zur Evaluation in einem Kurs gebraucht werden könnten

Jeweils am Ende des Unterrichtstags oder des -abends sollen die Teilnehmer ihre Stimmungslage mitteilen. So kann eines der dargestellten Beispiele den Teilnehmern als Folie vorgelegt werden, wobei sich jeder dann mit einem Punkt (Kreuz, Kreis etc.) an der Stelle einträgt, die seine Stimmungslage wiedergibt. Dieses Stimmungsbarometer kann somit jeden Abend ermittelt und den Teilnehmern über den Beamer zum Schluss präsentiert werden. Eine anschließende kurze Diskussion kann eine mögliche Form der Fehlersuche sein. Schlechte Ergebnisse erfordern dann, dass der Ausbilder die entsprechenden Schwachstellen findet und versucht, diese dann auszuschalten. Die Sammlung aller Abendergebnisse ergibt die gesamte Lehrgangsstimmung eines Seminars. So hat auch der Ausbilder die Möglichkeit, verschiedene Seminare miteinander zu vergleichen und mögliche Differenzen kritisch zu untersuchen. Um bei den Teilnehmern aber nicht eine Art von Bewertungsstimmung zu erzeugen (schulisches Notensystem etc.), hat der Ausbilder die Teilnehmer darauf aufmerksam zu machen, dass ihr Seminar optimal ablaufen soll und nicht er bewertet werden möchte. Auch die direkte Ansprache »Helfen Sie mir, Ihren Kurs zu verbessern« wird die Teilnehmer zur objektiven und fairen Beurteilung veranlassen.

Diese Methode kann z.B. durch das abgebildete Teilnehmer-Stimmungsbarometer individuell erweitert werden. Beispielsweise beurteilt in jeder Veranstaltung eine andere Person den Kurs und gibt methodische bzw. didaktische Zusatzhinweise (wie: »Pause«).

Mit der Blitzlichtmethode (»Was hat mir bisher gefallen? Was hat mir bisher nicht gefallen?«) kann schriftlich oder mündlich ebenfalls die Stimmungslage der Teilnehmer ergründet werden. Während beim Stimmungsbarometer nur das Ergebnis festgestellt werden kann (der Ausbilder muss dann bei einer schlechten Stimmungslage den Grund dafür erkunden), zeigt die Blitzlichtmethode schon mögliche Ursachen für eine gute oder schlechte Stimmung an.

Es ist für eine erfolgreiche Unterrichtung immer notwendig zu wissen, wie man bei den Teilnehmern ankommt. Auch hier gilt fast immer, dass die Ursache eines schlechten Seminars selten bei den Teilnehmern, sondern fast immer beim Dozenten liegt. Seien Sie sich dessen bewusst, und versuchen Sie durch die Annahme der kreativen Kritik seitens der Teilnehmer, Ihren Unterricht zu verbessern.

Wir haben uns bewusst bemüht, die Didaktik nicht zu theoretisch aufgebaut zu präsentieren. Wir wollen durch einfache, aber hilfreiche Regeln dem Dozenten helfen, eine

ABB. 5 ▶ Stimmungsbarometer als Teilnehmerreaktion

optimale Unterrichtsorganisation und -gestaltung auf einfachem Niveau zu planen. Im weiteren Verlauf werden wir nun in das Themengebiet der Methodik einsteigen und aufzeigen, welch große Bedeutung die Methodik für die Wissensvermittlung besitzt.

2.9 »Die erste Kursstunde«

Bei der Lehrstoffvermittlung haben wir es mit drei unterschiedlichen Kompetenzen zu tun:
- Fachkompetenz (Wissen, Ausbildung, Fort- und Weiterbildung, Diplome…)
- Methodenkompetenz (Wissensvermittlung durch Medien, Lehrmittel…)
- Soziale Kompetenz.

Die soziale Kompetenz ist gerade in der ersten Unterrichtsstunde sehr wichtig. Lernen Sie Ihre Teilnehmer kennen! Mit welchen Menschen haben Sie es zu tun?
- Zeit zum Ankommen (Musik, Getränke, persönliche Begrüßung…)
- Möglichkeit zum Kontakt (Bekanntmachen, kreative Methoden zum Kennenlernen wie z. B. Interview)
- Motivation (Erfahrungs- und Erwartungshaltung abfragen, gemeinsamen Weg des Kursverlaufes abstecken)
- Möglichkeiten der Stoffvermittlung (Vorträge, Arbeitsgruppen, Rollenspiele)
- Zeit zur Stoffaufnahme (Schaubilder, Filme, Musik, Denkpausen, Mut zu Fragen, Unterlagen für Teilnehmer)
- Gelegenheit zum Verarbeiten (Auseinandersetzung in Gruppen, Ergebnispräsentation der Gruppe, Anknüpfen an die Alltagspraxis der Teilnehmer)
- Zeit zur Evaluierung (schriftlicher Fragebogen, Blitzlicht)
- Gelegenheit zum Abschiednehmen (Kaffee, Blitzlicht, gemeinsames Essen).

Erste Unterrichtsstunde

1. Eröffnung (Herzlich Willkommen!)
2. Begrüßung
3. Ankommen der Teilnehmer fördern
4. Kennenlernen
5. Vorstellungsrunde (Einzelvorstellung, Interview)
6. Entspannung fördern (Grundnervosität, Angst)
7. Vertrauen aufbauen, Blockaden abbauen
8. Erwartungshaltung und Vorkenntnisse abfragen (Was möchte ich lernen? Was brauche ich auf keinen Fall?)
9. Transparenz herstellen (Überblick über den Lernstoff)
10. Vorgehensweise (Art und Umfang der Mitarbeit und Arbeitsweise)
11. Lernkontrolle (Übungen, Hausaufgaben, Abschlusstest)
12. Spielregeln (Entschuldigen bei Nichtkommen, Teilnehmerbescheinigung)

2.10 Zusammenfassende Merkregeln »Didaktik«

1. Der Ausbilder muss persönliche Eignungsvoraussetzungen mitbringen (Veranlagung zum Lernen, Einfühlungsvermögen, gute Allgemeinkenntnisse, Fachwissen, korrektes Auftreten), wenn er eine erfolgreiche Wissensvermittlung durchführen will.
2. Die Erwartungen und Vorkenntnisse der Teilnehmer müssen ermittelt werden, damit nicht an ihnen vorbei unterrichtet wird.
3. Die Anzahl der Teilnehmer einer Veranstaltung ist von deren Art und deren Zielen abhängig. Qualität hat Vorrang vor Quantität.
4. Die Fachkenntnisse des Ausbilders müssen mindestens eine Ausbildungsstufe höher sein als das Unterrichtsniveau.
5. Der Stoffumfang muss eingegrenzt werden.
6. Eine gute Einteilung der Unterrichtszeit, der Pausenlänge und der Pausenart führt zur erheblichen Verbesserung der Lernleistung des Teilnehmers.
7. Der Basislernstoff muss im Unterricht besonders gewichtet werden.
8. Als Unterrichtsmanuskript fungiert der Themenbegleiter. Er soll kurz und prägnant den Unterrichtsverlauf einer Unterrichtseinheit beinhalten. Er ist für den Ausbilder der rote Faden im Unterrichtungsprozess.
9. Das Unterrichtsthema wird in einer Unterrichtseinheit vermittelt. Eine Unterrichtseinheit kann aus einer oder mehreren Unterrichtsstunden (45 Minuten, 30 Minuten, 20 Minuten) bestehen.
10. Eine Unterrichtseinheit wird stofflich und zeitlich unterteilt in
    - Einleitung (bis zu 5 Minuten bzw. 5 – 10 % des Zeitbedarfs einer Unterrichtseinheit)
    - Hauptteil (80 – 90 % des Zeitbedarfs einer Unterrichtseinheit)
    - Schlussteil (5 – 10 % des Zeitbedarfs einer Unterrichtseinheit)
11. Frühzeitiges Erkennen der Stimmungslage und die Beseitigung der anschließenden Mängel vermindert die Gefahr eines Teilnehmerrückgangs bei länger andauernden Seminaren.

3 Methodik

3 Methodik

Unter Methodik verstehen wir das planmäßige Vorgehen beim Unterrichten. Hier wird die Unterrichtsmethode oder, anders ausgedrückt, das »Wie« der Unterrichtung angesprochen. Es ist ein Sammelbegriff für die Handhabung der verschiedenen Methoden. Zur Methodik zählen wir als Erstes die verschiedenen Arten der Unterrichtung. Es gibt viele Möglichkeiten, wie eine Informationsübertragung vom Dozenten zum Teilnehmer erfolgen kann. Wir werden speziell

- ▶ das Referat,
- ▶ den Vortrag,
- ▶ die freie Rede,

        } Arten der Vortragstechnik

- ▶ das Lehrgespräch,
- ▶ die Diskussion,
- ▶ die Gruppenarbeit,
- ▶ die Stationsausbildung und
- ▶ die Moderation

kennenlernen. Je nachdem, welche Unterrichtsform gewählt wird, müssen unterschiedliche Schwerpunkte berücksichtigt werden. Es gibt aber auch noch andere Unterrichtsformen, z. B. das Spiellernen, das Medienlernen beim Telekolleg oder das Selbststudium bei

Fernlehrinstituten. Diese wollen wir aber nicht ansprechen, da sie mit der herkömmlichen Wissensvermittlung nur schwer verglichen werden können. Viele Wege können zum Erfolg führen, aber jede Lehrtechnik hat unterschiedliche Vor- und Nachteile. Die jeweils richtige Unterrichtsmethode wird

- vom Lehrstoff (Schwierigkeitsgrad, Inhalt),
- von den Teilnehmern (Anzahl, Zusammensetzung),
- von der Lehrkraft (Fachwissen, Auftreten),
- vom Unterrichtsmaterial (Theorie, Praxis),
- von der Seminarzeit (Dauer, Tagungszeit) und
- vom Lehrsaal (methodische Möglichkeiten, Ausstattung)

beeinflusst. Deshalb sollte noch in der Planungsphase überlegt werden, welche Unterrichtsform unter Berücksichtigung dieser Faktoren gewählt wird. So ist z. B. die Vortragstechnik die ursprünglichste Form der Wissensvermittlung. Sie geht hervor aus dem gesprochenen Wort und hat sich im Laufe der Zeit unterschiedlich ausgeprägt. Bei der Vortragstechnik referiert ein Dozent vor einem Publikum einen fest vorgegebenen Lehrstoff, den er schriftlich in verschiedenen Graden der Ausführlichkeit niedergelegt hat. Der Redner übernimmt die gesamte Aktivität und die Zuhörer haben im wahrsten Sinne des Wortes »zuzuhören«. Die Vortragstechnik kann in drei verschiedenen Ausführungen vorkommen. Liegt der Lehrstoff vollständig ausgearbeitet schriftlich als Unterlage vor dem Dozenten und liest dieser ihn wortgetreu ab, dann sprechen wir von einem Referat.

3.1 Das Referat

Referate findet man meistens in wissenschaftlichen Vorträgen, bei politischen Reden, bei Lobreden (Laudatio), bei Festreden und vielen anderen möglichen Anlässen. Das Vortragen erfolgt nach der vollständigen Methode, d. h., dass der Referent einen vollständig ausgearbeiteten Text vor sich liegen hat, den er nur noch abzulesen braucht. Diese Art des Vortrags hat mitunter schon seine Berechtigung, besonders dann, wenn es sich beim Auditorium um einen wissenschaftlichen Fachkongress oder Ähnliches handelt, in dem die Bedeutung der einzelnen Wortfolgen und der richtige inhaltliche Zusammenhang (des Themas) sehr wichtig sind. Unserer Meinung nach ist das Referat jedoch die einfachste und schlechteste Methode der persönlichen Wissensvermittlung.

Bei der Ausarbeitung eines Referats legt der Referent Wert auf optimale Satzzusammenhänge und Wortkombinationen. Satzaufbau, Wortwahl und Wortkombinationen werden in der Vorbereitung intensiv durchdacht und durch Veränderungen über einen langen Zeitraum verfeinert. Es werden viele wichtige Informationen gesammelt und dem Auditorium dann übermittelt. So wird beim Referat zum größten Teil auch erwartet, dass eine ausgeprägte, erweiterte Stoffkenntnis bei der Zuhörerschaft vorhanden ist. Beim Referieren wird nun diese komplexe Materie dem Zuhörer Wort für Wort vorgetragen. Der Zuhörer wird förmlich erschlagen von der Informationsmenge, die auf ihn einströmt. Schwierige Satzstellungen z. B. können aber vom Zuhörer nicht so ohne Weiteres voll verstanden und aufgenommen werden. Während der Leser beim geschriebenen Text nochmals zurückblättern und den nicht verstandenen Satzteil wiederholen kann, ist dies beim Vortragen eines Referats für die Zuhörer nicht möglich.

Die Zuflussgeschwindigkeit und die Gegenwartsdauer von Informationen in unserem Gehirn sind relativ begrenzt. Ein Referat zeigt uns deutlich die Aufnahmekapazitätsgrenze im Gehirn an. Des Weiteren muss beachtet werden, dass in der deutschen Sprache ein Unterschied herrscht zwischen dem Schreib- und dem Redestil. Was schriftlich gut formuliert ist, muss sich noch lange nicht gut anhören. Leider werden zu viele Referate dort gehalten, wo sie nicht unbedingt auch anwendbar sind. Man glaubt zwar, dass diese Redetechnik relativ einfach umgesetzt werden kann, aber ein gut vorbereitetes, ohne typische Referatsfehler vorgetragenes Referat stellt eine besonders hohe pädagogische und rhetorische Anforderung an den Redner. Dies wird häufig nicht beachtet, und damit wird beim Referieren nach dem üblichen Schema verfahren. Würde z. B. die Referatsmethode nicht mehr zugelassen für die Informationsvermittlung, dann würden 80 % aller Referatsreden heutzutage nicht mehr gehalten werden können! Das muss zu denken geben.

3.2 Der Vortrag

Beim Vortrag erfolgt eine schriftliche »Vergröberung« des Referats. Der Stoff wird nicht mehr vollständig auf das Manuskript gebracht, sondern es werden nur noch wichtige Passagen (z.B. Satzteile, Stichwörter) notiert und eine Feingliederung des Lehrstoffs aufgeschrieben. Diese Niederschrift dient dann dem Dozenten als roter Faden für die Vortragsveranstaltung. Damit ist der Referent automatisch gezwungen, vom Schreibstil in den Redestil überzugehen. Die Satzaussage wird leichter verständlich, da die Möglichkeit zur komplexen Satzgestaltung beim reinen Vortrag relativ begrenzt ist. Es tritt automatisch eine natürlichere, persönliche Verhaltensweise des Redners vor der Zuhörerschaft ein.

Das Sprechen nach Stichpunkten kann folgendermaßen trainiert werden:

1. Willkürlich Oberbegriff wählen (z. B. Freizeit)
2. Zum gewählten Oberbegriff drei Untergliederungspunkte festlegen (z. B. Arbeit, Lebensalter, Natur)
3. Mindestens zwei Minuten darüber sprechen (5 – 10 % der Zeit als Einleitung, 85 – 90 % für den Hauptteil und wieder 5 – 10 % der Zeit für den Schlussteil. Nehmen Sie im Hauptteil bei den Untergliederungspunkten immer wieder Bezug auf den Obergriff).

Das Anforderungsniveau dieser Übung kann durch die Anzahl der Untergliederungspunkte und die Länge der Sprechzeit gesteigert werden.

Der Vortrag stellt den Übergang vom Referat zur freien Rede dar. Ein erfolgreicher Ausbilder setzt sich selbst das Ziel (z. B. nach dem sechsten Referat bzw. nach sechs Monaten), vom Referatstil in den Vortragsstil zu wechseln. Diese Zielerreichung kann durch die Festlegung der Größe des Themenbegleiters erreicht werden: Bis zum sechsten Referat wird die DIN-A4-Formatgröße benutzt, ab dem siebten Monat wird die Formatgröße halbiert (d. h. Wechsel zu

DIN A5). Dieses Halbierungsverfahren wird so lange praktiziert, bis der Übergang vom Vortrag zur freien Rede annähernd erreicht ist.

3.3 Die freie Rede

Die verfeinerte Form des Vortrags ist die freie Rede. Sie stellt den »Diamanten« unter der Vortragstechnik dar. Bei der freien Rede erstellt sich der Referent nur einen Stichwortzettel mit einer Grobgliederung des Vortragsablaufs. Aufgrund seiner sehr guten Fachkenntnisse und seiner langen Erfahrung beim Darstellen dieses Themenbereichs ist der Dozent in der Lage, anhand eines Punkts der Grobgliederung das Vortragsgerüst gedanklich zu formulieren und dem Auditorium vorzutragen. Der Dozent benötigt zur Anwendung der freien Rede gute fachliche Stoffkenntnisse und eine große Routine im Ausbildungsbereich. Eingesetzte Mnemotechniken optimieren den Präsentationsverlauf der freien Rede. Bei stofflichen Mängeln, Unsicherheit etc. empfiehlt es sich, einen mehr oder weniger ausführlichen Themenbegleiter (Manuskript) auszuarbeiten und anhand von diesem die Unterrichtung durchzuführen. Verliert man dann einmal den gedanklichen Faden oder hat den gefürchteten »Black-Out«, dann kann man durch einen kurzen Blick auf den Themenbegleiter sofort wieder Anschluss an den Unterrichtsprozess finden. Auch die Wiederholung und Zusammenfassung des bisherigen Stoffs kann zur Überbrückung derartiger Situationen angewendet werden. Die Gelehrten der griechischen und römischen Antike waren Meister auf dem Gebiet der freien Rede. Sie verfügten schon damals über viele Assoziationsmöglichkeiten (z.B. Mnemotechniken), mit deren Hilfe sie den Zuhörern die freie Rede vollendet und eindrucksvoll präsentierten. Diese Fähigkeiten haben sich aber nur durch lange Übung eingestellt, denn in der Ausbildungslehre »ist noch kein Meister vom Himmel gefallen«.

Schaffen Sie sich deshalb immer eine Möglichkeit der Sicherheit, um beim gedanklichen Vortragsriss sofort wieder an das vorher Gesagte anknüpfen zu können. Sie werden im Verlauf Ihrer Ausbildungstätigkeit feststellen, dass Sie immer seltener auf Ihren Themenbegleiter zurückgreifen müssen und damit nach einiger praktischer Vortragstätigkeit den Übergang vom Vortrag zur freien Rede umsetzen. Wie derartige Themenbegleiter aussehen können, werden wir Ihnen am Ende des Kapitels 4, »Rhetorik«, vorstellen.

Wer völlig frei vor der Zuhörerschaft spricht, erzeugt einen sicheren und kompetenten Eindruck. Je mehr der Redner am Manuskript hängt, desto besser muss er mit rhetorischen Elementen und methodischer Umsetzung überzeugen, um denselben Eindruck in der Zuhörerschaft zu erzielen.

3.4 Allgemeine Grundsätze der Vortragstechnik

Alle Formen der Vortragstechnik eignen sich gut zur Unterrichtung, wenn der Zuhörerkreis recht groß und der zeitliche Umfang relativ begrenzt ist. Auch als Einleitung bietet sich die Vortragstechnik an. Damit aber der Vortrag interessant gestaltet wird und beim Zuhörer gut ankommt, müssen einige Punkte beachtet werden.

3.4.1 Stoffkenntnis

Wie im Kapitel 2, »Didaktik«, schon angedeutet wurde, ist die fachliche Stoffkenntnis des Dozenten für einen guten und sicheren Vortrag nötig. Auch beim Referat kann der Aufschrieb nicht den Stand des Wissens eines Referenten wiedergeben. Werden Fragen nicht richtig und vollständig beantwortet, kann Unsicherheit beim Dozenten auftreten. Außerdem sinkt damit auch seine Glaubwürdigkeit im Hinblick auf die Fachautorität. Die Art der Zuhörerfrage (z. B. Wiederholungsfrage, Verständnisfrage, Vertiefungsfrage) bestimmt die unterschiedlichen Antwortverfahren.

3.4.2 Redestil / Schreibstil

Bei vollständig formulierten Sätzen im Themenbegleiter ist darauf zu achten, dass der Redestil (bildhaft, sehr ausdrucksstark, konkret, sachliche Aussagen unter Anknüpfung an spontane Ideen und Vorstellungsmöglichkeiten für den Teilnehmer) Vorrang vor dem Schreibstil (nüchtern, sachlich, abstrakt, formell, keine Redewendungen etc.) hat. Es empfiehlt sich, vom niedergeschriebenen Satz abzuweichen (abgesehen von Zitaten etc.) und nur Teilsätze im Themenbegleiter zu formulieren, die dann beim Vortragen mit den eigenen Worten vervollständigt werden. Je kürzer der Teilsatz, desto besser ist die visuelle Aufnahme beim Blick in das Stichwortmanuskript.

3.4.3 Blickkontakt

Man sieht sehr häufig bei festlichen Empfängen, Stellungnahmen, wissenschaftlichen Vorträgen etc., dass der Blickkontakt zu den Zuhörern teilweise oder ganz fehlt, weil der Redner zu sehr an seinem Manuskript hängt. Der Blickkontakt ist aber während der Rede wichtig. Mit ihm kann der Redner feststellen, wie seine Redeausschnitte vom Publikum aufgenommen werden und wie sie auf seine Rede reagieren.

Außerdem vermittelt der Blickkontakt auf den Zuhörer eine sichtbare Sicherheit des Dozenten. Er signalisiert dem Zuhörer seine Kontaktbereitschaft zur Informationsvermittlung. Deshalb: Suchen Sie stets den Kontakt zu den Zuhörern. Lassen Sie Ihren Blick wandern, von links außen nach rechts außen, von vorne nach hinten. Überblicken Sie die ganze Zuhörerschaft und konzentrieren Sie sich nicht nur auf einige Personen (zum Beispiel nur die Mitte, nur auf den Vorsitzenden, nur auf einen persönlich sympathisch erscheinenden Zuhörerkreis etc.). Die Gefahr des fehlenden Blickkontakts ist besonders groß beim Vortragen eines Referats. Hier sollte sich der Dozent einige Anmerkungen an den Rand seines Themenbegleiters machen, die ihn immer an den Blickkontakt erinnern. Wer die Technik des Blickkontakts noch nicht beherrscht, sollte sie unbedingt durch intensives Üben erlernen (siehe auch Kap. 4, »Rhetorik«).

3.4.4 Stimmliche Hervorhebung

Versuchen Sie, Ihre Stimme schwingen zu lassen. Heben Sie wichtige Aussagen Ihres Vortrags durch Stimmveränderungen, Sprechtempovariation, Lautstärkenveränderungen und Satzteilwiederholungen hervor. Ihre Sprechstärke muss so ausgelegt sein, dass auch der hinterste sich im Raum befindliche Zuhörer ohne Mühe in der Lage ist, das Gesagte zu verstehen. Monotone Sprechweise kann dazu führen, dass die Zuhörer gedanklich eintrüben, abschalten oder das Interesse am Vortrag verlieren. Ihre Stimme muss die Spannung wiedergeben, die im Teilnehmer vorherrschen soll (siehe Kapiel 4, »Rhetorik«).

3.4.5 Einsatz der Körpermotorik

Stehen Sie bei Ihrem Vortrag nicht steif hinter dem Vortragstisch oder vor dem Publikum. Das, was Sie sagen, soll auch gleichzeitig durch Ihren Körper mit ausgedrückt werden. Setzen Sie Körpergesten wie z.B. Handbewegungen und Mimik (Veränderung der Gesichtszüge) etc. gezielt ein, damit das gesprochene Wort durch Ihre Körpermotorik unterstützt wird. Zeigen Sie sich lebendig. Durch den Einsatz der Körpermotorik können Sie auch erreichen, dass innerliche Unruhe, Aufgeregtheit etc. dosiert nach außen abgelassen wird (siehe auch Kap. 4, »Rhetorik«). Sprache ist u. a. Bewegung der Sprechorgane; diese Bewegung wird durch den Einsatz der Körpermotorik unterstützt.

3.4.6 Redepausen

Sprechen Sie nicht ununterbrochen Satz für Satz. Lassen Sie dem Zuhörer Zeit, das Gehörte zu verdauen und zu verarbeiten. Existiert in einem Satz eine zentrale Aussage, so muss diese durch eine kurze Redepause vor und nach der Aussage hervorgehoben werden. Sprechen Sie langsam und versuchen Sie nicht, einen neuen Schnellsprechrekord anzusteuern. Jede eingelegte Redepause führt zur Aufmerksamkeitssteigerung im Zuhörerkreis.

3.4.7 Satzlänge

Je länger ein Satz ist, desto weniger Zuhörer wissen am Ende des Satzes noch, was eigentlich am Anfang ausgesagt wurde. Vermeiden Sie deshalb lange Sätze und formulieren Sie verhältnismäßig viele kurze Sätze. Bei kurzen Sätzen ist die Gefahr auch sehr gering, dass Ihr Sprechtempo zu schnell wird. Je länger der Satz, desto intensiver bemüht man sich, diesen schnell zu beenden, um den Zusammenhang von Satzanfang und Satzende nicht zu verlieren. Sätze mit mehr als 13 Wörtern können vom Zuhörer nicht mehr vollständig verarbeitet werden. Die optimale Satzlänge umfasst 7 Wörter (+/- 2).

Auf die Punkte Blickkontakt, stimmliche Hervorhebung, Einsatz der Körpermotorik, Redepausen und Satzlänge werden wir noch im Kapitel 4, »Rhetorik«, intensiv zu sprechen kommen.

Ein Nachteil des Vortrags ist es, dass der Dozent wenig Möglichkeiten hat, während des Vortrags festzustellen, wer überhaupt mitdenkt bzw. wer den Stoff so aufgenommen hat, wie dieser vorgetragen wurde. Deshalb empfiehlt es sich beim Vortrag, am Ende eine Zeit zur Aussprache und zur Fragenbeantwortung anzusetzen. Damit kann erstens aufgrund der Fragen festgestellt werden, wie der Stoff aufgenommen wurde und welche Verständnisschwierigkeiten noch bestehen. Zweitens kann der Redner selbst mit anderen Worten nochmals den Schwerpunkt seiner Aussagen formulieren und wiederholen. Zum Schluss des Vortrags empfiehlt es sich außerdem noch, durch einige Fragen den Zuhörern die Möglichkeit zu geben, sich mit dem gehörten Stoff eigenständig auseinanderzusetzen und die aufgenommenen Informationen selbst anzuwenden. Um während des Vortrags stets aufmerksame Zuhörer vor sich zu haben, müssen während der stofflichen Themenpräsentation immer wieder rhetorische Fragen zum Einsatz gebracht werden, damit sich der Zuhörer mit dem Lehrstoff auch gedanklich aktiv auseinandersetzt.

3.5 Das Lehrgespräch

Eine wichtige Unterrichtsform stellt das Lehrgespräch dar. Hier erfolgt die Wissensvermittlung durch die ständige Kommunikation des Dozenten mit den Teilnehmern. Der Schwerpunkt liegt dabei in der Frage- und Antwortmethode. Der Lehrstoff wird durch Fragen vom Dozenten und Antworten von den Teilnehmern gemeinsam erarbeitet. Damit wird erreicht, dass die Teilnehmer ständig gefordert sind, aktiv mitzuarbeiten. Mit der Fragestellung bezweckt man, dass der Zuhörer durch die Verknüpfung von bisher gelerntem Lernstoff, Allgemeinwissen und logischem Denken eine Antwortvorgabe entwerfen und diese dann in den Lernprozess mit einbringen muss.

Der Dozent erreicht mit dem Lehrgespräch einen viel persönlicheren und lebendigeren Kontakt zu seinen Hörern als mit der Vortragstechnik. Der Teilnehmer erhält eine viel stärkere Lernbefriedigung, da er miterlebt, wie die Erarbeitung des Lernstoffes von seiner Mitarbeit abhängt. Zugleich erhält er durch den selbst miterlebten Lernerfolg, der sich unmittelbar nach der Antwort einstellt, einen weiteren Antrieb, den Lernprozess aktiv fortzuführen. Bei teilrichtigen oder falschen Antworten kann durch die Technik der bedingten Zustimmung der Zuhörer dazu gebracht werden, weitere Beiträge zum Lehrgespräch beizusteuern. Damit erhält der Teilnehmer jedes Mal eine weitere Motivation durch den persönlich erlebten Lernerfolg, der sich unmittelbar nach der Antwort einstellen wird. Die Teilnehmer erleben somit, wie der Unterrichtsstoff durch ihr eigenes Wissen und das Wissen des Dozenten vom Unbekannten zum Bekannten fortschreitet.

Der zentrale Punkt beim Lehrgespräch ist die Frage. Durch Fragen erreicht der Referent, dass sich der Zuhörer eine Antwort erarbeitet und diese mitteilt. Durch richtige Antworten werden dann zentrale Lerninhalte erarbeitet. Fragen und Antworten können auch Denkanstöße erzeugen, die es dem Teilnehmer ermöglichen, kritische oder unklare Sachverhalte oder Randgebiete anzusprechen und unter Mitarbeit des Dozenten zu einer Lösung zu gelangen. Die richtige Kombination von Lernstoffvorgabe, Fragen, Antworten, Denkanstößen und Informationen des Ausbilders ergeben ein lebhaftes und interessantes Lehrgespräch. Da Fragen einen zentralen Punkt beim Lehrgespräch darstellen, möchten wir nachfolgend einige Hinweise zur Auswahl und richtigen Benutzung von Fragen geben.

Fragen stellen in einem Lehrgespräch Impulse für eine Aktivierung des Teilnehmers dar. Sie sind Voraussetzung für ein reges und interessantes Lehrgespräch. Mit einer guten Frage erreichen Sie, dass der Teilnehmer sich motiviert fühlt, diese durch Nachdenken zu beantworten. Außerdem kann man mit ihnen lenken, beeinflussen und leiten. Wenn Sie z. B. einem Kind einen Ball zuwerfen, dann wird das Kind den Ball sehr wahrscheinlich wieder zurückwerfen. Genauso verhält es sich bei der Anwendung von Fragen. Der

Teilnehmer wird nämlich versuchen, diese zu beantworten. Eine schlechte Frage (z.B. eine zweideutige Frage, eine falsch formulierte Frage, eine nicht verstandene Frage) kann aber auch das Gegenteil bewirken. Deshalb muss beachtet werden, dass Fragen so zu formulieren sind, dass sie von jedem Teilnehmer verstanden werden. Aber nicht nur im Lehrgespräch, sondern in jeglicher Kommunikationsbeziehung zwischen zwei oder mehreren Personen ist die Anwendung von Fragen wichtig. Durch geschickte Formulierungen und einer intensiven psychologischen Feingefühlsschulung kann hier ein Beeinflussungsgespräch entstehen. Wer fragt, agiert. Fragetechniker sind deshalb Angreifer. Wer Fragen beantwortet, reagiert. Der Fragenbeantworter wird in die Rolle des Reagierers gedrängt und damit von anderen gelenkt.

Da also mit einer gut durchdachten und wohlformulierten Frage positiv Einfluss auf den Teilnehmer genommen werden kann, wird nachfolgend die Technik der Fragestellung näher erläutert. Man unterscheidet mehrere Fragetypen mit unterschiedlichen Ausstrahlungen auf die erwartete Antwort.

3.5.1 Die verschiedenen Fragetypen

Die Informationsfrage: Die Informationsfrage ist der wichtigste Fragetyp überhaupt. Sie soll als Antwort eine Information auslösen, mit der der Dozent etwas Konkretes vom Zuhörer erfahren will. Die Informationsfrage kann auf einen großen Sachverhalt oder aber auch nur auf ein Wort ausgerichtet sein. Dies versucht sie auf möglichst direkte und kurze Weise zu erreichen. Deshalb muss sie knapp formuliert sein (7 +/- 2 Worte) und vom Teilnehmer sofort verstanden werden.

Beispiele:
1. »Was können Sie mit dem Begriff »Unterricht« alles verbinden?«
2. »Sind Sie verheiratet?«
3. »Welche Voraussetzungen sind zum Studium wichtig?«

Die Alternativfrage: Bei der Alternativfrage werden die Antwortmöglichkeiten mehr oder weniger stark eingeengt. Die möglichen Antworten lassen nur zwei Richtungen offen. Mit Alternativfragen kann die Erarbeitung eines schwierigen Lernstoffs besser erfolgen, da die Antworten eingegrenzt sind und die Gefahr der Themenabweichung durch eine abschweifende Antwort nicht vorhanden ist.

Beispiele:
1. »Welche Art der Vortragstechnik halten Sie persönlich für die beste?« (Antwort. Zusatzfrage: »Warum halten Sie die ... für die beste?«)
2. »Rauchen Sie?«
3. »Wünschen Sie ein hartes oder weiches Frühstücksei?«

Die Suggestivfrage: Die Suggestivfrage ist eine manipulierende Frage. Mit ihr will man erreichen, dass die zu erwartende Antwort den eigenen Vorstellungen entspricht. Man will also eine Person gegen ihren bewussten Willen in eine bestimmte Richtung beeinflussen. Man veranlasst den Befragten durch die Fragestellung, die erwartete Antwort zu geben.

Dem Befragten bleibt also nur die Antwortmöglichkeit übrig, die ihm vom Fragesteller her suggeriert wird. Ist die Suggestivfrage geschickt formuliert, wird die Manipulation vom Zuhörer gar nicht mehr bemerkt.

Beispiele:
1. »Medien haben eine große Bedeutung für die Effektivität des Unterrichts. Glauben Sie nicht auch, dass sie deshalb verstärkt eingesetzt werden müssen?«
2. »Wenn Sie diese Argumente objektiv gewichten, werden Sie mir bestimmt zustimmen?«
3. »Sind wir nicht alle der Meinung, dass für die Umwelt viel mehr getan werden muss?«
4. »Möchten Sie zum Frühstück ein oder zwei Eier serviert bekommen?«
5. »Sie sind doch auch der Meinung, dass ...?«

Die Fangfrage: Die Fangfrage ist eine indirekte Frageart. Aufgrund der Antwort kann man Schlussfolgerungen auf Situationen ziehen, ohne direkte Ansprache.

Beispiele:
1. (Beim Vorstellungsgespräch, wenn man wissen möchte, ob der Bewerber einen Führerschein hat) »Haben Sie Schwierigkeiten gehabt, einen Parkplatz zu finden?«
2. (Beim Vorstellungsgespräch, wenn man wissen möchte, ob der Bewerber sich außerordentlich für Betriebsbelange interessiert) »Sind Sie in Ihrer Freizeit sehr aktiv?«
3. (In der Erste-Hilfe-Ausbildung, wenn man wissen will, ob jemand einen Verbandkasten im Auto hat) »Wer von Ihnen besitzt ein Fahrzeug, das ordnungsgemäß nach DIN ausgestattet ist?«

Die Fangfrage wird auch gern bei mündlichen Prüfungen eingesetzt. Hier wird bei der Frageformulierung die Fragerichtung auf anscheinend »wichtige« Reizwörter festgelegt, die der Prüfling dann logisch beantworten möchte.

Beispiele:
1. »Wie viele Fenster hat das »Wasserwerk« als provisorisches Bundestagsgebäude in Köln?« (Die anscheinend logische Antwort kann nur geschätzt werden, wobei das anscheinend neutrale Reizwort »Köln« nicht beachtet wird).
2. »Im wievielten Jahrhundert bzw. in welchem Jahr entdeckte Columbus Nordamerika?«

Die rhetorische Frage: Mit der rhetorischen Frage will man erreichen, dass eine Gegenmeinung zum behandelten Themenkomplex gar nicht erst aufkommt. Meistens enthält sie die Antwort schon selbst in der formulierten Frage. Muss sie beantwortet werden, dann erfolgt die Beantwortung vom Redner selbst. Ist keinerlei Resonanz aus dem Zuhörerkreis erkennbar, dann können z.B. viele Fragetypen mit einer nachfolgenden rhetorischen Frage selbst beantwortet werden. Die rhetorische Frage wird auch häufig bei der Vortragstechnik angewandt, um bei den Zuhörern Spannung und Interesse zu wecken.

Beispiele:
1. »Wer von Ihnen, meine Damen und Herren, hat noch nicht von dieser revolutionären Entdeckung Notiz genommen?«
2. »Wer kann nach dem heutigen Erkenntnisstand der modernen Medizin noch behaupten, dass die Versorgung und Behandlung von Kranken über die Jahrhunderte schlechter geworden ist?«
3. »Ich verstehe Ihren Einwand also richtig, dass Sie meiner Meinung sind und für eine härtere Bestrafung von Verkehrsrowdys plädieren?«
4. »Wie können wir dieses Problem besser lösen? Können wir es etwa nicht so lösen, wie ich es Ihnen in meinem 3-Punkte-Katalog vorgeschlagen habe?«
5. »Halten Sie mich etwa nicht für kompetent genug, den Sachverhalt richtig zu beurteilen?« (Anders ausgedrückt: »Halten Sie mich für dumm?«).
6. »Verstehe ich Sie also richtig, dass ...?«

Die Gegenfrage: Eine Frage, die vielleicht schwer zu beantworten ist, die uns unangenehm ist, mit der wir uns nicht tiefgründiger auseinandersetzen wollen, kann durch eine direkte Gegenfrage an den Teilnehmer abgeblockt werden. Dadurch erreicht man, dass ein psychologischer Gegendruck auf den Fragesteller entsteht, da dieser jetzt unmittelbar zur Antwort gezwungen wird. Außerdem kann man mit der Gegenfrage mehr Hintergrundinformationen erarbeiten. Diese Fragetechnik kann auch eingesetzt werden, um Zeit zum Überlegen zu gewinnen. Gegenfragen sollten nur mit Vorsicht eingesetzt werden, da es unhöflich ist, eine Frage mit einer Gegenfrage zu beantworten. Damit wird die Motivation zum Fragen beim Seminarteilnehmer verringert.
Beispiele:
1. »Warum ...?« (Gegenfrage) »Warum nicht ...?«
   (bzw. »Wieso ...?«/»Wieso nicht ...?«)
2. »Wie lässt sich Ihrer Meinung nach die Informationsdarstellung im Unterricht verbessern?« (Gegenfrage) »Welche Möglichkeiten zur Informationsdarstellung kennen Sie eigentlich?«
3. »Wieso haben Sie diese Angelegenheit so entschieden?« (Gegenfrage) »Ich möchte ja nicht unhöflich erscheinen, aber haben Sie nicht im letzten Monat die gleiche Angelegenheit auch so entschieden?«
4. »Können Sie mir versichern, dass meine Vortragstätigkeit im nächsten Jahr gewährleistet ist?« (Gegenfrage) »Wie meinen Sie das?«

Die motivierende Frage: Mit der motivierenden Frage möchte man erreichen, dass die Aktivität des Teilnehmers verbessert wird. Sie regt den Gesprächspartner an, aus sich herauszugehen und am Lehrgespräch teilzunehmen. Man spricht das innere »Ego« des Teilnehmers an, hebt ihn damit aus dem Zuhörerkreis hervor und steigert so kurzfristig sein inneres Wertgefühl. Jemanden z. B. als fachkompetente Person aus der anonymen Gruppe herauszuheben, wirkt anspornend und profilierend. Wer ehrlich zu sich selbst ist, wird bestätigen, dass in jedem von uns Bestrebungen vorhanden sind, sich in der einen oder anderen Art gegenüber anderen zu profilieren.

Beispiele:
1. »Was meinen Sie als Fachmann dazu?«
2. »Sie kennen sich doch in diesem schwierigen Gebiet aus?«
3. »Wie stehen Sie zu dieser kontroversen Situation?«
4. »Wie haben Sie solche Situationen in Ihrer erfolgreichen Berufspraxis gemeistert?«

Die Angriffsfrage: Die Angriffsfrage ist eine aggressive Frageform und wird angewandt, um jemanden aus der Reserve zu locken. Sie haben vorher schon mit allen möglichen Techniken versucht, den Teilnehmer zu motivieren. Durch die Angriffsfrage versuchen Sie als letzte Steigerungsform, den Teilnehmer zur Mitarbeit zu bewegen. Auch die Angriffsfrage sollte sehr bedacht und äußerst selten eingesetzt werden.
Beispiele:
1. »Können oder wollen Sie mir keine klare Antwort darauf geben?«
2. »Sind Sie wirklich sicher, dass ihre Verhaltensweise richtig ist?«
3. »Sind Sie von Ihrer Äußerung wirklich überzeugt?«
4. »Gibt es einen Grund, weshalb Sie mir gegenüber misstrauisch sind?«

Der Befragte kann dann auf zweierlei Arten reagieren:
1. Zustimmung → Sein Verhalten wird sich ändern.
2. Verteidigung → Er wird Begründungen dagegen suchen.

Die Bestätigungsfrage/Verunsicherungsfrage: Dieser Fragetyp wird vom Fragenden mit der Absicht eingesetzt, eine nochmalige Bestätigung zu erhalten oder eine Verunsicherung beim Antwortenden zu erreichen, damit dieser eventuell seine erste Antwort korrigiert. Es können also zwei entgegengesetzte Ergebnisse erzielt werden, wobei die angestrebte Richtung vom Tonfall der Frageformulierung abhängt.
Beispiele:
1. »Bist Du ganz sicher, dass wir Geld in die Parkuhr eingeworfen haben?«
2. »Sind Sie sicher, dass die Einzelhandelsgeschäfte heute bis 19.00 Uhr geöffnet haben?«
3. »Sie sind also von Ihrer Äußerung wirklich überzeugt?«

Die sokratische Frage: Die sokratische Frage besteht aus mehreren Teilfragen, meistens drei bis vier. Dabei werden die ersten drei Fragen so gezielt gestellt, dass der Teilnehmer sie mit JA beantworten muss. Durch eine oder mehrere zusätzliche Fragen wird der Gesprächspartner dann zur richtigen Erkenntnis geführt.
Beispiel I:
1. »Sind Sie nicht auch der Meinung, dass das Bestreben der Bevölkerung zur fachgerechten Ausbildung im Bereich der Ersten Hilfe relativ gering ist?«
Antwort: »Ja.«

2. »Ich habe doch bestimmt recht mit der Behauptung, dass Erste-Hilfe-Maßnahmen relativ einfach zu erlernen und anzuwenden sind?«
   Antwort: »Ja.«
3. »Dann stimmen Sie mir bestimmt zu, dass dieser Zustand geändert werden muss?«
   Antwort: »Ja.«
4. »Sicher werden Sie deshalb mit gutem Beispiel vorangehen und bei uns einen Erste-Hilfe-Kurs besuchen?«
   Antwort: »Ja.«

Beispiel II:
1. »Sie wollen sicher auch, dass weniger Menschen im Straßenverkehr ums Leben kommen?«
   Antwort: »Ja.«
2. »Sicherlich stimmen Sie auch zu, dass die Verkehrsdichte immer mehr zunimmt?«
   Antwort: »Ja.«
3. »Auch kann man sich heute kaum noch sicher als Fußgänger auf der Straße bewegen, ohne damit zu rechnen, von einem Auto angefahren zu werden?«
   Antwort: »Ja.«
4. »Dann werden Sie auch meiner Meinung sein, dass man Geschwindigkeitsüberschreitungen hart und unnachgiebig bestrafen muss?«
   Antwort: »Ja.«

Offene/geschlossene Fragen: Bei der offenen Frage gibt es viele Antwortmöglichkeiten. Die Gefahr bei offenen Fragen besteht in der Abschweifung in einen anderen Themenkomplex.

Beispiel:
»Wo wollen Sie 2011 Ihren Urlaub verbringen?«
Antwort: »2009 war ich in den Vereinigten Staaten. Mit einem Wohnmobil habe ich das weite Land besichtigt. Die enormen Temperaturschwankungen haben mich jedoch veranlasst, den Urlaub kurzfristig abzubrechen. Dabei war es mir nicht mehr möglich, das Wohnmobil zu verkaufen. Es steht jetzt immer noch dort auf einem Privatparkplatz und kostet Standgebühr. Jetzt überlegt sich sogar der Parkplatzbesitzer, ob er es nicht verkauft, um seine Kosten erstattet zu bekommen.«
(Frage: Urlaub 2011? → Antwort: Rückblick Urlaub 2009, USA, Wohnmobil, Wetterunverträglichkeit, Zwangsversteigerung).

Diese Gefahr muss erkannt und ihr sollte mit einem Einwand entgegengewirkt werden:
1. (Zum eben aufgeführten Beispiel) »Wir können Ihre Gefühle verstehen, die Sie wegen Ihres letztjährigen Urlaubs empfinden, aber trotzdem planen Sie doch sicherlich, dieses Jahr wieder zu verreisen? Wohin soll es denn gehen?«

2. »Sie sprechen damit einen interessanten Bereich an. Leider haben wir nicht die notwendige Zeit dazu, hierauf intensiver einzugehen. Ich kann Ihnen aber in der Pause nähere Hinweise dazu geben.«

Bei der geschlossenen Fragestellung engt man den Kreis der möglichen Antworten ein und beschränkt damit auch die Gefahr des Abschweifens. Mit einer geschlossenen Frage als präzisierte Frageform will man erreichen, dass eine momentane, noch nicht bekannte Information erarbeitet wird. Je eingegrenzter aber die Frage, desto weniger Intuition und Kreativität wird vom Teilnehmer verlangt. Es empfiehlt sich deshalb, am Anfang durch eine offene Frage festzustellen, was die Zuhörer denn eigentlich mit dem Stoffgebiet alles verknüpfen. Dann gewichtet man die einzelnen Antworten nach ihrer Bedeutung und handelt sie in der festgelegten Reihenfolge ab.

Kommen bei einer geschlossenen Frage mehrere unbekannte Antworten vor, kann diese Frage nicht mehr vom Teilnehmer weiterverarbeitet und beantwortet werden. Fragen mit mehreren Unbekannten setzen schon intensive Lernkenntnisse voraus, die allerdings im Lehrgespräch noch nicht vorhanden sind, da hier nur Schritt für Schritt vorgegangen wird.

Beispiel:
»Können Sie mir den Lebenslauf von Albert Einstein beschreiben?«

Die hier dargestellten Fragetypen sind in der Praxis meistens in Kombinationen anzutreffen (offene Frage, Informationsfrage, motivierende Frage). Um jedoch den Zweck einer Frage erkennen zu können bzw. zu erreichen, müssen dem Dozenten die einzelnen Fragetypen in ihrem Teilbereich bekannt sein.

Beachten Sie folgende Punkte bei der Fragestellung:
1. Ist die Frage klar und eindeutig formuliert?
2. Ist sie kurz und einprägsam?
3. Orientiert sie sich ausschließlich am Thema und an den gesetzten Lernzielen?
4. Ist die Frage angemessen und nicht zu schwierig? Kann sie überhaupt beantwortet werden?
5. Keine doppelte Verneinung verwenden (Beispiel: Weshalb soll nicht beim Vortrag keine Kontrollmöglichkeit gegeben sein?)!
6. Keine funktionslosen Füllwörter verwenden (z. B. jedoch, unter Umständen, entsprechend etc.)!
7. Keine Formulierung im Konjunktiv (z. B. Wie würden Sie diese Art der Unterrichtung nennen?)!
8. Die Frage darf nicht als belehrend aufgefasst werden! Wer will sich schon von anderen über eine vielleicht vorgefertigte Meinung belehren lassen?
9. Gestellte Fragen dürfen nicht schon die Antwort enthalten!
10. Immer nur eine Frage stellen und die Beantwortung abwarten. Sammelfragen vermeiden!

Was erreicht man alles mit einer Frage bei den Teilnehmern? Mit der Fragestellung bewegt man sie zur Mitarbeit. Eine Frage ermöglicht es außerdem festzustellen, ob bereits vermittelte Lerninhalte gut aufgenommen worden sind *(Wiederholungsfragen)*.

Weiter kann mit einer Frage das Verständnis der Teilnehmer festgestellt werden. Sind die aufgenommenen Lerninhalte auch verstanden worden *(Verständnisfragen)*? Es wird also der Sinn des Lernstoffs abgefragt (z. B. Beantwortung einer englischen Frage mit vorhandenem Wortschatz).

Des Weiteren will man mit einer Frage beim Teilnehmer erreichen, dass er sich intensiver mit dem aufgenommenen Lernstoff beschäftigt, dass er diesen mit seinem Allgemeinwissen in Verbindung bringt und durch logische Schlussfolgerungen zur Vertiefung des Stoffs beiträgt *(Vertiefungsfragen)*. Die Frage kann also ein Problem aufwerfen, das nur durch die Kombination dieser Einzelmerkmale beantwortet werden kann.

3.5.2 Die Fragetechnik

Nun haben Sie so viel über die verschiedenen Fragetypen und deren Anwendung erfahren. Jetzt sollen Sie auch kurz mit der richtigen Fragetechnik vertraut gemacht werden. Eine Frage kann unterschiedlich gestellt werden. Sie können einmal die Frage direkt an einen Teilnehmer richten und von ihm die Antwort erwarten. Dies hat aber den Nachteil, dass ein Großteil der nicht direkt Angesprochenen sich vielleicht selbst schon gar nicht mehr mit der Frage auseinandersetzt. Wenn man weiß, dass der Andere die Frage beantworten muss, beschäftigt man sich damit gar nicht mehr so intensiv.

Sie können auch die Frage an die Allgemeinheit stellen und sofort eine bestimmte Person zur Beantwortung der Frage auffordern (Beispiel: »Herr ..., was meinen Sie dazu? Können Sie mir diese Frage beantworten?«). Damit hat aber der betreffende Teilnehmer nicht die Möglichkeit, sich intensiv gedanklich damit auseinanderzusetzen. Außerdem sind die anderen Teilnehmer froh, dass nicht sie angesprochen wurden und vermindern ihre Anteilnahme an der Frage. Diese Arten der Fragetechniken haben Nachteile. Wie sieht nun die optimale Fragetechnik aus?

Sie als Dozent stellen die Frage an alle Teilnehmer. Dann machen Sie eine kurze Pause und lassen den Teilnehmern genügend Zeit, um über diese Frage nachdenken zu können. Dabei sehen Sie jeden Teilnehmer erwartungsvoll an und lassen Ihren Blick schweifen, von rechts nach links, von vorne nach hinten. Danach können Sie entweder einen bestimmten Zuhörer zur Beantwortung aufrufen oder Sie wählen einen von den Hörern aus, die sich durch Handzeichen oder Ähnliches bemerkbar gemacht haben.

In jedem Kurs sind Teilnehmer, die aus sich herausgehen (extrovertiert), gerne Antworten geben und eine rege Mitarbeit anstreben. Dann gibt es Hörer, die mehr verschlossen sind (introvertiert), zwar geistig mitarbeiten, aber ungern eine Antwort vor den anderen Zuhörern geben. Es gibt auch Teilnehmer, die mehr eine Mittelstellung zwischen extrovertiert und introvertiert einnehmen, die sich also ab und zu melden und einen aktiven Beitrag zum Lehrgespräch leisten. Die stark extrovertierten Teilnehmer erkennt man schon zu Beginn der Unterrichtsveranstaltung. Während sich die übrigen beiden Gruppen noch an die neue Atmosphäre gewöhnen müssen und deshalb verständlicherweise zu Beginn der Veranstaltung noch nicht so sehr auf aktive, nach außen gehende Mitarbeit eingestellt sind, wird sich die Gruppe der Extrovertierten schon zu Beginn der Veranstaltung durch ihre Eigenart bemerkbar machen. Solche Personen wirken auch als »Enthemmer« für die restlichen Teilnehmer. Sie lösen die Schweigsamkeit und Zurückhaltung der übrigen Zuhörer auf. Nach und nach wird sich dann auch die Mischgruppe oder Teile der introvertierten Gruppe durch eigene Beiträge am Unterrichtsablauf aktiv beteiligen. Beginnt der Ausbilder mit einem Lehrgespräch und befinden sich keine extrovertierten Personen unter den Hörern, kommt es zur stockenden Anfangsphase. Es fehlt also in dieser Situation an Teilnehmern, die aktiv das Lehrgespräch unterstützen. Hier kann man die erste Zeit dadurch überbrücken, dass der Dozent seine Unterrichtstechnik ändert und einen kurzen Vortrag oder eine freie Rede hält. Es ist auch möglich, den Teilnehmer nach einer längeren Überlegungspause mit der Frage »Ja, was meinen Sie denn dazu, dass ...« zur Antwort aufzufordern. Die Erfahrung zeigt, dass direkt angesprochene Hörer meistens antworten. Nur selten erlebt man ein Achselzucken als Antwort. Zwar wird sich der Hörer im Moment bestimmt ein wenig unbehaglich fühlen, aber nach einem kürzeren Zeitraum wird er zur regen Mitarbeit gewonnen. So kann man dann nach und nach die Hemmungen der Teilnehmer abbauen. Nach der ersten Pause ist meistens die Gewöhnungsphase der Teilnehmer abgeschlossen und das Lehrgespräch kann dann intensiver gestaltet werden.

Sind einige extrovertierte Zuhörer im Lehrgang, kann es z. B. bei einem unerfahrenen Dozenten geschehen, dass er nur immer diese zur Mitarbeit heranzieht. Äußerlich entsteht dabei zwar der Anschein eines regen Lehrgespräches, in Wirklichkeit arbeiten aber nur wenige Hörer mit. Die anderen beteiligen sich nur passiv oder sind mit ihren Gedanken anderweitig beschäftigt. Ihnen fehlt die notwendige Motivation oder sie spricht das Thema nicht an. Deshalb muss man in dieser Situation darauf achten, dass sich die aktive Mitarbeit auf alle Teilnehmer erstreckt. Außerdem kann es zur Enttäuschung der anderen führen, wenn man ständig nur dieselben befragt oder antworten lässt.

Wenn eine gestellte Frage erreicht, dass sie
- zum Nachdenken anregt,
- zum Mitreden veranlasst,
- zur Mitarbeit anreizt und
- zur Mitverantwortung führt,

dann setzt man damit die besten Voraussetzungen, ein Musterbeispiel eines Lehrgesprächs zu gestalten. Da dies nicht von heute auf morgen erlernbar ist, bedarf es einer längeren Übungsphase, bis die Technik der Fragestellung in ihren gesamten Einzelheiten beherrscht wird.

3.5.3 Die Antworttechnik

Wenden wir uns nun den Antworten zu, die aufgrund der gestellten Fragen gegeben werden. Wie muss eine Antwort vom Teilnehmer oder dem Teilnehmer gegenüber richtig gestaltet und formuliert sein? Widmen wir zuerst unsere Aufmerksamkeit den Antworten, die dem Teilnehmer vom Ausbilder aufgrund einer Frage gegeben werden.

Zu Unterrichtsbeginn wird der Dozent die Teilnehmer darauf hinweisen, dass Fragen gestellt werden sollen, wenn irgendetwas unklar ist oder von ihm missverständlich ausgedrückt wurde. Wer Fragen stellt, zeigt Interesse am Lernstoff.

> Es gibt keine dummen Fragen.

Nur die Antwort, die der Befragte gibt, kann dumm ausfallen. Dumme Antworten seitens des Ausbilders stellen ihn in keinem guten Licht dar. Wer also Teilnehmer zum Fragen auffordert, ja sogar ermuntert, der muss auch in der Lage sein, diese Fragen richtig zu werten, zu überdenken und zu beantworten.

Zuerst muss einem bewusst werden, dass der einzelne Teilnehmer Schwächen und Stärken in unterschiedlichen Bereichen und unterschiedlichen Ausprägungen besitzt. Der Zuhörer verfügt über Kenntnisse und Erfahrungswerte in Stoffgebieten, die den Ausbilder vielleicht gar nicht interessieren. Er kann aber eine Schwäche in der Formulierung von Fragen haben, oder er hat vorübergehende nervöse Störungen, wenn er vor dem Publikum an den Dozenten eine Frage stellen oder gar eine Antwort geben soll. Die Fähigkeit, die die Lehrkraft aufgrund ihrer Ausbildung erworben hat, wird der Zuhörer sehr wahrscheinlich nicht besitzen. Dafür verfügt er aber in seinem Fachgebiet über bessere Kenntnisse als der Ausbilder.

Empfehlungen: Respektieren Sie die Schwächen der Teilnehmer. Nehmen Sie die gezeigten Aktivitäten, jede Frage und Antwort des Teilnehmers ernst. Sie motivieren ihn damit zur weiteren Mitarbeit. Überlegen Sie genau, welchen Sachverhalt die Frage anspricht und was der Teilnehmer am Stoffgebiet nicht verstanden haben kann. Machen Sie den Zuhörer nicht vor den anderen lächerlich, indem Sie vielleicht ironisch auf seinen Fehler hinweisen. Beantworten Sie die Fragen mit einfachen und lebendigen Worten. Formulieren Sie Ihre Antworten immer in der Wirklichkeitsform (»Ich werde ...«, »ich kann ...«,) und meiden Sie die Möglichkeitsform (»Ich würde meinen, ...«, »Ich könnte mir vorstellen, ...«).

Ihre Antwort muss sicher vorgetragen werden. Dadurch bestätigen Sie dem Hörer die Bedeutung seiner Frage. Geben Sie vielleicht den Schwerpunkt der Frage mit anderen Worten wieder und beantworten Sie diese einfach und verständlich. Fragen Sie nach erfolgter Antwort nach, ob damit die Frage beantwortet ist. Nur so können Sie sich vergewissern, ob Sie seine Frage auch richtig aufgefasst haben.

Es kann auch passieren, dass Sie etwas gefragt werden, das Ihnen im Augenblick entfallen ist oder das Sie vielleicht nicht wissen. Sie blamieren sich bestimmt nicht, wenn Sie hier spontan zugeben, dass Sie diese Frage momentan nicht beantworten können. Versichern Sie aber dem Teilnehmer, dass Sie sich erkundigen und ihm bei nächster Gelegenheit dann die Frage beantworten werden. Mit der passenden Aussage können Sie dann zusätzlich den Fragesteller motivieren (Beispiel: »Da haben Sie mich gerade auf einem falschen Bein erwischt. Das ist eine sehr gute, durchdachte Frage. Hier muss ich mich erst kundig machen. Ich gebe Ihnen die Antwort nach der nächsten Pause.«). Kein Mensch ist vollkommen. Niemand kann über alles Bescheid wissen. Auch ein Fachmann kann in seinem Spezialgebiet nicht über einen umfassenden Kenntnisstand verfügen. Dafür existieren zu viele nicht bekannte Informationen, die aufzunehmen unser menschliches Gehirn noch gar nicht die Zeit hatte. Hüten Sie sich aber davor, diesem menschlichen Zug dadurch entgehen zu wollen, dass Sie sich um die Frage herumdrücken (»Die Frage passt gerade nicht in diesen Zusammenhang«; »Ich komme später zu diesem Fragenkomplex und stelle Ihre Frage erst einmal zurück«; »Fragen bitte erst am Ende des Seminars stellen«), bewusst einen anderen Fragenbereich anschneiden und beantworten (»Kennen Sie die Institution in der Schweiz, die sich mit einem vorbereitenden Risikomanagement beschäftigt? Ich kenne das Schweizer Modell. Ich kenne nicht nur dieses Modell sehr gut, sondern auch das israelische System. Hier wird besonders Wert gelegt auf ….«) oder gar die Frage falsch beantworten. Ihre Glaubwürdigkeit kann dadurch beeinträchtigt werden. Außerdem, wenn Sie dem Teilnehmer bewusst eine falsche Antwort geben, dann wendet dieser im guten Glauben an die Richtigkeit Ihrer Aussage evtl. falsche Dinge oder Maßnahmen in der Praxis an. Dies ist besonders bei praktischen Tätigkeiten mit Verantwortung gegenüber Menschenleben und hohen Sachwerten problematisch. Wollen Sie sich nicht die Blöße des »Nichtwissens« geben, dann können Sie zur Not darauf hinweisen, dass Sie sich den angesprochenen Sachverhalt so vorstellen könnten (aus dem logischen Zusammenhang heraus), aber sich hier noch genauer erkundigen und wieder Bescheid geben werden, ob es sich nun wirklich so verhält.

Kommen wir nun zur Behandlung der Antworten, die vom Teilnehmer aufgrund einer Frage des Dozenten gegeben werden. Mit der gestellten Frage will der Dozent erreichen, dass sich der Teilnehmer aktiv mit dem Lernstoff auseinandersetzt, diesen mit seinem Allgemeinwissen in Verbindung bringt und sie durch logisches Strukturieren und Schlussfolgern richtig beantwortet. Mit der richtigen Antwort erfolgt ein Schritt zur Erreichung des Lernziels. Deshalb sind Antworten im Lehrgespräch so bedeutungsvoll, denn nur durch diese kann der Lehrstoff Schritt für Schritt selbst erarbeitet werden.

Empfehlungen: Nehmen Sie deshalb jede Antwort ernst. Sie bestärken dadurch die Teilnehmer, weitere Antworten zu geben. Ist die Antwort richtig, dann heben Sie sie hervor (Lob). Durch die Bestätigung in Form des wörtlichen Lobs (Beispiel: »Damit haben Sie die Frage richtig beantwortet«; »Ja, richtig«; »Da haben Sie vollkommen recht«; etc.), durch zustimmende Körpermotorik (einen anerkennenden Blick, durch Kopfnicken, zustimmende Handgestik) oder mit anderen ermunternden Gesten motivieren Sie den Teilnehmer zum weiteren Beantworten von Fragen.

Ist die Antwort zwar inhaltlich richtig, aber schlecht formuliert, dann geben Sie diese Antwort nochmals mit eigenen Worten richtig formuliert wieder. Damit erreichen Sie auch, dass der Sachverhalt nochmals wiederholt wird. Bei einer halbrichtigen Antwort wird der richtige Teil mit einer eigenen neuen Ergänzung verbessert.

Eine falsche Antwort darf nicht so hart als solche »enttarnt« werden, sondern dem Zuhörer muss gezeigt werden, dass sein Wille zur Antwort anerkannt wird. Hier kann die *Technik der bedingten Zustimmung* Anwendung finden:

Beispiele:
1. »Ihre Antwort geht in die richtige Richtung.«
2. »Sie kommen damit der Sache schon näher.«
3. »Ja, richtig, und führen Sie jetzt Ihren Gedankengang noch weiter …«

Sie können auch den Antwortenden indirekt noch zum richtigen Ergebnis hinführen:
Beispiele:
1. »Ihre Antwort zeigt mir, dass Sie den Sachverhalt von einer anderen Seite her betrachten.«
2. »Ja, gut, aber betrachten Sie einmal das Problem von ...«
3. »Ja, aber noch detaillierter ausgedrückt ...«
4. »Von der Thematik betrachtet richtig, aber versuchen Sie den ... Schwerpunkt noch stärker zu gewichten.«
5. »Gehen Sie doch das Problem von der ... Richtung an.«

Bedenken Sie bitte auch bei der Wahl Ihrer Worte, dass eine Sachaussage einmal positiv, aber auch negativ formuliert werden kann. Mit der positiven Formulierung erreichen Sie eine zusätzliche bzw. nochmalige Aktivierung des Teilnehmers, mit der negativen Formulierung dagegen nicht. Diese stößt ab, schafft beim Teilnehmer Missmut und wirkt demotivierend.

Beispiel:
▶ »Was Sie gerade gesagt haben, ist falsch!«

Hier wird nun der Teilnehmer von der Lehrkraft mit einer negativen Formulierung aus der Gruppe hervorgehoben und getadelt. Diese Formulierung wirkt deshalb genau umgekehrt wie die motivierende Frage auf den Betroffenen. Der Teilnehmer wird mit dieser Antwort des Dozenten folgende Assoziationen in Verbindung bringen:
1. »Überlegen Sie das nächste Mal, bevor Sie antworten!«
2. »Was erlauben Sie sich eigentlich?«
3. »Wie können Sie es nur wagen, eine falsche Antwort zu geben?«
4. »Sind Sie dumm, dass Sie diesen einfachen Sachverhalt nicht verstehen?«
5. »Weshalb sind Sie überhaupt hier? Sie sind doch hier fehl am Platz!«

Diese (zum Teil übertriebenen) Gedanken können aufgrund der negativen Ausdruckstechnik des Dozenten beim Teilnehmer sehr wohl aufkommen. Kommt eine solche negative Dialektik häufiger vor, wird der betroffene Teilnehmer (und andere Zuhörer) eine Abwehrhaltung einnehmen und den Dozenten ablehnen. Der Unterrichtsprozess ist damit gestört, die Harmonie verlorengegangen. Die Ausbildungskraft muss deshalb gezielt die positive Ausdruckstechnik, die sogenannte positive Dialektik, in der Gesprächsführung einsetzen.

Beispiele:
1. »Das ist nicht richtig!« (Aber auch noch negativ formuliert)
2. »Das ist nicht ganz richtig!« (Verbesserung zu 1.)
3. »Das ist in dieser Situation nicht ganz richtig!« (Verbesserung zu 2.)
4. »Ich habe das anders in Erinnerung.«
5. »Darf ich es Ihnen nochmals zeigen?« (Bei praktischen Übungen)
6. »Glauben Sie nicht, dass wir hier auf Schwierigkeiten stoßen können?«
7. »Ich glaube, hier müssen wir differenzieren. Ihre Antwort geht in Richtung ...!«
8. »Ich glaube, ich habe mich unklar ausgedrückt.« (Schuld auf sich nehmen)

Auch hier wird wieder von der Lehrkraft die psychologische Feingefühlsschulung erwartet, damit die Teilnehmer während des Kursverlaufs ständig aktiv und motiviert sind. Sie muss ihre Sprache kontrollieren und dabei bessere und feinere Sprachreaktionen in der Gesprächsführung zeigen, denn »der Ton macht die Musik«.

Es kann aber auch passieren, dass Sie absolut keine brauchbaren Antworten bekommen. In diesem Fall liegt der Fehler darin, dass die Fragestellung zu schwer war oder dass die Frage vom Teilnehmer nicht verstanden wurde. Hier empfiehlt es sich, eine neue Frage für das gleiche Lernziel zu formulieren oder die Teilnehmer durch Zusatzfragen an die Lösung heranzuführen.

Alle brauchbaren Antworten, die Sie erhalten, müssen von Ihnen gesammelt und geordnet werden. Dazu eignet sich am besten die Tafel, der Arbeitsprojektor oder eine Umblättertafel (Flip-Chart). Dabei kann das Aufschreiben der Antworten gleich nach Oberbegriffen erfolgen, wobei diese selbst von den Teilnehmern noch erarbeitet werden (leere Tafelfläche wird vom Ausbilder gedanklich unterteilt in Oberbegriffe). Die Ergebnisse des Lehrgespräches müssen zum Schluss noch zusammengefasst und das Lernziel anhand dieser Ergebnisse dargestellt und hervorgehoben werden.

Wie Sie zwischenzeitlich schon festgestellt haben, besteht ein Lehrgespräch natürlich nicht nur aus Fragen, Antworten und Denkanstößen. Nicht bekannter Lehrstoff, der spezifisch ausgelegt ist, kann nur sehr schwer oder gar nicht durch Fragen erarbeitet werden. Solche kritischen Momente muss der Ausbilder überwinden, indem er diese Bereiche mit eigenen Worten als Zusatzinformation in den Unterrichtsprozess einfließen lässt. Somit besteht also das Lehrgespräch aus folgenden Faktoren:

- ▶ Allgemeinwissen (des Teilnehmers)
- ▶ erarbeitete Stoffkenntnisse (des Teilnehmers)
- ▶ Fragen und Antworten (aus dem Lehrgespräch)
- ▶ Denkanstöße und logisches Denkvermögen (der Teilnehmer)
- ▶ Zusatzinformationen (des Dozenten).

Das Lehrgespräch erfordert vom Ausbilder die Fähigkeit, frei zu reden und Unterrichtsinhalte gedanklich vorzuformulieren. Eine klare Gliederung und genaue Zeiteinteilung soll der Gefahr entgegenwirken, gedanklich abzuschweifen, die Zeit zu überschreiten und dadurch das Lernziel nicht voll erfüllen zu können.

3.6 Die Gruppenarbeit

Bieten Sie eine Lehrveranstaltung über mehrere Unterrichtstage oder mehrere Unterrichtswochen an, so haben Sie die Möglichkeit, durch Gruppenarbeit die Initiative zur Lernstofferarbeitung von sich auf den Teilnehmer zu übertragen. Bei der Technik der Gruppenarbeit werden die Teilnehmer in mehrere Gruppen eingeteilt, wobei eine Gruppe aus nicht mehr als fünf Personen bestehen sollte. Sie müssen untereinander annähernd gleich stark (wissensmäßig) zusammengesetzt sein. Es soll aber nicht nach dem Motto vorgegangen werden: »Einer spricht – Einer schreibt«. Sinn der Gruppenarbeit ist es, dass jedes einzelne Mitglied seinen Beitrag und sein Wissen einbringt und dass die Lerngruppe den Lernstoff nun selbst erarbeitet. In Kap. 1 »Lernverhalten« wurde bereits erörtert, dass sich selbst Erarbeitetes besser einprägt als nur vorgetragener Lehrstoff. Meistens setzt sich eine Gruppe sehr verschieden zusammen. So werden ein oder mehrere wissensmäßig starke Teilnehmer ihre Erfahrungen und Kenntnisse einbringen, ein anderer Teilnehmer wird sein gutes Allgemeinwissen dazu benutzen, neue Gesichtspunkte mit in den Lernprozess einfließen zu lassen. Der Dritte wird durch sein logisches Denkvermögen mit neuen Ansätzen zur Problemlösung beitragen können. Jeder Teilnehmer kann seine vorhandenen Schwerpunkte einbringen und durch den Entwicklungsprozess in der Gruppe eine Erarbeitung des Lernstoffs oder eine Vertiefung in der Thematik für sich persönlich erreichen.

So können je nach Zusammensetzung der Gruppen auch unterschiedliche Ergebnisse erarbeitet werden. Meistens ist aber festzustellen, dass die Grundlerninhalte von jeder Gruppe in mehr oder weniger starkem Ausmaß erarbeitet werden. Deshalb muss nach jeder Gruppenarbeit eine Zusammenfassung aller Gruppenergebnisse erfolgen und die wesentlichen Themenschwerpunkte müssen nochmals hervorgehoben werden.

Es gibt zwei Möglichkeiten, Aufgaben an die gebildeten Gruppen zu vergeben. Entweder wird ein und dasselbe Thema allen Gruppen zur Ausarbeitung gegeben, oder die Gesamtaufgabe wird zerlegt, wobei jetzt pro Gruppe eine Teilaufgabe erarbeitet wird. Welche Art der Aufgabenverteilung Anwendung findet, ist themen- und zeitabhängig.

Bei der ersten Art der Aufgabenverteilung erreicht man, dass sich jede Gruppe intensiv mit dem Thema beschäftigt. Die Erarbeitung wichtiger Themenschwerpunkte kann nach dieser Art erfolgen. Zum Schluss der Gruppenarbeit müssen die zentralen Punkte herausgearbeitet bzw. dargestellt werden, damit die Gruppen am Unterrichtsende zusammen denselben notwendigen Wissensstand besitzen.

Mit der zweiten Art der Aufgabenverteilung erreicht man, dass ein größerer Themenbereich von den Gruppen durchgearbeitet wird. Zwar arbeitet jede Gruppe nun einen anderen Themenbereich aus, inhaltlich bestehen jedoch Verbindungselemente. Diese erlauben jeder Gruppe, aufgrund ihrer ausgearbeiteten Erkenntnisse Rückschluss auf die anderen Teilaufgabenbereiche zu ziehen. Hier muss zum Schluss jede Gruppe ihr erarbeitetes Wissen vortragen. Der Dozent schließt nach jedem Vortrag noch eine kurze Bemerkung an, bei der wieder die zentralen Punkte herausgestellt werden. Natürlich wird der Dozent während der Gruppenarbeit die Betreuung der einzelnen Gruppen übernehmen, indem er

- die Ergebnisse der Gruppe bewertet,
- einige neue Gedanken mit einfließen lässt und
- neue Anregungen gibt,

um so die Gruppe auf das gewünschte Ergebnis hinzuführen.

Die Gruppenarbeit benötigt zwar einen wesentlich größeren Zeitaufwand, aber die Lernergebnisse bei den Teilnehmern sind dabei besser und dauerhafter. Der Zeitumfang der Gruppenarbeit muss aber im Voraus festgelegt werden, damit sich eine gewisse Straffung der Arbeit innerhalb der Gruppe ergibt.

Es darf nicht um jeden Preis Gruppenarbeit angestrebt werden. Die Gruppenarbeit soll nicht um ihrer selbst willen durchgeführt werden. Kurzzeitige Lehrveranstaltungen sind nicht für diese Art der Unterrichtung geeignet. Außerdem sollten sich die Teilnehmer schon über einen längeren Zeitraum kennen. Mit fremden Personen eine Gruppe zu gestalten, kann zum Aufbau von Barrieren bei einzelnen Mitgliedern führen. Diese Barrieren bewirken, dass keine optimalen Ergebnisse erarbeitet werden, da innerhalb der Gruppe noch die harmonische Zusammenarbeit fehlt. Oft erlebt man, dass schon zu Beginn einer Lehrveranstaltung eine Gruppenarbeit angesetzt wird. Wir halten dies für falsch! Was will eine Lehrkraft damit erreichen? Will sie erreichen, dass sie vielleicht die Einführungsphase besser übersteht?

3.7 Die Diskussion

Unter der Diskussion versteht man die freie Aussprache der Teilnehmer untereinander, wobei der Dozent nur als Diskussionsleiter auftritt. Er gibt das Thema vor, beschreibt den bisherigen Sachverhalt und stellt evtl. das Problem heraus. Während der Diskussion hat er darauf zu achten, dass

- der Diskussionsablauf ohne Störungen verläuft,
- zu lange Sprechzeiten verhindert werden,
- die Diskussionsbeiträge der Teilnehmer in der Reihenfolge der Wortmeldungen vorgetragen werden,
- das Thema der Diskussion von den Teilnehmern nicht aus den Augen verloren wird und
- er am Ende die Diskussionsergebnisse zusammenfasst.

Bei Diskussionen wird immer das Pro und Kontra eines Sachverhaltes angesprochen. Diskussionen haben nur dann einen Sinn, wenn die Teilnehmer auch in der Lage sind, Toleranz gegenüber anderen zu üben, falsche Einstellungen zu erkennen und gegebenenfalls neue Gesichtspunkte in ihre Vorstellungen mit einfließen zu lassen. Diskussionsteilnehmer dürfen nicht mit zu vielen Vorurteilen beladen sein, da sie sonst das Ergebnis der Diskussionsrunde gefährden. Eine Diskussion bietet sich dann an, wenn über ein interessantes Thema referiert wird (z. B. Sinn und Zweck der Ersten Hilfe), bei dem vorher die Grundlagen zu diesem Thema vom Ausbilder dargeboten wurden. Man kann nur über etwas diskutieren, über das man auch einen objektiven Kenntnisstand besitzt. Fehlt diese Substanz, kann die Diskussion nicht erfolgreich verlaufen. In der Schlussphase der Unterrichtung hat also die Diskussion durchaus seine Berechtigung. Man sollte dabei nur beachten, dass nach der erfolgten Durchführung die Teilnehmer nicht ohne eine Zusammenfassung auseinandergehen.

Häufig kann der Diskussionsverlauf zugunsten des Leiters durch eine geschickte Argumentation positiv beeinflusst werden. Außerdem sind viele Personen trotz fundierter und richtiger Meinung redegewandten Konkurrenten in einer Diskussionsrunde unterlegen, weil diese bewusst durch Einsatz geschickter Argumentationstechniken ihren Kontrahenten »niederargumentieren«. Jeder im Ausbildungsbereich Tätige muss daher diese Möglichkeiten selbst kennen und praktisch einsetzen können.

1. Worte belehren, Beispiele ziehen an. Beispiele machen in einer Rede das Gesagte anschaulicher, erlebbarer und prägnanter.
   Beispiele:
   a) »Die Hungersnot in Äthiopien zeigt anschaulich, dass wir auf Kosten der Entwicklungsländer zu Reichtum und Wohlstand gelangt sind.«
   b) »Jährlich könnten ca. 3 000 Menschen noch am Leben sein, wenn jeder von uns am Notfallort Erste Hilfe leisten würde.«
2. Sprichwörter, Zitate, Statistiken, wissenschaftliche Untersuchungsergebnisse etc. unterstützen die Glaubwürdigkeit der Aussagen. Man beruft sich dabei auf Experten und Kapazitäten, auf höhere Instanzen oder bekannte und allgemein anerkannte Tatsachen.
   Beispiele:
   a) »Mach's Maul auf, tritt fest auf, hör bald auf.« (Martin Luther)
   b) »Jährlich kommt es auf Deutschlands Straßen zu ca. 500 000 Verletzten und ca. 10 000 Verkehrstoten.«
3. Zahlen sind manchmal Stützpfeiler der Argumentation. Doch man sollte sie nachprüfbar und anschaulich darbieten, nicht einfach nur »anonyme Zahlen jemandem an den Kopf werfen«. Schlecht vorstellbare Zahlenmengen können bildlich mit Beispielen verbunden werden.
   Beispiele:
   a) »Das Jahreseinkommen eines Erwachsenen in den Entwicklungsländern beträgt häufig unter 100 Euro. Das ist der Betrag, den wir ausgeben, wenn wir einmal gut zu Essen ausgehen.«
   b) »Es muss einen doch nachdenklich stimmen, dass jährlich allein 42 Mrd. Euro für die Behandlung von ernährungsbedingten Krankheiten ausgegeben werden. Bedenken Sie, »42 000 Millionen Euro« werden allein für vermeidbare Krankheiten verschleudert.«
4. Bezüge zu Ereignissen aus der Vergangenheit verschaffen der rednerischen Absicht mehr Gewichtung. Wenn sie emotional »gewürzt« sind, können sie leicht zu Manipulationsfaktoren werden.

Beispiele:
a) »Jede Generation macht einmal eine Währungsreform mit. Fragen Sie doch Ihre älteren Mitbürger, wie das damals war, als plötzlich das gesamte Geldvermögen nichts mehr wert war, welche schmerzlichen Erfahrungen damit verbunden waren. Wollen Sie unter diesen Umständen tatsächlich Ihr Geld auf dem Sparbuch belassen oder es vielleicht nicht doch in Sachvermögen investieren?«
b) »Vielleicht haben Sie es selbst schon in der eigenen Familie miterlebt, wie es ist, wenn plötzlich eine lebensbedrohliche Störung beim Verwandten auftritt und Sie nichts dagegen tun können. Wenn Sie in diesem Kurs aktiv mitarbeiten, werden Sie mit wenigen einfachen Maßnahmen viel erreichen können.«

5. Verallgemeinerungen, leichtfertige Schlussfolgerungen oder falsche Aussagen können den gesamten Diskussionsbeitrag zum Wanken bringen. Sofort wird dann der ansonsten gute Redebeitrag negativ abgewertet und die Person abgelehnt.
Beispiele:
a) »Da kann man einfach nur sagen: Typisch Frau!«
b) »Wieso stellen Sie sich denn bei dieser praktischen Übung so dumm an. Alle anderen haben es doch auch geschafft.«

6. Mit der Wahl der Anrede kann man sich von einer anderen Person distanzieren oder aber sich mit ihr identifizieren. Durch Blickkontakt und Stimmeinsatz wird dieser Eindruck verstärkt.
Beispiele:
a) »Herr Maier, ...«
b) »Maier, ...«
c) »Sie, ...«
d) »Du, ...«

Es kann auch bewusst eine falsche Namensanrede mit dem Zweck der Verunsicherung oder Provokation erfolgen.

7. Der Zuhörer wird als Partner, nicht als Gegner angesehen. Die Absicht ist es, Vertrauen und Unterstützung beim Gesprächspartner und der Zuhörerschaft zu gewinnen.
Beispiele:
a) »Es bringt doch nichts, wenn wir uns nur gegenseitig beschuldigen. Machen wir einen Schlussstrich unter die Vergangenheit und lösen die auf uns zukommenden schwerwiegenden Probleme gemeinsam erfolgreich.«
b) »Von Ihrem Standpunkt aus gesehen haben Sie ja recht. Aber in der Notfallmedizin wird nicht die Ursache der lebensbedrohlichen Störung, sondern nur die bedrohliche Auswirkung versorgt, damit wichtige Körperorgane nicht zu stark gestört werden.«

8. Kontroverse Situationen sollten stets sachlich ausdiskutiert werden. Wer ausfällig wird oder schreit, hat die Akzeptanz seines Diskussionspartners und die Sympathie der Zuhörer verloren.
   Beispiele:
   a) »Mit Ihnen kann man ja nicht diskutieren, Sie sind ja völlig voreingenommen.«
   b) »Entweder Sie führen jetzt den Rautekgriff aus dem Liegen vor, oder Sie können den Raum verlassen und erhalten keine Bescheinigung.«
9. Die wichtigsten Argumente müssen zum Schluss des Diskussionsbeitrages nochmals zusammengefasst wiederholt werden. Dadurch wirken sie länger nach und bleiben besser im Gedächtnis haften.
   Beispiele:
   a) »Zum Abschluss darf ich nochmals auf die bevorstehende Problematik hinweisen, die wir in der Zukunft durch … lösen müssen.«
   b) »Das Resümee daraus ist, dass der Kopf bei jedem Bewusstlosen überstreckt wird, damit die Atemwege nicht durch die Zunge verlegt werden.«
10. Der Diskussionsbeitrag muss in sich logisch gegliedert sein, damit er von den anderen leichter aufgenommen und verstanden wird. Er muss so gestaltet sein, dass es für den Zuhörer unmöglich ist, ihn nicht zu verstehen.
    Beispiele:
    a) Einleitung, Hauptteil, Zusammenfassung
    b) Sachlichen Standpunkt aufzeigen, Vor- und Nachteile aufzählen, daraus persönliche Schlussfolgerung ziehen.
11. Finden Sie einen guten Anfang und einen guten Schluss des Diskussionsbeitrags. Diese wirken längere Zeit bei den Zuhörern nach und hinterlassen einen guten Gesamteindruck.
12. Einzelne Äußerungen eines Vorredners, die gut in das Konzept des nachfolgenden Redners hineinpassen, können von diesem besonders gelobt werden. Der Zuhörer wertet dies nicht selten als Sympathiebeweis und ist deshalb geneigt, auch den weiteren Aussagen des augenblicklichen Sprechers weniger kritisch zuzustimmen.
    Beispiele:
    a) »Wie uns der anschauliche Vortrag von Herrn Maier gezeigt hat, liegen die Schwerpunkte doch eindeutig im sozialen Umfeld.«
    b) »Sie haben mit Ihrem Einwand völlig recht. Erste Hilfe ist häufig in der Ausführung problematisch. Durch ausreichende Übung können allerdings die notwendigen einfachen Maßnahmen sehr leicht gelernt und eingesetzt werden.«
13. Die den Zuhörer interessierenden Punkte werden mit den eigenen Vorstellungen verknüpft und argumentativ vertreten.

Beispiele:
a) »Ihre Frage lässt sich schnell durch die geschichtliche Entwicklung beantworten. Wie es sich in der Vergangenheit gezeigt hat, waren bis jetzt alle Wirtschaftstheorien langfristig nicht vom Erfolg geprägt, sondern haben stets zu schwerwiegenden Folgeproblemen geführt.«
b) »Ihr Einwand geht in die richtige Richtung. Selbstverständlich lassen sich nicht alle Probleme auf einmal lösen. Sie stimmen mir aber zu, dass man Erste Hilfe nur durch Übung erlernen kann.«

14. Schwache Argumentationsstellen (widerlegbare Einzelheiten) werden aus der gegnerischen Rede aufgegriffen, aus dem Sachzusammenhang gelöst und mit rhetorischer Geschicklichkeit als zweifelhaft oder unglaubwürdig hingestellt. Damit erreicht man bei den Zuhörern den Eindruck, dass die gesamte Aussage wenig Glaubwürdigkeit besitzt.
Beispiele:
a) »Sie, Herr Maier, haben doch schon durch ihre bisherigen Äußerungen und Aktivitäten bewiesen, dass Sie auf diesem Gebiet nicht gerade glänzen.«
b) »Bevor ich hier in der Erste Hilfe etwas falsch mache, was ja möglich ist, mache ich lieber gar nichts beim Verletzten!«

15. Gehen dem Diskussionsgegner die sachlichen Argumente aus bzw. stellt sich seine Argumentationstechnik als die schlechtere heraus, dann reagiert und argumentiert der Unterlegene oft zunehmend emotionaler. Häufig wird dann auch versucht, durch Kritik an der Form des gegnerischen (besseren) Arguments dieses verbal zu entkräften, wobei allerdings keinerlei fachlich fundierte Begründung vorliegt. Der »Sieger« soll hier immer sachlich weiter argumentieren und nicht ebenfalls emotional reagieren.

16. Ein geschickter Redegegner wird immer versuchen, dem anderen die Beweislast aufzubürden. Wer sich bei Beginn seiner Rede erst rechtfertigen muss oder Begründungen für dieses oder jenes Verhalten abzugeben gezwungen ist, hat einen schlechten Start (durch den höheren Zeitbedarf und den Beginn mit der Negativ-Rechtfertigung).
Beispiele:
a) »Ich muss nochmals darauf zurückkommen, was mein Vorvorredner hier fehlerhaft wiedergegeben hat.«
b) »Warum sträuben Sie sich, die Herzdruckmassage durchzuführen?«

17. Bereiten Sie sich auf jede Diskussion mit anderen gut vor. Überlegen Sie vorher mögliche Einwände und finden Sie dafür passende Gegenbegründungen.
Beispiele:
a) Mögliche Frage: »Ich kann einfach nicht vor anderen Personen sicher und frei sprechen; ich bekomme sofort einen roten Kopf und fange an zu stottern. Ich habe einfach nicht die Begabung zum Sprechen.«
Vorweggedachte Antwort: »Es ist noch kein Meister vom Himmel gefallen, auch im rhetorischen Bereich. Allerdings sind viele ungeübte Redner der Meinung, dass man zum Sprechen eine besondere Begabung benötigt. Aber

glauben Sie mir, allein durch Redeübung lässt sich im Laufe der Zeit ein sicherer Eindruck beim Gegenüber erzielen. Außerdem wird der rote Kopf, den Sie während des Sprechens verspüren, beim Gegenüber gar nicht bemerkt. Somit brauchen Sie sich davon doch gar nicht verunsichern lassen.«

b) Mögliche Frage: »Was passiert, wenn ich Erste Hilfe leiste und etwas falsch mache? Dann kann ich doch dafür verurteilt werden.«
Vorweggedachte Antwort: »Bisher ist in der Bundesrepublik Deutschland noch niemand dafür bestraft worden, wenn bei der Ausführung der Maßnahmen Fehler aufgetreten sind. Es sind aber schon viele bestraft worden, die keine Erste-Hilfe-Maßnahmen durchgeführt haben, obwohl dies erforderlich gewesen wäre. Außerdem sind die zu erlernenden Maßnahmen so einfach, dass es fast unmöglich ist, den Verletzten zu schädigen. Die Wahrscheinlichkeit ist allerdings sehr hoch, durch die durchgeführten Maßnahmen das Leben des Verletzten zu retten.«

18. Um als Fachmann angesehen zu werden, können im Verlauf der Diskussion Fremdwörter und Fachbegriffe eingesetzt werden. Ansonsten soll aber eine verständliche Ausdrucksart benutzt und der passive Wortschatz des Gegenübers beachtet werden.

19. Verwenden Sie eine offene Körpersprache und versuchen Sie, körpersprachliche Signale der anderen zu interpretieren und diese Ergebnisse in Ihren weiteren Argumentationsablauf einzubauen (Überraschung, Widerspruch, Zustimmung etc.).

20. Häufig wird ein unsicherer Diskussionsanfang dadurch hervorgerufen, dass nicht der richtige Gesprächseinstieg gefunden wird. Man möchte mitdiskutieren, darf aber nicht!

    Beispiele:
    a) »Ich möchte dazu auch was sagen.«
    b) »Da es jetzt geht, darf ich doch etwas dazu bemerken.«

21. Gute Argumentationsfloskeln unterstützen manipulativ den angestrebten Gesprächserfolg. Sie sind häufig so neutral formuliert, dass sie bei jedem Sachverhalt eingesetzt werden können. Dem Diskussionspartner wird es dann sehr schwer fallen, diese zu entkräften, da die Sachebene angesprochen ist. Durch eine veränderte Stimmlage wird die Wirkung noch unterstützt. Nur durch konkrete Beispiele kann dann gekontert werden. Argumentationsfloskeln dürfen allerdings nicht zu häufig in der Diskussion eingesetzt werden, da sonst ihre Wirkung abnimmt.

    Beispiele:
    a) »Wir müssen doch die Realität akzeptieren!«
    b) »Tatsachen sprechen aber dafür, dass ...«
    c) »Das widerspricht doch der Logik/dem gesunden Menschenverstand!«
    d) »Unter Fachleuten ist dieser Punkt nicht strittig.«
    e) »Bei vernünftiger Betrachtung kann nur diese Schlussfolgerung gezogen werden.«
    f) »Das muss man schon differenziert sehen.«

3.8 Die Stations- und Praxisausbildung

Die Stationsausbildung bietet sich an, wenn praktische Fertigkeiten vermittelt werden oder die Verbindung von theoretischem Wissen und praktischen Kenntnissen zum richtigen Handeln führen sollen. Sie besteht aus mehreren Stationen, wobei praktische Tätigkeiten (die vorher vom Ausbilder vorgeführt wurden) vom Teilnehmer intensiv geübt werden. Diese Art der Unterrichtung wird im Bereich der Erste-Hilfe-Ausbildung besonders bevorzugt, da sich die wichtigsten Lerninhalte (Muss-Lernziele) auf die Praxis beziehen. Ist die Teilnehmergruppe klein, und erfordert die durchzuführende Übung wenig Zeit, dann reicht das Üben der praktischen Tätigkeit in einer Station. Der Ausbilder überwacht dabei korrekt bei jedem einzelnen Teilnehmer die auszuführende Übung. Dabei muss er beachten, dass die restlichen Teilnehmer einen ungehinderten Blickkontakt zur Übungsfläche haben. Zwei Sitzanordnungen können dies gewährleisten. Es empfiehlt sich, die Raumaufteilung so zu gestalten, dass die Teilnehmer eine Kreisform rund um die Übungsfläche oder eine Reihe in Form eines »U« bilden. Die Lehrdemonstration solcher praktischen Maßnahmen soll dabei nur in der Mitte erfolgen. So hat jeder Teilnehmer die Möglichkeit, die praktische Maßnahme ohne Sichtbeeinträchtigung wahrzunehmen. Auch der Ausbilder muss darauf achten, dass er selbst nicht bei der Durchführung den Blick versperrt. Mit dieser Sitzanordnung erreichen Sie auch, dass die Übung von den Teilnehmern oft gesehen und mindestens einmal auch praktisch selbstständig durchgeführt wird. Es ist auch möglich, dass alle Teilnehmer eine Tätigkeit gleichzeitig üben können (z.B. Druckverband in der Erste-Hilfe-Ausbildung). Wenn Sie ausreichend Zeit zur Verfügung haben, sollten Sie es allerdings nicht beim einmaligen Üben belassen. Handelt es sich um eine größere Gruppe oder erfordert die auszuführende Tätigkeit einen größeren Zeitbedarf, dann muss eine Ausbildung in mehreren Stationen erfolgen. Jede Station wird von einem Ausbilder betreut. Die einzelnen Orte müssen räumlich getrennt werden, damit bei dem Teilnehmer die uneingeschränkte Aufmerksamkeit und Konzentration auf die jeweilige Station gerichtet ist. Umfasst der Lehrgang mehrere Tage (z. B. Sanitätsausbildung, Rettungssanitäterausbildung), dann kann die Stationsausbildung auch als zusammenfassende Überprüfung und Übung so erfolgen, dass die einzelnen Orte mit unterschiedlichen Aufgaben der praktischen Fertigkeiten versehen sind. Bei der Anzahl der Stationen muss darauf Wert gelegt werden, dass die einzelne Gruppenstärke nicht mehr als 10 Teilnehmer beträgt. Je kleiner die Gruppe, desto intensiver und ausführlicher kann die praktische Ausbildung durchgeführt werden. Die Lehrkraft muss versuchen, die praktische Ausbildung so interessant, wirklichkeitsnah und abwechslungsreich wie möglich zu gestalten. Damit erhöht man den Aufmerksamkeitsgrad und den Willen des Teilnehmers zur Mitarbeit.

3.9 Die Moderation

Immer häufiger werden Moderationselemente als moderne Form der Wissensvermittlung zur Lernstofferarbeitung und -präsentation vom Ausbilder herangezogen. Für die Moderation ist eine hochgradige Teilnehmereinbeziehung charakteristisch. Sie stellt dabei eine Kombinationsform zwischen den bekannten methodischen Unterrichtsformen dar, wobei sich der Ausbilder zunehmend aus der aktiven Präsentationsphase entfernt und mehr die passiv unterstützende Ergebniszusammenfassung praktiziert. Die Lernergebnisse werden im Wesentlichen in der Gruppenarbeit mit Unterstützung des Dozenten entwickelt und danach vor der Gesamtgruppe präsentiert. Der Ausbilder schließt das Thema durch eine Zusammenfassung ab. Sollen die gruppendynamischen Prozesse gezielt gesteuert werden, übernimmt er die Moderationsleitung und führt dann die Gruppe zur Zielerfüllung. Wenn Sie die nachfolgenden Regeln berücksichtigen, werden Sie in der Moderation eine erfolgreiche Form der Wissensvermittlung mit Ihren Teilnehmern praktizieren können:

1. Akzeptieren und tolerieren Sie jeden Teilnehmer – so wie er ist – als gleichwertigen Partner.
2. Seien Sie positiv und offen; gehen Sie davon aus, dass jeder auf seine Weise mitarbeiten will.
3. Hören Sie zu, wenn Ihr Partner spricht und unterbrechen Sie ihn nicht (solange er sich an die Spielregeln hält).
4. Kritisieren und tadeln Sie nicht.
5. Sprechen Sie den Einzelnen nicht unvermittelt und direkt an, sondern nur dann, wenn er sich meldet oder durch Mimik zu verstehen gibt, dass er etwas beitragen möchte.
6. Bereiten Sie sich selbst immer gut vor (fachlich, methodisch, rhetorisch).
7. Akzeptieren Sie, wenn sich jemand nicht zu einem bestimmten Punkt äußern möchte. Der Teilnehmer bestimmt selbst, ob, wann und was er sagen will.
8. Helfen Sie ihm, wenn er in irgendeiner Form Hilfe benötigt (z. B. im Umgang mit anderen Gruppenmitgliedern, bei Formulierungen, in der methodischen Vorbereitungsphase).
9. Wenden Sie sich dem Einzelnen auch in den Pausen zu. Sprechen Sie mit ihm über seine persönlichen Ansichten, Erfahrungen und Probleme.
10. Achten Sie darauf, dass ein aktiver, positiv eingestellter Teilnehmer, der auf Ihrer »Wellenlänge« liegt, nicht an Glaubwürdigkeit verliert, indem Sie ihn immer wieder (zu Ihrer Unterstützung) nach seiner Meinung fragen.
11. Laden Sie die Teilnehmer mit einer Vorabinformation persönlich zur Moderationsrunde ein.
12. Planen Sie die Raumnutzung, legen Sie die Sitzordnung fest, organisieren und überprüfen Sie den Medieneinsatz.
13. Eröffnen Sie die Arbeitsbesprechung, unterbreiten Sie Vorschläge zum Ablauf, legen Sie die Regeln vor und halten Sie diese auch ein.
14. Strukturieren Sie das Thema mit Abstimmung der Teilnehmer.
15. Führen Sie die Teilnehmer mit Fragen, notieren Sie Wortmeldungen. Entsprechend ihrer Reihenfolge teilen Sie die Wortvergabe ein und fordern zum Sprechen auf.
16. Erfassen Sie die Teilergebnisse, Antworten, Stichpunkte methodisch über geeignete Medien.
17. Führen Sie in Abstimmung mit den Teilnehmern (Teil-)Entscheidungen herbei und fassen Sie die Arbeitsergebnisse zusammen.
18. Legen Sie zukünftige Arbeitsvorgänge fest und fixieren Sie die Termine.
19. Beenden Sie die Gruppenarbeit, verabschieden Sie sich freundlich und bedanken Sie sich für die Gruppenbeiträge.
20. Arbeiten Sie die Ergebnisse nach und stellen Sie den Teilnehmern eine Endzusammenfassung zur Verfügung.

Abbildung 1 gibt einen Überblick über die rhetorischen Elemente in den Vortrags- und Präsentationstechniken.

3 ▶ Methodik

Arten	Persönliche Kommunikation	Vortragstechniken	Diskussion	Moderation
Kommunikationsprozess	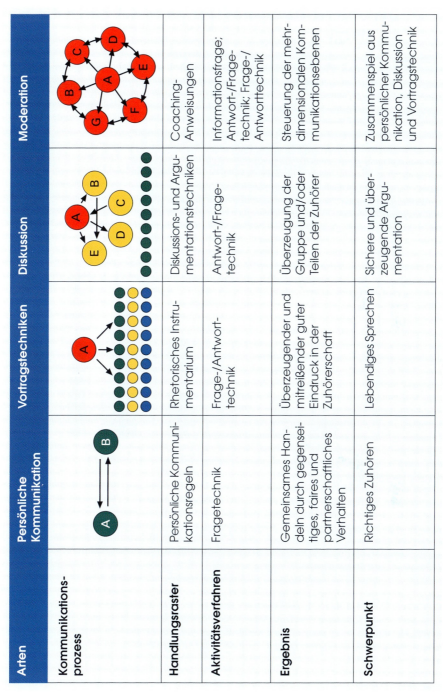			
Handlungsraster	Persönliche Kommunikationsregeln	Rhetorisches Instrumentarium	Diskussions- und Argumentationstechniken	Coaching-Anweisungen
Aktivitätsverfahren	Fragetechnik	Frage-/Antworttechnik	Antwort-/Fragetechnik	Informationsfrage; Antwort-/Fragetechnik; Frage-/Antworttechnik
Ergebnis	Gemeinsames Handeln durch gegenseitiges, faires und partnerschaftliches Verhalten	Überzeugender und mitreißender guter Eindruck in der Zuhörerschaft	Überzeugung der Gruppe und/oder Teilen der Zuhörer	Steuerung der mehrdimensionalen Kommunikationsebenen
Schwerpunkt	Richtiges Zuhören	Lebendiges Sprechen	Sichere und überzeugende Argumentation	Zusammenspiel aus persönlicher Kommunikation, Diskussion und Vortragstechnik

Abb. 1 ▶ Überblick über die rhetorischen Elemente in den Vortrags- und Präsentationstechniken

3.10 Die Unterstützung des Lernprozesses durch die Lernwege

Wie wir in den theoretischen Erläuterungen in Kap. 1 »Lernverhalten« gesehen haben, können Informationen von der Umwelt nur über unsere Sinnesorgane aufgenommen werden. Zwei dieser Sinnesorgane, das Auge und das Ohr, sind für die Informationsaufnahme und -hervorhebung sehr bedeutend. Es gibt aber noch andere Lernwege, die erreichen, dass die aufgenommene Information im Gehirn unterstützt, hervorgehoben und gefestigt wird. Bei den weiteren Lernwegen handelt es sich um das Lesen, das Sprechen und das aktive Handeln. Betrachten Sie bitte nun die nachfolgende Darstellung:

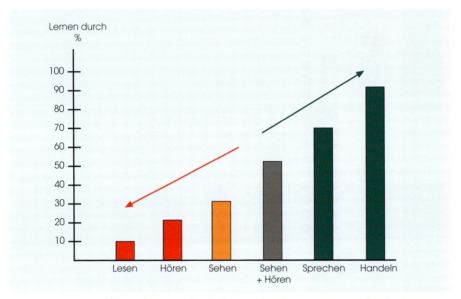

ABB. 2 ▶ Prozentuale Lernleistung durch die verschiedenen Lernwege (nach Niggemeyer u.a.)

Je nachdem, welchen Lernweg Sie als Lehrkraft bei der Unterrichtsvermittlung benutzen, werden unterschiedliche Lernleistungen erzielt. Wenden wir uns nun dem ersten Lernweg zu, dem Lernen durch Lesen.

3.10.1 Lernen durch Lesen

Lesen wir ein Buch, so können wir am Ende des jeweiligen Lernvorgangs 10 % der gelesenen Informationen wiedergeben. Danach beginnt der »Vergessensprozess«. Von den aufgenommenen zehn Prozent werden über einen längeren Zeitverlauf nochmals bis zu 80 % vergessen. Damit bleibt nach einer Zeit von vielleicht sechs Monaten wenig von dem übrig, was wir einmal durchgelesen haben. Wir können uns höchstens noch an den Titel erinnern und den ungefähren Verlauf der Handlung wiedergeben.

3.10.2 Lernen durch Hören

Ein weiterer Lernweg ist das Lernen durch Hören. Informationen, die akustisch aufgenommen werden, lassen eine Lernaufnahme von 20 % zu. Zum Schluss können wir nur noch 20 % von dem, was wir gehört haben, wiedergeben. Lernen durch Hören finden wir vor allem beim Referat, reinen Vortrag und bei der freien Rede ohne Medieneinsatz. Lernen durch Hören spielt sich auch ab, wenn wir ein Radio eingeschaltet haben und hier wichtige Informationen verbreitet werden.

3.10.3 Lernen durch Sehen

Das Lernen durch Sehen ist der dritte Lernweg. Informationen, die wir optisch wahrnehmen, erreichen eine Lernaufnahme von 30 %. Wichtig ist dabei, dass nur das Aufnehmen von Bildern und nicht von Buchstaben (Lesen) zu diesem Lernweg gerechnet wird. Dieses Lernen trifft man an in der Werbung, der Filmvorführung, bei der Bildpräsentation (z. B. PowerPoint usw.) über Beamer etc.

3.10.4 Lernen durch Sehen und Hören

Der vierte ist eine Kombination zwischen dem zweiten und dritten Lernweg. Es handelt sich hierbei um das Lernen durch Sehen und Hören. 50 % der so aufgenommenen Informationen werden im Gehirn verarbeitet. Beispiele dafür sind das Fernsehen, die Filmvorführung, der Vortrag, die freie Rede, das Lehrgespräch mit bildhaftem Medieneinsatz und die Tonbildschau bzw. multimediale Videoprojektion.

3.10.5 Lernen durch Sprechen

Einen weiteren Lernweg stellt das Lernen durch Sprechen dar. Was man selbst sagt (und nach Möglichkeit noch selbst gedanklich erarbeitet hat), prägt sich besser ein, als das, was man sieht oder hört. Die Einprägungsquote beträgt bei diesem Lernweg 70 %. Wir treffen diesen Lernweg an beim Lehrgespräch (durch Fragen und Antworten), bei der Diskussion, evtl. bei der praktischen Stationsausbildung und bei der Gruppenarbeit und Moderation.

3.10.6 Lernen durch Handeln

Der letzte Lernweg ist wohl der erfolgversprechendste: das Lernen durch Handeln. Es erreicht eine Einprägungsquote von bis zu 90 %. Was man selbst tut, prägt sich also am besten ein. Anzutreffen ist dieser Lernweg bei der praktischen Ausbildung, beim eigenständigen Vortragen von erarbeitetem Lernstoff aus der Gruppenarbeit, beim Erfahrungslernen usw.

Merken Sie sich bitte: Alles, was wir selbst tun, soll auch von uns in Gedanken oder laut vorgesagt werden. Beispiel: (Beim Erkennen eines Atemstillstandes und darauffolgender Handlung) »Ich überstrecke dann den Kopf und überprüfe die Atmung durch Sehen, Hören, Fühlen.« Sprechen und Handeln gehören zusammen wie Hören und Sehen. Die verschiedenen Lernwege werden wir uns später bei der Auswahl der Unterrichtsform und des Medieneinsatzes zunutze machen.

3.11 Der Medieneinsatz

Ein weiterer Schwerpunkt der Methodik ist die Miteinbeziehung der Medien in die Unterrichtsgestaltung. Der klassische Unterricht vollzog sich immer unter der Mitberücksichtigung von Tafel, Schaubildern und Modellen. Durch die neuen Techniken sind im Verlauf der Jahre weitere Medien entwickelt worden, die zur optischen und akustischen Unterstützung des gesprochenen Worts mit einbezogen werden können. Ein Trend zur Nutzung der neuen Medien, wie z.B. der Dia-, Video- und Arbeitsprojektoren, ist deutlich sichtbar. Die Gestaltung von Dias oder Folien lässt jedoch immer noch sehr zu wünschen übrig. Teilweise erkennt man auch, dass sich noch viele Dozenten am liebsten selbst sprechen hören und keine anderen unterstützenden Hilfsmittel zur Unterrichtung zulassen. Selbst an einen primitiven Einsatz der Tafel wird nicht gedacht. Seit einigen Jahren geht das Schlagwort der »Visualisierung« durch die Reihen der Ausbildungskräfte. Alle reden davon, viele wenden sie an, aber nur Wenige wissen, wie die Visualisierung erfolgreich organisiert und dargeboten wird. Wir wollen uns nun mit folgenden Medien intensiver beschäftigen:

- Tafel
- Arbeitsprojektor
- Videoprojektor
- Film
- Video mit Fernsehgerät
- Umblättertafel/Flip-Chart
- Schaubild/Wandtafel
- Stecktafel/Metaplantafel
- Modell
- PowerPoint-Präsentation.

Wie schon angedeutet, hat im Bereich der Ausbildung die »Visualisierung« Einzug gehalten. Leider macht sie aber nur geringe Fortschritte bei der richtigen Einbeziehung im Unterricht eines Dozenten. Die Aufnahme von Informationen zum Gehirn geschieht zu 83 % durch das Auge und zu 11 % durch das Gehör. Schmecken, Riechen und Fühlen spielen mit durchschnittlich je 2 % eine geringere Rolle. Alles, was im Lernprozess durch das Auge und Ohr aufgenommen wird, kann zu 50 % behalten werden. Das Auge ist also ein wichtiger Lernpartner des Menschen, der auf jeden Fall bei der Unterrichtung mit aktiviert werden muss. Darum muss die Visualisierung beim Einsatz der Medien stark hervorgehoben werden. Sie alle kennen das Sprichwort: »Ein Bild sagt mehr als 1 000 Worte«. Deshalb müssen Sie ein Medium bei der Unterrichtung benutzen, das den Lernweg »Sehen« oder den Lernweg »Sehen und Hören« beim Teilnehmer anspricht. Die vorhin genannten Medien sind dafür alle geeignet.

Bei der Gestaltung der Medienunterlagen für den Beamer und Arbeitsprojektor müssen Sie immer darauf achten, dass die abgebildete Schriftgröße auf der Projektionsfläche vom hintersten Teilnehmerplatz noch ohne Mühe gelesen werden kann. Am Anfang sollten Sie jede Folie nach der Erstellung überprüfen, indem Sie es projizieren und Sie selbst in die letzte Reihe des Lehrsaals gehen und kontrollieren, ob das Geschriebene oder das Gezeichnete noch ohne Mühe lesbar bzw. erkennbar ist. Wenn Sie die Folie nicht mehr lesen können, dann können sie vom Teilnehmer erst recht nicht mehr entziffert werden. Vergessen Sie dann den Einsatz dieser Medienträger. Im Laufe der Zeit werden Sie sicher das richtige Gefühl für die Dimensionsfestlegung bekommen.

Ein weiterer wichtiger Punkt der Visualisierung des Unterrichts ist der Einsatz der Farbe. Unsere Welt beinhaltet die verschiedensten Farbtöne zur Darstellung der Gegenstände in der Natur. Bei der Medienbenutzung erreicht man eine bessere Orientierung an den wichtigen Sachaussagen durch den Einsatz von Farben. Sie sind ansprechender als eine einfache Schwarz-Weiß-Ausführung. Der Farbeneinsatz ermöglicht es, dass ein wesentlich geringerer Speicheraufwand im Gehirn erforderlich wird. Die farbliche Gestaltung prägt sich beim Teilnehmer besser ein. Da die Komponente »Farbe« bei dem Einsatz der Unterrichtsmedien so wichtig ist, wird nun kurz ein Einblick in die Farbenlehre gegeben.

Lichtart	Steigerung der Farben	Neutral	Minderung der Farben
Sonnenlicht	keine	alle Farben sind neutral	keine
Tageslicht, Leuchtstofflampen (blau)	blau, violett	grünblau	rot, gelb, orange
Warntonleuchten	rot, gelb, orange	gelb	blaugrün, violett
Glühlampen	gelb	rot	blau, grün, violett

TAB. 1 ▶ Einblick in die Farbenlehre

3.11.1 Die Farbenlehre

Ohne Licht kann man Farben nicht sehen. Leitet man weißes Licht durch ein Prisma, so wird es gebrochen und spaltet sich in ein Farbspektrum auf, welches eine feste Farbfolge hat (Regenbogenfarben stellen gebrochenes Licht dar): *rot, orange, gelb, grün, blau, dunkelblau und violett.*

Die Wahrnehmung einzelner Farbtöne ist auch sehr stark von dem Umgebungskontrast und der Beleuchtungsart abhängig. Je nach Beleuchtungsart kann sich die Farbwirkung steigern oder vermindern (s. Tab. 1).

Seit langem liegen Untersuchungen über Farben aus den Gebieten der Psychologie und Medizin vor, die vom Ausbilder in die tägliche Praxis übernommen werden sollten.

Farbwirkungen:
Rot: erregend, erwärmend, aktivierend, aggressiv
Gelb: geistig beschwingend, belebend, ermunternd
Grün: entspannend, tröstend, hoffnungsvoll
Blau: beruhigend, kühlend, beschützend
Orange: unternehmungslustig, erwartend, erfreuend
Violett: würdig, magisch, verunsichernd
Rosa: ästhetisch, sanft, leicht erwärmend
Türkis: unwirklich, auflösend, rein
Braun: erdenschwer, ermüdend, mütterlich
Schwarz: bedrohlich, deprimierend, traurig
Weiß: isolierend, steril, fern
Grau: schmutzig, monoton, frustrierend

Farbe und Lesbarkeit
Schwarze Schrift auf gelbem Grund hat die beste Fernwirkung.
Schwarze Schrift auf weißem Grund hat die beste Nahwirkung.
Fernwirkung und Nahwirkung gelten für verschiedene Arten von Informationen. Fernwirkung ist wichtig für
Informationen wie Verkehrszeichen – für kurze Informationen, deren Bedeutung bekannt ist.
Fernwirkung spielt keine Rolle bei längeren Texten mit unbekannten Informationen. Sie müssen immer aus der Nähe gelesen werden. Dabei wirken Farben störend.
Viele glauben, rote Schrift hätte einen besonders hohen Aufmerksamkeitswert, tatsächlich aber werden rot gedruckte Texte weniger gelesen als schwarzweiß gedruckte. Rotgedrucktes erweckt heute den Eindruck unwichtiger Informationen.
Dagegen wirkt schwarzweiß Gedrucktes seriös und informativ.
Je geringer der Helligkeitskontrast von Schrift und Untergrund, desto geringer die Lesbarkeit.
Je farbiger ein Text, desto schwieriger ist er zu lesen, und desto unwichtiger erscheint die Information.

ABB. 3 ▶ Die Wirkung von Farben bei der Präsentation von Textmaterial

Aufgrund der hier erwähnten Farbwirkungen wird man bei der Erstellung von Unterrichtsfolien, PowerPoint-Folien und Lehrtafeln als Hintergrund mehr belebende, aktivierende Farben benutzen, z. B. gelb oder orange (rot ist zu meiden, da es zu aggressiv wirkt). Diese Farbtöne wirken bei den Teilnehmern einer schnellen Ermüdung oder Konzentrationsschwäche entgegen und lassen sie länger aktiv und konzentriert den Ausführungen des Referenten folgen.

Wählt der Dozent mehr beruhigende Farbtöne (z. B. blau, grün, braun) als Hintergrund für Dias oder Folien, so braucht er sich nicht zu wundern, wenn sich bald eine allgemeine Müdigkeit einstellt und die Konzentration der Lernenden merklich sinkt.

Erinnern Sie sich einmal, welche Farben die meisten Schultafeln besitzen, die von den Schülern mehrere Stunden täglich angeblickt werden müssen!

Das eben Gesagte muss auch bei der Gestaltung von Unterrichts- und Aufenthaltsräumen Beachtung finden.

Nach dieser grundlegenden Darstellung werden nun nachfolgend die einzelnen Unterrichtsmedien genauer vorgestellt. Als erstes Medium ist der Einsatz der Tafel im Unterricht zu nennen.

3.11.2 Die Tafel

Die Tafel ist, klassisch betrachtet, das älteste Unterrichtsmedium für die Informationsvermittlung. Ob man nun die Aufzeichnungen auf einer neueren/moderneren Tafelart durchführt oder, wie in der Antike, durch Darstellungen auf dem Sandboden oder der Wand; das Urprinzip lautet, dass Informationen, die für den Unterrichtsprozess wichtig sind, bildhaft oder durch die Schrift festgehalten werden müssen. Heute unterscheiden wir eine Vielzahl von verschiedenen Tafeltypen:

- fest mit der Wand verbundene Tafel
- Schiebetafel (ein- oder mehrteilig)
- Klapptafel (ein- oder mehrteilig)
- kombinierte Klapp- und Schiebetafel
- Tafel mit grüner Hintergrundfläche
- Tafel mit weißer Hintergrundfläche
- Gestelltafel/mobile Stellwand.

Bei *Tafeln, die mit der Wand fest verbunden* sind, muss die durchschnittliche Größe der Lehrkraft mit berücksichtigt werden, da keine Höhenverschiebung vorgenommen werden kann. Die Tafel sollte dabei eher etwas tiefer als zu hoch befestigt werden, sodass eine Person mit durchschnittlicher Körpergröße bequem und ohne Anstrengung mit ihrer vollen Armlänge die oberen Ecken der Tafel erreichen und beschriften kann. Bei zu hoch befestigten Tafeln wird automatisch schon im Voraus der Einsatz der ganzen Tafelfläche eingeschränkt. Herunterbeugen kann man sich immer noch, aber auf den Zehenspitzen zu stehen kann mit der Zeit anstrengend sein und zur Belustigung der Zuhörer führen.

Eine zu tiefe Tafelstellung ist aber wegen des fehlenden Blickkontaktes der hinten sitzenden Teilnehmer auch zu vermeiden. Die Blickrichtung jedes Teilnehmers zur Tafel muss ohne Einschränkung möglich sein. Wer die Gelegenheit hat, bei der Gestaltung des Unterrichtsraumes mitzuwirken, sollte immer die frei verschiebbare *Schiebe-Klapptafel* bevorzugen, da sie gegenüber den übrigen Tafelmodellen eindeutige Vorteile besitzt.

Bei einer reinen Schiebetafel können zwei bis drei (meistens zwei) gleichgroße Tafelstücke höhenmäßig verschoben werden. Die zu benutzende Fläche wird in den unteren Bereich gezogen. Sobald die Tafelfläche beschriftet ist, kann sie nach oben geschoben werden. Damit haben die Teilnehmer nochmals die Ausarbeitung im Überblick vor Augen. Sie kann aber auch durch die zweite Tafelfläche verdeckt werden, indem diese vor die erste Fläche geschoben wird. Damit ist der Blick der Teilnehmer wieder frei auf eine leere Tafelfläche. Sie können sich ungehindert wieder auf die neue Ausarbeitung konzentrieren und werden gedanklich nicht von vorhandenen, alten Tafelanschrieben abgelenkt. Damit die Methode der Tafelabdeckung optimal funktionieren kann, empfiehlt es sich, im Voraus zu planen, was hinterher verdeckt werden soll. Die zu verdeckende Hälfte muss dann immer die hintere Tafelfläche sein.

Der Nachteil dieser Tafelart ist, dass später nochmals benötigte Teilaspekte nicht ohne Probleme verdeckt werden können, um dann bei Bedarf wieder darauf zurückzugreifen. Die Teilabdecktechnik kann im begrenzten Umfang durchgeführt werden, indem mit Tonpapier (braunes Packpapier etc., das vor Unterrichtsbeginn vorbereitet werden muss) die betreffenden Tafelausschnitte zugedeckt werden. Mit dieser Methode kann auch eine vor Unterrichtsbeginn entwickelte Darstellung bis zum benötigten Einsatz abgedeckt bleiben.

Die *Klapptafel* besteht aus einer großen Tafelfläche mit zwei seitlich angeordneten Halbflächen, wobei die Seitenflächen beidseitig beschriftbar sind. Durch eine gut organisierte Tafelarbeit können jetzt einzelne Themenbereiche erarbeitet und wieder verdeckt, andere Themenbereiche erarbeitet und wieder weggewischt werden. Eine Kombination zwischen einflächiger Schiebe- und mehrteiliger Klapptafel ermöglicht es, die Vorteile beider Tafelarten auf eine Tafel zu konzentrieren. Neuere Tafelarten ermöglichen schon den Einsatz von mehr als zwei Klappteilen. Damit vergrößert sich die Arbeitsfläche der Tafel um einen erheblichen Teil.

Vor einigen Jahren wurden die grünen von den *weißen Tafelflächen* abgelöst. In Kapitel 3.11.1 »Farbenlehre« wurden die einzelnen Farbwirkungen auf den Menschen dargestellt. So hat der grüne Farbton eine mehr einschläfernde Wirkung auf den Teilnehmer, während dies durch die weiße Tafelfläche vermieden wird. Außerdem ist das Arbeiten mit der weißen Tafel wesentlich sauberer und macht auch auf die Teilnehmer einen besseren optischen Eindruck. Allerdings darf nicht verschwiegen werden, dass für die weiße Tafel spezielle Stifte benötigt werden, die im Verhältnis zur Tafelkreide relativ teuer sind und bei fehlerhaftem Gebrauch häufiger ausgetauscht werden müssen.

Je nachdem, welche Tafel vorhanden ist, müssen unterschiedliche Arbeitsfarben zur Tafelarbeit benutzt werden. Nicht jede Farbe hebt sich gleichermaßen gut vom weißen und/oder grünen Hintergrund ab. Mit der Wahl der Arbeitsfarben bestimmen Sie auch die Aufmerksamkeitshaltung der Teilnehmer. Hier muss aber der Grundsatz beachtet werden, dass nicht mehr als drei Farben (auf einer Tafelfläche, einer Folie, einem Dia oder auf einem Blatt) verwendet werden. Zuviel Farben verwirren und verschleiern die optische Unterstützung der Grundaussage.

- ▶ Arbeitsfarben bei grüner Tafelfläche (Grundfarben):
  Weiß, gelb, rot, evtl. blau.
  Keine zu dunklen Farben benutzen. Die Farben müssen sich vom grünen Hintergrund gut abheben.
- ▶ Arbeitsfarben bei weißer Tafelfläche (Grundfarben):
  Schwarz, blau, braun, rot, grün.
  Keine zu hellen Farben benutzen. Die Farben müssen sich vom weißen Hintergrund gut abheben.

Die Tafel sollte so platziert sein, dass Lichteinfall (Sonne, künstliches Licht etc.) sich nicht auf der Tafelfläche spiegelt, sonst können die Tafelanschriebe für den Teilnehmer unlesbar werden. Die Tafel ist im Allgemeinen im Unterrichtsraum fest installiert. Der beste Platz ist die vordere Wandmitte, sodass jeder Zuhörer gut zur Tafel sehen kann. Die optimale Blickrichtung zur Tafel oder zu einem anderen Medium ist aber auch abhängig von der Sitzordnung im Lehrraum. Damit werden wir uns aber noch im Abschnitt 3.11.3 »Arbeitsprojektor« beschäftigen.

Da die Tafel schon relativ lange existiert, hat man sich eingehend mit der Benutzungstechnik auseinandergesetzt. Viele Jahre war sie das gebräuchlichste Unterrichtsmedium. Heute werden immer neue Medien im Unterricht eingesetzt, sodass sich der Schwerpunkt auf die neuen Medien verlagert hat. Das geht sogar so weit, dass nun viele Lehrkräfte kaum noch die erforderlichen Grundkenntnisse einer guten Tafelarbeit besitzen. Wer beschäftigt sich heute schon gern mit ihr, wenn doch die neuen Medien eindeutige Vorteile gegenüber der Tafelarbeit zu besitzen scheinen? Das ist aber ein Trugschluss. Trotz der neuen Medien ist die Tafel ein nicht wegzudenkender Faktor im Unterricht. Die Kombination der verschiedenen Medien macht den Unterricht erst attraktiv, belebend und spannend. Bei der Benutzung mehrerer Unterrichtsmedien dürfen diese aber nur nacheinander und nicht nebeneinander eingesetzt werden, da sonst die Aufmerksamkeit der Teilnehmer eingeschränkt werden kann. So darf z.B. ein technischer Vorgang nicht anhand von zwei Schaubildern gleichzeitig erklärt werden. Es wird zuerst das erste Schaubild erarbeitet und wieder entfernt und dann das zweite Schaubild angesprochen. Zum Schluss wird mithilfe der Tafel oder des Arbeitsprojektors eine Zusammenfassung des Gesagten und Gezeigten präsentiert. Die Teilnehmer sollen sich also immer nur auf ein Unterrichtsmedium konzentrieren.

Die Tafelarbeit bietet sich besonders dann an, wenn Sie in Form des Lehrgesprächs ein Thema erarbeiten und dabei die wichtigsten Stichpunkte an der Tafel gegliedert und geordnet festhalten. Egal, welches Medium Sie einsetzen, das Thema der Stunde muss immer aufgeführt werden, damit der Teilnehmer stets weiß, welcher Fragenkomplex momentan genau abgehandelt wird. Dafür bietet sich die Tafel gut an. Es können damit aber auch anhand einfacher Zeichnungen (Strichzeichnungen, Verständniszeichnungen) Fertigungsprozesse dargestellt und der Funktionsmechanismus erklärt und beschrieben werden.

Auf ein und derselben Tafelfläche sollten nie zwei oder mehr Themenbereiche festgehalten werden. Durch Umklappen einer Tafelhälfte ist der vorhergehende Komplex ausgeblendet und es kann ein neues Thema erarbeitet werden. Fehlt diese Möglichkeit, so kann der Ausbilder den erarbeiteten Stoff mit dem Stofflappen abwischen. Wird ein Schwamm benutzt, muss einige Minuten gewartet werden, bis die Tafelfläche wieder trocken ist. Durch das Anschreiben oder Wegwischen von Tafelanschrieben geht wertvolle Unterrichtszeit verloren, der gedankliche Faden kann bei den Teilnehmern unterbrochen werden und mögliche Störgeräusche seitens der Teilnehmer (Anstieg des Lärmpegels) sind nicht ausgeschlossen. Handelt es sich um einen wichtigen Stoffbereich, der später nochmals behandelt oder ergänzt werden soll (und nur eine einfache Tafel ist vorhanden), dann kann der Tafelanschrieb auch dadurch abgehoben und abgegrenzt werden, dass er in einen Strichkasten eingeschlossen wird und damit Aufmerksamkeitsspaltung und -verlust entgegenwirkt.

Vermeiden Sie, dass die Tafelarbeit zu einem nicht identifizierbaren Geschmier von Informationen wird. Alles, was nicht mehr zum direkten Unterricht gehört, muss entfernt werden. Vermeiden Sie das Chaos auf der Tafelfläche durch überlegte und ordentlich strukturierte Tafelarbeit. Nehmen Sie sich Zeit für Ihre Aufschriebe. Ihre Tafelschrift muss deutlich und für jeden Teilnehmer gut lesbar sein. Deshalb die Schriftgröße an die Anzahl der Zuhörer angleichen. Benutzen Sie nur solche Abkürzungen, die von jedem Teilnehmer auch verstanden werden (Nicht: LRS = Lebensrettende Sofortmaßnahmen, sondern: Lebensr. Sofortmaßn.). Benutzen Sie verschiedene Farben. Beachten Sie bei der Wahl der Arbeitsfarben die Untergrundfarbe der Tafel. Nicht alle Farbtöne, die im Handel erhältlich sind, können ohne Weiteres eingesetzt werden. Die Tafelarbeit muss logisch klar gegliedert und strukturiert sein. Schreiben Sie dabei aber nicht die ganze Tafelfläche voll, sondern lassen Sie Zwischenräume zur Hervorhebung der einzelnen Informationen. Nur der Basislernstoff (das Muss-Lernziel) soll in Stichpunkten an der Tafel stehen. Die Tafel ist keine Ablagefläche für belanglose oder unwichtige Informationen.

3 ▶ Methodik

Als *Arbeitsmaterial* benötigen Sie für die Nasstafel Tafelkreide (in verschiedenen Farbtönen), Zeigestab, Schwamm und Tafellappen. Bei Bedarf können weitere Arbeitsmaterialien zugeordnet werden. Sie müssen in Reichweite zur Verfügung stehen. Es ist immer schlecht, wenn man einen Tafelanschrieb machen will und die Tafelkreide nicht findet, weil diese vielleicht im Gewirr der Arbeitsmaterialen auf dem Ausbildungstisch verdeckt ist. Zum kurzfristigen Entfernen von Tafelanschrieben ist die Benutzung des trockenen Tafellappens dem nassen Schwamm vorzuziehen. Sie können sofort neue Stichpunkte auf die leere Tafelfläche bringen, während Sie beim nassen Schwamm mehrere Minuten Wartezeit benötigen, bis die Tafel wieder trocken ist. Mit einem Gummiwischer kann allerdings die Trocknungszeit der Tafel erheblich verkürzt werden. Tafellappen und Tafelschwamm sollten vor Unterrichtsbeginn gereinigt werden.

Bei der weißen Tafelfläche benötigen Sie neben den bekannten Arbeitsmaterialien noch zusätzlich spezielle Tafelstifte und einen Tafelwischer (mit weißer Putzvorlage). Die Tafelstifte sollten Sie nach jedem Gebrauch wieder schließen, da sie doch zum Teil schnell austrocknen und so die Materialkosten für die Ausbildungstätigkeit unnötig erhöht werden. Testen Sie vor Unterrichtsbeginn alle Tafelschreiber auf Einsatzfähigkeit. Trockene Stifte können dann noch rechtzeitig durch funktionsfähige Tafelschreiber ausgetauscht werden. Bei einem längeren Gebrauch der Tafelstifte an der weißen Tafel kann es sein, dass sich an einigen Stellen die Restfarbe schlecht abwischen lässt. Dies können Sie aber dadurch beseitigen, indem Sie ab und zu die Fläche mit einem speziellen Tafelflächenreinigungsmittel (oder einem feuchten Lappen, getränkt in Spülmittel) behandeln.

Damit auch an der Tafel Ordnung herrscht, empfehlen wir Ihnen zusätzlich einige Hilfsmaterialien, zum Beispiel Schwammbehälter, Kreideablagefläche, Halter für Tafelschreiber, Zeigestockhalter etc.

Beim Tafelanschrieb geht bei unerfahrenen Ausbildern der Blickkontakt zu den Teilnehmern verloren, da man sich von den Zuhörern abwendet. Durch Übung können Sie aber erreichen, dass Ihr Blickkontakt erhalten bleibt, indem Sie seitlich zur Tafel stehend schreiben und die Zuhörer überblicken können. Stehen Sie links seitlich an der Tafel, beträgt der horizontale Blickkontaktwinkel zum Zuhörer 270 Grad; stehen Sie rechts seitlich an der Tafel, verkürzt sich der horizontale Blickkontaktwinkel auf 45 Grad. Bei speziellen Darstellungen ist es manchmal nicht zu vermeiden, dass der Blickkontakt kurzfristig verlorengeht. Dann dürfen Sie auf keinen Fall den zweiten Fehler begehen, der sehr häufig gemacht wird:

> Sprechen Sie nicht zur Tafel!

Lassen Sie den Zuhörern während Ihres Aufschriebs eine kleine Denkpause und konzentrieren Sie sich auf Ihre Darstellung.

Das, was Sie schreiben, sollten Sie nach Möglichkeit nicht verdecken. Dies können Sie durch den seitlichen Schreibstil erreichen.

Der Tafelanschrieb kann nicht lange aufgehoben werden, da die Tafelfläche für spätere Ausarbeitungen benötigt wird. Jeder Anschrieb muss spätestens nach Beendigung des Themas beseitigt werden. Damit können Sie diese Ausarbeitungen aber nicht mehr zur Wiederholung heranziehen.

Die neueste EDV-Technik hat es mittlerweile möglich gemacht, dass Computerbildschirminhalte über einen Videoprojektor auf weiße Tafeln projiziert werden können sowie die EDV-Bedienung über Berührungspunkte an der Tafel durchgeführt werden kann.

Zusätzlich gibt es Tafelgeräte, die den Tafelanschrieb als Kopie in beliebiger Menge ausgeben. Allerdings handelt es sich hier um ein noch relativ teures Verfahren. Auch eignen sich Tafelanschriebe relativ selten dazu, in Kopie ausgeteilt zu werden, da sie ja teilweise sporadisch entstehen, evtl. unter Zeitdruck ausgearbeitet werden und z. T. nicht vollständig sind (wenn Schwerpunkte bewusst oder unbewusst weggelassen werden). Mit einem Arbeitsblatt am Schluss erreichen Sie hier einen wesentlich besseren Lernerfolg.

Vorteile der Tafel:
- Sammlung von Stichpunkten
- Gedanken optisch aufzeigen
- stromunabhängig
- eigene Gestaltungsmöglichkeiten
- kostengünstig.

Nachteile der Tafel:
- Blickkontakt kann verlorengehen
- gegen die Tafel sprechen
- nur zweidimensional
- Informationsverlust.

Die Tafel wird vorerst aus einer erfolgreichen Informationsvermittlung nicht wegzudenken sein.

Wenden wir uns nun einem weiteren wichtigen Mediengerät zu, das innerhalb kurzer Zeit einen großen Siegeszug in die Ausbildungslehre gehalten hat: dem Arbeitsprojektor.

3.11.3 Der Arbeitsprojektor

In der Literatur hat dieses Unterrichtsmedium recht viele Bezeichnungen erhalten. Die gebräuchlichsten neben dem Arbeitsprojektor sind: Tageslichtprojektor, Overheadprojektor, Rückwärtsprojektor, Großdiaprojektor und Prokischreiber. Der Arbeitsprojektor projiziert ein aufrechtes, seitenrichtiges und vergrößertes Bild von einer Transparentfolie auf die Projektionstafel. Allerdings ist keine Querprojektion möglich. Die Projektionstafel ist an der vorderen Wand in entsprechender Höhe angebracht, sodass der Ausbilder nicht durch seine Sitz- oder Stehhaltung den direkten Blickkontakt der Zuschauer zur Projektionsfläche beeinträchtigt. Die Lichtleistung des Arbeitsprojektors ist dabei so stark, dass keine Verdunklung des Lehrsaales erforderlich ist. Der Ausbilder steht mit dem Rücken zur Projektionswand und hat während der Folienpräsentation Blickkontakt zu den Teilnehmern. Als *Arbeitsmittel* zum Arbeitsprojektor werden Folienstifte (permanent = nicht abwischbar, nicht wasserlöslich; nicht permanent = abwischbar, wasserlöslich), Transparentfolien (Rollenfolie, Einzelblattfolie), Korrekturstift und Zeigestab benötigt. Mit dem Arbeitsprojektor wurde ein Unterrichtsmedium entwickelt, das recht unterschiedliche Ausbildungstätigkeiten optisch unterstützen kann. Dabei müssen aber einige grundlegende Dinge Berücksichtigung finden.

Es gelten auch hier die gleichen Hinweise wie bei der Tafel. Zusätzlich darf für keinen Teilnehmer der Blick zum projizierten Bild eingeschränkt sein. Anders als beim Einsatz des Films oder des Diaprojektors besteht hier ständig gleichzeitiger Blickkontakt des Teilnehmers zum Ausbilder und zur Projektionsfläche. Deshalb muss der Unterrichtsraum für die Arbeit mit dem Arbeitsprojektor optimal gestaltet werden. Der Blickkontakt zum Ausbilder und zur Projektionsfläche (Sichtwinkel des Teilnehmers) darf nicht zu stark auseinandergehen und der Sichtkontakt des Dozenten zu den Teilnehmern (Kommunikations- oder Blickwinkel des Ausbilders) sollte nach Möglichkeit alle Teilnehmer umfassen. Wir stellen Ihnen drei mögliche Sitzanordnungen vor, die diese Anforderungen im Wesentlichen erfüllen. Der Ausbilder muss nach Möglichkeit alle Teilnehmer mit einem Blick erfassen können, sodass eine Änderung der Blickrichtung nicht mehr notwendig wird. Da jedoch die Blickbreite eines Menschen begrenzt ist, muss versucht werden, durch eine passende Raumaufteilung den Blickwinkel im Lehrraum zu verkleinern (nach Witte).

Bei der ersten Sitzordnung (der frontalen Projektion auf die Projektionswand, Abb. 4) ist der Kommunikationswinkel mit 100 Grad noch relativ groß, die Sichtsituation des äußerst rechts sitzenden Teilnehmers mit 30 Grad noch annehmbar. Der äußerst rechts sitzende Teilnehmer kann aber Schwierigkeiten bekommen (durch seinen schrägen Blickwinkel auf die Projektionstafel), die dargebotenen Informationen gut wahrnehmen zu können.

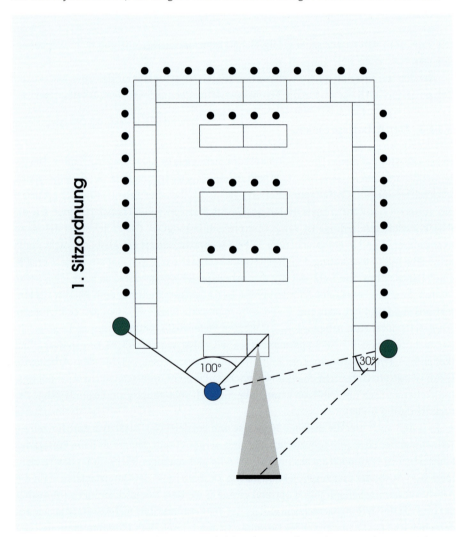

ABB. 4 ▶ Die erste Sitzanordnungsmöglichkeit beim Gebrauch eines Arbeitsprojektors

3 ▶ Methodik

Bei der zweiten Sitzanordnung (s. Abb. 5) wurden der Arbeitsprojektor und die Projektionstafel schräg in eine Raumecke platziert. Dadurch hat sich der Blickwinkel des Dozenten vermindert und der Sichtwinkel des äußerst rechts sitzenden Teilnehmers verbessert.

Bei diesem zweiten Beispiel sehen Sie, dass eine zu starke Schrägstellung des Arbeitsprojektors allerdings wieder den Kommunikationswinkel des Dozenten und den Sichtwinkel des Teilnehmers (dritte Sitzordnung, Abb. 6) verschlechtert, gleichgültig, ob die Sitzanordnung frontal ausgerichtet ist oder sich zu Gruppen auseinanderzieht.

Abbildung 7 zeigt die optimale Sitzanordnung:

So müssen bei frontaler Sitzordnung alle Tische und die Projektionsrichtung des Arbeitsprojektors um 15 – 20 Grad zur Rauminnenseite gedreht werden. Man erreicht damit,

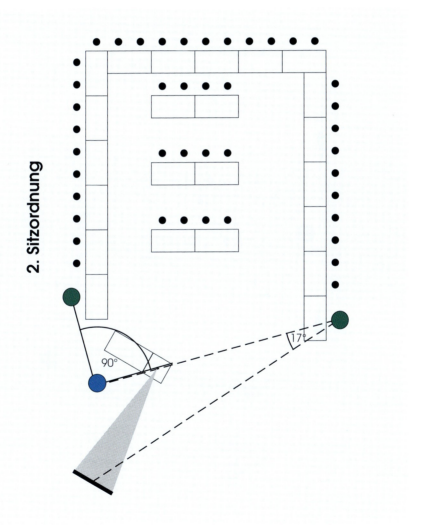

Abb. 5 ▶ Die 2. Sitzanordnungsmöglichkeit beim Gebrauch eines Arbeitsprojektors

3 ▶ Methodik

dass der Kommunikationswinkel des Ausbilders relativ klein gehalten wird und der Sichtwinkel des äußerst rechts sitzenden Teilnehmers sich im angemessenen Rahmen bewegt.

Wer schon mit dem Arbeitsprojektor gearbeitet hat, wird festgestellt haben, dass die Bildfläche bei der Projektion oben breiter und unten schmaler wird, wenn von der horizontalen Bildprojektion abgewichen wird. Die Projektionstafel soll immer so befestigt werden, dass der Ausbilder weder in der Steh- noch in der Sitzhaltung die Projektionstafel teilweise oder vollständig verdeckt. Die *Projektionsfläche* muss deshalb so hoch an der Wand angebracht werden, dass der Ausbilder sie mit seinem Körper nicht mehr verdecken kann. Dabei wird im Allgemeinen die Höhe der Decke die obere Begrenzung der Projektionstafel darstellen. Eine Projektion auf die nicht mehr horizontal gegenüberliegende Tafel wird

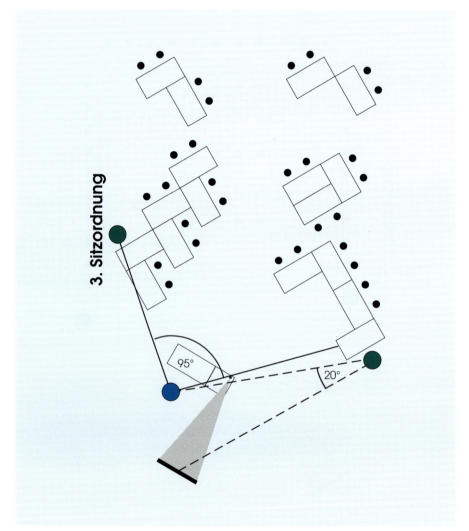

ABB. 6 ▶ Die 3. Sitzanordnungsmöglichkeit beim Gebrauch eines Arbeitsprojektors

nun immer zur Bildgrößenveränderung führen. Um diesen negativen Effekt zu beseitigen und ein unverzerrtes Bild mit den besten Sichtverhältnissen zu erreichen, muss die Projektionstafel geneigt (im oberen Bereich nach vorne) und leicht schräg zur Ecke oder in der Ecke befestigt werden. Die Schrägneigung der Projektionstafel ist aber von der Entfernung des Arbeitsprojektors zur Wand und damit von der Bildgröße abhängig. Wenn der Arbeitsprojektor keinen festen Standplatz im Unterrichtsraum einnimmt, sondern von Fall zu Fall verschoben wird, dann muss die Schrägstellung der Projektionstafel variiert werden können.

Auch die *Arbeitsstellung der Lehrkraft* entscheidet über die optimale Anordnung des Arbeitsprojektors. Dieser ist immer so aufzustellen, dass eine annähernd normale Schreib-

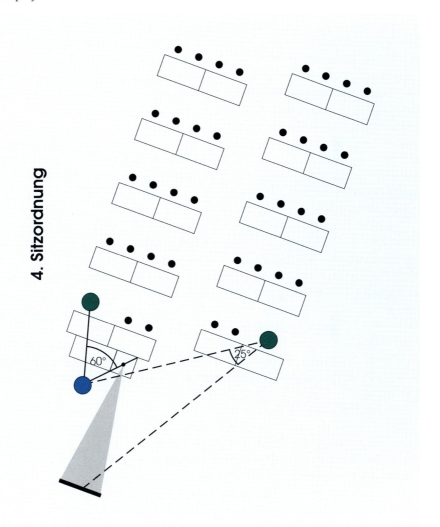

ABB. 7 ▶ Die optimale Sitzanordnung beim Gebrauch eines Arbeitsprojektors

haltung ermöglicht wird. Sitzt der Dozent am Arbeitstisch, stellt dies die beste Möglichkeit zur Bedienung des Arbeitsprojektors dar. Er behindert hier nicht die Sicht zur Medienwand, falls die Projektionstafel nicht hoch genug angebracht ist. Da die Lehrkraft durch diese Haltung relativ flach auf die helle Ausstrahlungsfläche blickt, ist die Wahrscheinlichkeit sehr gering, von dieser Lichtquelle geblendet zu werden. Außerdem liegt sein Arm schon in der günstigen Schreib- und Zeichenstellung auf dem Rand des Arbeitsprojektors. Bei der sitzenden Haltung ist eine Arbeitsflächenhöhe von 90 cm als ideal anzusehen. Die selben Anforderungen sollten auch bei der stehenden Haltung erfüllt werden. Die Arbeitsflächenhöhe ist hier jedoch stärker abhängig von der Körpergröße des Dozenten. Er sollte eine normale Stehhaltung einnehmen können, ohne in den Knien abzuknicken oder auf den Fußspitzen stehen zu müssen, um die Arbeitsfläche überblicken zu können. Diese Stellung führt aber nach längerer Zeit zur Ermüdung der Lehrkraft. Außerdem wird der Sichtwinkel des Zuhörers zum Dozenten (durch den Objektivkopf des Arbeitsprojektors) und zur Tafel (durch den Dozenten) beeinträchtigt. Durch den Objektivkopf verliert er gleichzeitig einen Teil des Sichtkontakts zu den Zuhörern. Zusätzlich besteht die Möglichkeit, dass er durch die intensive Lichtquelle geblendet wird. Dies kann aber dadurch verhindert werden, indem er seinen Kopf etwas zur Seite dreht oder den Blendschutz am Arbeitsprojektor in die richtige Stellung bringt. Da die Arbeitsflächenhöhe von der Körperdimension abhängt, empfiehlt es sich, den Arbeitsprojektor in einen Medientisch fest zu integrieren, der höhenverstellbar ist und eine ausreichende Arbeitsfläche für den Dozenten bietet. Damit verschwindet er auch aus der Sicht der Teilnehmer, wenn mit ihm vorübergehend nicht gearbeitet wird. Steht er hingegen auf einem Tisch, dann wird er aufgrund seiner Eigenhöhe (mindestens 30 cm) zur Sichtbeeinträchtigung führen.

Grundsätzlich gilt für alle Projektionsflächen (Arbeitsprojektor, Dialeinwand, Filmleinwand, Tafel), dass sie nach Möglichkeit vom Seitenfenster weg aufgestellt sind, damit das einfallende Licht keine Spiegelung auf der Projektionswand zulässt. Sonst muss das entsprechende Fenster verdunkelt werden und ein großer Vorteil des Mediums würde wegfallen. Untersuchungen haben gezeigt, dass die Aufnahmeleistung wesentlich geringer ist, wenn die Projektion durch seitlichen Lichteinfall verschlechtert wird. Dieser Sachverhalt kann auch auf die Lehrkraft übertragen werden. Ein Ausbilder, der Aufmerksamkeit benötigt, sollte nicht an der seitlichen Fensterwand stehen. Es empfiehlt sich außerdem, bei optimaler Raumnutzung die Schrägstellung der Tische und/oder Stühle an der betreffenden Seitenwand immer um 15 – 20 Grad weg vom stärksten Lichteinfall zu wählen.

Die Größe der Projektionswand richtet sich nach der Anzahl der Teilnehmer bzw. nach der Raumlänge des Lehrsaals. Je länger der Raum, desto größer muss die Projektionswand ausgelegt sein. Allerdings kann dies auch hinterher bei der Foliengestaltung mit der Schriftgröße kompensiert werden. Grundsätzlich gilt jedoch, dass Lehrräume, die länger als 9 m oder breiter als 7 m sind, eine Bildfläche von mindestens 2 x 2 m benötigen, kleinere Räume mit einer Bildgröße von 1,80 x 1,80 m auskommen. Der am Ende des Lehrsaals sitzende Teilnehmer muss mühelos eine Schriftgröße lesen können, deren Kleinbuchstaben auf der Transparentfolie 3 mm hoch sind. Bei größeren Räumen kann mit einer generellen Schriftvergrößerung auf der Transparentfolie die Lesbarkeit verbessert werden. Für relativ kleine Kursräume werden auch schon Projektionsflächen von 1,30 x 1,30 m angeboten. Als allgemeine Faustregel kann gelten:

> Projektionstafelgröße =
> Abstand zum entferntesten Betrachter : 6 + 0,50 m Sicherheitskonstante.

Bei 9 m Abstand ergibt sich eine Leinwandgröße von 2 x 2 m. Die Projektionsfläche soll voll vom Arbeitsprojektorbild erfasst werden. Danach wird der Abstand des Arbeitsprojektors von der Projektionswand ermittelt. Im Allgemeinen beträgt dieser zwischen 1,80 und 2,50 m, je nach Brennweite des Objektivs.

Der Arbeitsprojektor ist in der heutigen technischen Ausführung so ausgelegt, dass er nicht nur als stationäres Unterrichtsmedium Verwendung findet. Er kann auch außerhalb des eigenen Lehrraums eingesetzt werden. Beim *Transport* müssen Erschütterungen vermieden werden. Bei niedriger Außentemperatur darf das Gerät nicht unmittelbar nach Transport eingeschaltet werden. Dies gilt im Übrigen für alle technischen Medien. Eine Leinwand wird nicht unbedingt benötigt, wenn eine weiße Hintergrundfläche im Raum vorhanden ist. Die Qualität der Schriftzeichen und Bilder kann allerdings leiden, wenn der Hintergrund nicht glatt, sondern angerauht ist. Dies ist aber im Allgemeinen vernachlässigbar. Besonders geeignet für die externe Unterrichtung sind die kleineren Koffergeräte, die sehr handlich und leicht in jedem Unterrichtsraum einsetzbar sind, da sie wegen ihrer geringen Eigenhöhe auch auf den Tisch gestellt werden können, ohne dass sie zu sehr den Blick zum Ausbilder versperren. Unsere Erfahrungen zeigten aber, dass Transparentfolien mit farbigem Hintergrund (durch das hier von oben einstrahlende Licht) zu einem Helligkeitsverlust und damit zu einer schlechteren Lesbarkeit der Folie führen.

Der Arbeitsprojektor ist ein technisches Medium, und die *Technik* kann einem ab und zu einen Streich spielen. Man sollte sich deshalb vor Gebrauch eines jeden Gerätes auch mit den technischen Gegebenheiten vertraut machen, sodass man jederzeit in der Lage ist, kleine Mängel selbst zu beseitigen. Lesen Sie also sorgfältig die Gebrauchsanleitung durch und führen Sie bei den Geräten immer eine Ersatzlampe mit. So kommen Sie nie in die Verlegenheit, beim Ausfall der Lampe den Unterricht nicht in der gewohnten Art und Weise durchführen zu können. In den neuen Modellen ist allerdings schon im Gerät selbst eine Ersatzlampe eingebaut, die beim Ausfall der Hauptlampe durch eine andere Schalterstellung eingesetzt werden kann. Damit wird das Lampenwechseln in die Pausen hineinverlagert und der Unterrichtsverlauf kann somit ohne weitergehende nennenswerte Störungen vonstatten gehen. Sollten Sie wider Erwarten bei Ausfall der Glühlampe keine Ersatzlampe zur Verfügung haben, dann wird es sich erweisen, ob Sie auch mit solchen außerplanmäßigen Situationen zurechtkommen. Sie könnten dann z.B. voller Verzweiflung den Teilnehmern mitteilen, dass der Unterricht nicht stattfinden kann, da das Hauptunterrichtsmedium ausgefallen ist. Derartige Situationen haben wir schon selbst erlebt. So sagte ein Dozent die Veranstaltung ab, weil der von ihm bestellte Film nicht vorhanden war. Diese Verfahrensweise ist aber für jede Lehrkraft eine Blamage. Das Gleiche gilt auch beim Ausfall des Arbeitsprojektors. Viele Ausbilder verlassen sich zu sehr auf den (kompletten) Inhalt ihrer Schriftfolien. Können diese nicht eingesetzt werden, sind sie nicht mehr in der Lage, den Stoff über ein anderes Medium fachlich korrekt in der richtigen Reihenfolge zu präsentieren. Wenn es nun einmal nicht möglich ist, den Unterricht wie geplant durchzuführen, dann muss man sich auf diese veränderte Situation einstellen und andere mögliche Unterrichtsmedien miteinbeziehen. Es bietet sich hier z. B. die Tafel an, die fast immer in einem Lehrraum vorhanden ist. Führt man eine Lehrveranstaltung in einem unbekannten Lehrsaal durch, so empfiehlt es sich, als äußerste Notlösung eine tragbare Tafel (Rolltafel etc.) mitzunehmen, um bei derartigen Zwischenfällen noch reagieren zu können. So besagt ein Sprichwort: »Der Teufel ist ein Eichhörnchen«.

Ist auch diese Möglichkeit wider Erwarten nicht gegeben, so muss man versuchen, das ausgefallene Unterrichtsmedium zu ersetzen. Es kann z. B. eine Diskussion angeregt werden, ein interessantes und lebhaftes Lehrgespräch geführt oder gar eine kleinere Gruppenarbeit veranstaltet werden. Überwiegen die praktischen Ausbildungsschwerpunkte, dann empfiehlt es sich, praktische Tätigkeiten nochmals zur Wiederholung vorzuführen und vom Teilnehmer intensiv üben zu lassen. Es gibt viele Möglichkeiten, wie Sie derartigen Situationen begegnen können. Das macht die Qualität eines erfolgreichen Ausbilders aus: in der Lage zu sein, den gleichen Lernstoff über verschiedene Lern- und Unterrichtswege dem Teilnehmer erfolgreich zu vermitteln.

Allgemeine Anwendungshinweise zum Arbeitsprojektor: Der Arbeitsprojektor kann in verschiedener Form verwendet werden. Einmal werden selbst im Unterricht erarbeitete Notizen wie bei der Tafel notiert. Dies wird am einfachsten ermöglicht, wenn der Ausbilder sich seitlich neben dem Gerät (ggf. am Tisch) befindet. Für Rechtshänder muss es deshalb auf der rechten, für Linkshänder auf der linken Seite stehen. Werden vorgefertigte Transparentfolien benutzt, dann kann das Arbeiten sitzend oder stehend erfolgen. Bei der stehenden Arbeitshaltung befindet sich der Ausbilder seitlich neben dem Arbeitsprojektor (nicht dahinter), und zwar so, dass er die Blickrichtung des Teilnehmers zur Projektionsfläche nicht einschränkt.

Wie bereits erwähnt, benötigt man als Hauptarbeitsmaterialien eine ausreichende Anzahl von Folienstiften, Transparentfolienvorlagen, mehrere Abdeckblätter und einen Zeigestab. Folienstifte werden in unterschiedlichen Ausführungen angeboten:

1. Es können unterschiedliche Schriftstärken benutzt werden (sehr fein, fein, mittel, breit).
2. Es werden zwei verschiedene Folienstiftarten im Handel angeboten (permanent = wasserfest, nicht permanent = wasserlöslich).

Der Einsatz der verschiedenen Schriftstärken ist abhängig von der Art der Foliengestaltung und den Inhalten, die dargestellt werden. Die sehr feinen Folienstifte eignen sich besonders gut für die Arbeit mit Schablonen, da sie in die Führungsvorlagen hineinpassen. Mit der Schablonentechnik werden Buchstaben, Zahlen oder Symbole durch Umfahren des Schablonenausschnittes auf die Folie übertragen, sodass ein deutlich lesbares und sauberes Schriftbild entsteht. Die sehr feinen und feinen Stifte werden auch dort eingesetzt, wo aufgrund der vorhandenen Dimensionen (Grafik, Tabellen etc.) keine zu dicken Folienstifte benutzt werden können. Beim Einsatz der dünnen Schriftstärken muss immer darauf geachtet werden, dass die Schriftstärke ohne Mühe von den Teilnehmern gelesen werden kann. Wurden bisher nur die sehr feinen und feinen Schriftstärken auf der Folie benutzt, kann mit der mittleren Schriftstärke eine Hervorhebung des Textes erreicht werden. Die breite Schriftstärke kann zum extremen Hervorheben, zur Darstellung wichtiger Überschriften und zum Ausmalen von Flächen bei größeren Grafiken Anwendung finden.

Für die Beschriftung der Transparentfolien werden spezielle Eigenschaften an die Folienstifte gestellt:
- ▶ gute Haftfähigkeit auf der glatten Folie
- ▶ exakte, nicht zerfließende Strichführung
- ▶ sekundenschnelles Trocknen
- ▶ transparente Farben für eine leuchtende und farbgetreue Wiedergabe.

Nicht alle Farbstifte, die im Handel erhältlich sind, eignen sich für die Folienbeschriftung. Es werden zwei spezielle Arten von Folienstiften angeboten, die diese Eigenschaften erfüllen. Zum einen gibt es die wasserlöslichen Folienstifte, die nach Gebrauch wieder von der Folie mit einem feuchten Tuch oder einem normalen Radiergummi entfernt werden können. Sie werden auch als »Non-permanent«-Stifte bezeichnet. Man verwendet diese, wenn auf einer vorgefertigten Transparentfolie Ergänzungen gemacht werden, die sich aufgrund des Unterrichtsverlaufs ergeben. Es können auch vorgegebene Bilder, Grafiken, Tabellen und Funktionsabläufe näher beschrieben oder gar vervollständigt werden. Arbeitsfolien, bei denen bestimmte wichtige Sachbereiche mit leeren Kästen dargestellt sind, können mit diesen Stiften mit den richtigen Antworten der Teilnehmer vervollständigt werden. Zum anderen gibt es wasserfeste Folienstifte. Man nennt sie auch »Permanent«-Stifte. Diese können mit dem nassen Tuch nicht mehr entfernt werden. Sie haften sehr gut. Man verwendet sie dann, wenn eine Folie angefertigt wird, die über längere Zeit unverändert in der Unterrichtung eingesetzt werden soll. Erstellte Langzeit-Transparentfolien können noch zusätzlich geschützt werden, indem sie in extra dafür bestimmte »weichmacherfreie« Schutzhüllen eingelegt werden. Bei dem Gebrauch solcher Schutzhüllen muss man beachten, dass es sich um klar durchsichtige, projektionsfähige Sichthüllen handelt. Diese sind zwar etwas teurer, dafür aber qualitativ besser.

Es gibt natürlich auch billige Hüllen, die sehr oft zu weich und nicht klar durchsichtig sind (milchige, angerauhte Oberfläche). In diesen sind Stoffe enthalten, die die Schrift der Transparentfolie nach einiger Zeit angreifen und ablösen.

Hat man wider Erwarten einen Fehler bei der Folienerstellung gemacht oder gefällt einem der Text nicht mehr, dann braucht man nicht zu verzweifeln. Auch die Permanentfarbe kann von der Folie wieder entfernt werden. Dafür gibt es extra flüssige Korrekturstifte oder feste Korrekturgummis. Auch ein einfacher Radiergummi oder eine Alkohollösung (Desinfektionslösung, Spiritus etc.) kann dieses Problem beseitigen.

Allgemeine Hinweise zum richtigen Umgang mit den Folienstiften:
- ▶ Beim Gebrauch eines Folienstiftes hält man die Kappe zwischen Zeige- und Mittelfinger der zweiten Hand. Damit können mit dem Daumen und dem Zeigefinger bei Bedarf noch zusätzliche Tätigkeiten wie Greifen, Festhalten, Umblättern etc. durchgeführt werden. Legt man die Kappe beiseite, kann sie verloren gehen.

- Die Folienstifte sollten sofort nach Gebrauch wieder verschlossen werden, damit die Faserspitze nicht eintrocknet und dadurch vielleicht vorzeitig unbrauchbar wird.
- Folienstifte gehören auch nicht auf den eingeschalteten Arbeitsprojektor, in die Nähe des Kühlgebläses oder auf einen anderen warmen Ort (Heizung etc.). Hitze begünstigt den Eintrocknungsprozess.
- Man sollte sich keinen zu großen Vorrat an Folienstiften anschaffen, da sich eine Lagerzeit von mehr als einem halben Jahr auf die Funktion der Stifte negativ auswirkt. Allerdings müssen am Arbeitsort immer die gebräuchlichsten und am besten erkennbaren Farbstifte in ausreichender Anzahl zur Verfügung stehen.
- Bei Nichtgebrauch gehören die Stifte in die dazugehörige Schutzhülle und müssen vor Wärme geschützt gelagert werden.
- Trocknet ein Folienstift einmal durch unsachgemäße Behandlung vorzeitig aus, so kann versucht werden, die wasserlöslichen Stifte mit etwas Wasser an der Stiftspitze und die permanenten Stifte mit etwas Alkohollösung wieder schreibfähig zu machen. Beachten Sie bitte dabei die Gebrauchsanleitung der Hersteller.

Neben den Folienstiften wird als weiteres Arbeitsmittel die Transparentfolie benötigt. Zur Projektion können solche Folien problemlos verwendet werden, die folgende Eigenschaften besitzen:
- Die Folie muss eine gute Transparenz haben (scharfes und klares Bild).
- Sie muss ein gutes Farbhaftvermögen aufweisen.
- Die Farbstoffe der Folienstifte dürfen nicht nach längerer Aufbewahrungszeit in die Folie »eindringen« und so die Schrift unleserlich machen.
- Die Folie darf bei längerem Liegen auf der leicht erhitzten Arbeitsfläche des Arbeitsprojektors nicht wellen, was zur Minderung der Bildschärfe führen würde.
- Die Folie muss weitgehend kratzfest und knickstabil sein. Es werden sonst graue Striche auf die Leinwand projiziert.

Es werden momentan drei Arten der Transparentfolien angeboten:
1. Die Laufrollen, die im Gegensatz zu den anderen zwei Arten relativ dünn sind. Diese können am Arbeitsprojektor angebracht werden, wenn eine entsprechende Halte- und Drehvorrichtung vorhanden ist. Für die Arbeitsprojektoren gibt es dafür spezielle Folienhalter, die in Rahmenform auf den Arbeitsprojektor gesetzt werden können. Die Lauffolie wird auch gern als Endlostafel bezeichnet, da durch ständiges Weiterdrehen nach oben immer wieder eine neue und freie Beschriftungsfläche vorhanden ist. Die Laufrolle besitzt gegenüber der Einzelblattfolie erhebliche Nachteile. Zur Wiederholung eines bestimmten erarbeiteten Stoffgebiets muss durch langwieriges Zurückkurbeln die benötigte Information erst gesucht werden. Liegt die Information weit zurück, kann das Aufsuchen lange Zeit in Anspruch nehmen. Übersichtlich und gut archivierte Einzelfolien sind viel schneller zu finden. Sie können den Zuhörern präsentiert werden, ohne dass unnötige Störinformationen von vorhergehenden Unterrichten die Suche behindern. Manche

Ausbilder legen schon im Voraus ihren ganzen Unterricht auf Lauffolie fest und führen anhand der Lauffolie ihren Unterricht durch. Damit wird der Unterrichtsverlauf jedoch zu sehr eingeschränkt und schematisiert. Die Möglichkeit, den Unterricht variabel zu gestalten und in kurzen Exkursen (detaillierte Abhandlung eines angrenzenden Stoffgebiets) auf wichtige Fragestellungen der Zuhörer eingehen zu können, wird dadurch erheblich vermindert. Wird der Exkurs mit Tafeleinsatz unterstützt, dann kann der Nachteil der Laufrolle ausgeglichen werden. Der strukturierte und lernzielmäßig gut aufgebaute Unterricht wird zwar gefordert, diese Forderung kann aber auch anhand von Einzelfolien erfüllt werden. Der Einsatz von Einzelblattfolien lässt außerdem die notwendige Flexibilität des Ausbilders zu. Aus diesen Gründen ist die Lauffolie als Hauptmedium nicht zu empfehlen. Natürlich kann sie in der Form benutzt werden, dass spontane Ideen oder später nicht weiter benutzbare Informationen zusätzlich als Stoffsammlung aufgetragen werden. Für diesen Zweck ist sie gut geeignet, besonders dann, wenn keine Tafel vorhanden ist und sich der Einsatz des Arbeitsprojektors geradezu anbietet. Außerdem besteht die Möglichkeit, vorgefertigte Transparente unter die Lauffolie zu schieben und nun durch Beschriftung oder Anmerkungen die Originalfolie weiter zu vervollständigen.

Aus Kostengründen ist das Zuschneiden im DIN A4-Format als billige Einzelblattfolie möglich, die anschließend mit einer Schutzhülle versehen wird.

2. Einzelblattfolien haben gegenüber der Laufrolle den Vorteil, dass sie bei Bedarf sofort zur Verfügung stehen und den Teilnehmern präsentiert werden können. Ein evtl. notwendiger langer Suchvorgang (wie bei der Laufrolle) wird dadurch vermieden. Der Vorteil von Folien gegenüber der Tafel ist der, dass wichtige erarbeitete Informationen jederzeit wieder zur Verfügung stehen. Im Gegensatz dazu verschwinden diese beim Tafelanschrieb durch Abwischen vollständig. Einmal vorbereitete und gut ausgearbeitete Folien können jederzeit wieder benutzt werden. Damit erreicht man auch in der Vorbereitungs- und Unterrichtsphase eine gewisse Zeiteinsparung, da nicht jede Folie neu erstellt werden muss. Transparentfolien werden in verschiedenen Stärken angeboten:
   - leichte Qualität, ca. 0,08 mm, geeignet für Mehrschichtbildtransparente (geringerer Lichtverlust); einmalige Benutzung oder Vielfachbenutzung, wenn die Aufbewahrung in einer transparenten Klarsichthülle erfolgt
   - mittlere Qualität, ca. 0,1 mm
   - schwere Qualität, ca. 0,12 mm, für die wiederholte Benutzung ohne Klarsichthülle.

Eine wiederholte Benutzung ohne Klarsichthülle ist jedoch problematisch, da die Farb- und Folienqualität im Zeitverlauf durch oftmaliges Benutzen leidet. Deshalb ist es ausreichend, mit einer Folienstärke von 0,08 mm (oder gar Lauffolienstärke) und Klarsichthülle zu arbeiten. Dadurch wird auch eine Archivierung in Ordnern oder Hängetaschen erleichtert. Beim Erwerb von Klarsichthüllen sollte auf eine geeignete Produktqualität (weichmacherfrei) geachtet werden.

3. Bei der dritten Folienart handelt es sich um eine technische Neuerung, bei der vom Grundgedanken der normalen Einzelblattfolie ausgegangen worden ist. Die Hintergrundfarbe ist dabei aber nicht neutral (transparent), sondern blau. Damit erreicht man, dass die intensive weiße Lichtquelle auf der Projektionsfläche gemildert wird, welche sonst zu Ermüdungserscheinungen der Augen und damit zur stofflichen Aufnahmeeinschränkung führt. Die Lichtquellenintensität ist beim Einsatz der blauen Folienart nicht mehr so stark und beansprucht nicht mehr in dem Ausmaß das menschliche Auge. Durch die Benutzung der besonderen Farbstifte
   - leuchtgelb,
   - leuchtorange,
   - leuchtrot und
   - leuchtgrün

   wird für eine sehr gute Lesbarkeit auf der Projektionstafel gesorgt. Allerdings muss dazu kritisch erwähnt werden, dass Farbhintergründe wie grün und blau bei längerem Einsatz zu geistigen Ermüdungsprozessen führen können. Deshalb sollte auch ein ständiges Benutzen dieser Folienart vermieden werden. Gegen eine abwechslungsreiche Kombination ist aber nichts einzuwenden. Wenn eine von den maximal drei Schriftfolien einen blauen Hintergrund hat, kann dies nur zur Aufmerksamkeitserhöhung beim Teilnehmer führen. Durch die besondere Leuchtintensität der benutzten Farbstifte erzielt man noch eine weitere Aufmerksamkeitssteigerung. Aus unseren eigenen Arbeitserfahrungen müssen wir jedoch anmerken, dass eine längere Haltbarkeit der Folien nicht vorhanden war. So breitete sich die Leuchtfarbenschrift nach einiger Zeit auf der Folie aus und führte zu verschwommenen Schriftbildern. Außerdem wurde die Folienstiftspitze nach längerem Gebrauch stumpf, dies führte zu einer breiteren Schriftstärke, wobei teilweise kleine bis mittlere Buchstabengrößen nicht mehr darstellbar waren.

Die Gestaltung der Transparentfolien: Transparentfolien werden themenabhängig fertig ausgearbeitet von bestimmten Medienherstellern angeboten. Aufgrund fertigungsbedingter Verfahren handelt es sich hier um qualitativ gute und nicht abnutzungsfähige (Farbqualität etc.) Foliensätze. Im Laufe der Zeit wird man aber feststellen, dass für die individuelle Unterrichtung diese Foliensätze nicht ausreichen. Entweder fehlen einige persönlich wichtige Informationen oder andere Punkte könnten, subjektiv gesehen, weggelassen werden. Außerdem werden nicht alle Themengebiete als Foliensätze angeboten. Das wäre im Übrigen auch gar nicht wünschenswert, da dann die kreative Gestaltung seitens des Ausbilders gar nicht mehr gefordert wird. Da Foliensätze außerdem relativ teuer sind und der Bezug nur als ganzer Foliensatz möglich ist, bietet es sich an, individuelle Folien nach bestimmten Gesichtspunkten und eigenen Vorstellungen zu erstellen. Der Wunsch zur optimalen Folienerstellung steigt mit der Dauer der Ausbildungstätigkeit an. Bei ihr gilt, wie übrigens in anderen Bereichen auch, dass aller Anfang schwer ist. Es erfordert schon eine gewisse Übung und das Vorhandensein von Kenntnissen über die Gestaltung von Arbeitstransparenten, um eine optisch gute und didaktisch einwandfreie Folie zu erstellen. Was muss alles beachtet werden?

1. Es muss der Lernweg berücksichtigt werden, mit dessen Hilfe man den Zuhörern den Lernstoff präsentiert:
   ▶ Lernen durch Lesen (und Hören)
   ▶ Lernen durch Sehen
   ▶ Lernen durch Sehen und Hören.

   Lernen durch Lesen wird dann erreicht, wenn wichtige Sachaussagen oder Stichworte auf die Folie niedergeschrieben sind, der Teilnehmer bei der Präsentation diese Themenschwerpunkte vor Augen hat und durch Lesen aufnehmen kann (Schriftfolie). Das Lernen durch Sehen über Folie erfolgt durch den Einsatz von Bildern (Bildfolie).

2. Transparentfolien müssen sauber erstellt und gut les- bzw. sichtbar sein. Es gibt dabei zwei Möglichkeiten zur Erstellung von Schriftfolien. Zum einen kann man in normaler Schreib- oder Druckschrift die Informationen niederschreiben. Zum anderen können die Folien am Computer erstellt und auf die Tageslichtprojektorfolie gedruckt werden. Wird die erste Möglichkeit angewandt, ist darauf zu achten, dass die Schrift auf der Folie gut lesbar ist. Da mit der Schreibschrift die Neigung zum verzerrten Schriftbild besteht, empfiehlt es sich, hier die Druckschrift zu verwenden. Sie ergibt im Allgemeinen ein lesbareres Schriftbild. Ist der Abstand von den Teilnehmern zur Projektionstafel groß, können zu dünne Schriftstärken schlechter aufgenommen werden. Je dicker, desto besser die Lesbarkeit für den Teilnehmer. Nachstehend möchten wir Ihnen das anhand einiger Beispiele demonstrieren.

Es muss nicht alles wie gedruckt aussehen. Auch mit einer sauberen Handschrift können optisch gute Schriftfolien entwickelt werden. Durch eine unsaubere und verschwommene Schrift hält sich der Teilnehmer zu lange bei dem nicht zu identifizierbaren Wort auf und versucht, es zu entziffern. Seine Aufmerksamkeit und Konzentrationsfähigkeit für den Unterrichtsstoff wird damit beeinträchtigt. Der Dozent redet am Zuhörer vorbei. Es bleibt Unverständnis zurück, und Unverständnis führt zum Nichtverstehen des Lernstoffs. Gegebenenfalls fragt der Zuhörer den Nachbarn nach dem Verständnis zur Folie, sodass Unruhe im Raum einkehrt, die vom Ausbilder über schlechte Medienpräsentation verursacht wurde. Wie bereits dargestellt, hängt die Lesbarkeit der Schriftfolien
   ▶ von der Schriftgröße,
   ▶ von der benutzten Schriftstärke,
   ▶ von der Größe der Projektionsfläche und
   ▶ vom Abstand des Teilnehmers zur Projektionsfläche

ab (s. Abb. 8). Je weiter der Abstand zur Leinwand, desto größer muss auch die Schrift und desto dicker die Schriftstärke ausgelegt sein. So muss bei einem Mindestabstand (hinterster Teilnehmer zur Projektionsfläche) von 9 m die Schriftgröße in Kleinbuchstaben min-

> Nur eine schöne Handschrift
> ist gut lesbar.
>
> Nur eine schöne Handschrift
> ist gut lesbar.
>
> Nur eine schöne Handschrift
> ist gut lesbar.
>
> Dünne Linien können auf große Entfernung
> kaum wahrgenommen werden.
>
> ## Schablonen ermöglichen eine optisch schöne Folienerstellung.
>
> Die EDV-Technik lässt differenzierte **Textdarstellungen** zu.
>
> Farbgestaltung erhöht die Aufmerksamkeit.

ABB. 8 ▶ Diese Musterseite zeigt die Abhängigkeit der Lesbarkeit von der Ausgeprägtheit der Handschrift, der Schriftbildstärke und der technischen Verfahren.

destens 3 mm betragen. Je weiter der Abstand, desto größer die Schriftgröße (s. Abb. 9). Auf Großbuchstaben angewandt, ergeben sich folgende Richtwerte:

> Je fetter und größer die Schrift, desto besser die Lesbarkeit.

Oft wird auch der Platz auf der Transparentfolie mit schriftlichen Informationen völlig ausgenützt. Es sollte auf keinen Fall alles, was man sagt, auf Folie niedergeschrieben sein – für PowerPoint-Folien gilt dasselbe –, sonst besteht die Gefahr, dass der Dozent nur noch abliest. Dies gibt Auskunft über die stoffliche oder persönliche Unsicherheit des Dozenten. Um ja nichts zu vergessen, wird am besten alles auf die Folie gebracht. Hier muss sich der Teilnehmer fragen, weshalb er überhaupt gekommen ist. Das Lesen eines Buchs hätte den

Abstand von der Projektionsfläche	Schriftgröße für Folie bzw. Dia
Bis zu 10 m	5 mm (20 pt)
11 bis 15 m	10 mm (40 pt)
16 bis 20 m	15 mm (60 pt)
21 bis 25 m	20 mm (80 pt)

Abb. 9 ▶ Abhängigkeit der Schriftstärke und Schriftgröße vom Abstand des hinteren Zuhörers zur Projektionsfläche

gleichen Erfolg gebracht. Man würde mehr Informationen geboten bekommen und außerdem Zeit sparen.

Empfehlungen: Es muss unbedingt beachtet werden, dass nur wichtige Stoffinhalte (das Muss) in Form von Stichworten auf die Folie kommen und dann anhand des Stichworts der Stoffinhalt verbal durch verschiedene Unterrichtstechniken erarbeitet wird. Nutzen Sie den Farbeneinsatz und variieren Sie diesen bei den verschiedenen Folien. Benutzen Sie nicht zu viele Schriftfolien pro Unterrichtsstunde. Mehr als drei Schriftfolien pro Unterrichtsstunde werden zum »Film«. Die Teilnehmer werden dann stoffmäßig überfordert. Meistens werden deshalb zu viele Schriftfolien eingesetzt, weil zu viel Text und Informationen auf einer Folie vermerkt werden. Der Text darf nur sparsam Verwendung finden. Mit der Schriftfolie wollen Sie erreichen, dass

- ▶ das Thema immer gegenwärtig ist (durch Überschrift),
- ▶ wichtige Merksätze und Sachaussagen hör- und lesbar gemacht werden,
- ▶ Tabellen gezeigt und erläutert werden,
- ▶ Zeichnungen optisch erklärt werden,
- ▶ schwieriger Lernstoff optisch unterstützt wird und dass
- ▶ die Folie als roter Faden die Lehrkraft durch den Unterricht führt.

Betrachten wir nun die Foliengestaltung beim Lernweg »Lernen durch Sehen«. Wir erinnern uns, dass das Lernen durch Sehen dann vorliegt, wenn dem Zuhörer Informationen bildlich präsentiert werden. Gelingt es uns, einen wichtigen Sachverhalt bildhaft darzustellen, dann erhöht sich die Erinnerungsleistung beim Teilnehmer auf 30 %. Bildliche Darstellungen können z. B. sein:

- Schocklagerung (als Erste-Hilfe-Maßnahme)
- Körpersprache (im Ausbildungsbereich zur Erkennung)
- Körpermotorik (in der Rhetorikausbildung)
- grafische Tabelle (in wirtschaftlichen Bereichen)
- einfache Maschinenabbildung (im technischen Bereich)
- Bilddarstellung (im Fremdsprachenbereich)
- die in diesem Buch gezeigten Bilder.

Auch hier ist zu beachten, dass die Bildgröße den räumlichen Verhältnissen angepasst ist. Oft findet man in Büchern, Zeitschriften oder Ähnlichem interessante Bildgestaltungen, die dann durch strichgetreues Abmalen (Folie wird über das Bild gelegt), durch freihändige Nachgestaltung oder durch Kopieren auf Folie gebracht werden. Ist das Bild optisch zu klein, dann kann es durch Kopiergeräte vergrößert und dann weiterverarbeitet werden. Allgemein sind die rechtlichen Verhältnisse der Urheberschaft zu berücksichtigen.

Der Einsatz des Lernweges »Lernen durch Sehen und Hören« oder auch abgewandelt »Lernen durch Lesen und Hören« findet bei der Folienpräsentation (von Bildern, Tabellen etc.) Anwendung. Der Dozent gibt zu jedem Bild oder Stichwort eine erläuternde Erklärung ab oder stellt zusätzlich Fragen, sodass die Zuhörer durch diese Fragen an die Lösung herangeführt werden (Lernen durch Sehen und Sprechen).

3.11.4 Die Videoprojektion

Vor Jahrzehnten wurde die Produktentwicklung des Tageslichtprojektors als methodische Revolution in die Wissensunterrichtung aufgenommen. Bis dahin hatte die Tafel einen dominanten Stellenwert bei der Auswahl von Medien und deren Einsatz in der Unterrichtung. Der Arbeitsprojektor löste zwischenzeitlich die Tafel als Hauptmedium ab. Der Aufbau und Ablauf des Unterrichts wird heute hauptsächlich durch den Arbeitsprojektor beeinflusst. Derzeit stehen wir an der Schwelle eines neuen Medienzeitalters. Mit der multimedialen Präsentation von EDV-Dateien, Videoaufzeichnungen und akustischen Klangkombinationen werden bei den Zuhörern die Lernwege Lesen, Sehen und Hören durch den Videoprojektor optimal angesprochen. Trotz einiger Nachteile (siehe unten) bietet sich diese Form der Projektion besonders an. Die Bildwiedergabe kann entweder per Bildschirm (mindestens 85 cm Bildschirmdiagonale) oder per Standard-Präsentationsfläche erfolgen. Der einmalig notwendige Mehraufwand bei der Gestaltung des Informationsmediums wird durch den erzielten Eindruck in der Zuhörerschaft bei Weitem kompensiert.

Vorteile der Videoprojektion:
- kein Informationsverlust

- Sammlung von Stichpunkten
- kein Blickkontaktverlust bei unterschiedlichen Bildschirmausschnitten
- keine Verdunkelung notwendig (Abspielen über Fernsehgerät oder Projektionsfläche)
- fotografische, reale Darstellungen
- Mehrfachkombinationen von Ton, Bild, Film etc.
- keine Ermüdung der Augen trotz längeren Einsatzes
- praxisnaher Bezug durch optische Darbietung
- viele eigene Gestaltungsmöglichkeiten in der Ausarbeitungsphase
- hohe Einprägsamkeit durch den multimedialen Aspekt
- Steigerung der Spannung und Aufmerksamkeit bei den Zuhörern.

Nachteile der Videoprojektion:
- stromabhängig, kostenintensiv
- längere Vorbereitungszeit durch Abstimmung von Gerät, Computer und Dateien
- Blickkontaktverlust bei Einsatz der Zeigefunktion
- mehrere Bildschirmausschnitte notwendig
- wenig eigene Gestaltungsmöglichkeiten während der Präsentation.

3.11.5 Anregungen zum Umgang mit Transparentfolien

Zwar werden heute die meisten Präsentationen mit PowerPoint erstellt, trotzdem sollte ein erfahrener Ausbilder auch über die unterschiedlichen Vorgehensweisen mit Tageslichtprojektorfolien Bescheid wissen. Manches gilt für beide Verfahren: Die Abdecktechnik etwa (s. Abb. 11 S. 187) funktioniert bei PowerPoint zwar nicht mit einem Blatt, aber doch nach denselben didaktischen Grundsätzen.

Es gibt nämlich verschiedene Möglichkeiten zur Darbietung des Lehrstoffs auf der Transparentfolie. Mit einer gut geplanten Projektionstechnik der Transparentfolie erreicht man, dass nicht sofort der ganze Inhalt der Folie auf einmal abgebildet wird, sondern durch sinnvolles Fortschreiten der Lehrstoff in Stufen entwickelt wird. Zuviel Informationen auf einmal darzubieten, kann zur Einschränkung der Konzentrationsfähigkeit und der Aufmerksamkeit führen. Nur das, was gerade erarbeitet oder besprochen wird, darf auch visuell unterstützt werden. Dabei soll die visuelle Unterstützung nicht nur einige Sekunden anhalten. Dem Gehirn muss über längere Zeit die Möglichkeit gegeben werden, die über das Auge aufgenommene Information auch zu verarbeiten. Der Teilnehmer braucht Zeit, um die visuellen Eindrücke auch richtig wahrzunehmen. Die Bewusstseinskapazität muss durch eine Erhöhung der Gegenwartsdauer und durch eine Beschränkung der aufzunehmenden Informationen (Zuflussgeschwindigkeit) auf einem hohen Niveau gehalten werden. Da die Bewusstseinskapazität bei jedem Teilnehmer unterschiedlich ausgeprägt ist, muss der visuelle Eindruck so lange sichtbar bleiben, bis auch der letzte Teilnehmer ihn erfasst hat. Durch die Verringerung der Zuflussgeschwindigkeit an Informationen (durch Weglassen von Kleinigkeiten und Hervorhebung des Wichtigen) erreicht man, dass nur noch das Muss des Lehrstoffs unterstützt wird und vom Teilnehmer besser eingeprägt werden kann.

Die Abdecktechnik: Es dürfen nur die Informationen optisch unterstützt werden, die gerade im Unterrichtsprozess erarbeitet oder erklärt werden. Der Informationszeitpunkt muss mit dem Präsentationszeitpunkt übereinstimmen. Nur die Grundaussage des gesprochenen Worts wird optisch verstärkt. Da aber eine Transparentfolie selten nur eine

Übersicht

Kernpunkt des Themas

-
-
-
-
-
-

Zusatzinformationen/Randthema

ABB. 10 ▶ Die übersichtliche Strukturierung einer Transparentfolie

Grundaussage enthält, sondern mit mehreren Aussagen und Hinweisen bestückt ist, muss hier durch entsprechende Abdeckung (der bisher noch nicht behandelten Sachverhalte) dem Aufmerksamkeitsverlust vorgebeugt werden. Man darf also nicht gleich den Zuhörern die ganze Folie präsentieren. Handelt es sich um eine Lesefolie, so muss schon bei der Erstellung der Folie der Zusammenhang zum Thema und die logische Gliederung der einzelnen Stichpunkte beachtet werden. Eine Transparentfolie soll normalerweise nur ein Thema beinhalten. Nur die wichtigen Punkte dürfen aufgeführt sein. Der logische Zusammenhang zwischen den Punkten muss vorhanden sein. Sind diese Forderungen erfüllt, dann wird die Folie so aufgelegt, dass nur das Thema (Überschrift) sichtbar ist. Der Rest der Textfolie wird mit einem Blatt Papier abgedeckt, sodass die Zuschauer nur den freien Textteil sehen, während Sie die ganze Folie lesbar auf dem Projektor sehen. Sie wissen somit genau, welcher Punkt in welcher Reihenfolge angeschnitten werden soll. Nach Bekanntgabe des Themas können Sie nun entweder durch Vortragstechniken oder Lehrgespräch die

Abb. 11 ▶ Verschiedene Abdeckvarianten

aufgeführten Punkte chronologisch erarbeiten. Sobald Sie den ersten Punkt angeschnitten haben, schieben Sie das Abdeckblatt ein Stück nach unten, sodass die eben erwähnte Sachaussage nun den Teilnehmern sichtbar wird. So lange, wie Sie über diesen Punkt Ausführungen machen, muss auch die Sicht auf das Stichwort auf der Folie bestehen. So wird die gesamte Folie erarbeitet und das Thema in logischer Reihenfolge abgehandelt. Schritt für Schritt wird es vervollständigt und der gesamte Themenkomplex sichtbar.

Jede Textfolie ist so zu gestalten, dass am oberen Randbereich die Überschrift steht, der Kernpunkt des Themas in der mittleren Hälfte abgehandelt wird und am unteren Blattrand evtl. noch ein Randthema oder weitere, wichtige Zusatzinformationen angesprochen werden (s. Abb. 10).

Die Abdecktechnik kann noch weiter verfeinert werden, indem die wichtigen Informationen oder Bilder nicht nur von oben nach unten beschriftet und bezeichnet werden, sondern die ganze Arbeitsfläche der Transparentfolie ausgenutzt wird. Dabei wird die Folie in vier gleich große Quadrate, in zwei oder drei gleich breite Seitenstücke oder in zwei oder drei gleich lange Längsspalten eingeteilt. Die gerade nicht behandelten Text- und Bildausschnitte werden mit einem Papierstreifen voll abgedeckt. Ist die Transparentfolie in einer Klarsichthülle untergebracht, so können die Papierstreifen entweder in die Klarsichthülle eingelegt oder außen mit einem Stück durchsichtigem Klebestreifen befestigt werden. Außerdem kann es sich anbieten, die Arbeitsfolie in einen Papierrahmen einzulegen, sodass sie passgenau auf dem Arbeitsprojektor liegt. Die Befestigung der Papierstreifen erfolgt dann am Rahmen. In Abbildung 11 sehen Sie nochmals die verschiedenen Abdecktechniken.

Es ist immer vom Thema und von der Art der Unterrichtung abhängig, welche Form der Abdecktechnik im Unterricht Anwendung findet. Teilweise kann variiert werden, teilweise bietet sich aber auch nur eine dieser Techniken an. Wird bei ihr über längere Zeit eine zu große Fläche der Folie verdeckt, kommt es unter der Abdeckfläche zu einem Wärmestau, der zu Schäden am Gerät und an der Transparentfolie führen kann. Beim richtigen methodischen Vorgehen ist die Gefahr allerdings gering. Lässt sich aber eine längere Abdeckzeit nicht vermeiden, dann kann durch Handauflegen von Zeit zu Zeit überprüft werden, ob die Wärmeentwicklung zugenommen hat. Gegebenenfalls muss das Gerät abgeschaltet oder die Folie kurzzeitig entfernt werden.

Eine weitere Art der Projektionstechnik ist die Deckfolientechnik.

Die Deckfolientechnik: Sie wird auch als Overlay- oder Übereinanderlege-Technik bezeichnet. Bei der Deckfolientechnik wird der Lehrstoff schrittweise erarbeitet, indem ein aus mehreren einzelnen Transparentfolien gebildeter Transparentsatz durch projektionsgenaues Übereinanderlegen zu einem Ganzen zusammengesetzt wird. Der Satz besteht aus einer Basisfolie, die das Thema anschneidet und die Grundzüge festlegt. Sie soll so wenig wie möglich bzw. nur so viel wie nötig enthalten (Umrisszeichnung, Grundgedanke).

Auf den anderen Transparentfolien sind dann Teilbereiche zur Ergänzung des gesamten Themenkomplexes vorhanden. Sie können sich durch eine unterschiedliche Farbwahl voneinander abheben. Damit wird jede einzelne Teilfolie auch noch im Gesamtzusammenhang gedanklich wiedererkannt. Je nach der Entwicklung des Themas oder den Antworten der Teilnehmer erfolgt eine optische Unterstützung mit der passenden Folie. Aufgepasst werden muss dann, wenn eine bestimmte Reihenfolge der Folien vorgegeben ist. Sie können dann durch eine Randbefestigung fest mit der Basisfolie verbunden und nun nur noch durch Umklappen aufgelegt werden.

Die Passgenauigkeit der verschiedenen Folien erzielt man, indem ein Markierungspunkt (kleines Kreuz, schräger Strich etc.) auf jede Folie im oberen und unteren Eck gesetzt wird. Ist die Folie mit einem Arbeitsrahmen umgeben, dann erreicht man die Passgenauigkeit durch genaues Auflegen der Rahmen übereinander (eventuell mit Punktdurchlochung am oberen und unteren Rahmen). Hat der Arbeitsrahmen schon vorgegebene Punktlochungen an den vier Seitenrändern, dann legt man diesen auf die dafür vorgesehenen Stifte am Seitenrand des Arbeitsprojektors.

Mit der Deckfolientechnik können komplizierte Sachverhalte oder Zusammenhänge in Teilbereiche zerlegt werden, was zur Vereinfachung des Themas führt. Abläufe und Zusammensetzungen (z.B. der menschliche Körper) können leichter dargestellt werden, wenn sie in mehrere Phasen geteilt und zum Schluss wieder vereint werden. Achten Sie aber bitte darauf, dass Ihr Foliensatz aus nicht mehr als 5 Einzelfolien zusammengesetzt ist. Es entsteht sonst durch das Übereinanderlegen auf dem Projektor ein zu starker Lichtverlust, der zu optischen Beeinträchtigungen führen kann. Im Durchschnitt können 3 – 4 Folien als ausreichend angesehen werden (s. Abb. 12):

- ▶ 1 Basisfolie
- ▶ 1 – 2 Folien für Detailinformationen
- ▶ 1 Folie für erforderliche schriftliche Zusatzinformationen.

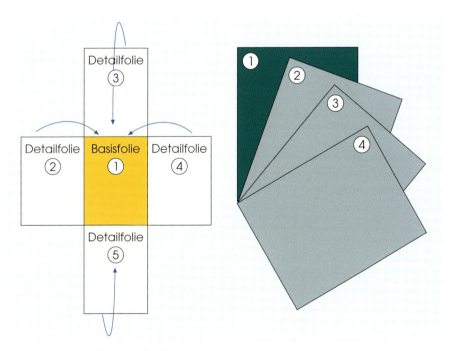

Abb. 12 ▶ Die Deckfolientechnik

Möchten Sie diese Technik mehr mit Textfolien durchführen, dann empfiehlt es sich, die Textinformationen nicht jeweils auf eine separate Folie zu bringen. Sie können Stichpunkte auf Teilfolienausschnitten vermerken und diese dann beliebig auf der Basisfolie auflegen, ohne dass es zu Lichtverlusten kommt. Nachfolgend zeigen wir Ihnen zwei Beispiele für die Anordnung eines Transparentfoliensatzes.

Die Figurentechnik: Hier können Sie durch die Benutzung von Figuren oder Symbolen die starre Folie zu einem »beweglichen« Transparent gestalten. Sie bringen Bewegung und damit »Leben« in die Folie. Die Figuren und Symbole können einmal auf eine Teilfolie aufgemalt und dann auf die Basisfolie aufgelegt werden. Eine weitere Möglichkeit ist der Einsatz von ausgeschnittenen oder auf Folienstreifen aufgeklebten, undurchsichtigen Figuren, die bei der Projektion als Schattenrisse sichtbar werden. Mit der Figuren- und Symboltechnik besitzen Sie unerschöpflich viele Möglichkeiten zur Veranschaulichung und zur Steuerung eines Lernprozesses. Ihrer Kreativität sind dabei keine Grenzen gesetzt. Je mehr Aufmerksamkeit Sie bei den Teilnehmern erzielen, desto besser wird auch der Lernerfolg ausfallen.

Die Ergänzungstechnik: Bei der Ergänzungstechnik wird auf einer Bild- oder Schriftfolie ein bestimmter Sachverhalt nicht aufgeführt, sondern in Form eines leeren Kastens aus dem Zusammenhang herausgestellt. Damit wird erreicht, dass die Zuhörer durch eigene Beiträge den Inhalt dieses Lernkastens beantworten können. Der Teilnehmer wird direkt zur aktiven Mitarbeit aufgefordert. Durch Eintragen der richtigen Lösung wird die Folie vervollständigt. Die Beschriftung erfolgt entweder durch nicht-permanente Folienstifte, oder die Transparentfolie wird in eine Klarsichthülle oder unter die Folienrolle gesteckt und mit permanenten Folienstiften beschrieben. Damit erreicht man auch gleichzeitig, dass die Basisfolie vor weiteren Schäden bzw. Abnutzungen bewahrt wird. Die Ergänzungstechnik bietet sich an, wenn am Ende der Unterrichtseinheit eine Wiederholung wichtiger Lehrinhalte durchgeführt wird. Auch bei schriftlichen Prüfungen wird diese Technik verstärkt eingesetzt.

3.11.6 Anregungen zum Umgang mit dem Arbeitsprojektor

Der Arbeitsprojektor darf nur unterstützendes Medium im Unterrichtsprozess sein. Auch wenn hier einige Techniken dargestellt wurden, mit denen man den Unterrichtsverlauf interessanter gestalten kann, darf der Arbeitsprojektor niemals Hauptbestandteil der Unterrichtung werden. Das ist immer noch dem Dozenten vorbehalten, da er durch seine individuelle Art und Weise und seine Kenntnisse (fach- und ausbildungsspezifisch) den Unterrichtsverlauf so steuern muss, dass »geistige Leerlaufzeiten« beim Teilnehmer nicht vorkommen oder nicht von langer Dauer sind.

Oft kann man beobachten, dass sich eine Lehrkraft nur auf ein Medium spezialisiert hat und dieses bevorzugt ständig zum Einsatz bringt. Dabei handelt es sich meistens um einen Dia- oder Arbeitsprojektor. Der fortwährend monotone Medieneinsatz führt aber nach einer gewissen Zeit zum Gewöhnungs- und Einschläferungseffekt. Man stumpft gegen das Medium ab und findet es nicht mehr so interessant wie am Anfang. Deshalb sollte nicht über den ganzen Unterrichtsverlauf nur ein Unterrichtsmedium benutzt werden. Pro

Ausbildungsstunde müssen mindestens zwei Unterrichtsmedien eingesetzt werden, damit dem Gewöhnungs- und Einschläferungseffekt entgegengewirkt wird. Es dürfen aber nicht in jeder Ausbildungsstunde dieselben zwei Unterrichtsmedien benutzt werden. Auch eine Medienvariation zwischen den Ausbildungsstunden muss im Voraus mit in die Unterrichtsgestaltung eingeplant werden.

Vor Unterrichtsbeginn muss der Arbeitsprojektor auf Funktionsfähigkeit hin überprüft und am richtigen Ort aufgebaut werden. Die Projektionstafel soll voll durch den Arbeitsprojektor bestrahlt und die Bildschärfe mit einer Testfolie eingestellt werden. Die notwendigen Folienstifte müssen in ausreichender Stückzahl und verschiedenen Farben in Reichweite vorhanden und auf Funktionstüchtigkeit hin überprüft sein. Ein Zeigestab muss auf dem Projektor liegen, damit Details bei Bedarf besser herausgestellt werden können. Als Zeigestab kann nicht nur der Teleskopstab fungieren, auch ein Bleistift, ein Folienschreiber oder ein normaler Kugelschreiber kann diese Funktion übernehmen. Für eine größere Reichweite (z.B. bei der Tafelarbeit oder bei Schaubildern) empfiehlt sich jedoch der Einsatz des Teleskopstabes. Für den Arbeitsprojektor wird im Handel ein spezieller Kunststoffstab angeboten, dessen Spitze ein eingeschliffenes Prisma enthält, das auf der Projektionswand gut zu erkennen ist, der transparente Stab aber kaum wahrgenommen wird.

Außerdem existieren auf dem Markt Markierungsleuchter, die auf der Leinwand oder auf der Projektionswand einen deutlichen Lichtpunkt (Lichtkreuz oder Lichtdreieck) in gelb oder rot hinterlassen. Als neueste Kreation wird jetzt eine sogenannte Fingerhand (manuell oder als Lichtpunkt) angeboten, wobei der Zeigefinger gestreckt nach vorne zeigt und die restlichen Finger zu Handmitte eingelegt sind. Sie ist rosa transparent. Mit diesem Folienzeigestab wird eine erhöhte Aufmerksamkeit bei den Zuschauern erreicht.

Die Arbeit am Arbeitsprojektor schränkt die Beweglichkeit des Ausbilders ein. Sein Bewegungsfeld ist auf einen kleinen Umkreis seitlich neben dem Arbeitsprojektor begrenzt. Dadurch können von ihm weniger körpereigene Impulse zur Motivation oder zur Präsentierung des Lehrstoffs ausgehen. Bei der sitzenden Arbeitshaltung verstärkt sich dies noch. Der erfahrene Ausbilder wird das als Nachteil empfinden. Für den »Ausbilder-Neuling« kann es aber auch von Vorteil sein. In einer ungewohnten Atmosphäre oder Situation ist der Mensch von Natur aus nervös und unsicher. Dies macht sich in der Stimme, der Körpermotorik und im sachlichen Ablauf des Unterrichtsprozesses bemerkbar. Die Körpermotorik wird dabei besonders beeinflusst, und zwar in der Art und Weise, dass der Dozent

- ▶ übertriebene Handgestik ausführt,
- ▶ Händezittern zeigt,
- ▶ Bewegungen der Beine ausführt (ständiges Hin- und Herlaufen),
- ▶ verstärkt eigene Körperberührungen sucht
- ▶ oder die Beinstellung auf dem Boden ständig verändert.

Sitzt er neben dem Arbeitsprojektor oder befindet er sich in seiner unmittelbaren Nähe, dann werden diese »nervösen« Körperbewegungen zwangsläufig vom Zuhörer vermindert oder überhaupt nicht mehr wahrgenommen. Je sicherer er wird, desto seltener hält es ihn an seinem Sitzplatz. Wir werden noch später bei der Körpersprache auf die künstlichen Abwehrbarrieren zu sprechen kommen, mit denen der direkte Kontakt vom Teilnehmer zum Ausbilder und umgekehrt unterbrochen werden kann. Verbirgt der Dozent sich hinter einem Tisch oder Rednerpult, so baut er damit diese künstlichen Abwehrschranken auf. Er signalisiert dem Teilnehmer einen räumlichen und persönlichen Abstand und schirmt sich damit von ihm ab. Der Zuhörer empfindet den Dozenten nicht mehr direkt »hautnah« vor sich, sondern weiter von sich entfernt. Der persönliche Kontakt zum Teilnehmer wird gestört oder kann sich nicht optimal entwickeln.

Das gesprochene Wort (Inhalt) muss durch den Einsatz eines Mediums unterstützt werden. Wichtiger Lernstoff kann folgendermaßen hervorgehoben bzw. verstärkt werden:

- durch visuelle Darbietung
- durch Einsatz des rhetorischen Instrumentariums (Betonungsmöglichkeiten, Gestik etc.)
- durch Einsatz von Farbe
- durch Einkreisen oder Unterstreichen wichtiger Stichpunkte auf der Folie oder an der Tafel
- durch Pfeile, die den weiteren Verlauf einer Handlungskette darstellen
- durch die Farbgebung von ganzen Hintergrundflächen zur Aufmerksamkeitserhöhung
- durch Einsatz des Zeigestabs.

Beim Einsatz des Zeigestabs (Hindeuten auf den gerade behandelnden Stichpunkt) ist darauf zu achten, dass sich die Lehrkraft nicht zur Projektionstafel umdreht. Sonst verliert sie den Blickkontakt zum Teilnehmer und wird unter Umständen auch gegen die Projektionstafel reden.

Sinnvoller und einfacher ist es, die Hervorhebung direkt auf der Transparentfolie am Arbeitsprojektor durchzuführen. Damit bleibt der Blickkontakt zum Teilnehmer erhalten und der Dozent spricht immer zu den Zuhörern. Auftretende Unklarheiten in Form von Fragen werden von ihm sofort bemerkt. »Nervöse« Ausbilder neigen zum Händezittern. Dieses Händezittern fällt besonders dann auf, wenn mit dem Zeige- oder Kunststoffstab auf ein Stichwort der Schriftfolie hingedeutet wird. Auf der Projektionstafel wird dieses Zittern des Stabs überdimensional sichtbar. Dem kann der Ausbilder dadurch entgehen, dass er den Zeigestab auf den Arbeitsprojektor so ablegt, dass der hervorzuhebende Stichpunkt genau berührt wird.

Die Transparentfolientechnik hat sich schon so weit entwickelt, dass über Thermokopierverfahren von einem Original folgende Farbkombinationen auf der Thermofolie möglich sind:

- schwarz zeichnend auf klarer Folie
- schwarz zeichnend auf farbiger Folie
- farbig zeichnend auf klarer Folie.

Als Farben stehen dabei grün, rot, blau, gelb und violett zur Wahl. Zwischenzeitlich ist die Herstellung reiner Farbfolien über Kopierverfahren als zusätzliche Ergänzung technisch möglich. Jedes gute Fotokopiergeschäft kann Ihnen weitere Auskünfte über diese Verfahren geben.

Im Handel werden aber noch weitere Farbeinsatzmöglichkeiten für die Foliengestaltung angeboten. So gibt es selbsthaftende farbige Folien, die je nach Bedarf in bestimmten Formen und Umrissen ausgeschnitten und auf eine Transparentfolie aufgeklebt werden können. Aber auch mit farbigen Abreibebuchstaben kann eine optische Verschönerung der Folie und damit eine Erhöhung der Aufmerksamkeit beim Zuhörer erreicht werden.

Beim Arbeiten bietet es sich an, jeweils zu einem Transparentfoliensatz ein Arbeitsblatt zu entwickeln. In diesem können leere Textpassagen vom Teilnehmer während oder nach der Folienpräsentierung vervollständigt werden. Damit erreicht man, dass die Aussagen des Ausbilders während der Unterrichtsstunde schriftlich niedergelegt sind und vom Teilnehmer als Unterlage zum Nachlesen und Nacharbeiten benutzt werden können.

Eine gut ausgearbeitete Folie mit einer vorzüglich organisierten und gut ablaufenden Vortragstechnik trägt zur Aufmerksamkeitssteigerung beim Teilnehmer bei. Die Wirkung der Folie in Kombination mit der sprachlichen Ergänzung ist vom Ausbilder abhängig. Viele Lehrkräfte hören sich gerne selbst reden. »Reden ist Silber, Schweigen ist Gold«. Lassen Sie deshalb beim Einsatz einer Transparentfolie diese für sich selbst sprechen. Unterstützen Sie die Folie nur durch notwendige Erklärungen, Hinweise und Anregungen. Produzieren Sie kein unnötiges »Geschwätz«. Bleiben Sie beim Thema und schweifen Sie nicht ab. Die Zuhörer sind Ihnen dankbar, wenn sie nur notwendige, wichtige Inhalte zu hören und zu sehen bekommen. Das, was den Zuhörer interessiert, wird von ihm mit besonderer Aufmerksamkeit aufgenommen.

Im Laufe Ihrer Ausbildungszeit werden sich eine Menge Transparentfolien in den verschiedensten Variationen anhäufen. Vor jeder Ausbildungsstunde müssen Sie schon den Foliensatz für die nächste Stunde bereitlegen, damit der Beginn der nächsten Stunde nicht mit dem Suchen nach den benötigten Foliensätzen verzögert wird. Es kann aber auch spontaner Folieneinsatz notwendig werden, wenn während des Unterrichtsverlaufs im Publikum Fragen auftauchen oder der Ausbilder einen Sachverhalt vertiefen möchte. Häufig wird dann hektisch begonnen, die benötigte Folie zu suchen. Nicht benötigte Folien wandern auf den Tisch und vermengen sich mit den Arbeitsfolien für die momentane Stunde, und ehe man sich umschaut, ist das Chaos auf dem Tisch perfekt. Deshalb müssen Sie sich schon von Anfang an angewöhnen, dass auf dem Ausbildertisch Ordnung herrscht. Nur das, was für die Stunde benötigt wird, darf sich darauf befinden. Die Arbeitsfolien (in der richtigen Reihenfolge geordnet), die zum Unterricht gebraucht werden, liegen in Reichweite des Ausbilders einzeln aufgelegt auf dem Medientisch. Sie haben dann den Überblick, was noch an Folien präsentiert und in welcher Reihenfolge die Thematik abgehandelt werden muss. Eine Foliennummerierung erhöht die Übersichtlichkeit der Präsentationsabfolge. Werden Folienkopien als Lernmaterialien zur Verfügung gestellt, können die Teilnehmer diese anhand der Nummerierung schneller in ihren Seminarunterlagen finden. Wird eine größere Anzahl Transparentfolien benutzt, können diese auch übereinander angeordnet sein, wobei dann allerdings der Überblick über die noch zu besprechenden Restfolien verlorengeht. Schon benutzte Transparente werden an der äußeren Seite des Tisches, weg vom Dozenten, übereinandergelegt gesammelt. Um auch spontan auf andere Folien zurückgreifen zu können, benötigt man nun ein gewisses Ordnungssystem (im Folienordner oder in Folienhängetaschen). Dieses Ordnungssystem kann zum Beispiel so aussehen, dass Ihre gesamten Folien nach Themenbereichen sortiert und weiter untergliedert sind. Das Ordnungsschema wird auf einem separaten Arbeitspapier vermerkt, sodass Sie jederzeit ohne große Mühe die benötigten Folien herausziehen können. Es gibt recht unterschiedliche Verfahren und Ausprägungen, um solche Ordnungssysteme zu gestalten. Hier sind der Kreativität des einzelnen Ausbilders keine Grenzen gesetzt. Das Ordnungsschema soll nur so gestaltet sein, dass es den Ansprüchen an

- Einfachheit,
- Klarheit,
- Verständlichkeit,
- Übersichtlichkeit und
- schneller Auffindbarkeit

gerecht wird.

Zum Schluss des Themas »Arbeitsprojektor« möchten wir Sie noch auf eine Entwicklung bei der Gestaltung der Arbeitsprojektoren hinweisen. Die bisherigen bekannten Geräte sind so konstruiert, dass sie eine Arbeitsfläche von der Größe einer DIN A4-Seite besitzen. Danach wurde auch die Formatierung der Transparentfolien durchgeführt. Seit einiger Zeit werden nun Geräte angeboten, bei denen die Arbeitsfläche von DIN A4 auf DIN A5 verringert wurde. Sie sind handlicher, kleiner und können auch besser transportiert werden. Durch die Verkleinerung der Arbeitsfläche wird nun (bewusst oder unbewusst) erreicht, dass zwar die Projektionsleistung und damit die Projektionsgröße an der Leinwand weitgehend dieselbe bleibt, aber aufgrund dieses Umstandes die projizierten Teile größer auf der Leinwand erscheinen. Dies stellt sich besonders bei Schriftfolien als Vorteil heraus. Durch die Verkleinerung der Arbeitsfläche können nun auch nicht mehr so viele Informationen auf die Transparentfolie geschrieben werden. Diese »kleineren Brüder« der bisherigen Arbeitsprojektoren können also in Zukunft dazu beitragen, dass schon bei der Folienerstellung und beim späteren Projizieren die bisherigen, möglichen optischen Nachteile nicht mehr auftreten.

Stellen wir nun als Zusammenfassung nochmals die Vor- und Nachteile des Arbeitsprojektors zusammen.

Vorteile des Arbeitsprojektors:
- Sammlung von Stichpunkten
- Gedanken optisch aufzeigbar
- kein Blickkontaktverlust
- variabel und kreativ einsetzbar
- keine Verdunklung notwendig
- fotografische, reale Darstellung möglich.

Nachteile des Arbeitsprojektors:
- stromabhängig
- Technik ist störanfällig

- Ermüdung der Augen bei längerem Einsatz
- Notwendigkeit einer weißen Projektionsfläche.

3.11.7 Die Filmvorführung (Video / DVD)

Mit der Filmvorführung wird der Lernweg »Lernen durch Sehen und Hören« angesprochen. Ein Film erhöht die Aufmerksamkeit der Teilnehmer stark, da hier in realistischer Art und Weise der Lernstoff praxisnah dargeboten wird. Ein Film ist äußerst einprägsam und trägt durch seinen Aufbau zur Spannung der Teilnehmer bei. Aber gerade in Ausbildungsbereichen, die stark vom Wandel der Zeit, der Technik und des Fortschritts beeinflusst werden, findet man selten einen Film, der aktuell und fachlich richtig den zu vermittelnden Lehrstoff darstellen kann. Meistens ist deshalb eine Nacharbeitung notwendig, damit aufgetretene Fehler erkannt und verbessert werden. Bei neueren Filmprojektoren besteht die Möglichkeit, ein Standbild einzustellen. Dies kann bei fachlichen Unklarheiten bzw. beim Abklären von Neuerungen eingesetzt werden. Beim Ausleihen von Filmgeräten bei der örtlichen Kreisbildstelle empfiehlt es sich deshalb, auf diese technischen Neuerungen zu achten. Vor der erstmaligen Vorführung von Filmen mit 8 mm und 16 mm ist es sinnvoll, eine Unterweisung bei der nächsten Kreisbildstelle zu erhalten, damit die Bedienung erlernt und sonstige Fertigkeiten angeeignet werden.

Vorteile des Films:
- sehr einprägsam durch die lebendige Sichtweise
- steigert Spannung beim Teilnehmer
- guter Lernerfolg.

Nachteile des Films:
- Verdunklung notwendig
- kaum Einfluss auf die Gestaltung eines Filmes
- technische Bedienungskenntnisse notwendig
- stromabhängig
- Technik ist störanfällig
- nicht variabel einsetzbar
- erfordert umfassendere Organisation.

3.11.8 Videovorführung über Fernsehgerät

Eine etwas neuere Technik der Filmvorführung ist der Einsatz von Videogeräten in der Ausbildung. Wer eine Videoausrüstung besitzt bzw. digital filmen kann, der kann mit dieser seine eigenen Vorstellungen über einen Ausbildungsstoff verwirklichen. Es erfordert aber viel Praxis und Fachkönnen, um einen relativ guten Film zu produzieren. Das ist besonders interessant, wenn ein guter Fachbeitrag aus dem Fernsehen dem Hörerkreis gezeigt werden soll. Auch der Einsatz zur Selbstaufnahme, wie z.B. in Rhetorikseminaren, Ausbildungslehrgängen etc., kann mit der Videoanlage optimal durchgeführt werden. Allerdings muss beachtet werden, dass die herkömmliche Videopräsentation bisher nur über einen normal großen Fernsehbildschirm erfolgen kann. Damit wird die Teilnehmerzahl pro Lehrgang auf ein Minimum eingeschränkt. Wer jedoch intensiv mit dem Unterrichtsmedium Film arbeiten möchte, braucht einen Beamer. Dessen Anschaffung ist allerdings nicht billig, sodass sich für einmalige Vorführungen dieser Aufwand kaum lohnen wird.

Vorteile des Films:
- ▶ sehr einprägsam durch die lebendige Sichtweise
- ▶ steigert Spannung beim Teilnehmer
- ▶ guter Lernerfolg.

Nachteile des Films:
- ▶ Verdunklung notwendig
- ▶ kaum Einfluss auf die Gestaltung eines Filmes
- ▶ stromabhängig
- ▶ Technik ist störanfällig
- ▶ nicht variabel einsetzbar
- ▶ erfordert umfassendere Organisation.

3.11.9 Die Umblättertafel / das Flip-Chart

Die Umblättertafel ist im Unterrichtsprozess sehr variabel einsetzbar. Man nennt sie auch Flip-over-Tafel oder Flip-Chart-Tafel. Es handelt sich hier um eine Gestelltafel, die entweder nur eine beschichtete Tafelfläche besitzt oder bei der mit einer oberen Befestigungsklammer viele tafelgroße Blätter angebracht sind. Bei der zweiten Art handelt es sich um einen Flip-Chart-Block. Hier sind im Normalfall bis zu 20 Blätter befestigt. Auf dem Block können Lerninhalte, Grafiken, Modelle etc. vor Unterrichtsbeginn angefertigt und bei Bedarf eingesetzt werden. Außerdem kann während des Unterrichts die Flip-Chart-Tafel auch spontan wie eine normale Tafel oder Transparentfolie benutzt werden, indem gedankliche Vorgänge optisch auf einem leeren Blatt festgehalten werden. Für die Arbeit mit dieser Tafelart benötigt man Arbeitsstifte mit einer großen Strichbreite, damit alles klar vom Zuhörer erkannt wird. Bei größerer Teilnehmerzahl wird die Flip-Chart-Tafel zusehends ungeeigneter für die Unterrichtung, da die Abbildungen von den hinteren Teilnehmern kaum entziffert werden können. Die vorgefertigten Blätter sind fest an der Stehtafel befestigt und geben eine bestimmte Reihenfolge vor, die nur unter Schwierigkeiten umgangen werden kann. Das Flip-Chart findet auch immer häufiger Einsatz bei Moderationsveranstaltungen.

Vorteile der Umblättertafel:
- ▶ kein Informationsverlust
- ▶ vor Beginn Blätteranfertigung möglich
- ▶ variabel einsetzbar
- ▶ kann bei Ausfall eines technischen Mediums relativ leicht als Ersatz eingesetzt werden.

Nachteile der Umblättertafel:
- Blickkontakt kann verlorengehen
- Gefahr vorhanden, gegen die Flip-Chart-Tafel zu sprechen
- Größe der Arbeitsfläche begrenzt.

3.11.10 Das Schaubild / die Wandtafel

Das Schaubild ist ein Unterrichtsmedium, das druck- und farbenmäßig optimal erstellt und variabel einsetzbar ist. Für den Einsatz des Schaubilds wird ein Halter benötigt. Das Bild muss relativ hoch im Lehrraum angebracht werden, damit der Sichtkontakt der Teilnehmer nicht durch andere Gegenstände eingeschränkt wird. Bei seiner Präsentierung muss darauf geachtet werden, dass keine anderen Unterrichtsmedien zusätzlich im Einsatz sind, da es sonst zur Aufmerksamkeitsspaltung der Teilnehmer kommt. Schaubilder lassen sich besonders beim Anatomieunterricht und im Unterricht über Funktionsabläufe (Technik etc.) sinnvoll einsetzen.

Vorteile des Schaubilds:
- variabel einsetzbar
- klare Zeichnung
- schnelle Einsatzmöglichkeit, wenn technische Medien ausfallen
- vergrößerte zweidimensionale Darstellung.

Nachteile des Schaubilds:
- themenabhängig
- Schaubild kann nicht verändert werden, eigene Ideen werden nicht berücksichtigt
- Gefahr vorhanden, dass zu viele Wandbilder auf einmal eingesetzt werden.

3.11.11 Die Stecktafel / Metaplantafel

Die Stecktafel, auch bekannt als Pinnwand, ist ein einfaches Unterrichtsmedium, mit dessen Hilfe eine Visualisierung des Lehrstoffs durchgeführt wird. Sie eignet sich besonders gut zur aktiven Ansprache der Teilnehmer. Man arbeitet hier mit von den Teilnehmern selbst ausgearbeiteten Karten. Diese Karten können eine unterschiedliche Form (Kreis, Quadrat, Rechteck) und verschiedene Farben aufweisen. Der Dozent gibt eine bestimmte Frage vor und fordert die Teilnehmer nun auf, sich über dieses Gebiet Gedanken zu machen und Vorschläge auf die Karten zu übertragen. Es werden Argumente, Beispiele etc. aus dem Teilnehmerkreis zu einem bestimmten Thema erarbeitet. Zu dieser Arbeitstechnik gibt es mehrere Varianten. Es können einfache, doppelte und mehrfache Kartenfragen von den Teilnehmern erarbeitet werden.

Beispiel:
Einfache Fragestellung → »Welche Sorgen bewegen uns bei …?«
Doppelte Fragestellung → »Was ist heute und zukünftig zu beachten bei …?«;
»Welche Argumente sprechen für und gegen …?«

Mehrfache Fragestellung → »Welche Maßnahmen berühren Sie direkt/mittelbar/gar nicht?«

Je nach der Fragestellung können unterschiedliche Oberbegriffspaare erarbeitet werden. Der Ausbilder zieht die Teilnehmer nun selbst zur aktiven Unterrichtung heran und bittet sie, ihre Gedanken auf die Karten zu schreiben. Danach sollen die Teilnehmer die Karten an die Stecktafel heften und kurz erläutern, was sie mit ihrem Beitrag ausdrücken möchten. So erreicht der Dozent, dass nun jeder Beitrag der Teilnehmer aktiv in den Unterricht eingebaut wird und dass im Lehrsaal eine geistige und körperliche Bewegung stattfindet. Diese Unterrichtsart ist besonders nach dem Mittagessen zu empfehlen, wenn eine theoretische Unterrichtung durchgeführt wird. Da Stecktafeln auch sehr einfach und schnell selbst erstellt werden können, ist auch die Kostensituation bei diesem Medium recht günstig. Professionell wird mit einem Moderationskoffer gearbeitet. Als Variante zur Stecktafel kann auch eine Klebe- oder Magnettafel benutzt werden, bei der die erarbeiteten Beiträge mit Klebestreifen oder Magneten befestigt werden können. Als einfachste Ausführung kann ein weißes Leinentuch oder ein braunes Tuch benutzt und über die Tafel gelegt oder an der Wand befestigt werden. So wird ohne großen Aufwand eine geeignete Medienwand erstellt.

Vorteile der Stecktafel:
- überall einsetzbar
- körperliche und geistige Bewegung der Teilnehmer
- vorbereitete Ausarbeitungen können mit eingesetzt werden.

Nachteile der Stecktafel:
- großer Zeitbedarf für die Erarbeitung des Themas
- evtl. Entgleiten des Unterrichts.

3.11.12 Das Modell

Das Modell stellt eine wirklichkeitsgetreue Abbildung von Gegenständen oder Funktionsabläufen dar. Es kann kleiner, gleich groß oder größer als das Original sein. Ohne großen Aufwand wird es vom Ausbilder mit in den Unterrichtsprozess einbezogen. Genauere Einzelteile werden aber nur dann sichtbar bzw. verstanden, wenn jeder Teilnehmer das Modell vor seinen Augen bzw. in seinen Händen hat. Damit haben aber nicht alle Teilnehmer auf einmal die Möglichkeit, das Modell aus der Nähe zu betrachten. Es muss herumgereicht werden. Der Informationszeitpunkt fällt nicht immer mit der Modellpräsentation zusammen. Während des Herumreichens des Modells entstehen zwangsläufig Aufmerksamkeitspausen, in denen keine zusätzliche Wissensvermittlung erfolgen sollte. Das Modell ist anschaulich und man kann es anfassen und betätigen (in der Technik). Wenn möglich, sollten mehrere Modelle gleichzeitig präsentiert werden (in Reihen durchlaufen lassen), um die Aufmerksamkeitspausen zu reduzieren.

Vorteile des Modells:
- dreidimensional
- naturgetreue Wiedergabe
- variabel einsetzbar.

Nachteile des Modells:
- gesamter Blickkontakt kann fehlen, da ein Wandern durch die Reihen notwendig wird
- falsche Modellauswahl führt zu Unklarheiten.

3.11.13 PowerPoint-Präsentationen

Die Bedeutung der EDV im Ausbildungsbereich: Heute können viele Hilfsfunktionen (Folienerstellung, Präsentationsabläufe, Medienkombination) über den PC (Personalcomputer) umgesetzt werden. Die Erstellung der Transparentfolien z.B. kann heutzutage nicht nur durch eigene Bildzeichnung, Kopieren, Handschriftfolien oder Schablonenfolien erfolgen. Die technische Entwicklung der Personalcomputer und der Softwaregestaltung lässt es heute auch zu, Bildvorgaben oder Texte in verschiedenen Farben zu verarbeiten (z.B. Importieren von Texten und Bildern, Einscannen von Fotos, Dias und Abbildungen) und mit unterschiedlichen Schriftbildern, Schriftstärken und verschiedenen Schriftgrößen auf Transparentfolien auszudrucken oder über Bildschirminhalte (z.B. Videoprojektor, Fernsehbildschirm) wiederzugeben. Der Arbeitsaufwand ist minimal, die Folien- und Bildschirmgestaltung dafür aber optimal. Benötigte man vor dem Einzug der Computer ins Arbeitszimmer für die Erstellung einer optisch schönen Folie oft einige Stunden Zeitaufwand, kann heute die EDV mit den notwendigen Zusatzgeräten den Aufwand auf wenige Minuten verkürzen. Außerdem ist es möglich, Fernsehbilder oder Videobilder zu digitalisieren und dann auf PowerPoint-Folie zu übertragen. Da die Grundlagen von PowerPoint heute schon in Schulen vermittelt und geübt werden, mögen diese allgemeinen Hinweise genügen; einen Einführungskurs können gedruckte Seiten ohnehin nicht ersetzen.

Für eine lebendige PowerPoint-Gestaltung sollten Sie folgende Regeln berücksichtigen:
- Vermeiden Sie Hintergrundfarben wie blau und grün (sie wirken beruhigend und einschläfernd)! Besser: Rottöne, denn diese wirken anregend und aktivierend!
- Folienübergänge einbauen
- Text strukturieren, jede Zeile extra einblenden
- Überblick wahren, nicht zu viele Zeilen pro Folie
- Fotos, Videos, Ton integrieren (auf Copyright achten!)
- Vorbereitung von Handouts
- Deaktivieren Sie vor der Präsentation Bildschirmschoner und Standbymodus!
- Legen Sie sich für eine optimale Präsentation einen Laserpresenter zu! Damit sind Sie nicht an Maus oder Tastatur gebunden.

Vorteile der PowerPoint-Präsentation:
▶ kurzweiliges Medium, da verschiedene Elemente integrierbar sind
▶ rasche Präsentationsgestaltung mit benutzerdefinierten Vorlagen
▶ für große Gruppen geeignet

Nachteile der PowerPoint-Präsentation:
▶ technisches Verständnis vorausgesetzt
▶ Gefahr der Automatisierung und Übersättigung
▶ hohe Anschaffungskosten.

3.11.14 Medienvorbereitung

Vor Beginn des Unterrichts muss der Dozent die von ihm einzusetzenden Medien auf technische Funktionsfähigkeit überprüfen, sich mit der Bedienung vertraut machen (Videoanlage, Dia-/Tageslichtprojektor, Beamer, PC etc.) und diese in die korrekte Arbeitsstellung bringen. Dabei wird ein Testbild projiziert und die Schärfe sowie Größe präzise eingestellt. Es ist für den Zuhörer ärgerlich, wenn diese Vorarbeiten bei Unterrichtsbeginn erst durchgeführt werden müssen bzw. vom Teilnehmer technische Hilfestellung gegeben werden muss.

Eine professionelle Lehrsaalgestaltung und eine optimale Medienanordnung erleichtern die Präsentation vor der Zuhörerschaft. Viele Lehrorganisationen haben das erkannt und inzwischen die Notwendigkeit von Investitionsmaßnahmen im Ausbildungsbereich bestätigt. Erfreulicherweise kann der in solchen Lehrinstitutionen Tätige den kompletten und mit Medien bestückten Seminarsaal für seinen Unterricht professionell voll nutzen. Dies darf jedoch nicht die persönliche Medienvorbereitung beeinträchtigen.

Wir haben Ihnen nun die gebräuchlichsten Unterrichtsmedien vorgestellt, die schwerpunktmäßig im Handel angeboten werden oder selbst erstellt werden können. Die hier von uns gemachten Anmerkungen und gegebenen Hinweise zum richtigen Einsatz des Medienpakets sollen jedoch nur als Denkanstöße dienen. Es ist sehr schwer, praktische Tätigkeiten schriftlich zu beschreiben. Noch schwerer ist es aber, praktische Tätigkeiten/Fähigkeiten nur anhand von theoretischer Wissensaufnahme erlernen zu wollen. Alles, was in der Unterrichtspraxis eingesetzt werden soll, muss auch praxisnah angeeignet und geübt werden. Unsere Anregungen und Informationen können hier nur als Hinweis für die Ausbildungspraxis dienen.

Denken Sie bitte bei Ihrer zukünftigen Ausbildungstätigkeit daran, dass alle Unterrichtsmedien nur Hilfsmittel zur Unterrichtung sein können, aber niemals den Schwerpunkt der Ausbildung darstellen sollen. Handeln Sie aber auch nach dem abgewandelten Sprichwort: »Reden ist Silber, Zeigen ist Gold«.

3.12 Zusammenfassende Merkregeln »Methodik«

1. Verschiedene Unterrichtsformen können zum Ziel führen:
   - ▶ Referat
   - ▶ Vortrag
   - ▶ freie Rede
   - ▶ Lehrgespräch
   - ▶ Gruppenarbeit
   - ▶ Diskussion
   - ▶ Stations-/Praxisausbildung
   - ▶ Moderation.

   Der Einsatz der verschiedenen Formen ist abhängig:
   - ▶ vom Thema
   - ▶ von der Teilnehmerzahl und -zusammensetzung
   - ▶ von der Lehrkraft
   - ▶ vom Zeitumfang
   - ▶ vom Unterrichtsmaterial
   - ▶ vom Lehrsaal.
2. Jede Unterrichtsform muss so ansprechend, interessant und belebend wie möglich den Teilnehmer zur Wissensaufnahme führen.
3. Die Mitarbeit der Zuhörer muss von der Lehrkraft honoriert werden.

4. Das für die Informationsaufnahme wichtigste Organ ist das Auge.
5. Verschiedene Lernwege können zur Unterrichtung eingesetzt werden:
   - Lernen durch Lesen (10 % wird behalten)
   - Lernen durch Hören (20 %)
   - Lernen durch Sehen (30 %)
   - Lernen durch Sehen und Hören (50 %)
   - Lernen durch Sprechen (70 %)
   - Lernen durch Handeln (90 %)
6. Medien erhöhen die Aufmerksamkeit der Zuhörer und verbessern ihre Lernstoffaufnahme.
7. Farben beleben den Unterricht und erhöhen die Aussagekraft von Schaubildern, Transparentfolien, Dias, PowerPoint-Präsentationen und Tafelanschrieben.
8. Lebendiger Unterricht schafft aktive Zuhörer.

4 Rhetorik

4 Rhetorik

»Das Verständliche an der Sprache ist nicht das Wort selber,
sondern Ton, Stärke, Modulation, Tempo,
mit denen eine Reihe von Worten gesprochen wird –
kurz die Musik hinter den Worten,
die Leidenschaft hinter dieser Musik,
die Person hinter dieser Leidenschaft:
Alles das also, was nicht geschrieben werden kann!«

(Friedrich Nietzsche)

Der Begriff »Rhetorik« umfasst den gesamten Komplex der Redekunst. Hier beschäftigt man sich mit dem gesprochenen Wort und der unterstützenden körperlichen Ausdrucksweise. Das gesprochene Wort hat eine lange geschichtliche Entwicklung erlebt. Schon die Bibel belegt: »Am Anfang war das Wort«. In der griechischen und römischen Antike wurde dem gesprochenen Wort eine große Bedeutung zugemessen. So wurden in jener Zeit die jungen Männer der oberen sozialen Schicht in der Kriegskunst sowie in der Redekunst geschult, um für die damalige Zeit optimale Erfolgsvoraussetzungen zu erhalten. Wer mit dem Instrumentarium der Rhetorik umzugehen verstand, konnte im Ansehen der Bürger und in der öffentlichen Verwaltung weit nach oben kommen und Erfolg haben. Deshalb darf auch ihre Bedeutung nicht unterschätzt werden. Rhetorische Kenntnisse beeinflussen heute viele Bereiche des Alltags. Durch das gesprochene Wort tritt heute jeder in vielfältiger Art und Weise mit seinen Mitmenschen in Kontakt. Immer wenn eine Kommunikation zwischen zwei Personen zustande kommt, spielt die Redekunst, die Redebegabung eine große Rolle. Mit dem Begriff »Rhetorik« bringen aber viele Personen die Redeangst in Verbindung.

4.1 Die Redeangst

Wer schon einmal vor einer Gruppe gestanden hat und eine Informationsvermittlung durchführen musste, der wird dieses Phänomen schon selbst am eigenen Körper miterlebt haben. Der blutjunge Anfänger wird in seinen ersten Ausbildungen ebenfalls mit diesem Problem konfrontiert werden. Deshalb wollen wir uns damit kurz beschäftigen. Da die Redeangst im Zusammenhang mit der Rhetorik auftaucht, muss man sich mit der Frage auseinandersetzen, wie sich eigentlich ein Redner vor einer Zuhörerschaft fühlt.

Die Redeangst ist nichts weiter als eine Überreaktion des vegetativen Nervensystems. Die beiden Nerven »Sympathikus« und »Parasympathikus« spielen in dieser Situation eine wichtige Rolle. Im Normalzustand halten sie sich in einer Art Gleichgewicht. Muss jemand vor einer Gruppe auftreten, dann wird dieses Gleichgewicht gestört und es kommt zu einer Überreaktion der Nerven.

Dieser Zustand wird unterschiedlich bezeichnet:
- beim Redner als Redeangst
- beim Schauspieler/Künstler als Lampenfieber
- bei anderen Personen als Unwohlsein.

Die Disharmonie von Sympathikus und Parasympathikus führt beim Menschen zu den unterschiedlichsten Erscheinungen:
- Schweißausbruch (an den Händen und unter den Achseln)
- vermehrte Speichelsekretion
- schneller Pulsschlag (Herzklopfen)

- innerliches Unwohlsein
- Händezittern etc.
- »Kloß« im Hals.

Was geschieht in diesem Moment im Körper des Menschen? Er versucht, das innerliche Unwohlsein über »Ablassventile« nach außen abzugeben. Typische »Ablassventile« im Körper sind
- Atmung
- Stimme
- Gestik
- Denk-Sprech-Vorgang.

Die Atemfrequenz nimmt zu, der Klang der Stimme und das Redetempo verändern sich. Je schneller unsere Atmung wird, desto mehr nimmt auch unser Sprechtempo zu. Um eine ruhige Satzaussage machen zu können, benötigen wir ausreichend Atemluft. Dies kann durch kräftige Atemzüge erreicht werden. Während der Einatemphase können wir keine klar verständlichen Worte aussprechen. Das ist nur in der Ausatemphase möglich, wenn Luft an der Stimmritze vorbeiströmt und so die Stimmerzeugung ermöglicht. Längere Satzzusammenhänge erfordern mehrere kräftige Atemzüge während des Sprechvorgangs. Je kürzer und schneller wir atmen, desto abgehackter und nervöser klingt unsere Satzaussage. Die Stimme klingt »zittrig, abgehackt«, die Gestik wirkt übertrieben, das Körperzittern nimmt zu und der Ablauf des Denk-Sprech-Vorgangs wird verändert. Es fallen uns plötzlich nicht mehr die benötigten Worte und Ausdrücke ein, die den Sachverhalt prägnant darstellen können. Wir müssen uns deshalb dieser »Ablassventile« im Körper bewusst sein und sie beim Sprechvorgang berücksichtigen. Versuchen Sie deshalb,
- tief und langsam während Ihres Vortrags zu atmen,
- bewusst Ihr Redetempo zu drosseln,
- das Händezittern zu vermindern, indem Sie etwas in die Hand nehmen (aber nicht damit nervös herumspielen!),
- keine übertriebenen Gesten (z.B. mit den Händen ständig umherfuchteln) durchführen,
- durch langsames Vordenken und gutes Stichwortmanuskript das Denken-Sprechen zu verbessern,
- frühzeitig den Blickkontakt zur Zuhörerschaft zu suchen (evtl. seitlich vorne zum Publikum sitzen),
- den Einsatz des autogenen Trainings oder anderer Entspannungstechniken vor einer Rede einzuüben,
- nervöses Hampeln/Auf- und Abgehen zu vermeiden,
- sich in der Anfangsphase an etwas festzuhalten (Kugelschreiber, Zeigestab, Rednerpult etc.),
- das positive Denken (»Ich will eine Rede halten. Ich werde jetzt zeigen, was in mir steckt.«).

> Gute Stoffvorbereitung vermindert Hemmungen und Nervosität.

Diese Hemmungsgefühle sind keinesfalls ein Zeichen rednerischer Unbegabtheit, sondern vielmehr ein ganz normales rednerisches Durchgangsstadium. Die Redeangst kann durch die oben genannten Maßnahmen beeinflusst werden. Durch Einsatz des autogenen Trainings (kurze Zeit vor einem Vortrag) kann die Disharmonie des Nervensystems eingeschränkt oder gar beseitigt werden. Selbst ein »Profi« wird Situationen erleben, bei denen sich plötzlich solche nervlichen Reaktionen einstellen. Er wird diese aber durch seine erworbene Routine besser beherrschen können als der Anfänger im Ausbildungsbereich. Oft machen wir uns auch zuviel Gedanken über diese Entgleisungen. Erfahrungswerte zeigen, dass die uns innerlich bewusst gewordene Redeangst vom Zuhörer gar nicht bemerkt wird. Meistens handelt es sich um innerliche Vorgänge, die äußerlich kaum wahrnehmbar werden. Machen Sie sich dieses vor Redebeginn bewusst. Was andere nicht bemerken, braucht Sie auch nicht zu erregen.

Nicht nur die Redeangst kann einen rhetorischen Vortrag mindern, sondern auch die Nichtbeachtung bestimmter rhetorischer Merkregeln. Diese wollen wir nun im weiteren Verlauf darlegen.

4.2 Die persönlichen Kommunikationsregeln

Bei der Kommunikation mit anderen Menschen werden Informationen gegenseitig ausgetauscht, die eine wesentliche Grundlage erfolgreicher Gesprächsverläufe werden. Neben den verbalen Informationen wird der Kommunikationsprozess erheblich von nonverbalen Signalen beeinflusst. Diese nehmen wir nicht bewusst wahr, sondern unser Unterbewusstsein wird nach der jeweiligen Stimmungslage, der vorhandenen Bedürfnissituation und allen erlebten positiven und negativen Erfahrungen eine individuelle, unbewusste »Entscheidung« für uns treffen. Wir sind in vielen Situationen nicht die Menschen, die in der Lage sind, objektiv und wertfrei sachlich logische Entscheidungen zu treffen. Nein, ein Großteil unserer Entscheidungsfindung erfolgt über unser Unterbewusstsein, und wir sind dann im Nachhinein nur noch damit beschäftigt, diese getroffene Entscheidung anscheinend sachlich logisch zu rechtfertigen bzw. zu begründen. Wir verhalten uns in der Kommunikation, im Konsum und bei vielen anderen Gelegenheiten wie ein Eisberg, von dem nur zu ca. ⅛ seiner gesamten Oberfläche aus der Wasseroberfläche herausragt. ⅞ unserer Entscheidungen werden aus dem psychologischen Unterbewusstsein getroffen und ahlten keiner objektiven Nachprüfung stand. Damit gewinnt allerdings das Eisberg-Phänomen in der persönlichen Kommunikation eine herausragende Bedeutung. Viele Menschen glauben, wenn sie sich auf der logischen Verstandesebene mit anderen unterhalten, dann wird ein erfolgreicher Gesprächsverlauf stattfinden. Die Entscheidung, ob sich die Person »A« mit der Person »B« unterhalten möchte, wird allerdings viel früher getroffen, bevor überhaupt ein Wort von den Gesprächspartnern ausgetauscht wurde. Sie wird dort im Unterbewusstsein beider Kommunikationspartner getroffen, also auf der unterbewussten Ebene, die nicht dem »Sprechverstand« des Menschen unterliegt. Über die eingesetzte Anspracheebene wird stark nonverbal interpretiert, Informationen aufgenommen bzw. Körpersignale ausgestrahlt. Will ich mich wirklich mit meinem Gesprächspartner unterhalten oder soll die Person auf mich zukommen, wenn sie die Unterhaltung wünscht? Unsere innere Einstellung zum Sprechen und Kommunizieren beeinflusst die Anspracheebene und steuert den Verlauf des Kommunikationsprozesses schon in den ersten Interaktionsansätzen. Nur wenn wir gegenseitige Verknüpfungspunkte auf der unterbewussten Ebene besitzen, kommt es zur erfolgreichen Kommunikation.

Um von Ihren Mitmenschen besser als Gesprächspartner akzeptiert zu werden und den Kommunikationsablauf unsichtbar zu steuern, empfiehlt sich die Anwendung der nachfolgenden Regeln. Dadurch nutzt man das Eisberg-Phänomen auf der psychologischen Anspracheebene für sich aus.

Merkregeln zur Kommunikation:
1. Praktizieren Sie aktives Zuhören (nicken, bestätigen).
2. Blicken Sie den Gesprächspartner stets an (schweifend, im gesamten Gesichtsfeld).
3. Setzen Sie freundliche Mimik ein, um dadurch Aufgeschlossenheit und Interesse zu signalisieren.
4. Stellen Sie motivierende Fragen.
5. Holen Sie einen persönlichen Rat beim anderen ein, fragen Sie ihn nach seiner Meinung.
6. Lassen Sie das Gegenüber ausreden und unterbrechen Sie es nicht, schieben Sie mögliche Einwände auf.
7. Benutzen Sie eine verständliche Ausdrucksart.

8. Sprechen Sie weniger, zeigen Sie mehr.
9. Benutzen Sie keine Unsicherheitsformulierungen. Sprechen Sie in der Wirklichkeitsform.
10. »Schmeicheln« Sie Ihrem Gesprächspartner, wenn sich eine passende Gelegenheit dazu ergibt. Loben Sie ihn!
11. Setzen Sie eine positive Körpersprache ein.
12. Unterstützen Sie Ihre Worte durch maßvolle Gestik.
13. Lassen Sie das Gegenüber reden und hören Sie nur aktiv zu.
14. Beantworten Sie die Fragen des Gesprächspartners eindeutig.
15. Schaffen Sie zu Beginn des Gespräches eine angenehme und lockere Atmosphäre. Fragen Sie ihn nach seinem Befinden, nach der Familie, Hobbies etc. Fallen Sie nicht mit der Tür ins Haus!
16. Setzen Sie die partnerschaftliche, kollegiale, kooperative Anspracheebene ein.

Die Anspracheebene entscheidet über die unterschiedliche Intensität der Anwendung dieser Regeln.

Im Präsentieren vor der Zuhörerschaft gewinnt hingegen das rhetorische Instrumentarium an Bedeutung, welches deshalb nachfolgend beschrieben wird.

4.3 Das rhetorische Instrumentarium

4.3.1 Die Satzlänge

Wir können zwar kompliziert denken, dürfen aber nicht kompliziert reden. Wer sich kompliziert ausdrückt, wird nicht verstanden. Seine Satzaussage wird sich verlängern. Die Satzlänge einer Rede darf aber nicht zu lang ausfallen. Die Rede soll aus kurzen Sätzen zusammengefügt werden. Beim Lesen einer Zeitschrift, eines Buchs oder einer Information ist es nicht besonders schlimm, wenn man einen Sachverhalt nicht sofort verstanden hat. Hier kann man sich durch wiederholtes Lesen den Sinn besser einprägen. Beim Ablauf eines Redevortrags verhält es sich aber anders. Hier kann man nicht einfach zurückblättern oder gar den Redeteil wiederholen lassen. Um eine Aussage voll zu verstehen, muss jeder Satzteil aufgenommen und mit den anderen Teilen kombiniert werden. Die Verbindung einzelner Satzteile ist aber dann nicht mehr möglich, wenn man sich am Schluss eines Satzes nicht mehr an dessen Anfang erinnern kann. Lange Satzbildungen führen beim Zuhörer zum Informationsverlust. Dann erkundigt sich der Zuhörer beim Nachbarn, was eigentlich konkret ausgesagt wurde. Die Folge davon ist, dass im Hörerkreis Unruhe entsteht, die zu einem weiteren Informationsverlust bei den anderen Teilnehmern führt. Möglich ist aber auch, dass der Zuhörer gedanklich abschaltet und dem Vortrag des Referenten nicht mehr folgt.

Empfehlungen: Vermeiden Sie deshalb beim Vortragen Ihrer Gedanken eine zu lange Satzgestaltung und die Verwendung von zu vielen Hauptworten. Wählen Sie kurze und leicht verständliche Sätze. Beschränken Sie sich bei der Formulierung auf einen Hauptsatz mit möglichst wenig Nebensätzen. Schachtelsätze sind in der Rede ganz zu vermeiden. Beachten Sie auch, dass eine gute »Schreibe« noch lange keine gute »Rede« darstellt. Liest sich eine Rede gut, dann ist es eine schlechte Rede (nach Fox). Eine gute Rede muss sich immer gut anhören, aber nicht gut lesen lassen.

4.3.2 Die Sprechtechnik

Mit einer guten Sprechtechnik wird der Zuhörer auf das Wichtige im Vortrag aufmerksam gemacht. Nicht umsonst sagt man auch, dass der Ton die Musik macht. Dabei umfasst die Sprechtechnik:

- das Sprechtempo
- die Sprechpausen
- die Betonung
- die Sprechklarheit.

Beim Sprechtempo muss der Dozent beachten, dass eine schnell vorgetragene Rede vom Hörer gedanklich kaum aufgenommen werden kann. Je schneller das Tempo, desto größer die Zuflussgeschwindigkeit zum Gehirn, desto kürzer die Gegenwartsdauer der Information im Gehirn. Die Rede muss also ohne Hast erfolgen und soll deshalb langsam vorgetragen werden. Dabei darf aber das Sprechtempo nicht zu langsam werden. Mit der normalen Sprechgeschwindigkeit erreicht man, dass nicht nur der Ausbilder, sondern auch der Zuhörer den Inhalt der Rede versteht.

Sprechpausen werden eingesetzt nach einzelnen Redeabschnitten und zwischen wichtigen Satzteilen. Bei einer Sprechpause kann der Teilnehmer das bisher Gehörte geistig verarbeiten. Er muss den Worten des Dozenten nicht ständig seine volle Aufmerksamkeit widmen, sondern kann auch einmal kurz abschalten und seine Gedanken sammeln. Mit einer Sprechpause an der richtigen Satzstelle wird aber auch die Aufmerksamkeit des Teilnehmers gesteigert und somit eine Hervorhebung des gesprochenen Worts erreicht.

Wichtige Aussagen müssen sich vom restlichen Satzteil durch Betonung hervorheben. Mögliche Betonungen können sein:

- die Sprechpause
- die Sprechtemposchwankung (schnell, langsam)
- die Stimmklangschwankung (hoch, tief),
- die Variation der Lautstärke der Stimme (laut, leise)
- die Wiederholung von Satzaussagen.

Bei der Hervorhebung durch Sprechpausen wird jeweils vor und nach dem hervorzuhebenden Satzteil eine kurze Redepause eingelegt, wobei möglichst der Blickkontakt zum Teilnehmer vorhanden sein soll.

Durch bewusst langsames Sprechen, durch das Heben und Senken der Stimme und durch die Veränderung der Lautstärke wird die Aufmerksamkeit ebenfalls erhöht. Auch die Wiederholung von Aussagen kann zur Betonung herangezogen werden. Durch den Einsatz dieser Betonungsmöglichkeiten wird die Gefahr einer monotonen Sprechweise vermindert. Allerdings dürfen nicht alle Betonungsmöglichkeiten auf einmal eingesetzt werden. Dies führt nicht zur Hervorhebung, sondern zur übertriebenen und lächerlichen

Wirkung einer Rede. Mit einer ausgewogenen Kombination der dargestellten Möglichkeiten erreicht man, dass die Betonung von wichtigen Satzaussagen verschieden variiert werden kann.

Durch klare, gut verständliche Aussagen und deutliches Sprechen erreichen Sie, dass der Sinn auch klar und verständlich beim Teilnehmer ankommt und aufgenommen wird (Negativbeispiel: und Dank = Undank; und tief = untief; und Deutsch = undeutsch). Eine lebendige Ausdrucksart erhöht die Klarheit des Inhalts. Nüchterne Satzaussagen sind zum Großteil notwendig, um den Sachverhalt richtig darstellen zu können. Bildhafte Sachzusammenhänge werden aber oftmals besser aufgenommen als nüchterne, leblose Aussagen. Maßvoll angewandte lebendige und bildhafte Darstellungen erhöhen die Aufmerksamkeit und die Lernstimmung beim Teilnehmer.

4.3.3 Die Ausdruckstechnik

Die richtige, wohl überlegte Wortwahl, das sogenannte Denk-Sprechen kleidet die inhaltliche Aussage in ein akustisch gut klingendes »Satzkleid«. Das, was man denkt, muss so formuliert und ausgesprochen werden, dass der Zuhörer es auch so versteht. Was man unklar oder mit falschen Worten ausdrückt, kommt unklar, falsch verstanden oder gar nicht an. Die Folge davon ist, dass der Hörer »abschaltet«. Deshalb muss die Klarheit der Aussage Ziel der Rede sein, da diese den Inhalt nicht nur verständlicher, sondern auch einprägsamer macht. Der Dozent muss sich also so ausdrücken, dass es möglich ist, ihn zu verstehen! Oder noch deutlicher ausgedrückt: Er muss sich so ausdrücken, dass es *unmöglich* ist, ihn *nicht zu verstehen*. Wie kann er das erreichen? Zuerst muss er seinen Wortschatz richtig einsetzen.

Der Wortschatz: Hier unterscheiden wir einen aktiven und passiven Wortschatz. Unter dem aktiven Wortschatz verstehen wir die Menge an Wörtern, die wir im täglichen Gespräch anwenden. Der passive Wortschatz umfasst alle Begriffe, deren Bedeutung wir zwar kennen, aber nicht anwenden. Der aktive Wortschatz beträgt
- beim durchschnittlich Gebildeten ca. 1 000 – 2 000 Worte und
- beim höher Gebildeten bis zu 10 000 Worte und mehr.

> Der passive Wortschatz ist immer ein Vielfaches des aktiven Wortschatzes.

Ziel der Lehrkraft muss es immer sein, ihren aktiven Wortschatz mit dem passiven Wortschatz des Teilnehmers überdecken zu lassen (s. Abb. 1). Der aktive Wortschatz des Ausbilders muss also voll im passiven Wortschatz des Teilnehmers aufgehen. Sie müssen sich vollständig überdecken. Teilschnittgebiete führen dazu, dass die Aussagen des Dozenten vom Zuhörer nicht verstanden werden (s. Abb. 2 u. 3).

Damit hängt die Formulierung und Gestaltung einer Rede vom Zuhörerkreis ab. Der passive Wortschatz des Zuhörers bestimmt, wie sich der Ausbilder auszudrücken hat. Mit dieser Feststellung kann jeder selbst ganz leicht entscheiden, wann Fremdwörter, Fachausdrücke, Dialekte und Ähnliches angewandt werden dürfen. Schwer verständliche Fremdwörter (z.B. explizit, implizit, Generierung, Exemplifizierung etc.) und Fachausdrücke (z.B.

4 ▶ Rhetorik

ABB. 1 ▶ Ideale Anwendung des aktiven Wortschatzes, der sich mit dem passiven Wortschatz des Teilnehmers decken sollte

ABB. 2 ▶ Hier benutzt der Ausbilder ganz anderes Vokabular als der Teilnehmer es kennt – der Hörer hat keine Ahnung, wovon der Ausbilder spricht.

ABB. 3 ▶ Die geringfügige Überlappung der Wortschätze bedingt Teilverstehen – der Hörer kann nur wenige Informationen entnehmen.

medizinische, technische, sozialwissenschaftliche Fachbegriffe) haben damit nur eine Einsatzberechtigung beim Fachvortrag vor Fachkollegen. Nur hier ist die Gewähr vorhanden, dass diese »wissenschaftlichen« Bezeichnungen auch verstanden werden. Die Wissenschaftssprache darf also nur in Fachvorträgen angewandt werden. Gut verständliche (z.B. Aspekt, Komplexität etc.) oder eingedeutschte Fremdwörter können auch im Vortrag vor einem »Normalpublikum« erfolgen. Werden trotzdem nicht verständliche Bezeichnungen vor der normalen Zuhörerschaft eingesetzt, dann muss der Redner in der Lage sein, diese Bezeichnungen durch eine eingeschobene Satzergänzung zu erläutern (Beispiel: »Mit der von mir gegebenen Exemplifizierung, das heißt beispielhaften Erläuterung, haben Sie den Sachverhalt besser verstanden«). Bei der Verwendung des Dialekts (z.B. Schwäbisch, Bayerisch, Plattdeutsch etc.) muss noch der Gesamtteilnehmerkreis und das vorzutragende Thema berücksichtigt werden. Eine Büttenrede im Hochdeutschen erzielt nicht die Wirkung, die man eigentlich damit erreichen will. Handelt es sich um einen engeren Kreis mit lauter bekannten Gesichtern oder erfordert schon das Thema für sich den Dialekt (Vortrag zu den unterschiedlichen Mundarten), dann ist der Einsatz der Mundart bestimmt die richtige Entscheidung. So kann in einer örtlichen Veranstaltung ein besserer Erfolg erzielt werden, wenn man sich der »Haussprache« anpasst und damit den Teilnehmern zeigt, dass man nah mit ihnen verbunden ist. Der Einsatz des Dialekts ist stets von Fall zu Fall vom Dozenten persönlich abzuklären. Die Streitfrage für oder wider den Dialekteinsatz kann nicht in eine Richtung entschieden werden.

Als Lehrkraft müssen wir uns das persönliche Ziel setzen, unseren passiven Wortschatz zu aktivieren. Das erreichen wir, indem wir pro Woche sieben Wörter aus unserem passiven Wortschatz entnehmen und nun jeden Tag bewusst eines dieser Wörter in der Gesprächsführung einsetzen. Durch oftmaliges Wiederholen werden dann diese passiven Wörter unbewusst aktiviert. Damit erreichen wir eine vielfältige Ausdrucksmöglichkeit und können so bei verschieden zusammengesetzten Teilnehmergruppen die richtige Ausdruckstechnik anwenden. Oft ist es aber für einen höher Gebildeten schwieriger, auch auf einfache Art und Weise eine Informationsvermittlung durchzuführen. Deshalb ist auch ein hochkarätiger Wissenschaftler (Professor, Privatdozent, Doktorand etc.) nicht immer als die richtige Person anzusehen, wenn es um die Ausbildung und/oder Fortbildung der normalen Bevölkerungsschicht geht. Oftmals wird auch in wissenschaftlichen Lehrveranstaltungen von Assistenten eine bessere Vortragstechnik angewandt als von ihren Vorgesetzten. Diese Behauptung kann heute durch die täglichen Beispiele in vielen Bereichen der Aus- und Weiterbildung bewiesen werden.

Die Füllwörter: Füllwörter können Ausdruck innerlicher Unruhe sein, Anzeichen für Spannungs- und Affektzustände darstellen oder auf ein nicht optimal ablaufendes Denk-Sprechen hinweisen, indem die entstehenden Pausen mit diesen »füllenden, leeren« Wörtern bzw. Wortteilen ausgekleidet werden. Es ist aber auch möglich, dass man sich die Füllwörter nur durch unsaubere Sprech- und Ausdruckstechnik angewöhnt hat und diese an sich selbst gar nicht mehr bemerkt, sie somit unbewusst ausführt. Typische Füllwörter sind:

- äh
- okay
- sogenannt
- also
- gut
- ja
- genau
- hm, hm, hm, ...

Typische Satzteile sind:
- Das bedeutet also ...
- Nicht wahr, ...

4.3.4 Die Kritikfähigkeit

Wenn man sich erst einmal dieser Füllwörter bewusst ist oder von Anderen darauf hingewiesen wird, dann ist die Chance groß, ihren Gebrauch nach und nach einzuschränken und später ganz zu vermeiden. Das Problem bei vielen Lehrkräften ist, dass es ihnen selbst gar nicht bewusst ist. Aber so ist es auch mit vielen anderen »Eigenheiten«, die man sich im Laufe der Zeit angeeignet hat. Selbst merkt man sie nicht mehr. Deshalb ist es auch für einen guten Ausbilder wichtig, immer kritikfähig zu sein. Er muss Anregungen von den Teilnehmern aufnehmen und diese in seinen weiteren Unterricht mit einarbeiten.

Kritikfähig zu sein ist ein notwendiger Bestandteil auf dem Weg eines erfolgreichen Ausbilders. Wer Kritik nicht annimmt und stets glaubt, alles richtig zu machen, der wird nie seine Ausbildungstechnik verbessern können. Verläuft z.B. ein Lehrgang nicht so, wie wir es uns vorgestellt haben, weil vielleicht die Teilnehmer keine Aktivität gezeigt haben, dann liegt es meistens nicht nur an den Teilnehmern, sondern auch an uns.

Wir müssen uns dann Gedanken darüber machen, was eigentlich unsererseits falsch gemacht worden ist. Fehler sollen nicht immer bei anderen gesucht werden, sondern man muss zuerst sich selbst kritisch beurteilen und sich fragen, was man falsch gemacht hat bzw. welche Verbesserungen möglich sind. Natürlich ist es nicht immer leicht, Fehler ehrlich einzugestehen. Aber nur durch Fehler kann man lernen. Der Mensch ist ein komplexes System. Fehler sind nur natürlich. So heißt es doch immer:

> Wer arbeitet, macht Fehler.
> Wer viel arbeitet, macht viele Fehler.
> Wer keine Fehler macht, der arbeitet nicht.

Deshalb müssen wir auch vom Perfektionismus wegkommen. Die Lehrkraft ist auch nur ein Mensch. Und Menschen machen Fehler – einmal mehr, einmal weniger. Abstand vom Perfektionismus wird dadurch erreicht, dass man sich schon bewusst vornimmt: »Blamiere Dich täglich einmal«. Nur so lernen wir es auch, zu unseren menschlichen Fehlern zu stehen und diese dann auch durch eine Verhaltensänderung beseitigen zu können.

4.3.5 Der Blickkontakt

Auch mit dem Blickkontakt hat der Dozent ein rhetorisches Instrument zur Verfügung, mit dem er den Zuhörer beeinflussen kann. Deshalb muss auch die Technik des Blickkontakts bewusst im Unterricht eingesetzt werden. Sobald der Redner seinen Platz eingenommen hat, lässt er seinen Blick durch die Runde schweifen und signalisiert damit schon dem Zuhörer seine Sicherheit und seinen Drang zur Informationsvermittlung. Danach beginnt er zu sprechen. Beim Sprechen muss er so oft wie möglich den Augenkontakt zu den Hörern aufnehmen, um deren Reaktion auf die Rede zu erfassen, Fragen seitens der Teilnehmer zu erkennen und einen persönlicheren Kontakt zu ihnen einzunehmen. Bei einem fehlenden Augenkontakt können die Zuhörer wichtige Signale nicht erkennen und daher auch nicht darauf reagieren. Es besteht die Gefahr, dass man am Zuhörer vorbeiredet. Die Technik des ständigen Blickkontakts erfordert aber, dass man so frei wie möglich die Unterrichtung durchführt. Das erstellte Manuskript darf nur Stichworte enthalten, die dann chronologisch richtig und frei formuliert den Teilnehmern vermittelt werden. Je enger man an seinem Manuskript hängt, desto weniger kann man dieses rhetorische Instrument einsetzen. Der Idealfall soll so aussehen, dass der Dozent ständig beim Sprechen die Zuhörer anschaut. Dabei sollen nicht nur einige, sondern alle vom Blickkontakt eingeschlossen sein. Untersuchungen zeigen, dass die Blickdauer pro Teilnehmer drei bis fünf Sekunden betragen soll, damit der Zuhörer das Gefühl bekommt, in den Unterricht einbezogen und vom Dozenten direkt angesprochen zu sein. Das bedeutet für den praktischen Einsatz des Blickkontakts, dass der Augenkontakt entsprechend lang bei den Zuhörern verbleiben soll. Das heißt jetzt aber nicht, dass der Dozent bei mehreren hundert Zuhörern jeden einzelnen fünf Sekunden anblicken soll. Bei einem längeren Blickkontakt z.B. in eine größere Teilnehmergruppe fühlt sich jeder einzelne angeblickt, sodass der Blickkontakt hier von Teilnehmergruppe zu Teilnehmergruppe wandern kann. Ein rasches Hin- und Herschweifen des Blicks von Teilnehmer zu Teilnehmer erzielt nicht die gewünschte Reaktion. Stellt der Zuhörer eine Frage, dann muss die Lehrkraft den Fragenden anschauen. Damit zeigt er ihm, dass er für seine Frage Interesse bekundet und den Teilnehmer als Partner beim Lehrprozess betrachtet. Es gilt als unhöflich, einen anderen beim Sprechen nicht anzublicken. Sein Blick soll Interesse, Aufgeschlossenheit und Einfühlungsvermögen signalisieren. Ein harter, ärgerlicher oder gar wütender Blick schreckt den Teilnehmer vor weiteren Fragen ab. Wie wir ja zwischenzeitlich wissen, lebt ein guter Unterricht von Fragen der Teilnehmer. Der Ausbilder muss den ersten und zweiten Teil des Satzes seiner Antwort bewusst an den Fragesteller richten, danach nimmt er wieder Blickkontakt zu den restlichen Teilnehmern auf. Nach Beendigung der Antwort betrachtet er nochmals kurz den Teilnehmer und überprüft, ob seine Antwort für ihn zufriedenstellend war. Nach der Beantwortung einer Zuhörerfrage lässt man dann noch seinen Blick für einige Zeit auf den Hörern ruhen. Damit werden die anderen motiviert, noch weitere Fragen zu stellen. Bei einem Diskussionsbeitrag eines Zuhörers muss dieser über die gesamte Diskussionsbeitragsdauer betrachtet werden. Unruhiges Anschauen, ständiges Wegblicken (z.B. auf die Uhr oder andere Teilnehmer), ironisches Lächeln etc. signalisieren dem Fragenden (und den anderen Zuhörern), dass der Ausbilder für seine Frage nicht die notwendige Aufmerksamkeit und damit nicht das notwendige Interesse aufbringt. Die Motivation zu weiteren Fragen und Antworten lässt bei den Teilnehmern dann rasch nach.

Durch die Erörterung der Blickkontakttechnik ergibt sich automatisch, dass die Lehrkraft immer zum Publikum sprechen soll und niemals von diesem weg. Zwar kann ein schöner Rücken auch entzücken, aber der Teilnehmer ist in die Veranstaltung gekommen, um etwas Wissenswertes vom Dozenten zu erfahren und nicht seinen Rücken anzublicken. Deshalb soll man nicht mit dem Rücken zum Zuhörerkreis sprechen. Der Zuhörer wird es als schlechten Ausbildungsstil, falsches Benehmen etc. ansehen. Meist besteht die Gefahr des Rückenzuwendens

- bei der Tafelarbeit,
- wenn der Ausbilder im Lehrsaal ständig hin- und herläuft,
- beim Zuwenden des Blicks auf die Projektionsfläche, wenn mit dem Arbeitsprojektor gearbeitet wird,
- wenn der Dozent seitlich neben dem Arbeitsprojektor sitzt und sich dem Gerät zuwendet und
- wenn der Dozent am Fenster steht und beim Sprechen hinausblickt.

4.3.6 Die Körpermotorik

Das, was man ausdrückt, soll durch die Körpermotorik unterstützt werden. Unter der Körpermotorik versteht man die Bewegungen des Körpers wie zum Beispiel

- die Haltung,
- die Gestik,
- die Mimik und
- das Laufen.

Das gesprochene Wort muss durch den Körper unterstützt werden. Sprache ist Bewegung der Sprechorgane und des ganzen Körpers. Wie wir wissen, werden Informationen über die Sinnesorgane aufgenommen. Je mehr Sinnesorgane angesprochen werden, um so intensiver wird der Eindruck beim Zuhörer. Wird das gesprochene Wort nicht nur gehört, sondern auch gesehen (durch Medieneinsatz und Körpermotorik), wird es wesentlich besser aufgenommen und verarbeitet. Bei der Unterrichtung gibt es nicht nur den Zuhörer, sondern auch den Zuschauer. Die eingesetzte Körpermotorik muss dem gesprochenen Wort angeglichen sein und soll das Gesagte unterstützen. Sie darf der Satzaussage nicht widersprechen und nicht übertrieben angewandt werden.

Die Haltung: Im Allgemeinen wird die Ausbildungstätigkeit im Stehen durchgeführt. »Ungeschützt« vor den Teilnehmern zu stehen, kostet am Anfang viel Überwindung, da die räumliche Distanz verringert wird und der Dozent den Blicken der Teilnehmer voll ausgesetzt ist. Dieses Unwohlsein kann aber durch oftmaliges Ausprobieren vermindert und zum Schluss ganz beseitigt werden. Der Referent steht dabei vor den Zuhörern in Nähe der Medien, die er für die unterstützende Unterrichtsgestaltung benötigt. Nach Möglichkeit sollten zwischen ihm und den Teilnehmern keine Barrieren in Form von Tischen oder ähnlichen Gegenständen vorhanden sein. Die Haltung muss aufrecht, aber entspannt und nicht verkrampft sein. Je aufrechter und ungezwungener die Haltung, desto freier und ungehemmter wird die Lehrkraft sprechen können. Die innere Spannung kann durch eine ausgeglichene und entspannte Haltung herabgesetzt werden. Eine zu lässige Haltung kann abstoßend wirken. Viele Ausbilder haben in der stehenden Position Schwierigkeiten, ihre Hände zu kontrollieren. Sie wissen nicht, wohin mit ihnen. Dann entstehen meistens Unarten wie Hineinstecken einer oder beider Hände in die Hosentasche oder Spielen mit einem Gegenstand. Auch das Verschränken der Hände hinter dem Rücken wird häufig angewandt. In diesen Fällen beraubt man sich aber der Möglichkeit, das gesprochene Wort mit einer maßvollen Handgeste zu unterstützen. Wer aufmerksam Unterhaltungssendungen im Fernsehen betrachtet und den jeweiligen Moderator gezielt auf die Handtechnik hin beobachtet, kann auch hier derartige Entgleisungen feststellen. So haben zum Teil die Sendeleitungen der Rundfunkanstalten in der Ausstattung der Moderatorenanzüge durchgesetzt, dass keine Jackett-Taschen mehr angebracht werden.

Empfehlungen: Werden die Hände nicht zur Durchführung einer Geste oder zum Zeigen eines Gegenstands (Medienarbeit) benötigt, dann können sie sich in Bauchhöhe leicht zusammengefaltet (eine Hand ganzflächig in der anderen) befinden oder beide Arme werden seitlich am Körper angelegt. Werden sie zur Handgestik benötigt, können sie jederzeit und ungehindert eingesetzt werden. Die Hände sollten sich aber nur selten in dieser Ruhephase befinden, sondern stets in maßvoller Weise zur Unterstützung des Worts beitragen.

Es hat sich in der Ausbildungspraxis immer mehr eingebürgert, dass man die Unterrichtung im Sitzen hinter dem Ausbildungstisch vornimmt. Außerdem kann in dieser Stellung auch gut mit dem Tageslichtprojektor gearbeitet werden. Lehrkräfte, die die Angewohnheit haben, ständig während des Unterrichts hin- und herzulaufen, können durch die sitzende Unterrichtung dieser Angewohnheit entgegenwirken. Allerdings muss hier kritisch bemerkt werden, dass der Ausbilder dadurch eine Barriere aufbaut, die die persönliche Beziehung zwischen Teilnehmer und Lehrkraft einschränkt und die räumliche Distanz zwischen ihnen vergrößert. Wird die Sitzhaltung eingenommen, so muss auch hier auf eine gerade und gelockerte Körperhaltung geachtet werden. Oft sieht man es, dass der Dozent dann seine Ellenbogen auf den Tisch stellt und seine Füße verschränkt oder gar hinter die Stuhlbeine bringt. Solche und ähnliche Variationen sind im Bezug auf das äußere Erscheinungsbild und die Interpretation der Körpersprache zu unterlassen.

Bei größeren Veranstaltungen oder bei reinen Redevorträgen hat es sich im Laufe der Zeit ergeben, dass hinter einem Rednerpult gesprochen wird. Je nachdem, welcher Typ von Rednerpult anzutreffen ist (Tisch- oder Stehpult), muss vor Beginn der Rede die Höhe des Rednerpults eingestellt werden. Der Redner soll mit seinem Oberkörper voll sichtbar sein und nur die Beine mit Hüfte dürfen vom Pult verdeckt werden. Ein schlecht eingestelltes Rednerpult wird den Blickwinkel zum Manuskript und zum Zuhörer beeinträchtigen. Eine aufrechte Haltung kann dadurch auch erschwert werden. Vorsicht! Versuchen Sie nicht, sich krampfhaft am Rednerpult festzuhalten. Das macht optisch keinen guten Eindruck und die Anwendung der Handgestik wird beeinträchtigt. Kurzes Berühren des Randes vom Rednerpult und Einsatz der Handgestik kann dem entgegenwirken.

Die Gestik: Unter dem Einsatz der Gestik verstehen wir die Bewegung des Körpers zum gleichzeitig gesprochenen Wort. Ein überzeugend gesprochener Satz wird z.B. durch eine unterstreichende Handbewegung noch überzeugender, da sie dem Satz noch mehr Schwung und Kraft verleiht. Richtig eingesetzte Gesten erhöhen den Eindruck beim Zuschauer. Als Gestikeinsatz empfiehlt sich meist nur die Hand- und Unterarmgestik, da diese nicht zu auffallend wirkt. Eine ausgesprochene Oberarmgestik wirkt zu sehr als »herumfuchtelnd« und wird als übertrieben empfunden. Nur wenn etwas »Großes« dargestellt wird, kann die Oberarmgestik unterstützend wirken.

Auch die Kopfgestik kann bei bestimmten Sachaussagen zum Einsatz kommen. Eine Geste muss spontan von innen heraus entstehen und darf nicht vorprogrammiert durchgeführt werden. Durch die Geste wird das gesprochene Wort unterstützt. Deshalb muss ihr Einsatz auch parallel zum gesprochenen Wort erfolgen. Vorauseilende und nachhinkende Gesten sollen im Interesse der Einheit von Sprache und Bewegung vermieden werden. Wird nicht gesprochen, dann darf auch keine Geste erfolgen. Die Gestik darf nur in Maßen und dezent angewandt werden. Es besteht sonst die Gefahr, dass durch übertriebene Gesten der Zuhörer seine Aufmerksamkeit von der Rede abwendet und sich seine Gedanken über das »Herumgefuchtel« macht.

Übertriebene Gestik kann den Redner vor den Zuhörern als lächerlich erscheinen lassen. Eindrucksvolle Bewegungen beim Schauspieler können beim Redner genau das Gegenteil bewirken. Gesten werden unterschieden in:

- einladende Gesten
- abwehrende Gesten
- zustimmende Gesten
- bestimmende Gesten
- fragende Gesten
- warnende Gesten.

herlaufen, hinsetzen) kann den Dozenten ebenfalls während des Unterrichts darauf aufmerksam machen. Mit der Zeit werden sich dann diese Laufbewegungen einschränken und eine Unterrichtung im Stehen wird dann ebenfalls wieder möglich werden.

Das rhetorische Instrumentarium ist umfangreich und bedarf einer intensiven Übung. Im richtigen Zusammenspiel von

- Stimme,
- Satzlänge,
- Sprechtechnik,
- Einsatz des aktiven Wortschatzes,
- Denk-Sprechen,
- Blickkontakt,
- Haltung,
- Gestik und
- Mimik

liegt die Erfolgsformel des eindrucksvollen, mitreißenden und überzeugenden Redners.

Wichtige Anregungen: Man kann vieles aus Büchern lernen, aber nicht alles. Reden kann man zum Beispiel nur erlernen durch Reden. Sie benötigen dafür grundlegende rhetorische Kenntnisse. Diese haben Sie sich nun durch unser Werk angelesen. Jetzt liegt es aber an Ihnen, die theoretischen Kenntnisse mit der Praxis zu verbinden. Gerade im Bereich der Rhetorik können Sie aus dem Medium »Fernsehen« viele positive, aber auch viele negative Beispiele entnehmen. Deshalb empfehlen wir Ihnen, während solcher Unterhaltungssendungen gezielt die jeweilige Technik der Showmaster zu studieren und für sich eigene Ideen daraus zu entwickeln. Wenn Sie schon längere Zeit im Ausbildungsbereich tätig sind, empfehlen wir Ihnen ebenfalls, einmal jemanden zu bitten, Ihren Unterricht besonders sorgfältig auf mögliche Fehler anzuhören und anzusehen. Wenn sich am Anfang »Kuriositäten« eingeschlichen haben, auf die Sie vielleicht noch nicht aufmerksam gemacht wurden und die Sie deshalb auch gar nicht mehr beachten, können Sie nur auf diese Art und Weise derartige Mängel abstellen. Eine weitere Möglichkeit, den eigenen Unterrichtsstil zu verbessern, ist, eine Unterrichtsstunde auf Video aufzunehmen und hinterher selbst anzusehen. Auch hier fallen einem dann sehr oft Fehler auf, die man an sich selbst sonst gar nicht sehen würde. Jede Ausbildungskraft sollte sich einmal selbst beobachtet haben, damit sie einen Eindruck darüber bekommt, wie sie eigentlich auf andere Personen wirkt. Wer nicht die Möglichkeit des Videoeinsatzes nutzen kann, sollte einen Teil seiner Reden auf Tonband oder Kassette aufnehmen und hinterher abhören. Auch das Anhören der eigenen Stimme wirkt überraschend, aber auch lehrreich auf den Ausbilder. In diesem Zusammenhang möchten wir Sie nochmals auf die Bedeutung der kreativen Kritik hinweisen. Wir unterscheiden drei Stufen in einer Ausbilderkarriere, die nur vom Erfolgreichen mit positiver Kritikfähigkeit überwunden werden:

- 1. Stufe: Absolvierte Grundlagenausbildung
- 2. Stufe: Praxistätigkeit, durch vorhandene Kritikfähigkeit Erkennen eigener Schwächen während der Unterrichtung
- 3 Stufe: Erkennen und Vermeiden von Schwächen während des Unterrichts.

Stufe 3 ist nur erreichbar, wenn ein gesundes Maß an Kritikfähigkeit ständig vorhanden ist. Ein guter Ausbilder muss kritikfähig sein, sonst wird er über Jahre auf demselben (wahrscheinlich niedrigen) Ausbildungsniveau verharren.

Stimm- und Sprechtraining – Tipps und Tricks
»Ich bin bei mir,
ich bin bei euch,
aber ich verliere mich nicht.«

Palmieren
Setzen Sie sich aufrecht hin, mit beiden Füßen den Boden berührend! Reiben Sie Ihre Hände mehrmals aneinander und beginnen dann, Kopf, Arme, Bauch, Po, Beine und Füße auszustreichen.

Erdung
Füße hüftbreit stellen, Becken aufrichten, Arme unverschränkt, Herzbereich öffnen, Hüfte herunterdrücken, Fußballen (großer und kleiner Zeh) und Ferse auf den Boden drücken.

Scheitel hochziehen
Stellen Sie sich vor, Sie werden wie eine Marionette mit einem Faden am Kopf aufrecht gehalten (vgl. Haltung beim Tai Chi). Als Hilfestellung können Sie sich mit ein Paar Haaren aus der Scheitelmitte hochziehen.

Rachenmudra
Beugen Sie Ringfinger und kleinen Finger tief gegen die Handballen. Daumen, Zeige- und Mittelfinger halten Sie leicht gestreckt ab. Führen Sie beide Hände zusammen, sodass sich

ABB. 4 ▶ Rachenmudra

ABB. 5 ▶ Kiefergelenk

beide Daumenballen und die gebeugten Finger berühren (s. Abb. 4). Halten Sie die Mudra mit leicht gestreckten Armen in Höhe des Herzchakras.

Mudra zur Entspannung der Kiefergelenke
Linke oder rechte Hand: Mittelfinger an den Daumenballen, Daumennagelspitze an zweites Ringfingerglied (s. Abb. 5). 5 Minuten halten, im akuten Fall 10 Minuten.

Sonstige Tipps
Bevor Sie zu reden beginnen, sagen Sie leise oder mental »ah« vor sich hin. Achten Sie darauf, den Mund am Ende eines Satzes offen zu halten und sprechen Sie Konsonanten deutlich aus!

4.4 Der Themenbegleiter / das Redemanuskript

Um in der Unterrichtsphase die Reihenfolge der Stoffabhandlung (den gedanklichen roten Faden) korrekt einzuhalten, ist es notwendig, einen Themenbegleiter zu erstellen. In diesem Manuskript wird der Stoff aufgeführt, der während einer Unterrichtseinheit abgehandelt werden soll. Der Themenbegleiter kann je nach dem Grad der Ausführlichkeit variiert werden.

In Abbildung 6 wird ein möglicher Aufbau des Manuskripts vorgestellt. Es handelt sich dabei um die Planung und den Verlauf einer Unterrichtsstunde. Im Teil »Stoffbereich« wird mehr oder weniger ausführlich der zu vermittelnde Lernstoff eingetragen. Im Anfangsbereich der Ausbildung neigt man dazu, diesen Textinhalt wortgetreu zu übertragen. Wird der Lehrstoff wortgenau aufgeschrieben und wiedergegeben, handelt es sich um ein Referat. Das Referat soll aber immer nur der Ausgangspunkt für eine erfolgreiche Ausbildungstätigkeit sein. Im Anfangsbereich kann es durchaus Vorteile für die Lehrkraft haben, wenn sie sich auf eine vollständige Ausarbeitung stützen und im Notfall auf diese zurückgreifen kann. Ziel der Ausbildungstätigkeit ist es aber, vom ausführlichen Manuskript zum Stichwortmanuskript und damit vom Referat über den Vortrag zur freien Rede zu gelangen. Im Endstadium muss der Dozent in der Lage sein, anhand eines Stichpunkts den Lernstoff gedanklich vorzubereiten, zu formulieren und in freier Rede dem Teilnehmer vorzutragen. Das Stichwortmanuskript dient der Lehrkraft nur für die richtige Reihenfolge der Darbietung des Lernstoffs.

Im Teil »Medieneinsatz« werden die Medien eingetragen, mit deren Hilfe der Lernstoff optisch unterstützt wird. Ist z.B. der Einsatz des Arbeitsprojektors geplant und werden mehrere Folien zum jeweiligen Thema präsentiert, empfiehlt es sich, die Reihenfolge der Folien fortlaufend durchzunumerieren. Das Gleiche gilt auch beim Gebrauch von Dias. Hier kann auch die Unterrichtsform vermerkt werden, mit der die Unterrichtung durchgeführt werden soll.

Im Teil »Anmerkungen« werden für den Ausbilder wichtige Informationen vermerkt, die sich auf den Stoffbereich bzw. auf wichtige Zusatzinformationen beziehen und deshalb mit angesprochen werden. Es können hier auch Gedanken- und Erinnerungsstützen gegeben werden (z.B. die Bedeutung des neuartigen Funktionsablaufs einer Maschine

Thema:

Stoffbereich	Medieneinsatz	Anmerkungen

ABB. 6 ▶ Möglicher Aufbau eines Themenbegleiters/Redemanuskripts

hervorheben; nicht umherlaufen – hinsetzen etc.). In der Praxis hat es sich gezeigt, dass es sinnvoll ist, diese drei Teilbereiche nicht nur durch eine örtliche Festlegung zu platzieren, sondern durch den Einsatz von drei verschiedenen Farben bereits eine Trennung herbeizuführen. Damit wird der Themenbegleiter noch übersichtlicher. Bei Bedarf wird der entsprechende Stichpunktteil überflogen und die Teilinhalte erfasst. Der Unterrichtsprozess kann so nach einem Blick auf das Stichwortmanuskript ohne gedankliche und zeitliche Unterbrechung fortgeführt werden.

Wir haben bewusst eine minutengenaue Einteilung der Unterrichtszeit für einen Stoffteilbereich unterlassen, da sonst die Unterrichtung nur noch durch oftmaligen Blick auf die Uhr ablaufen wird. Zwar müssen wichtige Themenbereiche zeitlich ihrer Bedeutung nach eingestuft werden, wir sind aber der Meinung, dass eine kurze Bemerkung im Themenbegleiter ausreicht, dem Dozenten die Schwerpunkte des Lernstoffs anzuzeigen. Außerdem wird die Zeitbewertung eher unter dem Aspekt »Muss-Ziel« mit »Soll-Vertiefung« praktiziert, um auch die Unterrichtseinheit termingenau abzuschließen bzw. das behandelte Stoffgebiet abzurunden. Zum Zeitabgleich dient dann am Ende einer Seite in der Spalte »Anmerkungen« der Hinweis auf »Zeit«. Zum Schluss möchten wir noch darauf hinweisen, dass die Schriftgröße des Manuskriptes recht großzügig gewählt und deutlich lesbar dargestellt werden soll, damit man jederzeit auch bei weiterem Abstand alle Einzelheiten erkennen kann.

4.5 Zusammenfassende Merkregeln »Rhetorik«

1. Kurze Sätze formulieren.
2. Wenig Nebensätze verwenden.
3. Deutlich sprechen.
4. Lebendig sprechen.
5. Ohne Hast sprechen.
6. Nicht mit dem Rücken zum Teilnehmer reden.
7. Füllwörter vermeiden.
8. Bedeutung durch Betonung hervorheben.
9. Betonungen können sein:
    - Sprechtempovariation
    - Einsatz von Sprechpausen
    - Stimmlagenvariation
    - Lautstärkevariation
    - Wiederholung von Satzaussagen.
10. Aufmerksamkeit durch Wechsel der Stimmlage, Lautstärke und Sprechtempo erhöhen.
11. Gesten – maßvoll angewandt – unterstreichen und beleben das gesprochene Wort.
12. Akustischen Eindruck durch den Blickkontakt verstärken.
13. Unterricht mäßig bewegt gestalten und ab und zu für Entspannungsmomente beim Hörer sorgen.
14. Einsatz einer wohlüberlegten Wortwahl (Denk-Sprechen).
15. Passiven Wortschatz aktivieren.

Missverständnisse durch die Sprache

Die Positiv-Dialektik	Die Negativ-Dialektik
Das ist in diesem Zusammenhang nicht ganz richtig.	Das ist falsch.
Ich glaube, mich unklar ausgedrückt zu haben.	Da haben Sie mich falsch verstanden.
Sind Sie sicher, dass das möglich ist?	Das ist unmöglich.
Dieser Gedanke amüsiert mich etwas.	Das ist doch lächerlich.
Sie stimmen sicher zu, wenn ich sage…	Sie müssen doch zugeben…
Das ist dann ganz logisch so.	Das versteht sich von selbst.
Können Sie eine bessere Lösung anbieten?	Wissen Sie vielleicht eine bessere Lösung?
Bitte, schauen Sie…	Passen Sie mal auf…
Ihre Darstellung ist für mich verblüffend.	Wie können Sie so etwas sagen?
Leider habe (hatte) ich keine Idee (Ahnung).	Wie soll ich das wissen?
Ihr Argument ist etwas verwirrend.	Das ist doch Unsinn!
Hier meine aufrichtige Meinung.	Offen und ehrlich gesagt…
Sie können dabei wirklich sicher sein.	Das können Sie wirklich glauben.
Sie stellen sicher nicht als fragwürdig hin…	Sie wollen doch nicht etwa abstreiten…
Zu einer Stellungnahme bin ich nicht verpflichtet.	Ich bin Ihnen doch keine Rechenschaft schuldig.
Das bleibt nun Ihrer Entscheidung überlassen.	Machen Sie was Sie wollen!
Darüber bin ich sehr verwundert.	Das ist unglaubhaft!
Im Moment kann ich mich dazu nicht äußern.	Dazu habe ich keine Meinung.
Darf ich Sie bitten, sich deutlicher auszudrücken!	Was wollen Sie damit sagen?
Das ist zumindest schwer glaubhaft.	Das kann ich einfach nicht glauben.
Erlauben Sie mir dazu einen Gegenvorschlag?	Da möchte ich einen Einwand machen.
Wie ist das nur möglich gewesen?	Das gibt es doch gar nicht!
Das ist eigentlich unter meiner Würde.	Ich habe das nicht nötig.
Ihre Auffassung überrascht mich.	Das können Sie doch nicht sagen.
Hier stimmt etwas nicht. Wir wollen es untersuchen.	Da haben Sie aber einen Fehler gemacht.

TAB. 1 ▶ Beispiele für die Positiv-/Negativ-Dialektik

5 Die Aura

5 Die Aura

Unter dem Begriff »Aura« verstehen wir alle Umgebungseinflüsse, die auf den Lernprozess positiv und negativ einwirken und eine Veränderung in die geeignete Richtung vornehmen können. Zum Teil handelt es sich dabei um direkte, zu einem anderen Teil um indirekte Einflussmöglichkeiten.

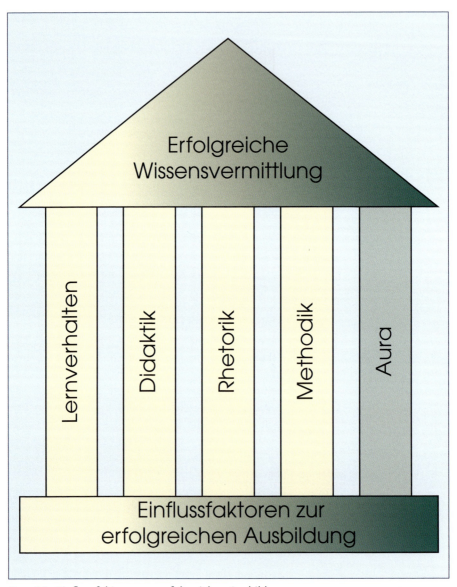

Abb. 1 ▶ Einflussfaktoren zur erfolgreichen Ausbildung

5.1 Entspannungsmethoden
5.1.1 Das autogene Training

In der heutigen Zeit wird der Mensch durch seine teilweise ungesunde Lebensweise in erhöhtem Maße dem Phänomen »Stress« ausgesetzt. Dabei entsteht eine Gleichgewichtsstörung zwischen Körper, Seele und Geist. Höchstleistungen über längere Zeit sind jedoch nur dann zu erzielen, wenn diese in Einheit vorhanden sind, wenn also ein Gleichgewicht zwischen diesen lebensnotwendigen Mechanismen besteht. Diese Einheit von Körper, Seele und Geist wird u. a. durch das autogene Training herbeigeführt.

Beim autogenen Training handelt es sich um eine körperliche Tiefenentspannung. Diese Methode wurde von Prof. J. H. Schulz geschaffen, der durch die Beobachtung von hypnotisierten Patienten auf die Idee kam, dass der Mensch auch durch seinen Willen die entspannenden Effekte der Hypnose selbst herbeiführen kann. Er prägte den Ausspruch: »Ihr sollt Ruhe finden für Eure Seelen«. Autogen bedeutet selbst erzeugt, und das Wort Training sagt aus, dass man methodisch vorgehen und üben muss. Das Erlernen des autogenen Trainings sollte immer unter Aufsicht eines versierten Übungsleiters erfolgen. Das Ziel ist erreicht, wenn sich nach dem Einnehmen der Entspannungshaltung

- ▶ eine Schwere und Wärme über den ganzen Körper erstreckt,
- ▶ die Atmung ruhig und regelmäßig ist,
- ▶ das Herz kräftig und gleichmäßig schlägt,
- ▶ der Bauchraum sich warm und entkrampft anfühlt und
- ▶ der Kopf klar und frei ist.

Um dieses Ziel zu erreichen, muss in einzelnen Lernschritten ca. 6 Monate je dreimal täglich zehn Minuten trainiert werden. Wie sieht nun die erste Übung aus?

Durch Einnehmen einer Rückenlage mit leicht gespreizten Beinen und leicht angewinkelten Armen oder Einnehmen der »Kutscherhaltung« wird schon eine gewisse Entspannung des Körpers erreicht. Nun werden die Augen geschlossen und nachstehende Formeln unter Beachtung des Atemrhythmus gedanklich vorgesagt:

- (2 x) Ich bin ganz ruhig.
- (2 x) Gedanken und Geräusche sind völlig gleichgültig.
- (6 x) Mein rechter Arm ist ganz schwer.
- (2 x) Ich bin ganz ruhig.

Anschließend erfolgt das Zurücknehmen. Dies erreicht man durch tiefes Atmen, Öffnen der Augen und kräftiges Beugen und Strecken der Arme. So wird über verschiedene Lernabschnitte das vorhin beschriebene Lernziel erreicht.

Sie werden sich nun denken (und fragen), was diese Abhandlung in einem Buch für Ausbilder soll. Mit der Entspannung durch das autogene Training sind Sie in der Lage, eine bessere Ausgeglichenheit zu erlangen und Ihre Energie für wichtige Vorhaben zu nutzen. Die Energie wird dabei nicht durch das Stressphänomen verbraucht. Die positiven Auswirkungen des autogenen Trainings sind:

- Sie werden sich nicht mehr über jede Unwesentlichkeit aufregen.
- Sie können sich besser konzentrieren.
- Sie erreichen einen gewissen Grad der Gelassenheit.
- Sie können Ihre Leistungen verbessern.
- Sie sind nicht mehr so empfindlich.
- Sie können eine Programmierung des Unterbewusstseins durch formelhafte Vorsatzbildung erreichen.
- Sie wirken der Redeangst entgegen und beruhigen damit auch das vegetative Nervensystem.

Das Erlernen des autogenen Trainings sowie anderer Entspannungstechniken kann über Volkshochschulen, Ärzte oder Psychologen erfolgen. Diese führen derartige Lehrgänge durch.

Selbstverständlich wirken auch andere Entspannungsmethoden (z.B. Meditation, Heilentspannung, Mentaltraining, Selbsthypnose, Yoga etc.) in gleicher Weise positiv auf die innere Harmonie des Menschen. Schon das Schließen der Augen in Verbindung mit tiefen und ruhigen Ein- und Ausatemzügen im Sitzen führt zu einer gewissen nervlichen Beruhigung. Diese »kleine« Entspannungsmethode kann überall eingesetzt werden (allein im Ruheraum und vor Vortragsbeginn im Hörsaal), um die persönliche Redeangst zu mildern oder abzustellen.

> Nur ein Ausbilder in innerer Harmonie wirkt nach außen vollkommen ruhig und kann sich voll auf die Teilnehmer einstellen.

5.1.2 Die Selbstentspannung

Sorgen Sie für Ruhe und stellen Sie mögliche Störfaktoren, wie z.B. Türglocke, Telefon, Handy etc., ab! Legen oder setzen Sie sich bequem aufrecht hin, beide Füße berühren den Boden. Werden Sie ruhig, indem Sie sich auf Ihren Atem konzentrieren! Wenn Sie innerlich ruhig geworden sind, stellen Sie sich beispielsweise folgende Fragen:

- Warum unterrichte ich?
- Was ist der Kern meines Unterrichtsstoffes, den ich vermitteln will?
- Wie gehe ich strukturiert vor?
- Was sind die Lernziele?
- Welche praktischen Beispiele bringe ich an?
- Wie beende ich den Kurs?

5.1.3 Die suggestive Tiefenentspannung

Mithilfe positiver Suggestionen ist es möglich, auf das Unterbewusstsein einzuwirken. Suggestionen wirken auf den körperlichen, geistigen und seelischen Bereich. Folgendes ist bei der Wahl der Suggestionen zu beachten:

Steigerungsform:
- Nicht »Ich werde erfolgreich«, sondern »Ich werde noch erfolgreicher.«
- Keine Negativformeln wie z.B. »Ich werde keine Angst mehr haben« verwenden. Das Unterbewusstsein kennt die Worte »nicht« und »kein« nicht. Versuchen Sie mal, NICHT an einen rosa Elefanten zu denken!
- Stattdessen sagen »Ich werde noch selbstsicherer.«
- Nicht mehr als drei Suggestionen miteinander verknüpfen! Diese sieben Mal wiederholen!
- 14 Tage lang täglich üben.
- Suggestionen laut sprechen und dabei das Ziel sehen, hören und fühlen.

Beispiele für Suggestionsformeln:
- Ich werde ...
  ... noch selbstsicherer.
  ... noch gesünder.
  ... jede Aufgabe bestens meistern.

5.1.4 Die Atmung

Wir können bewusst unsere Atmung kontrollieren und regeln. Einatmen bedeutet Anspannung, Ausatmen bedeutet Entspannen.

- Zur Beruhigung atmen wir schnell ein und langsam aus.
- Zur Aktivierung atmen wir langsam ein und schnell aus.

5.1.5 Die Lebensführung

Die Psychohygiene (»Seelenwäsche«) ist genauso von Bedeutung wie die körperliche Hygiene.

- ▶ Begrüßen Sie sich morgens nach dem Aufwachen und visualisieren Sie Ihren positiven Tagesablauf!
- ▶ Nehmen Sie abends nur noch leichte Kost zu sich und belasten Sie Ihren Körper nicht mit zu viel Alkohol! Auch sportliche Extremleistungen kurz vor dem Zubettgehen sind zu meiden!
- ▶ Vor dem Schlafengehen halten Sie Rückblick auf den vergangenen Tag mit allen guten und weniger guten Geschehnissen. Dann lassen Sie los und wünschen sich noch etwas für den kommenden Tag!

»Weise Lebensführung gelingt keinem durch Zufall.
Man muss, solange man lebt, lernen, wie man leben soll.«
(Seneca)

5.2 Ausbilder und Ernährung

Lieber Leser, sicherlich werden Sie sich jetzt fragen, was Ernährung mit der Ausbildertätigkeit zu tun hat?

Beruhigen Sie sich!

Auch uns ging es vor Jahren so. Wir hörten uns die Informationen an, verdauten Sie, und nach einiger Zeit setzten wir sie mit Erfolg in die Praxis um. Wir wollen deshalb auch Ihnen dieses Wissen nicht vorenthalten.

Den verschiedensten Meldungen der Tagespresse ist zu entnehmen, dass unsere heutige Wohlstandsernährung eine Mangelernährung darstellt und zu vielen Erkrankungen führt. Diese Aussagen wurden durch die letzten Ernährungsberichte bestätigt, die wieder erhebliche Mängel in der Versorgung mit lebenswichtigen Vitalstoffen (z. B. Vitamin B1, Eisen, Kalzium usw.) aufdecken konnten. Diese Mangelernährung einerseits und eine kalorienmäßige Überversorgung (z. B. mit Fleisch, Wurst, Zucker) andererseits bedingt den sprunghaften Anstieg an Erkrankungen.

Als *ernährungsbedingte Zivilisationskrankheiten* gelten heute bei Ganzheitsmedizinern und umfassend forschenden Wissenschaftlern folgende Erkrankungen:
- *Gebissverfall*, Zahnkaries (Zahnfäule) und Parodontose
- *Erkrankungen des Bewegungsapparates,* rheumatischen Erkrankungen, Arthrose und Arthritis, Wirbelsäulen- und Bandscheibenschäden
- alle *Stoffwechselkrankheiten* wie Fettsucht, Zuckerkrankheit, Leberschäden, Gallensteine, Nierensteine, Gicht usw.
- die meisten *Erkrankungen der Verdauungsorgane* wie Stuhlverstopfung, Leber-, Gallenblasen- und Bauchspeicheldrüsenerkrankungen, Dünn- und Dickdarmerkrankungen sowie Verdauungs- und Enzymstörungen
- *Gefäßerkrankungen* wie Arteriosklerose und darauf aufbauend Herzinfarkt, Schlaganfall und Thrombosen
- *Mangelnde Infektabwehr,* die sich in immer wiederkehrenden Katarrhen und Entzündungen der Luftwege und in Nierenbecken- und Blasenentzündungen äußert
- manche organischen *Erkrankungen des Nervensystems*
- auch an der Entstehung des *Krebses* soll die Fehlernährung in einem gewissen Maße beteiligt sein.

Der Zusammenhang zwischen Ernährung und Krankheit wird oft nicht erkannt, weil erst nach 20 bis 40 Jahren Fehlernährung die Krankheitssymptome erkennbar werden. Diese Erkrankungen können durch den Verzehr von vitalstoffreicher Vollwertkost verhindert werden. Auch beim Eintritt der Erkrankung, d. h. bei den ersten Symptomen kann in vielen Fällen ein Fortschreiten der Entgleisung aufgehalten werden.

Wenden wir uns nun dem Begriff der vitalstoffreichen Vollwertkost zu. Diese Kostform wurde von dem Schweizer Arzt Dr. M. Bircher-Benner (1867 – 1939) begründet, von dem deutschen Bakteriologen Prof. Dr. W. Kollath (1892 – 1970) wissenschaftlich untermauert und von Dr. M. O. Bruker seit über 30 Jahren erfolgreich in der täglichen Praxis angewendet. Bei dieser Ernährungsform beurteilt man den Wert der Nahrung nicht mehr nach ihrem Gehalt an Kalorien und Nährstoffen, sondern nach ihrer Lebendigkeit und Natürlichkeit. Wer natürliche Lebensmittel genießt, braucht sich in seiner Ernährungsweise nicht auf Kalorien und Nährstoffgehalt zu fixieren.

Es ist mittlerweile bekannt, dass in der naturbelassenen Nahrung nicht nur alle Nährstoffe, sondern auch, was viel wichtiger ist, die biologischen Wirkstoffe vorkommen, die für die Verwertung der Nahrung notwendig sind. Für die Erhaltung unserer Gesundheit sind also außer den Nährstoffen auch biologische Wirkstoffe unentbehrlich. Diese lebenswichtigen, biologischen Wirkstoffe werden auch Vitalstoffe genannt. Neben den Vitaminen gehören auch die Mineralstoffe, Spurenelemente, Enzyme, Aromastoffe, ungesättigten Fettsäuren und Faserstoffe (auch Ballaststoffe genannt) dazu.

Prof. Dr. W. Kollath prägte den Satz:

> »Lasst unsere Nahrung so natürlich wie möglich.«

Die Grundsätze einer gesunderhaltenden Ernährung lassen sich wie folgt zusammenfassen:

Vier Dinge müssen gemieden werden und vier andere Dinge müssen unbedingt in den täglichen Speiseplan mit aufgenommen werden.

Die vier zu meidenden Speisen sind:
1. Auszugsmehlprodukte
2. alle Fabrikzuckerarten
3. alle raffinierten und gehärteten Fette (Margarinen, gewöhnliche Öle)
4. alle Säfte aus Obst und Gemüse (gleichgültig, ob sie selbst hergestellt oder gekauft worden sind) sollten alle Magen-, Darm-, Leber- und Gallenempfindlichen meiden.

Die vier Speisen, die Sie täglich essen sollten, sind:
1. Vollkornbrote, möglichst viele verschiedene Sorten, und sämtliche anderen Produkte aus Vollkornmehl
2. täglich einen Frischkornbrei
3. eine Frischkostbeilage, bestehend aus rohem Obst und Salaten aus rohem Gemüse
4. naturbelassene Fette, z. B. Butter oder durch kalte Pressung gewonnene Öle.

Auch übermäßiger Genuss von tierischem Eiweiß (Fleisch, Wurst, Milchprodukten) wirkt sich ungünstig auf den Körper aus. Deshalb soll ihr Verzehr eingeschränkt werden.

Alle nicht erwähnten Speisen kann man zu sich nehmen, sie sind aber zur Gesunderhaltung des Körpers nicht essenziell notwendig.

Es ist ohne Belang, zu welcher Tageszeit dieser Frischkornbrei genossen wird. Wir dürfen Ihnen übrigens aus eigener Erfahrung versichern, dass er wirklich hervorragend schmeckt.

Rezept des Frischkornbreis:
- 3 Esslöffel Getreide (ca. 60 g)
  Abends in einer Getreidemühle, in einem Mixapparat oder einer Kaffeemühle grob schroten. Das Mahlen muss jeweils frisch vor der Zubereitung erfolgen. Nicht auf Vorrat mahlen!
- kaltes Leitungswasser
  Das gemahlene Getreide mit dem Wasser zu einem Brei rühren und 5 – 12 Stunden zugedeckt stehen lassen.
- frisches Obst (je nach Jahreszeit)
  Zitronensaft, Honig, Sahne, Nüsse
  Die klein geschnittenen Zutaten untermengen. Es sollte immer ein geriebener Apfel mit benutzt werden. Dieser macht den Frischkornbrei luftig und wohlschmeckend.

Wie krank oder wie gesund Sie sind, wie fit Sie in den nächsten Jahren und im Alter sein werden, darauf haben Sie selbst einen Einfluss.

> Machen Sie das Beste aus Ihrer persönlichen Zukunft!
> Essen Sie vitalstoffreiche Vollwertkost!

Ihr Körper wird es Ihnen danken. Gesundheit lohnt sich. Denn nur ein gesunder Ausbilder kann über längere Zeiträume ein guter Ausbilder sein.

Wenn Sie mehr über Ernährung und Krankheit wissen möchten, empfehlen wir Ihnen das Buch »Unsere Nahrung – unser Schicksal« von Dr. Bruker.

5.3   Der Biorhythmus

Was sollte der Ausbilder über Biorhythmus wissen? Sicher haben auch Sie schon das Hoch und Tief Ihrer Leistungskurve beobachtet und bemerkt, dass nicht an allen Tagen Bestleistungen zu erzielen sind.

Dieselben Beobachtungen machten auch die Forscher Dr. Wilhelm Fließ (1858 – 1928) und Prof. Dr. Hermann Swoboda (1873 – 1963) u.a. Sie konnten durch ihre Untersuchungen nachweisen, dass die Schwankungen des Allgemeinzustandes von Geist, Körper und Gefühlen nicht zufällig und ungezielt verlaufen, sondern in regelmäßigen Intervallen im Augenblick der Geburt beginnen und das ganze Leben durchziehen.

Unter Biorhythmus wird heute der regelmäßige Verlauf der drei Lebenskräfte von Körper, Seele und Geist verstanden. Wie bereits erwähnt, beginnen alle drei Rhythmen in der Stunde der Geburt und begleiten uns das ganze Leben.

Der körperliche Rhythmus währt 23 Tage, wobei die ersten 11,5 Tage im Plus und die zweiten 11,5 Tage im Minus verlaufen.

Der seelische Rhythmus geht über 28 Tage, wobei ebenfalls die erste Hälfte im positiven und die zweite Hälfte im negativen Bereich verläuft.

Der geistige Rhythmus dauert 33 Tage, die erste Hälfte im Plus, die zweite Hälfte im Minus verlaufend. Die Abbildungen 1 und 2 zeigen zwei Varianten zur Darstellung des Biorhythmusverlaufs:

ABB. 2 ▶ Der Biorhythmus

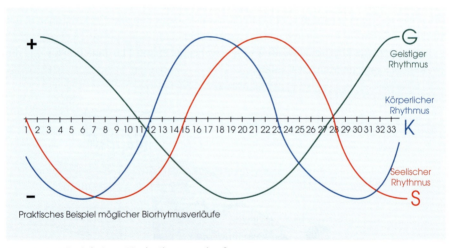

ABB. 3 ▶ Beispiel eines Biorhythmusverlaufs

5.3.1 Körperlicher Rhythmus

Er beeinflusst das körperliche Wohlbefinden, die Körperkraft, körperliche Leistungsfähigkeit, Ausdauer, Belastbarkeit, Widerstandskraft, Schnelligkeit und hat Einfluss auf die Energie, den Unternehmungsgeist, den Tatendrang, das Selbstvertrauen und den Mut.

5.3.2 Seelischer Rhythmus

Er nimmt auch Einfluss auf das körperliche Wohlbefinden, aber nicht so stark wie der körperliche Rhythmus. Im besonderen Maße wirkt er auf die seelischen Vorgänge wie z. B. das Gefühl, die Stimmung, das Gemüt, die Empfindungsfähigkeit, das Einfühlungsvermögen, die Kontaktfähigkeit, die Harmonie, die moralische Kraft, das Selbstbewusstsein, die Zusammenarbeit, die Kunst, die Intuition, die schöpferische Fähigkeit und die Lebenseinstellung.

5.3.3 Geistiger Rhythmus

Er hat Einfluss auf die geistigen Kräfte. Reaktionsschnelligkeit, Auffassungsgabe, Konzentrationsfähigkeit, Erinnerungsvermögen, Lernverhalten, Anpassungsfähigkeit, Urteilskraft, Aufmerksamkeit und logisches, bewusstes Denken.

> An den Plustagen wirken diese Eigenschaften verstärkt positiv, an den Minustagen kommen diese Eigenschaften vermindert zur Entfaltung.

Dabei erfolgt an den Plustagen eine Kraftabgabe vom Körper (Aktivitätsphase) und an den Minustagen eine Kräftesammlung des Körpers (Schonungsphase).

5.3.4 Kritische Tage

Besonders beachtet werden müssen diejenigen Tage, die zu Beginn einer Periode oder in der Mitte der Periode stehen. Bei ihnen erfolgt also ein Übergang von Minus auf Plus oder von Plus auf Minus. An diesen Tagen ist besonders mit Fehlern in dem jeweiligen Bereich zu rechnen. *Diesen Tagen sollte unser besonderes Augenmerk gelten.* Dabei braucht an diesen Tagen nichts Ungünstiges geschehen. Es besteht lediglich die Neigung dazu.

> Erfolg ist keine Glücksache!
> Unglück kann man verhindern!

Welche Vorteile bringt nun das Wissen um die Gesetzmäßigkeiten des Biorhythmus?
- Ökonomischere Lern- und Lehrarbeitsorganisation durch Anpassung an das Lernvermögen der Gruppe und/oder des Einzelnen
- Partnerübereinstimmungsvergleiche
- Gruppen- oder Teamzusammenstellungen
- Möglichkeit zur Unfallverhütung
- sportliche Höchstleistungen durch biorhythmisch gesteuertes Training
- Kenntnis günstiger geistiger Stunden
- optimale Termingestaltung
- Errechnung günstiger Zeiten für Operationen.

Nachstehend geben wir eine kleine Übersicht über die verschiedenen Stärken und Schwächen bei unterschiedlichen Periodenkonstellationen.

5.3.4.1 Phasen des körperlichen Rhythmus

- *Plusphase*: Stärke und Ausdauer für körperliche Betätigung (Arbeit, Sport, Freizeit). Günstig für Reisen, Operationen, Zahnbehandlung, Impfung, Widerstandskraft gegen Krankheiten.
- *Minusphase:* Ruhephase, Ermüdung, Arbeitsunlust, Anfälligkeit für Krankheiten, Schmerzempfindlichkeit, gute Wirkung von Medikamenten.
- *Kritischer Tag:* Arbeitsunlust, Missmut, Aggressivität, Beginn oder Verschlechterung von Krankheiten, besonders ausgeprägte Alkoholfolgen, körperliche Schäden, Unfallgefahr.

5.3.4.2 Phasen des seelischen Rhythmus

- *Plusphase:* Positive Lebenseinstellung, gute Harmonie, Zusammenarbeit, günstig für öffentliche Auftritte, Repräsentationen, Bekanntschaften, Freude an Geselligkeit.
- *Minusphase:* Negative Gefühle belasten Zusammenarbeit, zwischenmenschliche Beziehungen beachten, Neigung zu Kontaktarmut, Eintönigkeit, evtl. Depressionen.
- *Kritischer Tag:* Spitze Bemerkungen, Streit, sinnlose Frustration, Verschlechterung eines Krankheitszustands, verlangsamte Reaktionsfähigkeit.

5.3.4.3 Phasen des geistigen Rhythmus

- *Plusphase:* Geistige Aufgeschlossenheit, Aufnahmefähigkeit für Neues, gutes Gedächtnis, Anpassungsfähigkeit. Günstig für neue Aufgaben, Auslandsreisen, Studium schwieriger Sachgebiete, schwierige Ausbildungsthemen, Planung, Entscheidungen, Prüfungen.
- *Minusphase:* Mangelnde Denk- und Konzentrationsfähigkeit, nachlassendes Gedächtnis, mangelnde Ausdrucksfähigkeit. Günstig für Routinearbeiten, Sammeln und Einordnen, Wiederholung.
- *Kritischer Tag:* Gedächtnisschwäche, Neigung zu Fehlern und Irrtümern, geistige Kurzschlüsse, Nachlassen der Aufmerksamkeit, der Geistesgegenwart und der Reaktionsfähigkeit, Unfallgefahr.

Die jüngsten Forschungsergebnisse, insbesondere empirische Untersuchungen in der Unfallforschung, haben die Biorhythmuslehre hoffähig gemacht. Es existieren schon in einigen Länder Lehrstühle für Biorhythmik. Internationale Firmen machen sich die Kenntnisse über die Biorhythmik bei wichtigen Geschäftsverhandlungen und Geschäftsterminen zunutze. In Japan fahren Post- und Telegrammboten an den kritischen Tagen nur mit entsprechender Kennzeichnung damit die anderen Verkehrsteilnehmer rechtzeitig gewarnt werden. So gibt es viele Bereiche in der Industrie, der Politik, der Forschung, der Medizin und sonstigen Institutionen, die heute schon öffentlich oder geheim Nutzen aus der Kenntnis der Biorhythmik ziehen. Wir empfehlen Ihnen (neben der eigenen Nutzung), die Biorhythmik bei Ihren Teilnehmern dann durchzuführen, wenn in länger andauernden

Seminaren Gruppenarbeiten geplant sind. Das Lernergebnis eines optimal zusammengestellten Gruppenteams übertrifft ein »normales« Ergebnis.

Wenn auch Sie dieses Wissen nutzen wollen, empfehlen wir Ihnen zur Vertiefung folgendes Werk: »Biorhythmik – Das Auf und Ab unserer Lebenskraft« von Hugo Max Gross. In diesem Werk sind auch alle Informationen enthalten, um Biorhythmen selbst zu errechnen. Natürlich gibt es auf dem Buchmarkt auch andere gute Fachbücher, die diese Thematik umfassend und genau behandeln.

5.4 Das Gehirn-Jogging

Wie viele wissenschaftliche Untersuchungen in letzter Zeit ergaben, ist zu der Erhaltung der Vitalität und Leistungsbreite nicht nur ein körperliches Ausgleichstraining notwendig, sondern auch ein kontinuierliches Trainieren von Geist und Gedächtnis. Um dieser Notwendigkeit nachzukommen, wurde in jüngster Zeit von namhaften Experten unter der Bezeichnung »Gehirn-Jogging« ein umfassendes Übungsprogramm erarbeitet, das in spielender Weise, bei einem Zeitaufwand von täglich 10 Minuten, Geist und Gedächtnis schult und einem frühen Leistungsverlust vorbeugt.

Sicherlich haben auch Sie schon bemerkt, dass Sie z.B. nach einem längeren Urlaub in der ersten Zeit danach mit Ihrer Arbeit nicht mehr so zurechtkommen. Man hat herausgefunden, dass bereits kurze Phasen mangelnder geistiger Aktivität zu einem deutlichen Nachlassen der geistigen Fähigkeiten führt. Ähnliches wurde bei Patienten beobachtet, die längere Zeit im Krankenhaus verbrachten. Bei diesen Personen konnte ein deutliches Absinken des geistigen Trainingsgrades festgestellt werden. Auch bei den Astronauten wurden solche Beobachtungen gemacht. Heute werden diese Störungen durch das Gehirn-Jogging abgefangen. Diese wenigen Beispiele sollen Ihnen verdeutlichen, wie wichtig und notwendig neben dem körperlichen auch ein geistiges Training für unser Wohlbefinden ist, was besonders auf Tätigkeiten mit einseitiger geistiger Belastung zutrifft (welchen Beruf betrifft das heutzutage nicht).

Übungsbeispiele:

a) Finden Sie für jede Reihe die nachfolgende Zahl:
   1 – 2 – 3 – 4 – 5 – 6 – 7 – ...
   2 – 4 – 6 – 8 – 10 – 12 – 14 – ...
   5 – 8 – 11 – 14 – 17 – 20 – 23 – ...
   1 – 4 – 9 – 16 – 25 – ...
   3 – 4 – 6 – 9 – 13 – 18 – ...
   27 – 20 – 14 – 9 – 5 – 2 – ...

b) Streichen Sie gleiche Zahlen oder Buchstaben, die nebeneinander stehen, durch:

1	2	3	4
19	ZS	333	TTT
44	VQ	966	VYQ
01	JJ	731	SNX
60	TJ	604	HHH
02	CC	111	HHH
22	KR	859	GEJ
11	NO	190	TTT
86	ZZ	716	PPP
20	PP	444	LLL
55	HH	111	GXW
00	GE	000	CCC
18	JO	190	GGG
42	MA	442	WPX
33	WW	896	RCA
30	FN	091	BBB
77	OU	000	LOG
12	BB	444	MMM

33	FM	560	ZQT
36	DK	189	QOD
42	AA	555	YOP
79	VW	553	RGJ
14	RS	849	DDD
44	JJ	666	ADG
59	FE	777	YTY
13	IV	726	BZU
88	CC	999	KCC
09	SS	599	PMQ
03	HK	018	EWP

c) Streichen Sie die gleichen Zahlen oder Buchstaben, die schräg (diagonal) untereinander stehen, durch:

1	2	3	4
548	MSR	379	RRI
051	XMF	597	VIO
695	IXM	970	IOV
268	YIX	708	OKG
473	KYI	060	YGU
639	IKY	862	GBJ
133	VSK	020	XJB
430	MVB	286	JQW
041	GMV	515	QRR
644	WZT	839	RRR
468	SWY	992	RTF
146	VSW	975	RPW
884	PVS	484	QMV
185	LDV	430	HZP
718	LTG	302	KGC
801	FWM	025	OLW
487	QFK	284	EYZ
018	UTF	748	JZH
500	YUE	967	ZHF
250	OFU	582	HDJ
225	TNY	226	RJL
852	XVS	242	JKO
925	BXM	135	KKG
606	FRX	752	JGT
042	MSK	046	GTO

Diese und weitergehende Übungsprogramme finden Sie z.B. in dem Buch »Gehirn-Jogging« von Siegfried Lehr.

5.5 Die verschiedenen Menschentypen

Um das Wesen eines Menschen zutreffend beschreiben zu können, versucht die Typenpsychologie in der Vielzahl der Individuen Gemeinsames oder Typisches herauszufinden und in ein System zu bringen. Das heißt, dass man Merkmale, die viele gemeinsam haben, herausgreift und in Gruppen zusammenfasst. Wir müssen uns aber der Einschränkung bewusst sein, dass die Vertreter eines gleichen Typs dennoch stark in ihrem Erscheinungsbild voneinander abweichen können. Entscheidend ist allein, ob sie sich in den Kernmerkmalen ähneln.

Im Alltag begegnen uns täglich »Typen«. Wir selbst sind an der Bildung neuer beteiligt. Wir sprechen von typischen Angebern, typischen Amerikanern usw. Es gibt zahllose Alltagstypen, und jeden Tag können wir neue bilden. Wir wollen uns nun mit den Typen beschäftigen, deren Kenntnis uns am meisten nützen kann. Dabei möchten wir jedoch zu bedenken geben, dass die Einteilung zu einem bestimmten Typ keine Wertung darstellt, denn alle Typen gelten als gleichwertig.

5.5.1 Die Temperamentstypen

Die Temperamentstypen

	Sanguiniker	Choleriker	Melancholiker	Phlegmatiker
Hauptstärke	Bewusstsein	Wille	Wirken, Tun	Gefühl
Eigenart	schwebt immer obenauf	Energiebündel, explosiv	verbissen in seine Arbeit, Perfektionswahn	nahe ans Wasser gebaut, alles wurmt innerlich
Positive Eigenschaften	- lebhaft, heiter - geistig beweglich - begeisterungsfähig - nicht nachtragend - gesellig	- draufgängerisch - mitreißend - begeisterungsfähig - energisch - voller Durchsetzungskraft	- gemütvoll - empfindsam - nachdenklich - besinnlich - hilfsbereit - treu - ergeben	- treu - beständig - zuverlässig - ausdauernd - gutmütig - vorsichtig
Negative Eigenschaften	- geschwätzig - unbeständig - oberflächlich - leichtsinnig - unzuverlässig - unpünktlich	- leicht erregbar - jähzornig - leicht gereizt - mißmutig - gespannt - polternd	- schwermütig - grüblerisch - verzagt - schwunglos - schwach - zögernd	- schwerfällig - lahm - bequem - unentschlossen - interessenlos - schwunglos - schwach - zögernd
Führungsart	führend	führend	ausführend	ausführend

ABB. 4 ▶ Die vier Temperamentstypen

5.5.2 Körperbautypen nach E. Kretschmer (1888 – 1964)

Leptosome	Pykniker	Athletiker
Der Schlanke	Der Runde	Der Stämmige
Überwiegen des Nervensystems	Überwiegen des Stoffwechsels	Überwiegen des Muskel- und Knochensystems
Kopfform: Dreieckig	Kopfform: Birnenform	Kopfform: Viereckig
Nervös, unruhig, zappelig	Ruhig, nie gestreßt	Grobschlächtig, ekelig
Anfällig, empfindlich		teilen aus, vertragen alles
- stößt überall an - hält viel aus - Ideenträger - ständig gestresst - schnell	- bequem - gemütlich - friedlich - typische BMW-Berufe Bäcker Metzger Wirt	- langsam - schwer arbeitend - schwerfällig - im Denken stur
empfindlich, kühl	heiter, traurig	phlegmatisch, explosiv
	Die Watte zwischen den anderen Typen	

ABB. 5 ▶ Körperbautypen nach Kretschmer

5.5.3 Die Interessentypen nach E. Spranger (1882 – 1963)

Bezeichnung	Beschreibung
Der ökonomische Typ	Der an der Zweckmäßigkeit orientierte Praktiker
Der theoretische Typ	Gegenteil vom Praktiker
Der ästhetische Typ	Der an der Schönheit und Form Orientierte
Der soziale Typ	Der im Dienste an seinem Mitmenschen Aufgehende
Der politische Typ	Der Machtmensch
Der religiöse Typ	Der nach Offenbarung Strebende

ABB. 6 ▶ Interessentypen nach Spranger

5.5.4 Die Funktionstypen nach C. G. Jung (1875 – 1961)

Extrovertierter Typ	Introvertierter Typ
- „Hans Dampf in allen Gassen"	- findet seine Welt in sich selbst
- „Gesellschaftskanone"	- wenig Kontakt
- fühlt sich unter anderen am wohlsten	- aufrichtig und anhänglich
- redselig, umgänglich	- nachdenklich
- freundlich	- in sich gekehrt
- findet leicht Kontakt	- grüblerisch bis weltfremd
- manchmal etwas oberflächlich	- eigensinnig
- Gefühle reichen nicht tief	- beharrt uneinsichtig auf Ansichten
- trägt das Herz auf der Zunge	- kümmert sich wenig um die Meinung anderer

ABB. 7 ▶ Funktionstypen nach Jung

Wie bereits erwähnt, können diese Menschentypen nur als ein Teil der Charakterkunde angesehen werden und reichen zur umfassenden Beurteilung nicht aus. Sie geben dem Ausbilder jedoch Hinweise und Hilfen für seinen täglichen Umgang mit den Zuhörern.

Durch die Grobeinteilung einzelner Teilnehmer in die verschiedenen Arten der Menschentypen kann er schon vorausschauend auf die verschiedenen Haupteigenschaften der Teilnehmer eingehen und somit besser die einzelnen Zuhörer beurteilen und in den Unterrichtsprozess mit integrieren. So muss der introvertierte Typ vorsichtiger angesprochen werden und die Wahl der Worte darf nicht zweideutig erfolgen. Man benötigt viel psychologisches Fingerspitzengefühl, um ihn aus der zurückhaltenden Art zur aktiven Mitarbeit zu gewinnen.

Der extrovertierte Typ verträgt im Gegensatz dazu auch einmal ein ernsteres Wort. Er meldet sich stets, wenn etwas unklar ist oder wenn er eine Zusatzfrage hat. Währenddessen bleibt der Introvertierte mehr auf Distanz. Er möchte nicht durch eigene Aktivitäten in den Vordergrund des Unterrichts geraten. Des Weiteren ist auch zu berücksichtigen, dass sog. »Zwischentypen« ebenfalls häufig vorkommen und differenzierter angesprochen werden müssen. Hier erfordert es vom Dozenten viel Feingefühl, jeden Typ im Unterrichtsprozess richtig zu behandeln.

Weitere Beurteilungskriterien sind auch im folgenden Kapitel enthalten.

5.6 Körpersprache für Ausbilder

Dieses Kapitel soll dazu beitragen, bei Ihnen die Sensibilität für körpersprachliche Signale auch im Bereich des Ausbilderverhaltens zu wecken. Diese stumme, quasi »unzensierte« Sprache des Körpers verrät manchmal mehr als das vom Verstand kontrollierte gesprochene Wort, wenn man sie zu deuten versteht. Wir haben versucht, in den folgenden stichwortartigen Aufzählungen die wichtigsten Erkenntnisse in Merksätze zu fassen, um eine möglichst schnelle Übernahme in die tägliche Unterrichtspraxis und ein erstes Deuten von Körpersignalen zu ermöglichen. Die nichtverbalen Signale, die von den einzelnen Individuen ausgehen, reichen vom Blickkontakt über Gestik und Mimik bis zur Kleidung.

5.6.1 Der Blick

Es ist allgemein bekannt, dass jemand mit
- »blitzenden«,
- »warmen«,
- »bestimmten«,
- »funkelnden«,
- »strahlenden« und
- »eisigen« Augen

angesehen werden kann. Genauso kann man jemanden »anstarren« und mit dem Blick »festnageln«, oder man gibt durch das »Niederschlagen der Augen« Unsicherheit zu erkennen.

Merkregeln zum Blick:
1. Blicken Sie beim Sprechen auf das Publikum, sonst fühlt es sich ignoriert.
2. Sprechen Sie auf keinen Fall schon beim Betreten des Unterrichtsraums oder in den Anfangslärm (Unterhaltung etc.) der Lerngruppe hinein. Dies würde nur Ihre Nervosität zeigen und fördert Disziplinprobleme, weil Sie bei relativ hohem Lärmpegel einsteigen und die Gruppe dann von diesem Lärmniveau kaum noch herunterbringen.
3. Es ist wichtig, dass Sie alle Teilnehmer im Blickfeld haben. Sie sollen aber dabei einen Mindestabstand von zwei Metern beachten. Je größer der Kreis, umso wichtiger ist diese Distanz. Wenn Sie zu nahe an den Teilnehmern stehen, kommt es bei der Aufnahme des Blickkontaktes zum sogenannten Scheibenwischerblick. Ihre Augen kreisen dann nämlich von links nach rechts im Raum, ohne dass wirklich ein Blickkontakt aufgenommen wird. Pro Person muss der Blickkontakt ca. 3 – 5 Sekunden dauern.
4. Suchen Sie sich einen »Plus-Mann« oder eine »Plus-Frau« aus der Zuhörerschaft über den Blickkontakt frühzeitig heraus. Das ist diejenige Person, die Ihnen Interesse am angebotenen Stoff entgegenbringt und ausstrahlt. Diese positive Kontaktaufnahme zu einzelnen Teilnehmern überträgt sich dann automatisch auf die anderen, da Sie ja aus der Sicht jedes Einzelnen sozusagen Einzelpartner sind, und jeder Teilnehmer die positive Ausstrahlung des Ausbilders auf sich selbst bezieht (Katalysatorwirkung des Dozenten).
5. Nehmen Sie während des Sprechens für kurze Zeit (etwa 5 Sekunden) intensiven Blickkontakt zu Einzelnen auf, bis Sie den Eindruck haben, dass eine echte Personenwahrnehmung stattgefunden hat. Sie werden feststellen, dass mindestens vier bis sechs benachbarte Teilnehmer sich auch angesprochen fühlen. Sie erkennen es daran, dass, wenn Sie jemanden in der Gruppe freundlich anlächeln, es sein kann, dass ein anderer Teilnehmer aus der unmittelbaren Umgebung zurücklächelt. Achten Sie aber darauf, dass Sie niemanden zu lange und intensiv anschauen. Sie machen ihn dadurch nur unsicher und geben ihm das Gefühl, dass er eingeschüchtert werden soll; das wiederum erzeugt Aggressionen. Richten Sie Ihren Blick niemals auf die Nasenwurzel des Teilnehmers.

5.6.2 Die Körperstellung

Wir alle kennen aus eigener Erfahrung verschiedene Typen von Rednern, die sich auf charakteristische Art vor den Zuhörern bewegen. Eine extreme Form ist der »Wanderer«, der die ganze Zeit auf und ab geht. Im Kap. 4 »Rhetorik« sind wir darauf näher eingegangen.

Merkregeln zur Körperstellung:
1. Vermeiden Sie nach Möglichkeit unruhiges Hin- und Hergehen vor der Ausbildungsgruppe. Sie lenken dadurch die Teilnehmer vom Inhalt des Unterrichts ab.
2. Wechseln Sie ruhig im Laufe Ihres Vortrages drei bis viermal den Platz. Tun Sie es jedoch nicht überhastet und unkontrolliert, sondern verstärken Sie vor allem

während des Platzwechsels den Blickkontakt. Dadurch wird die Platzänderung kaum bemerkt. Eine steife Haltung wirkt unnatürlich und verklemmt, eine zu lässige Haltung arrogant.
3. Stecken Sie Ihre (beiden) Hände niemals für längere Zeit in die Taschen.
4. Der beste Platz für den Dozenten ist in der Nähe des Ausbildertischs. Stellen Sie sich aber nicht hinter dem Tisch oder dem Arbeitsprojektor auf. Sie bauen dadurch Barrieren auf, die sich als Beziehungssperren auswirken, d. h., dass Sympathieübertragungen des Redners in die Zuhörerschaft verhindert werden.
5. Achten Sie auf einen Mindestabstand von zwei Metern zu den Teilnehmern.
6. Am günstigsten ist das freie Stehen in der Nähe des Ausbildertischs. Sie erreichen damit, dass Sie von vielen Zuhörern vollständig gesehen werden. Erst jetzt können Sie die Körpersprache sinnvoll einsetzen.
7. Wenn Sie das Stehen nicht mehr aushalten, setzen Sie sich am besten vorne seitlich auf den Ausbildertisch, wobei Sie mit einem Fuß Bodenberührung halten sollten. Lassen Sie sich auf keinen Fall auf einem Teilnehmertisch nieder, oder stellen gar zusätzlich die Füße auf einen Stuhl. Dies ist unhygienisch und kein gutes Beispiel für die Zuhörer. Zudem knicken Sie vor den Zuhörern ein und können so nicht mehr in Ihrer ganzen Körperstatur gesehen werden.
8. Achten Sie darauf, dass Sie immer in Ihrer ganzen Körperbreite zu sehen sind, besonders dann, wenn Sie jemanden ansprechen. Richten Sie dabei Ihre Körperstellung an der Mitte des Lehrsaales aus. Der Blick über die womöglich noch hochgezogene Schulter bei gleichzeitig verschränkten Armen kann als Verdeckungsgeste wirken, die Unsicherheit verrät und eine direkte Kontaktaufnahme erschwert.
9. Eine Ausnahme bildet das fragenentwickelnde Verfahren, bei dem Sie die vom Kursteilnehmer erarbeiteten Beiträge an die Tafel schreiben. Hier zeigen Sie absichtlich die Seite, um die Aufmerksamkeit auf die Tafel zu lenken. Oft wird der Tafelanschrieb schlampig durchgeführt, weil befürchtet wird, durch ihn den Kontakt zu verlieren und dass Einzelne hinter dem Rücken zu stören beginnen. Lassen Sie sich dadurch nicht aus der Ruhe bringen. Sie können es doch nicht verhindern, dass hinter Ihrem Rücken Getuschel entsteht.
10. Vermeiden Sie, während des Sprechens gleichzeitig nach hinten in den Ausbildungsraum zu gehen. Damit erreichen Sie nur, dass sich die Zuhörer aus den vorderen Reihen umdrehen und abgelenkt werden.

5.6.3 Das territoriale Verhalten

Wollen Sie, dass sich Ihr Gesprächspartner im Umgang mit Ihnen wohlfühlt, ist es wichtig, auf die Distanzzonen zu achten. Jeder zusätzliche Gegenstand zwischen Ihnen und der Gruppe wirkt wie eine Verlängerung der Distanzzone.

Vortragsdistanz (3 – 4 m): Diese haben wir bereits besprochen. Sie ist bei Vorträgen zu beachten. Nur wenn Sie genügend Abstand halten, können Sie alle Teilnehmer im Blickfeld haben und trotzdem positiv aufgenommen werden. Tische und Rednerpulte zwischen Ihnen und der Zuhörerschaft vergrößern die Kommunikationsdistanz.

Intimdistanz (50 – 60 cm): Als Faustregel gilt: Wenn Sie den Arm ausstrecken, muss der Gesprächspartner mindestens bis zum Handgelenk entfernt stehen. Die Verletzung dieser Distanz wird als aufdringlich empfunden. Normalerweise wird sie durch das Zurückweichen oder den inneren Aufbau von Barrieren stets wieder hergestellt. Man lässt prinzipiell nur ganz wenige Menschen in seinen eigenen persönlichen Intimdistanzbereich eintreten.

Persönliche Distanz (0,60 – 1,50 m): In diese müssen Sie eindringen, wenn Sie einen persönlichen Kontakt zu Teilnehmern aufnehmen wollen, die Ihnen noch nicht bekannt sind bzw. mit denen Sie ein persönliches Gespräch führen wollen. Diese Entfernung wirkt nicht aufdringlich, sondern ermöglicht eine Atmosphäre, in der sich der Gesprächspartner wohlfühlt (persönliche Kommunikation). Gegenstände wie z. B. eckige Tische, Aschenbecher, Blumen, Gläser, Kerzen etc. auf dem Tisch beeinflussen den Kommunikationsprozess negativ.

- Sie sollten bei der Ausbildung grundsätzlich auf Einhaltung von Distanzzonen achten. Je unsicherer Sie persönlich oder die Teilnehmer sind, um so größer sollte der Abstand zunächst sein.
- Je näher Sie etwa an einen undisziplinierten Teilnehmer/Schüler herantreten, um so leichter wird er – in Verbindung mit durchgehaltenem Blickkontakt – unter Kontrolle zu bringen sein.
- Sie können je nach Fall durch die Annäherung an einzelne Kursteilnehmer diese aus der Anonymität des Kurses herausholen, indem Sie einen persönlichen Kontakt zu ihnen herstellen. Dies gilt genauso für Teilnehmer, die im Schutz der Gruppe besonders vorlaut oder eher schüchtern veranlagt sind.
- Bei dieser Annäherung ist es ganz wichtig, dass Sie sich nicht in ganzer Körpergröße vor dem Zuhörer aufbauen. Dies wirkt auf den Teilnehmer unweigerlich als Bedrohung.
- Den persönlichen Kontakt zu solchen Teilnehmern können Sie am besten herstellen, wenn Sie sich unter Wahrung der persönlichen Distanz auf gleicher Blickhöhe zunächst neben und dann vor den betreffenden Teilnehmer setzen (in die Knie gehen, herunterbeugen). So werden Sie allmählich zu einem vertrauten Partner.
- Teilnehmer, mit denen man gar nicht zurechtkommt, können durch Namensansprache und Aufforderung, zum Ausbilder zu kommen, aus der anonymen Gruppe gelöst und dann mit externem »Gruppendruck« besänftigt bzw. beschwichtigt werden. Es darf sich dabei aber nicht um einen informellen bzw. formellen Gruppenführer handeln.

5.6.4 Die Körpersprache

Es ist wichtig zu wissen, dass etwa zwei Drittel unserer Kommunikation ohne Worte stattfindet. Die stummen Hinweise aus dem Körper erlauben es uns, nicht ausgesprochene Empfindungen wahrzunehmen. Sie wirken auf unser Unterbewusstsein nicht wahrnehmbar ein. Tabelle 1 soll einige Körpersignale und ihre Wirkungen stichwortartig aufführen.

Körpersignal:	Wirkung:
die Stirn runzeln	Entrüstung
Hand über die Stirn streichen	Verlegenheit, Wegwischen von Sorgen
den Kopf einziehen	Unsicherheit, Schuldbewusstsein
das Kinn streichen	Nachdenklichkeit, in Verbindung mit Lächeln Überheblichkeit
den Kopf mehrmals ruckartig zurückwerfen	Trotz
den Kopf senken	Unsicherheit, Schuldbewusstsein, Ergebenheit, Demut
häufig die Augenlider bewegen	Nervosität
die Augenbrauen heben	Skepsis, Erstaunen, Arroganz
die Augenbrauen senken bzw. zusammenziehen	Ärger, nachdenklich
keinen Blickkontakt mehr halten	Unsicherheit, Konzentration, nachdenklich
guten Blickkontakt halten	Arroganz, Selbstsicherheit
sich kurz an die Nase greifen	Verlegenheit, sich ertappt fühlen
sich die Nase reiben	nachdenklich
mit dem Oberkörper weit nach vorne beugen	Interesse, will unterbrechen, eingreifen, schaltet sich in das Gespräch ein
den Oberkörper weit zurücklehnen	abwarten, Ablehnung
Beine verschränken (ausgestreckt)	abwarten, Zurückhaltung
die Beine übereinanderschlagen zum Gesprächspartner hin	Aufbau eines Sympathiefeldes
die Beine übereinanderschlagen vom Gesprächspartner weg	Abbau eines Sympathiefeldes
die Füße um die Stuhlbeine legen	Unsicherheit, Halt suchen
mit den Füßen wippen, im Stehen	einmal: Unsicherheit, häufiger: Arroganz
die Füße verschränken	Selbstsicherheit, Arroganz
die Brille hastig abnehmen	Verwirrung, Erregung, Zorn
die Brille hochschieben	will Zeit gewinnen, Nachdenklichkeit
das Gesicht verdecken	nachdenken, will entfliehen, abschalten
das Jackett öffnen	Entspannung, Sicherheit
Ärmel hochstreifen	Tatkraft, will beginnen
die Hände um die Stuhllehne klammern	Verkrampfung, Unsicherheit

TAB. 1 ▶ Körpersignale und deren Wirkung

Merkregeln zur Körpersprache:
1. Vermeiden Sie zu häufiges Anlehnen des Körpers an die Rückwand.
2. Vermeiden Sie eine Körperhaltung, von der negative Signale ausgehen (z. B. Hände am Rücken, geschlossene Arme/Hände).
3. Verwenden Sie keine Überlegenheitssignale wie z. B. das Zurückwerfen des Kopfes während des Einwands eines Teilnehmers.
4. Bevorzugen Sie aufmunternde Bewegungen für den Teilnehmer. Schaffen Sie Blickkontakt in gleicher Augenhöhe im Bereich der persönlichen Distanz (nicht von oben auf den Teilnehmer herunterblicken).
5. Unterlassen Sie unbedingt:
   a) Spottsignale (z. B. Auslachen, über Aussage lächeln)
   b) Zurückweisungssignale (z. B. den Körper abwenden)
   c) Signale der Langeweile (z. B. In-die-Ferne-Starren, tiefes Seufzen, Gähnen)
   d) Signale der Ungeduld (z. B. Trommeln mit den Fingern, leichtes Klopfen mit dem Fuß, wiederholtes Schlagen der Hände gegen den eigenen Körper).
   Dies sind alles Dominanzgebärden, die dazu geeignet sind, Unsicherheit und Ablehnung zu erzeugen.
6. Vermeiden Sie aber auch solche negativen Körpersignale, die die eigene Unsicherheit auf die Teilnehmer übertragen könnten (z. B. unruhiges Zappeln, Einknicken des Oberkörpers nach vorn, rhythmisch wippende Bewegungen, Kreuzen der Beine vom Teilnehmer weg, Demutsgebärden usw.).
7. Reduzieren Sie den Kontakt zum eigenen Körper (an Haare, Stirn, Arm, Nacken fassen etc.).

5.6.5 Die Gestik und Mimik

Sie als Ausbilder müssen auch diese beiden Ausdrucksformen in Ihre Lehrtätigkeit mit einbeziehen. Dies hat nichts mit Schauspielerei zu tun, sondern ist ein »Sich-bewusst-Werden« bestimmter Wirkungen von Körpersignalen. Bedenken Sie, von Mimik und Gestik gehen Informationen aus, die uns unbemerkt entlarven können. So nimmt z. B. beim Lügen die Anzahl der mit den Händen gemachten Gesten ab. Außerdem erhöht sich die Häufigkeit der Selbstkontakte mit der Hand im Gesicht. Bei Täuschungsmanövern sind am häufigsten: das Kinnstreicheln, das Lippenzusammendrücken, das Mundbedecken, die Nasenberührung, das Wangenreiben, das Kratzen an den Augenbrauen, das Ziehen am Ohrläppchen und das Haare streichen. Beim Lügen zeigt sich ferner eine deutliche Zunahme der seitlichen Körperbewegungen (Fluchtreaktion). Aus diesen Beispielen wird deutlich, dass für den in Mimik und Gestik Geübten aufschlussreiche Signale erkennbar werden. Tabelle 2 soll nun wieder stichwortartig die häufigsten Signale und ihre Wirkungen aufzeigen.

5 ▶ Die Aura

Körpersignal	Wirkung
den Mundwinkel heben	Zynismus, Arroganz, Überlegenheitsgefühl
den Mund öffnen	Erstaunen, will unterbrechen
die Lippen zusammenpressen	verhaltener Zorn, Starrsinn
die Unterlippe hochziehen	Überlegung, Nachdenklichkeit
die Arme vor der Brust verschränken	abwarten, Ablehnung, Suche nach Geborgenheit, sich unter Kontrolle halten
die Hände vor der Brust falten	Verkrampfung, Unsicherheit
weite Armbewegungen	Sicherheit (des Teilnehmers), ist aber zu auffällig für die Unterrichtung
kurze, enge, andeutende Hand- und Armbewegungen	Unsicherheit (des Teilnehmers), wirkt aber positiv bei der Unterrichtung
mit den Händen ein Spitzdach formen in Richtung Partner und in Richtung oben	ich wehre mich gegen jeden Einwand, Nachdenklichkeit
sich die Hände reiben	schnell: Schadenfreude, langsam: Zufriedenheit, Freude
mit dem Bleistift, einer Heftklammer oder der Kreide spielen	Nervosität
die Hand zur Faust verkrampfen	Zorn, verhaltener Zorn
die Hand vor den Mund nehmen, während des Sprechens	Unsicherheit
die Hand vor den Mund nehmen, nach dem Sprechen	will das Gesagte zurücknehmen
die Hände in die Hüften stemmen	Imponiergehabe, Überlegenheitsgefühl, Entrüstung
die Hände in die Hosentaschen stecken	Entspannung, Arroganz
Arme und Hände unter dem Tisch halten	Unsicherheit
die Hände vor die Brust legen	Beteuerungsgeste
die Hände vor der Brust kreuzen	Ergebenheit, Demut
die Hände auf den Rücken legen	Befangenheit, Arroganz, Autoritätshaltung
die Hände zusammenkrampfen	Nervosität, Aggression
die Hände im Nacken verschränken	Wohlbehagen, Entspannung, wirkt auf Teilnehmer aber arrogant
die Fingerkuppen einer Hand aneinanderpressen	Unterstreichen einer Aussage, überzeugt sein
mit dem Finger zeigen: »Sie sind ...«	Entrüstung, Aggression
den Zeigefinger heben	Belehrung, Tadel
die Finger zum Mund nehmen	kurz: Verlegenheit, lang: Nachdenklichkeit
mit den Fingern trommeln	Ungeduld, Nervosität
mit den Fingern schnipsen	einmal: plötzlicher Einfall, mehrmals: Lösung suchen
mit dem Zeigefinger auf den Tisch pochen	auf etwas bestehen, von etwas besonders überzeugt sein, Nachdruck verleihen

Tab. 2 ▶ (nach: R. Heidemann, Körpersprache vor der Klasse, a.a.O., ergänzt mit eigenen Ergebnissen)

Merkregeln zur Körpermotorik:
1. Grundsätzlich gilt, dass Hände unterhalb der Gürtellinie negativ, Hände zwischen Gürtellinie und Brusthöhe neutral und Hände in Brusthöhe positiv wirken.
2. Am günstigsten ist es, wenn Sie offene, ruhige Kontaktgesten in Richtung auf die Teilnehmer machen, wobei sich die Arme in Brusthöhe bewegen und die Handflächen nach oben zeigen.
3. Vermeiden Sie das Aufrufen von Teilnehmern mit dem falschen Arm (z.B. über Kreuz – rechts sitzender Teilnehmer nicht mit linkem Arm aufrufen). Der quer vor dem Körper befindliche Arm wirkt als Kontaktsperre.
4. Setzen Sie die Geste zusammen mit dem gesprochenen Wort ein. Vorzeitige oder verspätete Gesten verfehlen ihren Zweck.
5. Mit das größte Problem ist für den Anfänger, wo er während des Sprechens seine Hände lassen soll. In der Regel am besten scheinen in Brust- oder Bauchhöhe locker verbundene Hände, da sie Konzentration, Entspannung und Ruhe ausstrahlen. Aus dieser Position können Sie auch auf kürzestem Weg die Gestik einsetzen.
6. Unbedingt vermeiden müssen Sie das nervöse Bearbeiten der Kreide, des Kugelschreibers oder des Zeigestabes. Mit diesen Bewegungen lenken Sie den Teilnehmer mit Sicherheit ab.
7. Vor allem dürfen Sie nicht zu häufig die Arme vor der Brust verschränken.
8. Am günstigsten ist es, wenn Sie den Teilnehmern offen ins Gesicht sehen.
9. Vermeiden Sie häufiges Mundlecken, Nasenreiben, Lippenzusammendrücken, Stirnrunzeln, Wangenreiben und Hochziehen der Augenbrauen. Diese Verhaltensweisen lassen Sie als fahrig und emotional unkontrolliert erscheinen. Bei nervösen Menschen nimmt die Anzahl der eigenen Körperberührungen zu.
10. Positive Wirkung auf die Teilnehmer hat eine offene, natürliche Freundlichkeit, wozu auch ein herzliches Lachen gehört. Aber lachen Sie nicht, wenn Ihnen nicht danach zumute ist. Aufgesetztes Lachen wirkt künstlich und bewirkt genau das Gegenteil.

Mit diesen Tipps und Anregungen wollen wir Ihnen Hilfen an die Hand geben, mit denen Sie Schritt für Schritt durch Einbeziehung in Ihre tägliche Ausbildertätigkeit den Weg zum Gipfel des erfolgreichen Ausbilders erklimmen.

5.7 Die Kraft der positiven Gedanken

»Säe einen Gedanken, und du wirst eine Tat ernten.
Säe eine Tat, und du wirst eine Gewohnheit ernten.
Säe eine Gewohnheit, und du wirst einen Charakter ernten.
Säe einen Charakter, und du wirst ein Schicksal ernten.«

Indische Weisheit (aus der vedischen Philosophie)

Jeder Gedanke strebt nach Verwirklichung. Deshalb ist es wichtig, unsere Gedanken zu kontrollieren.

Wir müssen lernen, zuerst unsere Gedanken zu kontrollieren. Denn aus unseren Gedanken bilden sich unsere Worte, daraus unsere Taten. Wenn wir unsere Gedanken beherrschen, sind wir auch in der Lage unsere Ideen zu kontrollieren. Wenn wir uns selbst im Griff haben, wird niemand uns kontrollieren können.

Negative Gedanken lassen uns Sorge, Angst und Hass verspüren, wir werden ungeduldig, unfreundlich und im schlimmsten Fall krank. Positive Gedanken dagegen geben uns Selbstsicherheit, Kraft, Freude und erhalten unsere Gesundheit. Denken Sie negative Gedanken nur oberflächlich und lassen Sie sie vorbeiziehen! Positive Gedanken dagegen denken Sie gründlich durch und fühlen Sie sie!

Liebe Leserin und lieber Leser, auch Ihnen ist sicherlich bewusst, dass unser Denken in mannigfacher Art unser Leben beeinflussen kann. Die Gedanken sind ein Kraftpotenzial sondergleichen, das wir einzusetzen lernen sollten. Wie bei allem, was wir tun, müssen wir es sinnvoll und wohlüberlegt einsetzen, um einen wahren Nutzen daraus zu erhalten. So ist seit Langem bekannt, dass die Kraft des Denkens einen intensiven kontinuierlichen Gedanken in die Tat umsetzen kann. Neuere Untersuchungsergebnisse lassen vermuten, dass jeder Gedanke im Gehirn ein spezifisches Eiweißmolekül erzeugt, welches wiederum positive oder negative Auswirkungen (je nach Grundwirkung dieses Gedankens) auf die weitere Einstellungskraft in uns hat. Bedenken Sie jedoch, dass nicht nur positive, sondern auch negative Gedanken realisiert werden. Bei den meisten Mitmenschen überwiegen leider die ängstlichen und pessimistischen Gedanken. Ist es da ein Wunder, dass nichts gelingen mag? Bevor wir in die Systematik der Denkkraft einsteigen wollen, sollte uns jetzt schon klar sein, dass wir jeden Tag mit positiven Gedanken beginnen und beenden sollten. Lenken Sie Ihr Denken immer in die positive Form. Dadurch wird auch Ihr Wesen ausgeglichener und zufriedener.

Ein gutes Beispiel für die Realisierung von Gedanken haben wir Ihnen bereits im Kapitel über das autogene Training (Kap. 5.1.1) aufgezeigt, wobei z. B. Gedanken zu körperlichen Reaktionen führen, wie der Gedanke »mein Arm ist ganz schwer«. Im Folgenden wollen wir Ihnen an einem Beispiel einige Einblicke in die systematische Anwendung der Kraft des positiven Denkens geben.

Nehmen wir einmal an, Sie möchten ein erfolgreicher Ausbilder werden, dann müssen Sie folgendermaßen Ihre Gedankenkraft einsetzen:
- ▶ Fragen Sie sich, was Sie wirklich wollen!
- ▶ Erstellen Sie eine Liste!
- ▶ Formulieren Sie Ihre Wünsche genau!
- ▶ Gehen Sie Schritt für Schritt vor!
- ▶ Achten Sie darauf, dass Sie durch Ihre Wünsche Ihre Mitmenschen nicht kränken oder verletzen!
- ▶ Formulieren Sie Ihre Wünsche positiv!
- ▶ Ordnen Sie Ihre Liste entsprechend dem Schwierigkeitsgrad!
- ▶ Beginnen Sie mit dem Einfachsten!
- ▶ Das Selbstvertrauen wächst schon mit kleinen Erfolgen.
- ▶ Kontrolliertes, positives Denken wird Ihr Leben erfreulicher gestalten.
- ▶ Lesen Sie Ihren Wunschzettel dreimal täglich durch!
- ▶ Denken Sie darüber nach, wann immer Sie können!
- ▶ Haben Sie Spass an Ihren Vorsätzen!
- ▶ Formen Sie Ihren Wunsch in Worte und in geistige Bilder!
- ▶ Freuen Sie sich auf Ihre Tätigkeit als Ausbilder! Endlich haben Sie die Gelegenheit, den anderen zu zeigen, was Sie können.

Ergebnis des positiven Denkens:

> Alles ist erreichbar.

Lernen Sie, das Unmögliche zu erwarten!
Prägen Sie sich Ihr Ziel immer wieder geistig ein!

So werden Sie bald bemerken, dass Sie alles mit der Kraft des positiven Denkens erreichen können.

Diese kurze Abhandlung sollte Ihnen nur einen Einblick in dieses Kraftdepot geben und Sie neugieriger machen, damit Sie sich näher damit beschäftigen, zum Wohle Ihrer persönlichen Entfaltung. Es ist uns auch klar, dass dieses kurze Anreißen des Themenkomplexes »Gedankenkraft« nicht ausreichen kann, um diese sofort in die Tat umzusetzen. Daher empfehlen wir Ihnen zur weiteren Information eines der im Literaturverzeichnis aufgeführten Bücher (z.B. Murphy J, Die unendliche Quelle ihrer Kraft). Wir hoffen, dass diese Bücher Ihnen weitere, wichtige Anregungen geben können.

Wir wünschen Ihnen allzeit positive Gedanken. Und denken Sie daran: Wir sind, was wir denken, was wir sind.

5.8   Wie motiviere ich mich selbst?

Motive sind die Triebfedern unseres Willens. Wir müssen uns zuallererst so annehmen, wie wir sind, mit unseren Stärken und Schwächen. Wir müssen lernen, an uns selbst und unsere Fähigkeiten zu glauben.

Um unsere eigenen Ziele erkennen zu können, sind folgende Fragen hilfreich:
- Woher komme ich?
- Wozu bin ich hier?
- Wohin gehe ich?
- Was will ich erreichen?

Unsere Ziele werden untergliedert in Nah-, Mittel- und Fernziele. Unterscheiden Sie dabei in Ihre persönlichen, in Ihre familiären und in Ihre beruflichen Ziele. Notieren Sie sich Ihre Ziele auf einem Blatt Papier und schreiben Sie hinter jedes Ziel einen Zeitplan und was Sie zur Durchführung Ihres Zieles benötigen. Überprüfen Sie Ihre Ziele hinsichtlich Inhalt und Zeit regelmäßig. Hilfreich ist ebenfalls, wenn Sie sich Ihre Ziele z.B. abends vor dem Schlafengehen visualisieren. Stellen Sie sich vor, Ihr Ziel ist bereits eingetreten und stellen Sie sich die Situation visuell, auditiv und kinästhetisch vor. Was sehen Sie? Was hören Sie? Wie fühlt es sich an? Damit wird Ihrem Unterbewusstsein vorgespielt, dass die Situation bereits eingetreten ist und Ihre inneren Antriebskräfte werden die Vollendung des Ziels vorantreiben.

Führen Sie ein persönliches Glücksbuch. In diesem schreiben Sie alle positiv erlebten Eindrücke sowohl im privaten als auch im beruflichen Umfeld auf. Wenn sich eine Stimmungskrise ansagt, dann blättern Sie einfach darin, damit Sie daran erinnert werden, welche schönen Erlebnisse Sie schon erfahren durften.

Ihre Zuhörer sind nicht Ihre Feinde! Schließen Sie einen Freundschaftsvertrag mit ihnen. Jede Aktivität der Zuhörer (Fragen stellen, Nachhaken, Körpersprache etc.) wird positiv interpretiert. Z.B. fragen die Zuhörer Sie nicht deshalb, um Sie bloßzustellen, sondern um zusätzlich etwas Interessantes vom Dozenten zu erfahren.

Verankern Sie positive Gefühle. Denken Sie an Ihren Lieblingsort oder an die glücklichste Zeit. Versuchen Sie, sie zu sehen, zu riechen, zu hören, zu berühren, zu schmecken.

Schaffen Sie sie nochmals neu. Drücken Sie jetzt fest mit Ihren Händen auf eine Stelle Ihres Körpers, die Sie unauffällig berühren können (z.B. Fingerknöchel), wenn Sie unter Stress stehen. Dieser Punkt verankert Ihre positiven Gefühle. Stehen Sie nun irgendwann unter Stress, dann drücken Sie Ihren persönlichen Verankerungspunkt, um mit den wunderbaren Gefühlen Ihres Lieblingsortes oder Ihrer glücklichsten Zeit überflutet zu werden.

Planen und verwirklichen Sie alle Ihre beruflichen und privaten Entwicklungsstadien.

Setzen Sie sich persönliche Fixsterne für die Zukunft. Solche Fixsterne sollen es lohnenswert erscheinen lassen, jetzt und heute Dinge und Aktivitäten zu unternehmen, vielleicht verbunden mit Unannehmlichkeiten und zusätzlichem Arbeitsaufwand, um dadurch jedoch zur Erfüllung Ihres langfristigen Zieles beizutragen.

Denken Sie immer positiv. Nehmen Sie nicht das Schlechte als Erstvermutung an, sondern glauben Sie an die guten Einstellungen anderer Personen und zukünftigen wichtigen Bedeutungen der anzugehenden Dinge. Diese Einstellung wird Ihnen dann auch von anderen mit entgegengebracht. Plötzlich umgeben Sie sich nur noch mit freundlichen Menschen und interessanten Tätigkeiten.

Identifizieren Sie sich mit Ihrer Arbeit. Was Sie tun, muss für Sie und die Umwelt eine Bedeutung haben. Es gibt Menschen, die stehen um 7.00 Uhr auf und denken dabei: »Jetzt schon wieder zur Arbeit!«. Dann arbeiten sie bis 16.00 Uhr und freuen sich danach auf die ersehnte Freizeit, in der sie dann allerlei (sinnvolle und weniger sinnvolle) Hobbies umsetzen. Diese Personen leben ca. 1/3 ihres Lebens vergebens, und für die anderen 2/3 der Lebenszeit machen sie sich etwas vor.

Beginnen Sie jeden Tag positiv mit einem guten Start. Schon beim Aufwachen und Aufstehen soll man erfreuliche Gedanken haben (»Was ist das heute doch für ein schöner Tag«). Nehmen Sie sich jeden Morgen eine positive Einstellung vor, die über den Verlauf des Tages umgesetzt wird. Mit einem schönen und gemütlichen Frühstück bereitet man sich auf die kommenden Stunden stressfrei vor. Wohltuende Körperpflege erfrischt und schafft luftige, kreative Gedanken. Durch die gelassene, rechtzeitig begonnene Autofahrt zum Unternehmen kann dann gar nichts mehr passieren.

Bewerten Sie Ihre persönliche Zukunft und die Ihrer Mitmenschen bzw. Ihrer Umwelt stets positiv und handeln Sie auch entsprechend. Erarbeiten Sie Ihr langfristiges Zielhierarchiesystem und setzen Sie es jeden Tag mit der Realisierung eines kurzfristigen Zieles um.

Nehmen Sie eine positive Grundhaltung zu sich selbst und zu Ihrer Umwelt ein. Durch unser eigenes Verhalten im Kleinen lässt sich die Welt im Großen verändern. Wenn viele kleine Menschen an vielen kleinen Orten viele kleine positive Dinge tun, dann wird sich das Gesicht der Welt verändern. Bereiten Sie deshalb auch anderen viel Freude. Ein liebes, aufmunterndes Wort zu anderen ist mehr Wert als 1 000 Tadel verteilt an die böse Umwelt.

Schaffen Sie sich immer einen Ausgleich zu Ihrer Arbeit. Dies dient zur körperlichen und geistigen Straffung Ihrer Lebensgeister und gibt Ihnen die Möglichkeit, einen aufregenden und erfüllten Tagesablauf zu erleben, und das jeden Tag.

Geben Sie jedem Abend einen positiven Höhepunkt. Damit schließen Sie Ihr persönliches Tagewerk zufrieden ab und freuen sich schon wieder auf den kommenden neuen Tag mit der nächsten positiven Einstellung.

5.9 Augenstellung zur Erkennung von Lernstilen und Lernstrategien

Nachfolgend werden Sie mit einigen Denkansätzen bekannt gemacht, die vielversprechend neue Entwicklungen zu optimalen Lernstrategien aufzeigen.

Jeder Lernende benutzt individuelle Methoden der Informationsverarbeitung. Ein Teil der Menschen nimmt das gesprochene Wort sehr gut auf, andere müssen ein Bild oder eine Schautafel »sehen«, damit ihnen der Sinn verständlich wird. Wieder andere benötigen ein Modell, einen Gegenstand, den sie anfassen und »begreifen« müssen, um einen Vorgang oder Begriff speichern zu können.

Drei Wege der Informationsaufnahme sind:

Visuell	=	Sehen	=	Bilderspeicherung
Auditiv	=	Hören	=	Geräuschspeicherung
Kinästhetisch	=	Fühlen	=	Wahrnehmungsspeicherung

5 ▶ Die Aura

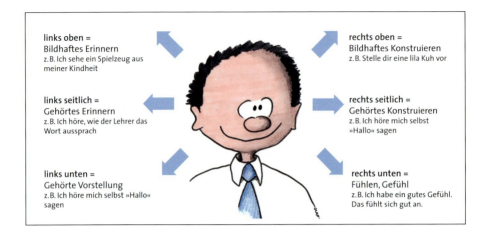

Sicher kennen Sie aus der eigenen Lehrtätigkeit Beispiele, bei denen Teilnehmer den vorgetragenen Sachverhalt nicht verstanden hatten. Trotz Ihres Versuches, wortgewandt mit allen Ihren rhetorischen Fähigkeiten den Sachverhalt zu erläutern, konnte Ihnen der Fragende nicht folgen. Durch Einsatz einer Tafel mit einfacher Schemazeichnung kam es plötzlich zum Aha-Erlebnis, noch bevor Sie Ihre Erklärung beendeten. Jetzt hatte Sie der Teilnehmer plötzlich verstanden. Was war hier geschehen?

Der Teilnehmer ist ein »visueller Speichertyp« (Sehen), daher konnte er die auditiven (hörbaren) Informationen nicht verarbeiten. Erst als er die Informationen bildhaft vor Augen hatte, konnte er sie verarbeiten.

Sie sehen an diesem einfachen Beispiel, wie wichtig es ist, die Lernstile der einzelnen Teilnehmer zu erfassen, um bei Lernschwierigkeiten gezielt Hilfestellung geben zu können.

Wussten Sie, dass die Stellung der Augen Aufschluss über die Lernstoffverarbeitung gibt? Ja, sie haben richtig gehört, daran, in welche Richtung der Teilnehmer *vor der Beantwortung einer Frage blickt,* lassen sich seine Arbeitsschritte ablesen.

Durch gezielte Beobachtung lässt sich leicht die Lernstrategie einzelner Teilnehmer erfassen und für die Wissensverarbeitung nutzen.

Hier nun ein Beispiel für eine gute Lernstrategie im Bereich Rechtschreibung während eines Diktats:
- ▶ Der Teilnehmer blickt nach links oben = Bildhaftes Erinnern der Wörter.
- ▶ Der Teilnehmer blickt nach rechts unten = Er überprüft, ob das Gefühl positiv ist.

Die oben angeführten Informationen werden in dem Bereich der Psychologie (NLP = Neurolinguistisches Programmieren) vielseitig eingesetzt. Weitere Informationen aus diesem Stoffgebiet finden Sie in dem Buch »Mega Teaching« von C. van Nagel u. a. Zu beachten ist, dass NLP eigentlich nur über Fachexperten (Seminar) erlernt werden soll, da die große Anzahl an Kassetten und Büchern nicht immer die notwendige Qualität besitzen.

5.10 Durch Hirnintegration zu besseren Lernerfolgen

Weitere Ergebnisse aus dem Gebiet der Neurophysiologie haben ergeben, dass es besonders im Bereich des Lernens und der Lernstoffverarbeitung auf die koordinierte Zusammenarbeit beider Hirnhälften ankommt. Experimente, bei denen Gehirnhälften voneinander getrennt wurden, haben den Beweis für die funktionellen Eigenarten beider Gehirnhemisphären erbracht. Die Leistung der rechten Hemisphäre wird (bei Rechtshändern) traditionell als geringer erachtet als die der linken. Links nämlich wird verbalisiert, rational gedacht und geurteilt. Rechts ist der Sitz des »unbewussten Geistes« der sensorischen Bilder, der über das Bewusstsein, über Dynamik und Kontaktfähigkeit des Menschen entscheidet. In Kapitel 1 »Lernverhalten« wurde bereits ein schematisches Schaubild über die gehirngerechte Aufteilung des Lernvorganges gezeigt (s. Kap. 1, Abb. 16).

Dr. Levy, bekannter Gehirnforscher an der Universität Chicago, zeigte zur Funktion der rechten Gehirnhälfte auf, dass die Wahrnehmung dieser Gehirnhälfte ganzheitlich erfolgt. Es erfordert keine Zerlegung von Dingen in ihre Einzelteile. Ein Gesicht wird sofort erkannt, aber nur sehr wenige Leute sind in der Lage, verbal zu beschreiben, wie jemand aussieht. Daher haben z. B. Patienten mit geschädigten oder kurzgeschlossenen rechten Gehirnhälften große Schwierigkeiten, Gesichter zu erkennen, sogar selbst ihre eigenen, obwohl sie der Sprache mächtig sind. Aufgrund dieser Erkenntnisse ist es einsichtig, dass zur optimalen Wissensvermittlung und Aufnahme ein geordnetes Zusammenspiel beider Hirnhälften entscheidend ist. Durch eine Vielzahl von Belastungen, z. B. Lärm, übermäßigen Fernsehkonsum etc., kommt es heute immer häufiger zu Störungen der Gehirnintegration. Wie kann diese wieder hergestellt werden?

Hier gilt besonders Dr. Dennison großes Lob, denn er hat in den letzten 25 Jahren, basierend auf der angewandten Kinesiologie und neuesten Gehirnforschung, ein System von Übungen zusammengestellt, das auch als Edu-Kinästhetik bezeichnet wird. Es besteht aus Körperübungen, zielt auf eine Integration der linken und rechten Gehirnhälfte ab und hat sich bei den unterschiedlichsten Lernvorgängen als überaus wirksam erwiesen. Ein zusätzlicher Effekt ist die Weiterentwicklung der emotionalen und physischen Ebenen. Hier wurde wieder ein neuer Trainingsansatz für den erfolgreichen Dozenten entwickelt, der sicherlich positive Auswirkungen auf die eigene persönliche Entwicklung haben wird.

5.11 Redeangst und Prüfungsstress auflösen

Angst vor Prüfungen, Tests und öffentlichem Reden sind sehr weit verbreitet. In diesen Situationen geht es um die Angst, wie uns die anderen bewerten und beurteilen. Keiner möchte versagen oder durchfallen, sondern als »Sieger« aus den oben genannten Aufgaben hervorgehen.

Eine bewährte Methode zur Selbst- und Fremdhilfe
Die hier beschriebene Vorgehensweise geht hauptsächlich auf die von dem Psychologen Dr. Fred P. Gallo entwickelte Methode »Energetische Psychologie« zurück und wird für die einfache Anwendung für gestresste Referenten und bei Prüfungsblockaden vorgestellt.

Sie kann sowohl in der Selbstanwendung als auch durch Anleitung durch den Ausbilder zum Einsatz kommen. Wissenschaftliche Studien haben die Wirksamkeit der Methode nachgewiesen. Sie ist einfach und von jedem erfolgreich anwendbar.

Beschreibung der Vorgehensweise
1. *Selbstreflexion durch Einstufung des emotionalen Stresses*
Zuerst legt man die Stärke seines Stressempfindens auf einer Wertskala von 0 bis 10 fest. Hierbei steht die »0« für das Fehlen jeglichen Stresses und die »10« für un-

Stressauflösung

Einstufung des Stresses

Zielprogrammierung
Klopfen des »Handkantenpunktes«
Prüfungsangst:
- 2-mal: »Ich ... (Namen einsetzen) akzeptiere und schätze mich, auch wenn ich Angst habe, durch die Prüfung zu fallen«.
- 3-mal: »Ich ...(Namen einsetzen) akzeptiere und schätze mich, auch wenn ich die Prüfung erfolgreich bestehe«.

Angst zu versagen, Redeangst:
- 2-mal: »Ich ... (Namen einsetzen) akzeptiere und schätze mich, auch wenn ich Angst habe, als Referent zu versagen«.
- 3-mal: »Ich ... (Namen einsetzen) akzeptiere und schätze mich, auch wenn ich ein erfolgreicher Referent bin«.

Einstufung des Stresses

Je 10-mal Klopfen der Therapiepunkte:
- Augenpunkte
- Schlüsselbeinpunkte
- Punkte unter dem Arm

Einstufung des Stresses

Gehirnbalance
»Serienpunkt« klopfen und:
- Augen schließen
- Augen auf, Blick geradeaus
- Blick nach rechts unten
- Blick nach links unten
- rechtsherum kreisen
- linksherum kreisen
- summen – zählen – summen

Einstufung des Stresses

Je 10-mal Klopfen der Therapiepunkte.

Einstufung des Stresses

Atemübung
»Serienpunkt« klopfen, Augen langsam nach oben rollen und tief einatmen, Luft anhalten. Augen schließen und so langsam wie möglich ausatmen. 5-mal durchführen.

Erfolge feiern!

ABB. 8 ▶ Stressauflösung nach F. P. Gallo

ABB. 9 ▶ Lage von Serienpunkt und Handkantenpunkt

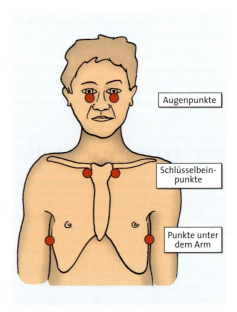

ABB. 10 ▶ Lage der Therapiepunkte

erträglichen Stress, Angst, Panik und Unruhe. Diese Selbstreflexion und anschließende Einstufung erfolgt nun nach jedem weiteren Schritt und hilft dem Anwender, die Veränderungen deutlich wahrzunehmen.

2. *Zielprogrammierung*

Hier wird durch das Klopfen des sogenannten Handkantenpunktes mit der rechten Hand an der linken Hand (Linkshänder umgekehrt) und das gleichzeitige Sprechen der passenden Affirmationen das Gehirn auf das Ziel eingestimmt und das vorhandene »Sabotageprogramm« korrigiert.

Der Handkantenpunkt befindet sich am 5. Mittelhandknochen auf der Seite unterhalb des Fingergrundgelenks (s. Abb. 9).

Affirmationen:

Beispiel bei Prüfungsangst:
- zweimal: »Ich...(Namen einsetzen) akzeptiere und schätze mich, auch wenn ich Angst habe, durch die Prüfung zu fallen«
- dreimal: »Ich...(Namen einsetzen) akzeptiere und schätze mich, auch wenn ich die Prüfung erfolgreich bestehe«.

Beispiel bei der Angst, als Referent zu versagen:
- zweimal: »Ich...(Namen einsetzen) akzeptiere und schätze mich, auch wenn ich Angst habe, als Referent zu versagen«
- dreimal: »Ich...(Namen einsetzen) akzeptiere und schätze mich, auch wenn ich ein erfolgreicher Referent bin«.

Die Beispiele können auch an die eigenen Bedürfnisse angepasst werden.

3. *Einstufung der Angst*

Nach jedem Schritt wird eine erneute Einstufung des Schweregrads durchgeführt. Das Ergebnis zeigt, ob die zuletzt durchgeführte Maßnahme ihre Wirkung entfaltet hat.

4. *Therapiepunkte klopfen*

Gallo fand für jeden Akupunktur-Meridian den am besten wirkenden Therapiepunkt. Bei der Angst zu versagen kommen jeweils die Punkte unter dem Auge, am Schlüsselbein und unter dem Arm zum Einsatz (s. Abb. 10).
- Augenpunkt: unter dem Auge, in der Mitte des unteren Randes der Augenhöhle. Sanft klopfen!
- Schlüsselbeinpunkt: Unterhalb des inneren Endes des Schlüsselbeins.
- Punkte unter dem Arm: Eine Handbreit unter der Achsel, auf der mittleren Achsellinie.

Diese Spezialbehandlungspunkte werden je zehnmal geklopft.

5. *Einstufung des Verlangens*

Nach jedem Korrekturschritt erfolgt eine erneute Einstufung des Schweregrads.

6. *Die Gehirnbalance*

Als nächster Schritt erfolgt nun die sogenannte Hirnbalance. Hierdurch wird das Gehirn auf die neue, erfolgreiche Situation eingestimmt.

Hierbei klopft man mit der dominanten Hand an der anderen Hand kontinuierlich den »Serienpunkt« und führt gleichzeitig eine Reihe von neun Tätigkeiten durch, um die einzelnen Hirnbereiche in Bezug auf die Angst vom Stress zu entkoppeln:

- Augen schließen
- Augen auf, Blick geradeaus
- Blick nach rechts unten
- Blick nach links unten
- rechtsherum kreisen
- linksherum kreisen
- summen
- zählen (9 ... 8... 7...usw.)
- noch einmal summen.

Der »Serienpunkt« befindet sich am 4. Mittelhandknochen, auf der Seite des kleinen Fingers unterhalb des Fingergrundgelenks.

7. *Einstufung des Verlangens*
Wie unter 5.)

8. *Erneut die Therapiepunkte klopfen*
Je nach Stand des Verlangens werden nun noch einmal die zuvor verwendeten Spezialbehandlungspunkte geklopft.

9. *Einstufung des Schweregrads*
Befindet sich nun das Verlangen nur noch bei 1 oder 2, wird die Korrektur mit der nachfolgenden Atemübung beendet. Bei höheren Werten wird 6. oder 8. wiederholt.

10. *Atemübung*
Zum Schluss werden die Augen, bei gleichzeitigem Klopfen des »Serienpunktes«, langsam nach oben gerollt und tief eingeatmet, die Luft wird angehalten. Nun werden die Augen geschlossen und die angehaltene Atemluft so langsam wie möglich ausgeatmet. Diese Maßnahme wird dreimal wiederholt.

11. *Einstufung des Schweregrads*
Meist liegt nach den oben beschriebenen Korrekturschritten die Angst auf der »Null« der Werteskala und die Korrekturmaßnahme ist abgeschlossen.
Eine Stagnation im Korrekturverlauf (Schweregrad bleibt oder steigt wieder leicht an) zeigt das Vorliegen eines versteckten »Sabotageprogramms«.
Hier wird folgender Korrekturschritt dazwischen geschoben:
Klopfen des sogenannten »Handkantenpunktes« und das gleichzeitige Sprechen der nachfolgenden Affirmationen:

- Zweimal: »Ich... (hier den eigenen Namen einsetzen) akzeptiere und schätze mich, auch wenn ich kaum glauben kann, dass diese Technik mich von meiner Angst befreien kann«.
- Dreimal: »Ich... (hier den eigenen Namen einsetzen) akzeptiere und schätze mich, auch wenn ich glaube, dass diese Technik mir hilft, mutig zu sein«.

5.12 Beurteilungskriterien für Seminar- und Lehrveranstaltungen

In den letzten Jahren ist die Bedeutung der beruflichen und privaten Weiterbildung stärker in das Bewusstsein von Unternehmen und Arbeitnehmer gedrungen. Auch die Arbeitnehmer haben erkannt, dass in unserer heutigen hochtechnologisierten Arbeitswelt ein lebenslanger Lernprozess notwendig ist. Das aktuell angeeignete Wissen ist oft kaum noch in acht bis zehn Jahren gefragt, da neue wissenschaftliche Erkenntnisse, verbesserte Technologien und veränderte Erfahrungswerte das Wissen der Welt ständig verändern. Die staatliche Initiative zur Qualifizierungsoffensive rundet dieses Bild ab.

Als Folge dieser veränderten Anforderungen sind in den letzten Jahren verstärkt Aus- und Weiterbildungsinstitutionen wie Pilze aus dem Boden geschossen. Das Seminarangebot ist vielfältig, ja fast schon unüberschaubar. Der Seminarerfahrene weiß um die Zustände dieser Branche. Die Schwierigkeit besteht nun z. B. für interessierte Dozenten darin, das ausbildungskundige und erfahrene Schulungscenter zu finden, in dem es Spass macht, das eigene Wissen an Fremde weiterzugeben. Der interessierte Teilnehmer dagegen steht vor dem großen Problem, bei der Vielzahl von angebotenen Lehrgängen und Seminaren vieler Schulungsunternehmen das für ihn passende und adäquate Seminarangebot zu finden. Wie soll der Überblick bei einer derart großen regionalen, nationalen und internationalen Angebotsfülle gewahrt bleiben? Dieser Beitrag soll dem zukünftigen Seminarteilnehmer und dem suchenden Dozenten eine Entscheidungshilfe sein, Seminare und Lehrinstitutionen objektiv auf deren Qualität hin zu überprüfen und zu messen. Außerdem können diese Anforderungen als Zielsetzung für die zukünftige eigene pädagogische Ausrichtung betrachtet werden.

5.12.1 Der Bildungsträger

Es stehen eine Vielzahl von Bildungseinrichtungen zueinander in Konkurrenz. Auch die Bemühungen großer Unternehmen, eine eigene betriebliche Aus- und Weiterbildungsabteilung zu integrieren, wirkt sich auf den Wettbewerb im Bildungssektor aus. Quantitative Konkurrenz erzeugt Preisbewegungen. Nur Schulungsträger, die um jeden Preis jede Ausbildung durchführen müssen (Kapazitätsgesichtspunkte, Gewinnabschöpfung etc.), beteiligen sich am Preiswettbewerb. Die verminderten Erlöse werden kompensiert mit Kosteneinsparungen bei der Dozentenentschädigung (Qualitätsanspruch sinkt), Vergrößerung der Teilnehmerzahl (Quantität steigt) und Einschränkungen im Servicebereich (Verpflegung, Betreuung, Unterlagen etc.). Die auf den Seminarerfolg orientierten Unternehmen werden durch eine veränderte Zielgruppenansprache dem Preiswettbewerb ausweichen.

Auch die Orientierung auf neue Seminarmarktsegmente wird häufig als Strategie eingesetzt. Neu zu konzipierende Seminare erfordern jedoch viel Know-how, Fachwissen (oder Einarbeitungszeit) und geeignetes Dozentenpotenzial. Mehrere auf einmal angebotene Neukonzepte überfordern jeden Bildungsträger und gehen immer zu Lasten der Seminarqualität. Auch ein Seminar unterliegt den Gesetzen des Produktlebenszyklus und zieht damit viel Planungs- und Vorbearbeitungszeit nach sich, bevor es erfolgreich am Markt angenommen wird.

5.12.2 Die Seminarwerbung

Häufig ist das werbende Schulungsunternehmen bestrebt, eine Vielzahl von potenziell Interessierten über schlagkräftige Formulierungen für den Lehrgang zu gewinnen. Meist wird aus werbepolitischen Gründen mehr versprochen, als tatsächlich gehalten werden kann. Veränderungen im eigenen Verhalten, der Denkrichtung oder dem Wissensstand eines Menschen herbeizuführen, kann nicht im Seminar verwirklicht werden. Es können stets nur Anregungen, Tipps und praktikable Hilfestellungen gegeben werden, um den beschwerlichen Weg der Themenaufarbeitung nach Seminarende besser umzusetzen. Wer viel verspricht, kann wenig halten. Damit gewinnt auch die Seminarbeschreibung einen aussagekräftigen Stellenwert in der Gesamtbeurteilung. Sie soll eine Kurzbeschreibung des Seminars enthalten und die Inhalte in kurzen Worten sachlich wiedergeben. Das äußere Erscheinungsbild muss optisch ansprechend sein, darf aber nicht übertrieben und aufmacherisch wirken. Ein detailliertes Inhaltsverzeichnis wird mit der Anmeldebestätigung zugesandt. Eine Vorbereitung zum Seminar verbessert den zukünftigen Lernerfolg. Was nachlesbar ist (Grundlagen, allgemeine Tatsachen), soll in der Vorbereitungsphase durch Literaturempfehlung, Zusendung eines Manuskriptes oder Ähnliches erarbeitet werden. Damit wird die meist knappe Zeit nicht mit Banalitäten und Grundsätzlichem verschwendet.

5.12.3 Die maximale Teilnehmerzahl

Die Teilnehmeranzahl ist abhängig von der Art der durchzuführenden Veranstaltung. Reine Vorträge ermöglichen einen Teilnehmerkreis von mehr als 50 Personen. Wird mit Medien gearbeitet, was eigentlich jeder Lehrkraft zu empfehlen ist, muss die Personenanzahl so begrenzt sein, dass es für jeden Zuhörer möglich ist, den Redner zu verstehen und den Inhalt der dargebotenen Medien optisch gut zu erkennen. Somit kann also schon die Redekraft zu Einschränkungen führen, wenn keine technischen Möglichkeiten zur Stimmverstärkung (Mikrofon) existieren. Der Einsatz eines Tageslichtprojektors oder Diagerätes verkleinert den Teilnehmerkreis automatisch auf weniger als 50 Personen, da auch noch der in der hintersten Reihe sitzende Zuschauer die Abbildungen erkennen muss. Vom reinen Lernerfolg ausgehend ist jedoch kritisch zu überprüfen, ob ein Vortrag für einen persönlich sinnvoll ist oder man nicht doch lieber über Studium der Fachliteratur einen besseren Themeneinblick erhält.

Werden andere Unterrichtungsmethoden angewandt (Gruppenarbeit, Lehrgespräch, Stationsausbildung etc.) oder sollen die unterrichteten Themen durch Nacharbeitung der Teilnehmer vertieft und geübt werden, ist über eine Teilnehmerzahl von 15 Personen nicht hinauszugehen. Je mehr Teilnehmer, desto weniger besteht für den Einzelnen die Möglichkeit, durch seinen eigenen Beitrag den aufgenommenen Lehrstoff zu verstärken. Praxisorientierte Veranstaltungen, die sehr übungsintensiv sind (z.B. Rhetorikkurse, Ausbilderschulungen, autogenes Training etc.), sollen nicht mehr als 12 Personen umfassen. Solche Lehrgänge müssen sich am intensiven Üben der Fertig- und Fähigkeiten jedes Teilnehmers orientieren. Es ist eine Zumutung, eine große Personenzahl praktisch unterrichten zu wollen, ohne die reine Lehrzeit entsprechend zu verlängern. Durch derartige Massenveranstaltungen kann ein Rückschluss auf die Ausbildungsfähigkeit des Lehrinstitutes gezogen werden.

5.12.4 Die Dozentenbefähigung

Ein Seminar kann nur dann erfolgreich gestaltet und realisiert werden, wenn der Dozent neben der erforderlichen Fachautoriät über ausbildungstheoretische Kenntnisse verfügt. Häufig entscheidet der persönliche Eindruck des Redners und seine angewandte methodische Vorgehensweise über Erfolg oder Misserfolg der Veranstaltung. Leider wird jedoch auf dem Schulungssektor immer noch zu stark die Fachkompetenz als einziger ausschlaggebender Erfolgsfaktor angesehen. Ausbildungsbezogene Bereiche wie Rhetorik, Methodik, Didaktik und Lernverhalten werden nicht oder nur oberflächlich eingesetzt. Diese Selbstüberschätzung ist häufig Ursache für anspruchslose oder unverstandene Informationsvermittlungen.

Die Praxis zeigt jedoch immer wieder, dass Dozenten mit (akademischem) Titel als Aushängeschild benutzt werden, um eine höhere Akzeptanz beim Interessierten zu erzielen. Wird aber von der Zielsetzung einer effektiven Wissensvermittlung ausgegangen, muss festgestellt werden, dass ein guter theoretischer Fachmann noch lange keinen guten praktischen Wissensvermittler darstellt. Der Name allein ergibt noch keinen garantierten Lernerfolg. Häufig ist der im Ausbildungsbereich geschulte und versierte Praktiker besser geeignet, die Stoffthematik interessant, informativ und motivierend zu vermitteln. Es gibt keinen schwierig zu vermittelnden Lernstoff in der fachlichen Unterrichtung, es gibt nur schwierige Dozenten, die fachliche Aussagen pädagogisch inkompetent weitergeben.

5.12.5 Das Seminaroutfit

Die Umgebungsatmosphäre im Schulungsbereich beeinflusst häufig den Seminarverlauf. Einen wichtigen Faktor stellt hier der Lehrsaal dar. Pädagogisch erfahrene Bildungsträger verfügen über einen modern eingerichteten Unterrichtsraum, der den Einsatz verschiedener Medien ermöglicht und durch ergonomisch bequeme Sitzmöglichkeiten, gute Lichtverhältnisse, durchdachte Medienanordnung und passend kombinierte Farbauswahl ein angenehmes Raumklima vermittelt. Dieses Umfeld muss gut vorgeplant werden und erfordert viel Erfahrung auf dem pädagogischen Sektor. In vielen Weiterbildungsinstitutionen mangelt es häufig hieran. Bei fehlendem oder schlecht organisiertem Lehrsaal wird dann versucht, dieses Manko durch Anmieten geeigneter Räume in Hotels und Freizeitzentren zu überspielen. Reizvolle Landschaften und bekannte Ferienorte leisten dann ein übriges, den Seminarteilnehmern wohlwollend die Vorzüge anzupreisen. Nun steht aber nicht mehr die Schulung, sondern das Freizeitvergnügen im Vordergrund. Nicht umsonst haben die Finanzbehörden diesem Treiben Einhalt geboten. Häufig sind die anzumietenden Räumlichkeiten als multifunktionale Veranstaltungsräume konzipiert, die dann mit den üblichen Einzelschulungsgegenständen zum »Lehrsaal« hergerichtet werden. Der oft angepriesene Verpflegungs- und Übernachtungsservice wiegt diesen Nachteil selten auf. Daneben wirken Trubel und Hektik einer Hoteleinrichtung als weitere sichtbare oder latente Störfaktoren, die nicht dazu beitragen, vom Alltagsstress abzuschalten und volle Aufmerksamkeit für die Problemstellung zu erzeugen. Auch bei Schulungen im eigenen Unternehmen überwiegen deren Nachteile gegenüber einer »Außer Haus«-Veranstaltung aufgrund der unmittelbaren Arbeitsplatznähe.

5.12.6 Der Seminarservice

Neben einer angenehmen Seminaratmosphäre sind auch die Nebenleistungen zur Beurteilung mit heranzuziehen. Diese umfassen ein ausführlich ausgearbeitetes, optisch gut gestaltetes und gebundenes Arbeitsmanuskript mit wichtigen Zusatzinformationen, Anregungen und Stoffzusammenfassungen. In den Pausen sollen Getränke (Kaffee, Tee, Sprudel, Säfte) und eine kleine mundgerechte Verpflegung für das leibliche Wohl der Teilnehmer sorgen. Ein Aufenthaltsraum ermöglicht eine bessere Trennung zwischen Seminarbetrieb und Pausen. Lese- und Entspannungsecken steigern die Möglichkeiten einer individuellen Pausennutzung.

5.12.7 Die Seminarorganisation

Hierzu zählen alle Dienstleistungen des Schulungscenters, die einen reibungslosen Verlauf des Seminars ermöglichen. Neben einer frühzeitigen Informationsaussendung gehören die Anmeldebestätigung, die Unterbringung in geeigneten Übernachtungshotels, die Menüorganisation und ein abwechslungsreiches, entspannendes Abendprogramm dazu. Ziel einer guten Seminarorganisation muss sein, den Teilnehmer nicht mit für ihn unnötigen organisatorischen Belangen zu konfrontieren. Dann kann er sich besser und mit höherer Aufmerksamkeit dem Seminarverlauf widmen. Er muss sich einfach wohlfühlen; während der Schulung und in der nachfolgenden Freizeit.

5.12.8 Das Preis-Leistungs-Verhältnis

Wie in vielen anderen Bereichen auch, muss die Lehrgangsgebühr mit dem angebotenen Gesamtpaket »Seminarleistung« verglichen werden. So schwanken die Tagessätze der Schulungsinstitutionen zwischen 50,– Euro und mehreren Tausend Euro. Derartige Schwankungsbreiten lassen sich aber nicht mehr mit der Dozentenqualität, Ortslage und dem Ruf des Bildungsinstituts rechtfertigen bzw. entschuldigen. Umfasst das Gesamtpaket »Seminarleistung« die bisher genannten Anforderungen, sind Tagespreise zwischen 200,– Euro und 350,– Euro durchaus angezeigt. Häufig kann eine Kostenkalkulation (bei hohen Investitionssummen) nicht mit einer hundertprozentigen Lehrsaalauslastung angesetzt werden, sondern es muss zum Wohle eines ordnungsgemäßen, reibungslosen Seminarverlaufs die Gesamtauslastung zwischen 30% bis 50% realistisch kalkuliert werden. Der Trend im außerbetrieblichen Weiterbildungssektor geht aber dahin, Rückschlüsse vom Tagessatz auf die Seminarqualität zu ziehen. Hier gilt dann: »Je teurer, desto besser«. Dieser Trugschluss wird entweder am Ende einer Veranstaltung erkannt oder man rechtfertigt den gezahlten Preis für das eigene Gewissen mit dem »unschätzbaren« Lernerfolg während des Seminarverlaufs.

5.12.9 Das eigene Anforderungsprofil

Der interessierte Bildungswillige muss sich bewusst fragen, welche fachlichen Anforderungen er von einem Seminar erwartet und inwieweit die Seminarbeschreibung (und andere Informationsquellen) diese erfüllen. Bei stark theorieorientierten Veranstaltungen müssen andere Bildungsmöglichkeiten mit berücksichtigt werden. Es gilt, sich selbst zu fragen, ob vielleicht die eigenen Erwartungen zu hoch angesetzt sind? Inwieweit lassen sich diese Erwartungen überhaupt realisieren? Erst wenn man weiß, was man will und was man tatsächlich braucht, kann auf Seminarsuche gegangen werden.

5.12.10 Die eigene Gefühlslage

Häufig wird ein guter (oder schlechter) Ruf einer Bildungsinstitution durch zufriedene (oder unzufriedene) Teilnehmer über persönliche Mundwerbung im Bekannten-, Verwandten- und Unternehmenskreis weitergegeben. Dieser persönliche, subjektive Eindruck kann als Entscheidungskriterium mit Berücksichtigung finden, darf aber niemals den eigenen Eindruck verdrängen, da jeder einzelne Seminarteilnehmer über andere Erwartungen und Vorstellungen verfügt, die nie miteinander verglichen werden können. Was für den einen recht war, muss noch lange nicht dem nächsten zuträglich sein. Nach genauem Studium der möglichen Seminarangebote muss deshalb die eigene Gefühlslage bei der Endauswahl ermittelt werden. Folgende Fragen sind kritisch zu beantworten: Wie waren die bisherigen Erfahrungswerte? Wie stehen andere kompetente Personen dazu? Wird mein eigenes Anforderungsprofil erfüllt? Werde ich mich subjektiv im Seminar wohlfühlen?

5.13 Checkliste »Richtige Seminarwahl«

Die beigefügte Checkliste soll Ihnen nun eine Möglichkeit aufzeigen, anhand der bisher vorgestellten objektiven Kriterien die von Ihnen in die engere Auswahl gezogene Weiterbildung zu beurteilen. Legen Sie zu Beginn den Faktor jedes einzelnen Kriteriums nach Ihrer individuellen Gewichtung fest (0 bis 2, wobei 0 = keine Bedeutung, 1 = untergeordnete Bedeutung, 2 = große Bedeutung). Danach bewerten Sie die einzelnen Seminarunterpunkte mit den vorgegebenen Wahlmöglichkeiten 0 bis 2. Der angekreuzte Wert wird nun mit Ihrem individuellen Faktor multipliziert und in die Summenspalte übertragen. Mit der Endsumme können dann Schlussfolgerungen über das von Ihnen ins Auge gefasste Seminar getroffen werden. Dabei können Sie entweder nur ein Seminar einstufen, oder mehrere im Vergleich zueinander beurteilen.

TAB. 3 ▶ Checkliste für die richtige Seminarwahl

> **Bewertungsschlüssel:**
> Unter 50 % der Maximalpunktzahl → Seminar nicht geeignet
> 51 % bis 75 % der Maximalpunktzahl → Seminar geeignet
> 76 % bis 100 % der Maximalpunktzahl → Seminar gut geeignet

Lassen Sie uns diesen Zusatzbeitrag mit einer chinesischen Lebensweisheit beenden, die sehr prägnant und einleuchtend die Problematik auf dem Weiterbildungssektor verdeutlicht:

> Es gibt Menschen, die Fische fangen,
> und solche, die nur das Wasser trüben.

5.14 Fragen zur praktischen Umsetzung einer erfolgreichen Ausbildungstätigkeit

	ja	nein
1. Kenne ich meine persönliche Ausbilderfähigkeitsentwicklung (Selbsteinschätzung, Fremdeinschätzung, zukünftige Persönlichkeit)?	☐	☐
2. Nutze ich zur besseren Vorplanung und Umsetzung Checklisten (Seminarvorbereitung, Seminarauswahl, Positiv-/Negativredeliste)?	☐	☐
3. Unterziehe ich mich einer ständigen fachlichen Aus- und Weiterbildung?	☐	☐
4. Habe ich beim Durcharbeiten dieses Ausbilderhandbuches schon etwas in die Praxis umsetzen können?	☐	☐
5. Habe ich nach den Vorgaben dieses Buches nach maximal vier Wochen bereits meine wichtigsten Themen daran angepasst?	☐	☐
6. Habe ich mich schon bewusst von anderen Dozenten beim eigenen Vortragen beobachten lassen? Erfolgte dabei ein Beurteilungsgespräch?	☐	☐
7. Liegt mein letztes besuchtes Rhetorikseminar weniger als ein Jahr zurück?	☐	☐
8. Beurteile ich andere Seminare, welche ich als Teilnehmer belege, nach pädagogischen Elementen? Nehme ich daraus sowohl positive als auch negative Anregungen für meine eigene Präsentationstechnik mit?	☐	☐
9. Verändere ich an jedem meiner Vorträge etwas besonders? Führe ich immer etwas Neues oder anderes in meine Seminare ein?	☐	☐
10. Gebe ich meine eigenen Erfahrungen und Erkenntnisse an Kollegen und sonstige Interessierte weiter?	☐	☐

Je mehr Ja-Antworten Sie geben, desto schneller werden Sie die Stufen zur erfolgreichen Ausbildungstätigkeit erklimmen. Viel Erfolg!

Mithilfe der nachfolgenden Bewertungsübersicht erhalten Sie selbst die Möglichkeit, Ihre Ausbildungsbefähigung anhand von Beurteilungskriterien nach dem im Buch vorgestellten Verfahren zu ermitteln bzw. sich von Teilnehmern danach bewerten zu lassen.

In Verbindung mit der Selbst- und Fremdeinschätzung können Sie nach der Ergebnisinterpretation das eigene Ausbildungsverhalten weiter optimieren.

Um am Ende einen umfassenden Eindruck vom Seminarverlauf erhalten zu können, empfiehlt es sich, das Seminar vom Teilnehmer beurteilen zu lassen. Auch dazu ist im folgenden ein Muster abgebildet.

Übersicht zur Vortragsbewertung

Erläuterungen

Beurteilungskriterium	😊	🙂	😐	☹
Rhetorik				
Sprechbeginn	bestimmt, selbstsicher	originell, witzig	unsicher, nervös	fremd, unnatürlich
Blickkontakt	häufig, wandernd	häufig, wandernd	teilweise, eingeschränkt	nie, starr/stechend
Sprechtempo	normal, wechselnd	langsam, mit Variationen	zu schnell, ohne Pause	hastig, stockend
Stimmkraft	gut hörbar, dynamisch	normal, natürlich	leise, schlecht hörbar	zu laut, unangenehm
Stimmfarbe	dunkel, voluminös	melodisch, verändernd	hell, dünn	monoton, langweilig
Aussprache	sehr deutlich, gut verständlich	deutlich, verständlich	überdeutlich, unnatürlich	undeutlich, stotternd
Satzbau	sehr kurz, sehr verständlich	mittel, noch verständlich	zu lang, schwer verständlich	ohne Satzbau, mit Fehlern
Ausdrucksweise	gut formuliert, inhaltlich verstanden	noch verständliche Formulierung	leichte Formulierungsschwächen	schlecht formuliert, inhaltlich unklar
Betonung	oft, mit Variationen	teilweise, eine Betonungsart	selten, eintönig	nie, ohne Betonung
Betonungsart	mit Sprechpauseneinsatz	mit Lautstärkeveränderungen	mit Sprechtempovariationen	mit Stimmklangschwankungen	mit Wortwiederholungen
Gestik	lebendig, ausdrucksstark	häufig, mit Inhaltsgestik	selten, wenig Bewegung	fehlt, ohne Bewegung
Haltung	locker, entspannt	mäßige Körperbewegung	zuviel Körperbewegung	Haltungsfehler (Hüfte, Füße)	starr, verspannt
Mimik	sehr freundlich, gute Akzeptanz	freundlich, mit Akzeptanz	ernst, verspannt	selten, teilnahmslos	starr, fehlt
Didaktik				
Aufbau des Vortrags	gut strukturiert, überschaubar	noch strukturiert, mit Sprüngen	unstrukturiert, roter Faden erkennbar	ohne Struktur, noch nachvollziehbar	ohne Struktur, unverständlich
Einleitung	mit Einleitung, sehr passend	kurze Einleitung zur Überleitung	Überleitung erkennbar	schlechte Überleitung zum Hauptteil	ohne Einleitung zum Hauptteil
Hauptteil	gute Gliederung, verständlicher Hauptteil	mit Gliederung, passendem Inhalt	ohne Gliederung, sagt zuviel	ohne Gliederung, sagt zu wenig	ohne Gliederung, ohne Inhalt, wirr
Schlussteil	vorhanden, gutes Ende	zu lang, mit Ende	zu kurz, mit Ende	kein Schlussteil	abruptes Ende
Teilnehmereinbeziehung	Zuhörer voll erreicht	Zuhörer erreicht	Zuhörer teilweise erreicht	nur Teile der Zuhörer erreicht	Zuhörer nicht erreicht

5 ▶ Die Aura

Beurteilungskriterium	😊	🙂	😐	😕	Erläuterungen
Methodik					
Vortragstechnik	Einsatz des Referats	Einsatz des Vortrags	Einsatz der freien Rede	Einsatz des Lehrgesprächs	Einsatz der Diskussion
Medieneinsatz	Medium „Tageslichtprojektor"	Medium „Tafel"	Medium „Metaplan"	Medium „Flip-Chart"	Medium „Modell"
Gestaltung der Medien	passend optisches Informationsangebot	gemischte Informationsdarstellung	nur bildliche Informationen	nur schriftliche Informationen	zu viele Infos, unübersichtlich
Farbeinsatz	passende Farbvariationen	zweifarbig, kombiniert	schwarz/weiß, kombiniert	zu bunt, ohne Ordnung	kein Farbeinsatz, ohne Ordnung
Fragetechnik	mit mehrfacher Fragetechnik	rhetorische und öffnende Fragen	nur schließende Fragen	seltene Fragetechnik	keine Fragetechnik
Inhalt					
Fachliche Aussagen	vollständig korrekt, detailliert	korrekt, in Ordnung	befriedigend, mit Lücken	ausreichend, mit größeren Lücken	schlecht, Wissensdefizite
Geeignete Beispiele	häufig verwendet, gut verständlich	teilweise eingesetzt, verständlich	selten eingesetzt, trotzdem verständlich	zu selten eingesetzt, noch verständlich	fehlt ganz, unverständlich
Hintergrundwissen	Fragen gut beantwortet	Fragen wurden beantwortet	Verständnisschwierigkeiten	versteht das Gesagte nicht	kein Hintergrundwissen

Fachliche Note:

1	2	3	4	5
1,0 1,2 1,4	1,6 1,8 2,0 2,2 2,4	2,6 2,8 3,0 3,2 3,4	3,6 3,8 4,0	4,2 4,4 bis 6,0

Rhetorische Note:

1	2	3	4	5
1,0 1,2 1,4	1,6 1,8 2,0 2,2 2,4	2,6 2,8 3,0 3,2 3,4	3,6 3,8 4,0	4,2 4,4 bis 6,0

Allgemeiner Eindruck: _____

Zeitdauer: _____

Gesamteindruck	1	1,5	2	2,5	3	3,5	4	4,5	5	5,5	6

Beurteilungsbogen zum Seminar

1. Fanden Sie den Lehrgang

zu lang? ☐   zu kurz? ☐   optimal? ☐

2. Der Lehrstoff war insgesamt

verständlich? ☐   zu leicht? ☐   zu schwierig? ☐

3. Hatten Sie schon Vorkenntnisse?

ja ☐   nein ☐   bedingt ☐

4. Die Stoffgliederung und Präsentation erfolgte

übersichtlich ☐   unübersichtlich ☐   wirr ☐

5. Sind die dargebotenen Informationen nützlich für Ihre berufliche Tätigkeit?

ja ☐   teilweise ☐   wenig ☐

6. Sind ausreichend praktische Übungen in den Lehrgang einbezogen worden?

ja ☐   ausreichend ☐   zu wenig ☐

7. Was finden Sie aus dem Lehrgang besonders erwähnenswert?

_____

8. Was sollte bei einem ähnlichen Lehrgang in Zukunft geändert werden?

_____

9. Welcher Eindruck hinterließ der Dozent bei Ihnen in Bezug auf

Didaktik	Methodik	Rhetorik
_____	_____	_____
_____	_____	_____
_____	_____	_____
_____	_____	_____

10. Das Seminar war interessant und lebendig gestaltet

ja ☐   teilweise ☐   nein ☐

11. Gesamtbeurteilung des Lehrgangs

sehr gut ☐   gut ☐   befriedigend ☐
ausreichend ☐   schlecht ☐   unbefriedigend ☐

12. Wie beurteilen Sie Ihren eigenen Lernerfolg?

sehr gut ☐   gut ☐   befriedigend ☐
ausreichend ☐   schlecht ☐   unbefriedigend ☐

13. Können Sie dieses Seminar anderen Teilnehmern weiterempfehlen?

ja ☐   teilweise ☐   nein ☐

6 Prüfungen

6 Prüfungen

Prüfungen kennt jeder. Zumindest die eine Seite, die Seite der Kandidaten. Berechtigt dies zu der Vermutung, dass erfahrene Prüfungskandidaten automatisch das Zeug zum guten Prüfer haben? Keineswegs, denn unabhängig von der fachlichen Ausrichtung sind Prüfungen ganz besondere Kommunikationssituationen mit entsprechend besonderen Anforderungen an die Prüfer. Was das für Anforderungen sind, woher diese kommen und wie ihnen ein Prüfer genügen kann und muss, wird in diesem Kapitel dargelegt. Zunächst aber ein paar grundlegende Anmerkungen zum Thema Prüfungen.

6.1 Bedeutung von Prüfungen

In der feudalistischen Gesellschaft herrschte die Auffassung, dass das gesellschaftliche Leben auf natur- oder gottgegebener Ungleichheit der Menschen beruht. Nach Überwindung dieser Gesellschaft setzte sich nach und nach die Ansicht durch, dass die Gleichheit und Freiheit aller Menschen der Ausgangspunkt des sozialen und politischen Handelns sein muss. Wenn aber die verschiedenen gesellschaftlichen Lebensverläufe nicht mehr von der Standeszugehörigkeit bestimmt werden, sondern prinzipiell für alle offen sind, bedarf es rationaler und allgemein verbindlicher Verfahren für den Zugang zu dieser oder jener gesellschaftlichen Betätigung oder Karriere. Prüfungen sind also eng mit den bürgerlichen Idealen der Gleichheit, Freiheit und Mitmenschlichkeit verbunden und stehen für den zivilisatorischen Fortschritt hin zur freien Persönlichkeitsentfaltung.

6.1.1 Positives Lern- und Prüfungsverständnis

Natürlich gilt, dass das Problem der Ungleichheit bis heute nicht gelöst ist. Jede neue PISA-Studie weist darauf hin, dass Bildungs- und Ausbildungschancen in nicht hinnehmbaren Maß von der sozialen Herkunft bestimmt werden. Was dies betrifft, besteht freilich noch großer Änderungsbedarf. Doch selbst wenn das Ideal der gleichen Bildungs- und Ausbildungsmöglichkeiten verwirklicht wäre, gäbe es Prüfungen, da auch unter diesen Umständen die Berechtigung zur Ausübung einer bestimmten Tätigkeit auf nachgewiesenen Qualifikationen beruhen würde. Prüfungen als gesellschaftlich geregelte Zugangsberechtigungen existieren also unabhängig vom Grad der Gerechtigkeit im Bildungs- und Ausbildungssystem.

Aus der Sicht der Kandidaten sind Prüfungen aber zugleich mehr oder weniger große Hürden, die überwunden werden müssen, um die erwünschte Tätigkeit aufnehmen zu können. Damit gerät die Phase der Ausbildung in den Blick, die ja zur Überwindung der Prüfungshürden befähigen soll. Und was spricht gegen die Annahme, dass jeder, der sich in Kenntnis des Parcours freiwillig auf einen dieser »Hürdenläufe« begibt, grundsätzlich dazu in der Lage ist, diesen auch erfolgreich zu durchlaufen? Wie unter individuell verschiedenen Voraussetzungen das Ziel zu erreichen ist, fällt in das Gebiet der Methodik und

Didaktik. Dass es dann tatsächlich erreicht wird, ist Anspruch und Aufgabe jeder seriösen Bildungseinrichtung.

Eine angestrebte Erfolgsquote von 100 % provoziert natürlich Einwände. Zunächst den, dass diese gar nicht möglich sei, da es immer einige Personen geben wird, die herausfallen. Außerdem verleite dieses Ziel zu unangemessenen Hilfestellungen bei den Prüfungen, wodurch sowohl Gleichbehandlung als auch Objektivität und damit die Gerechtigkeit auf der Strecke blieben. Ganz abgesehen von der Frage, was eine Prüfung wert ist, bei der ein erfolgreiches Abschneiden von vornherein feststeht. Diese Einwände sind berechtigt. Ob sie zutreffen, soll näher betrachtet werden.

Muss es tatsächlich immer welche geben, die herausfallen, d.h. einen Ausbildungsgang ohne abschließenden Erfolg durchlaufen? Natürlich nicht, auch wenn klar ist, dass Menschen (glücklicherweise) mit gewissen Unwägbarkeiten ausgestattet sind, die auch dem besten Vorhaben einen Strich durch die Rechnung machen können. Die 100 %-Quote kann also nur beständiges Ziel sein, niemals die Festschreibung einer Tatsache. Ausgangspunkt bei der Festlegung dieses Ziels ist die Überlegung, wer eigentlich Schuld hat, wenn ein erwachsener Mensch an einer zweijährigen Berufsausbildung teilnimmt, ohne dabei besonders aufzufallen, und dann bei den Prüfungen den Anforderungen in keiner Weise genügt. Und dies nicht wegen eines Blackout, sondern weil sich Wissen und Fähigkeiten auf einem Niveau befinden, als ob die Ausbildung gar nicht stattgefunden hätte.

Ist so ein »Ausfall« die alleinige Schuld des Betreffenden? Nein. Selbst dann nicht, wenn er sich mit Absicht in diese Situation gebracht hätte, was ohnehin selten genug vorkommen dürfte. Gäbe es nämlich im Verlauf der Ausbildung klar definierte Etappenziele, wäre die Gleichgültigkeit gegenüber der Ausbildung und dem Resultat schon viel früher aufgefallen und der Platz hätte anderweitig vergeben werden können. Vielleicht erklärt sich der »Ausfall« auch dadurch, dass der Betreffende – aus welchen Gründen auch immer – für den Beruf einfach nicht geeignet ist. Wenn eine grundsätzliche Nichteignung aber erst bei der Prüfung offenkundig wird, liegen schwerwiegende Versäumnisse der Ausbildungseinrichtung vor. Diese hätte die Situation in Wahrung ihrer Fürsorgepflicht frühzeitig erkennen und dem Auszubildenden die Prüfungsblamage ersparen müssen. Ist die Nichteignung gar bekannt und wird einfach ignoriert, ist es noch schlimmer, weil der Auszubildende nicht nur um eine erhebliche Spanne seiner Lebenszeit gebracht, sondern zusätzlich durch die nicht zu bewältigenden Prüfungsanforderungen vorsätzlich beschämt wird. Was aber ist, wenn der Betreffende bei gegebener Eignung und trotz großer Mühe keinen Zugang zu den Ausbildungsinhalten gefunden hat? Dann drängt sich sofort die Frage nach den Lernzielkontrollen während der Ausbildung auf. Hätte es angemessene Kontrollen gegeben, wäre das Defizit frühzeitig erkennbar und vielleicht auch behebbar gewesen. Wie man es auch dreht und wendet: Abgesehen von einem Blackout hat jedes Versagen bei der Abschlussprüfung immer auch mit einem Versagen der Bildungseinrichtung im Vorfeld zu tun.

Die tatsächliche Erfolgsquote ist folglich nicht von diesem oder jenem Prüfungsszenario abhängig, sondern wird absichtlich oder unabsichtlich von Beginn der Ausbildung an vorbereitet. Warum also nicht gleich vorsätzlich und für alle offenkundig ein System von Maßnahmen errichten, mit dem der Sonderfall der Nichteignung ebenso frühzeitig erkannt wird wie die Notwendigkeit ganz individuell zugeschnittener Förderung? Auf diese Weise gelangen im Idealfall nur solche Kandidaten zur Abschlussprüfung, bei denen davon ausgegangen werden kann, dass sie die Prüfung auch bestehen werden. Deshalb die Erfolgsquote von 100 %.

Wie verhält es sich bei dieser Zielstellung mit der Gleichbehandlung, Objektivität und Gerechtigkeit in den Prüfungen selbst? Zunächst ist festzustellen, dass die Prüfungen innerhalb einer gewissen Öffentlichkeit oder sogar unter offizieller Aufsicht stattfinden. Ungerechtfertigte Hilfestellungen sind unter diesen Umständen kaum geheim zu halten. Außerdem sind normalerweise der zeitliche Rahmen und die Inhalte von mündlichen und praktischen Prüfungen klar festgelegt und den Kommissionen vorgegeben. Dennoch ist festzustellen, dass es einen erheblichen Spielraum in der Art und Weise gibt, wie solche Inhalte geprüft werden. Dies wird noch ausführlicher behandelt werden, hier soll zunächst ein Beispiel aus den mündlichen Prüfungen genügen. Die Kandidaten ziehen ein Themenkärtchen und sollen sich dazu äußern. Die eine Kommission ist zufrieden, sobald dieses Thema abschließend erläutert ist, und beendete die Prüfung, obwohl noch einige Minuten Prüfungszeit verbleiben. Die andere Kommission in der gleichen Situation nutzt die restliche Zeit, um weitere Fragen zu Nachbarthemen zu stellen. Die Leistungen beim gezogenen Thema sind beide Male gleich gut. Bei den Zusatzfragen in der zweiten Kommission machen sich jedoch Mängel bemerkbar, die letztlich zur Note »ausreichend« führen. Hier kann von Gleichbehandlung keine Rede sein. Es ist vielmehr eine Sache des Glücks, ob man bei der einen oder anderen Kommission unterkommt und mit einer Zwei oder Vier abschließt.

Dieses Beispiel soll verdeutlichen, dass Ungleichbehandlung und Ungerechtigkeit wenig mit angestrebten Erfolgsquoten zu tun haben. Sie sind vielmehr die Folge kommissionsbedingter unterschiedlicher Prüfungsdramaturgie. Wie diese durch gemeinsame Standards vereinheitlicht werden kann, wird weiter unten dargestellt.

Die Frage nach dem Wert einer Abschlussprüfung, die aller Voraussicht nach bestanden werden wird, muss umgemünzt werden zu der Frage nach der Wert schaffenden Auslesequote einer Prüfung. Sind das 5 %, 10 % oder gar 20 % eines Durchgangs? Wohlgemerkt, es geht um eine Abschlussprüfung mit aufwändiger Vorbereitungsphase, nicht etwa um einen Zulassungstest, bei dem aus 100 Kandidaten die 20 am besten geeigneten herausgefunden werden sollen. Wie hoch ist also der Wert einer Ausbildung zu veranschlagen, deren Abschlussprüfung mit einer bestimmten prozentualen Wahrscheinlichkeit nicht zu bestehen ist? Gewiss, eine hohe Durchfallquote hängt mit Qualität zusammen. Aber nur deshalb, weil sie auf Qualitätsmängel während der Ausbildung hinweist. Mit anderen Worten: Die Durchfallquote ist in dem Maße systematisch zu verringern, wie die Qualität der Ausbildung gesteigert wird, bei der es ja im Kern darum geht, dass sich die Auszubildenden die notwendigen Kenntnisse und Fertigkeiten für ihre künftige Tätigkeit aneignen. Damit sie das tatsächlich auch können, haben die Bildungseinrichtung und ihr Lehrpersonal verschiedenen Anforderungen zu genügen. Neben der unabdingbaren Transparenz in allen Phasen der Ausbildung einschließlich der Prüfung, den wertschätzenden Umgangsformen, der professionellen Unterrichtung und Unterweisung und der individuell zugeschnittenen Förderung ist in Einzelfällen durchaus auch eine begründete Abbruchsempfehlung zu geben. Unter diesen Bedingungen steht dann der zu erwartende Prüfungserfolg für die Anerkennung der im Vorfeld erbrachten Leistungen aller Beteiligten.

6.1.2 Konsequenzen

Prüfungen sind kein Selektionsinstrument, sondern ein voraussichtlich erfolgreicher Abschluss einer intensiven Vorbereitungsphase. Der Erfolg ist zu unterstellen, weil es der Kandidat über alle vorherigen Hürden hinweg bis zur Prüfung geschafft hat. Nun besteht das Problem darin, dass die Prüfung im Vergleich zur ganzen Ausbildung nur eine verschwindend geringe Zeitspanne umfasst. Es wird also nur ein Bruchteil dessen Gegenstand der Prüfung sein, was der Kandidat weiß und kann. Die Bewertung dagegen ist total. Das kann vor allem dann, wenn der Zufall einen Gegenstand bestimmt, der Schwierigkeiten bereitet, zu einer völlig verzerrten Leistungsbewertung führen. Deshalb sind bei der Durchführung der Prüfungen in fachlicher Hinsicht nicht die Defizite, sondern die Kompetenzen der Kandidaten in den Mittelpunkt zu stellen.

Die ohnehin schwierige Situation der Kandidaten darf dabei natürlich nicht durch unangemessenes Prüferverhalten erschwert werden. Stattdessen ist ein wertschätzendes Prüfungsarrangement zu treffen, das die Kandidaten auffordert, ihre Fähigkeiten zu beweisen.

Wie die Suche nach Kompetenz in wertschätzender Atmosphäre umgesetzt werden kann, wird weiter unten ausführlich dargestellt. Hier sei zunächst nur angemerkt, dass jeder Versuch der Professionalisierung von Prüfungen nur dann sinnvoll ist, wenn sich alle Kommissionen auf einheitliche Vorgehensweisen verständigen.

6.2 Anspruch und Wirklichkeit

Gleichbehandlung, Objektivität und Gerechtigkeit sind alternativlose Ansprüche. Sie aufzugeben würde bedeuten, Zufall und Willkür bei der Entscheidung über individuelle Lebensmöglichkeiten Tür und Tor zu öffnen. Leicht gesagt, schwer getan, denn bei der Verwirklichung dieser Ansprüche stellen sich leider einige schier unlösbare Problem ein.

6.2.1 Gleichbehandlung, Objektivität und Gerechtigkeit

Prüfungsgerechtigkeit ist die Folge von Gleichbehandlung der Kandidaten und Objektivität bei der Bewertung. Um das sicherzustellen, gibt es bei allen offiziellen Prüfungen ein verbindliches Regelwerk mit Zulassungsvoraussetzungen, Prüfungsinhalten, Durchführungsbestimmungen und Bewertungskriterien. Die Leistung wird mindestens in Form von Noten, häufig auch in Prüfungsprotokollen dokumentiert. Diese Dokumentationen sind einsehbar und dienen im Falle einer Anfechtung des Ergebnisses bei Gericht als Beweismittel. Es scheint also mit der Gleichbehandlung, Objektivität und Gerechtigkeit im Allgemeinen gut bestellt. Und in Sonderfällen steht der Rechtsweg offen. Also, Ende des Kapitels.

Schön wäre es. Leider ist nur eine Prüfungsform denkbar, bei der die Leistungsfähigkeit eines Kandidaten für sein Vorhaben nach der Prüfung annähernd gleich und objektiv festgestellt wird. Es ist eine schriftliche Prüfung, die ausschließlich aus Ankreuzaufgaben besteht und die dazu berechtigt, weitere Ankreuzprüfungen zu absolvieren. Hier sind alle zur selben Zeit am selben Ort und haben die gleichen Aufgaben zu lösen. Die Auswertung erfolgt mit Hilfe einer Schablone und in kürzester Zeit steht das Ergebnis fest. Und wer den erforderlichen Schnitt erreicht, darf weitermachen, und wieder mit anderen am selben Ort zur selben Zeit... Ganz gerecht ist aber auch diese Prüfung nicht, weil es dem Ergebnis nicht anzusehen ist, ob es auf Wissen oder richtigem Raten beruht. Angenommen, diese Form der Prüfung berechtigt bei Bestehen zur Ausübung einer beliebigen Berufstätigkeit. Wie sollen nun Aussagen über die objektive Leistungsfähigkeit im angestrebten Beruf gemacht werden, wenn keinerlei Kenntnisse über die kommunikative und soziale Kompetenz des Kandidaten, seine Teamfähigkeit, sein Problemlösungsverhalten usw. vorliegen? So ist zumindest denkbar, dass aufgrund ungenügender Ankreuzleistung eine potenzielle Höchstleistung im Beruf mangels Zugangsberechtigung überhaupt nicht zur Entfaltung kommt. Ist das gerecht?

Eine einigermaßen begründete Bewertung der Leistungsfähigkeit in einer künftigen Tätigkeit ist allein mit schriftlichen Prüfungen nicht zu erlangen. Die leistungsbezogenen Eigenschaften und Fähigkeiten müssen in praktischen und mündlichen Prüfungen, mithin im direkten Kontakt zwischen Prüfern und Kandidaten, beurteilt werden. Und jetzt fangen die Schwierigkeiten erst richtig an. Hier soll zunächst ein Beispiel genügen: Ein Kandidat bekommt bei einer praktischen Prüfung eine Aufgabe, die er während der Ausbildung schon oft souverän gemeistert hat. In der Prüfungssituation aber treten unübersehbare Mängel auf. Da die Kommission über die Leistungsfähigkeit des Kandidaten informiert ist, schreibt sie die Mängel dem Prüfungsstress zu und einigt sich auf eine Zwei. Ist das gerecht? Die Kommission hätte vielleicht besser unabhängig von ihrem Wissen allein das Gesehene mit einer Fünf beurteilt. Der Kandidat wird diese Aufgabe in der Realität zwar aller Voraussicht nach jederzeit bewältigen, nur kommt er leider nicht dazu, weil er mit dieser Zensur kaum eine Anstellung finden wird. Ist das gerecht? Wenn die Kommission die Vorgeschichte gar nicht wüsste, würde sie auch die Note Fünf vergeben – mit den bekannten Folgen. Ist diese Fünf dann tatsächlich eine objektive Bewertung der Leistungsfähigkeit im künftigen Beruf? Oder ist sie eher eine Bewertung der Leistungsfähigkeit in der Stresssituation Prüfung? Vielleicht haben die Prüfer gar selbst durch unangemessenes Verhalten den Stress provoziert. An der Bewertung würde das nichts ändern, die Ungerechtigkeit aber wäre offenkundig.

Hier kommt ein seltsames Dilemma zum Vorschein. Die Objektivität und Gleichbehandlung ist in dem Maße zu erreichen, wie der Faktor Mensch aus der Prüfung herausgenommen wird. Der Preis dafür ist das Ausblenden wesentlicher persönlicher Eigenschaften, die für eine realistische, d.h. gerechte Leistungsbewertung notwendig sind. Objektivität und Gleichbehandlung brauchen folglich den Faktor Mensch, um Gerechtigkeit herstellen zu können. Leider ist der Faktor Mensch keine objektive Maßeinheit, sondern selbst eine Quelle möglicher Ungerechtigkeiten. Aus diesem Dilemma gibt es keinen Ausweg. Wie aber damit umgehen?

Wie gesagt, Gleichbehandlung, Objektivität und Gerechtigkeit sind alternativlose Prüfungsgrundsätze. Falsch liegt allerdings, wer meint, diese seien von vornherein gegeben. Das Gegenteil ist der Fall. Für die Gerechtigkeit sind und bleiben die Prüfer zuständig. Diese sind aber als Menschen insbesondere auf den Gebieten der Gleichbehandlung und Objektivität fehlbar. Professionelles Prüfen heißt deshalb nichts anders, als sich in Kenntnis der eigenen Fehlbarkeit dem Ziel der Gerechtigkeit möglichst weit anzunähern. Dafür ist es natürlich hilfreich die häufigsten Fallgruben im Prüfungsalltag zu kennen.

6.2.2 Fallgruben im Prüfungsalltag

Jeder Kandidat hat das Recht, unter gleichen optimalen Bedingungen seine Prüfungsleistungen zu erbringen. Dabei darf es keine Rolle spielen, an welcher Stelle er an die Reihe kommt oder wie oft sein Thema schon dran war. Wer das Vergnügen hatte, über 20 Prüfungen an einem Tag abzunehmen, weiß um die Schwierigkeiten bei der Einlösung dieses Anspruchs generell und insbesondere dann, wenn die Aufgaben oder Themen sich sehr ähneln oder gleich sind. Erschöpfte Prüfer sind nämlich unkonzentrierte Prüfer, die unter Umständen Wesentliches übersehen oder überhören. Der Kandidat selbst weiß in der Regel, was er gemacht oder gesagt hat. Wenn nun der Prüfer einer ihm entgangenen Handlung oder Antwort nachspürt, muss der Kandidat vermuten, dass sein bereits Gezeigtes oder Gesagtes wohl falsch war. So wird er gezwungen, nach Alternativen zu suchen, die es entweder gar nicht gibt oder die tatsächlich falsch sind. Über die provozierte Verunsicherung des Kandidaten hinaus wird damit wertvolle Prüfungszeit vertan, in der er seine Fähigkeiten und Kenntnisse hätte präsentieren können. Was bei Erschöpfung offensichtlich ist, gilt natürlich für alle Angelegenheiten, die der Konzentration von Prüfern und Kandidaten abträglich sind.

Prüfen soll nur, wer fachlich kompetent ist. Geprüft wird die fachliche Kompetenz des Kandidaten. Der Prüfer ist Experte auf seinem Gebiet. Für den Kandidaten dagegen ist es nur ein Gebiet unter mehreren. Folglich liegt es in der Natur der Sache, dass die Kompetenzen auf Prüferseite immer höher sind als auf Kandidatenseite. Was für den Prüfer alltäglich und geläufig ist, kann für den Kandidaten deshalb ein fast unbekanntes Spezialgebiet sein, auf dem er sich gar nicht sicher bewegen kann. Prüfer haben ihre Aufgaben also im Hinblick auf Form und Inhalte so zu stellen, dass diese von einem Nichtexperten zu bewältigen sind.

Enge Aufgaben oder Fragen, für die es nur eine einzige Lösung gibt, sind für Kandidaten, die diese Lösung kennen, kein Problem. Im anderen Fall aber ist größte Vorsicht geboten, weil nun ein Prozess droht, der zwar nichts mehr mit Prüfung, aber viel mit Demonstration von Macht zu tun hat. Wenn nämlich die Lösung unbekannt ist, der Prüfer dennoch darauf besteht, versetzt er den Kandidaten in eine objektiv nicht zu bewältigende Situation. Und jeder neue Anlauf zwingt diesen zur erneuten Demonstration seines Unvermögens. Das ist nichts anderes als ein Angriff auf das Selbstwertgefühl und damit die Person des Kandidaten, der zugleich um jede Chance gebracht wird, bei anderen Aufgaben oder Fragestellungen seine Kompetenzen zu beweisen. Und was soll letztlich bewertet werden, wenn außer dem Versagen in einem Punkt keinerlei Hinweise für den wirklichen Stand der Kenntnisse und Fähigkeiten des Kandidaten gesucht wurden? Richtig wäre, das punktuelle Versagen zur Kenntnis zu nehmen und möglichst schnell zu anderen Aufgaben oder Fragen zu kommen. Bei der Bewertung wird sich das freilich niederschlagen müssen. Aber nur auf diese Weise ist eine realistische Bewertung überhaupt möglich.

Hier kann natürlich eingewendet werden, dass es bestimmte Grundlagen gibt, die für die künftige Tätigkeit unverzichtbar sind. Und wenn diese nicht da sind, kann ein Prüfungserfolg nicht beschieden werden. Einverstanden! Allerdings nur unter der Bedingung, dass solche »K.o.-Kriterien« für alle verbindlich sind, dass alle Beteiligten sie kennen und dass sie an zentraler Stelle in der Ausbildung stehen. Dann wäre es korrekt, bei einem Versagen die Prüfung abzubrechen und als nicht bestanden zu werten. Auf keinen Fall aber kann es der Willkür einer Kommission oder eines Prüfers überlassen sein, solche Kriterien aufzustellen. Das Beharren auf einer einzigen unlösbaren Aufgabe oder Frage macht genau diese Aufgabe oder Frage zu so einem Kriterium und hat deshalb bei einer professionellen Prüfung nichts zu suchen.

Vergleichbar problematisch ist es, wenn der Kandidat beim Lösungsversuch mit einem Fehler beginnt, ohne diesen zu erkennen. Die weiteren Handlungen oder Ausführungen sind konsequent und für sich betrachtet richtig. Da sie sich aus einem falschen Ansatz ableiten, ist die Prüfungsleistung aber insgesamt falsch. Auch hier stellt sich die Frage, wem die wertvolle Prüfungszeit gebührt. Dem Prüfer, der sich das falsche Szenario präsentieren lässt, um abschließend festzustellen, dass alles zwar recht und gut, aber leider von Anfang an falsch war? Oder dem Kandidaten, der sich durch seinen Eingangsfehler um die Möglichkeit bringt, Richtiges zu zeigen oder zu erläutern? Hier gibt es keine Alternative zum sofortigen korrigierenden Eingreifen des Prüfers, wenn es nicht um vorsätzliche Beschämung eines Kandidaten gehen soll.

Es gehört also durchaus zu den Aufgaben eines professionell Prüfenden, während der Prüfung Rückmeldungen zu geben und in Ausnahmefällen sogar direkt einzugreifen. Warum das eine Selbstverständlichkeit sein sollte, wird im nächsten Kapitel begründet. Es gibt aber auch Arten von Rückmeldungen, die auf keinen Fall tolerabel sind. Gemeint sind damit alle sprachlichen und nichtsprachlichen Formen der abfälligen Kommentierung von Prüfungsleistungen. Dann stellt sich die Frage, mit welcher Einstellung eigentlich geprüft wird. Prüfer haben in der Prüfung eine starke Position. Wer meint, diese berechtige zu abfälligen Kommentaren, der sollte nicht prüfen dürfen. Entweder geht es dabei um ein Machtspiel, bei dem der Prüfer klarstellen will, wer das Sagen hat und wer ein »inkompetentes Würstchen« ist. Ob unbedacht oder vorsätzlich, für eine Demütigung von Schwächeren ist eigentlich nirgendwo und bei Prüfungen schon gar kein Platz. Oder solche Kommentare entspringen dem ehrlichen Empfinden des Prüfers über die Prüfungsleistungen. Am demütigenden Charakter des Verhaltens ändert das nichts. Ein Prüfer, der zur spontanen Äußerung oder Demonstration negativer Emotionen neigt, beweist aber, dass er den professionellen Abstand zum Prüfungsgeschehen nicht kennt oder einhalten kann. Es ist nämlich keineswegs Aufgabe eines Kandidaten, sich um das Wohlbefinden seiner Prüfer zu sorgen. Ein Prüfer dagegen muss durch sein Verhalten sicherstellen, dass auch bei miserablen Leistungen die Würde des Schwächeren gewahrt bleibt.

Die letzte der häufigsten Fallgruben hat mit Selbst- und Fremdwahrnehmung zu tun. Jeder Prüfer hat eine Vorstellung davon, wie er in der Prüfung wirken möchte. Angenommen, dass das in der Regel mit Höflichkeit, Fairness, Kompetenz und Gerechtigkeit zu tun hat. Leider ist es so, dass zwischen der Überzeugung, höflich, fair, kompetent und gerecht zu sein, und dem, was bei den anderen tatsächlich ankommt, Welten liegen können. Wer sich also selbst als angenehmen Prüfer einschätzt, kann bei den anderen durchaus den Ruf eines »arroganten Scheusals« haben. Hier sind die Kollegen gefragt. Die spüren ja die Wirkung in der Prüfung und können mit einer aufrichtigen Rückmeldung helfen, dass dieser sein tatsächliches Verhalten seinem guten Willen anpasst. Dass dies natürlich außerhalb der Prüfungen geschehen muss, versteht sich von selbst. Gar nicht so selbstverständlich ist dagegen die dafür notwendige Offenheit und Vertrautheit im prüfenden Kollegium.

6.2.3   Prüfungsgrundsätze

Die Grundsätze der Gleichbehandlung, Objektivität und Gerechtigkeit als unverzichtbare Prüfungsgrundsätze dürfen nicht nur behauptet, sondern müssen aktiv in der Prüfungspraxis verwirklicht werden. Verantwortlich sind dafür sowohl die Bildungseinrichtung als auch jeder einzelne Prüfer. Die Einrichtung hat dafür zu sorgen, dass im Rahmen übergeordneter Prüfungsordnungen einheitliche Prüfungsstandards, Vollzugsrituale und Bewertungskriterien entwickelt und verbindlich gemacht werden. Sie muss außerdem ihren Prüfern die Möglichkeit bieten, sich diese Vorgaben anzueignen und ihr Prüfverhalten zu professionalisieren. Von den Prüfern ist gefordert, sich auf diesen Prozess einzulassen und ihn (selbst-)kritisch und aktiv voranzutreiben.

6.3   Kommunikationssituation Prüfung

Der Weg zu professionellem Prüferverhalten führt über die Betrachtung der in einer Prüfung angelegten kommunikativen Strukturen. Bevor aber die Besonderheit der Kommunikationssituation »Prüfung« benannt werden kann, muss die unterschiedliche Perspektive von Prüfern und Kandidaten auf Prüfungen untersucht werden.

6.3.1   Sicht der Prüfer

Den Anfang machen hier die Prüfer, weil es einfacher ist. Ein Prüfer hat normalerweise bei der Prüfung nichts zu befürchten. Angenommen, es sind 25 Kandidaten zu prüfen. Vielleicht schreckt ihn diese Anzahl, weil es ein langer und anstrengender Prüfungstag zu werden droht. Dennoch wird er alle 25 Namen auf der Liste »abarbeiten« müssen. Vielleicht prüft er auch gern und freut sich auf die Abwechslung im Arbeitsalltag. Als freiberuflich tätiger Prüfer verdient er sogar Geld damit. Dann hat er wahrscheinlich nichts gegen viele Kandidaten, weil dies ein höheres Honorar verspricht. Eines aber ist in jedem Fall sicher: Ein Prüfer wird die Prüfung mit denselben Qualifikationen beenden, wie er sie begonnen hat.

6.3.2 Sicht der Kandidaten

Für einen Prüfer ist die Prüfung eines bestimmten Kandidaten von 25 zunächst nichts Besonderes. Die Prüfung wird durchgeführt und nach der Notenfindung wird schon der Nächste erwartet. Die Abläufe wiederholen sich und sind längst Routine geworden. Für jeden Kandidaten dagegen sind die wenigen Minuten Prüfzeit das herausragende Ereignis, auf das er seit Ausbildungsbeginn hingearbeitet hat. In diesen Minuten wird sich entscheiden, ob er die Berechtigung erhält, seine erworbenen Kompetenzen im Beruf anzuwenden. Und wenn dies gelingt, wird sich das Leben des Kandidaten neu ausrichten. Aus der Perspektive jedes Kandidaten markiert die Prüfung also eine biografische Wende. Ob er diese Wende vollziehen darf oder nicht, entscheiden letztlich andere. Sie tun das freilich nicht willkürlich, sondern auf der Grundlage der gezeigten Leistungen. Welche Leistungen verlangt werden, hängt wiederum vom einzelnen Prüfungsgegenstand ab und ist vor Prüfungsbeginn unbekannt. Ob es der erste, der fünfte oder der letzte Kandidat auf der Liste ist, für jeden ist die Prüfung eine Ernstfallsituation, in der er sich nun bewähren muss. Nur wenige Bedingungen für diese Bewährung sind vorab bekannt. Die Wesentlichen ergeben sich aus der Situation selbst. Dann erst stellt sich heraus, was geprüft wird, wer prüft, wie hilfreich die Vorbereitung darauf war, ob es gelingt, vorhandene Kenntnisse und Fähigkeiten tatsächlich zu präsentieren usw.

6.3.3 Konsequenzen

Die Prüfung ist der Tag der Kandidaten. Bei ihnen geht es um nichts weniger als die Verwirklichung einer bestimmten Lebensperspektive. Deshalb haben sie jedes Recht auf optimale Bedingungen in organisatorischer, fachlicher und menschlicher Hinsicht. Das Organisatorische ist Sache der Einrichtung. Diese hat dafür zu sorgen, dass die Prüfung störungsfrei nach einem verlässlichen Plan durchgeführt wird und dass alle Kandidaten in Ruhe und angenehmer Atmosphäre auf ihren Auftritt warten können. Bei diesem sollen sie dann auf Prüfer stoßen, die über möglichst hohe fachliche Kompetenzen verfügen und zugleich in der Lage sind, ihre Anforderungen daran zu messen, welche Bedeutung ihr Fachgebiet für die künftige Tätigkeit der Kandidaten tatsächlich hat. Im Wissen um die Anspannung, die eine unbekannte Situation mit unbekannten Menschen und unbekannten Forderungen hervorruft, sollen sie mit wertschätzendem Verhalten eindeutig zum Ausdruck bringen, dass ungeachtet der Leistung die Prüfung in Würde und Anstand abgelegt wird.

6.3.4 Strukturell asymmetrische Kommunikationssituation

Eine symmetrische Kommunikationssituation meint zwei gleichberechtigte Partner, die auf gleicher Augenhöhe miteinander kommunizieren (s. Abb. 1). Sie tauschen sprachliche Informationen in Form von Aussagen und Fragen aus und gelangen so zur Verständigung über den Kommunikationsgegenstand. Sofern der nicht endende Strom nichtsprachlicher Information in dieselbe Richtung geht, handelt es sich um erfolgreiche Kommunikation im Alltag.

Abb. 1 ▶ Symmetrische Kommunikation

Auch bei einer asymmetrischen Kommunikationssituation werden sprachliche und nichtsprachliche Informationen ausgetauscht. Diesmal aber nicht zwischen gleichberechtigten Partnern, sondern gewissermaßen von oben nach unten (s. Abb. 2). Der Eine hat die Macht, sowohl Form als auch Inhalte der Kommunikation zu bestimmen, weil der Andere von ihm abhängig ist. Die kommunikativen Möglichkeiten des Abhängigen sind dabei in dem Maße eingeschränkt, wie die Macht in der Kommunikation zum Tragen kommt. Im sprachlichen Bereich können das Anweisungen sein, die ausgeführt werden müssen. Es kann auch die Forderung nach Rede und Antwort sein. Wichtig ist allein, dass der Abhängige hauptsächlich reaktiv kommunizieren muss. Auch asymmetrische Kommunikationssituationen sind durchaus alltäglich. Man denke nur an das Verhältnis zwischen Vorgesetzten und Untergebenen. Ob dieses Verhältnis von den Untergebenen als kollegial und konstruktiv oder beängstigend empfunden wird, liegt in erster Linie am Vorgesetzten. Die Asymmetrie kann dieser zwar auch nicht ändern, er kann aber den Gebrauch seiner Macht auf das notwendige Minimum beschränken und so Raum für symmetrische Kommunikation schaffen. Oder er baut ausschließlich auf seine Macht und verfestigt mit der Asymmetrie die Beschränkung der Kommunikation auf Aktion und Reaktion. Welchen Weg er wählt, ist eine Frage der Einstellung gegenüber seinen Mitarbeitern. Ob er den Weg der kollegialen Führung tatsächlich gehen kann, ist wiederum eine Frage seiner kommunikativen Fähigkeiten einschließlich der Kenntnis, welch herausragende Bedeutung nichtsprachliche Signale haben. Diese können nämlich gegenüber dem Gesagten sehr schnell dominant werden und dem Kommunikationsverlauf ganz unerwartete Wendungen geben.

Prüfungen sind strukturell asymmetrische Kommunikationssituationen, bei denen auf den ersten Blick die gesamte Macht bei den Prüfern konzentriert ist. Sie sind die Experten und Geheimnisträger, die wissen, wie die Prüfung abläuft. Sie bestimmen diesen Ablauf mit ihren Fragen und haben überdies das Recht, den Kandidaten zu beurteilen. Der Kandidat dagegen bewegt sich auf unbekanntem Terrain, er wird geführt, muss Rede und Antwort stehen und hat das abschließende Urteil hinzunehmen. Verschärft wird die Asymmetrie durch den Umstand, dass diese Situation in der Regel nur ein einziges

Mal hergestellt wird. D.h. Prüfer und Kandidaten kennen sich nicht, haben keinen gemeinsamen Erfahrungshintergrund und können sich nicht einschätzen. Für die Prüfer ist das nicht weiter schlimm, schließlich sind sie ja die Herren des Verfahrens. Für den Kandidaten bedeutet das neben Machtlosigkeit und Abhängigkeit einen zusätzlichen Unsicherheitsfaktor. Da wird verständlich, dass Prüfungen auch bei sorgfältiger Vorbereitung mit Aufregung, Stress und Angst verbunden sind. Trifft ein auf diese Weise angespannter Kandidat nun auf Prüfer, die, ohne es zu wissen und zu wollen, ihre Macht demonstrieren, kann sich die Unsicherheit sehr schnell zu Hilflosigkeit und Lähmung entwickeln. Dazu ein Beispiel: Ein »normal« angespannter Kandidat betritt den Prüfungsraum, in dem einer der Prüfer Zeitung liest, ein anderer am Fenster einen Kaffee trinkt und der Dritte sich Notizen macht. Noch vor jedem Prüfungsgespräch liest der Kandidat in dieser Aufstellung die Botschaft, dass er und seine Prüfung den Prüfern herzlich gleichgültig, wenn nicht gar lästig sind. Was aber ist von Prüfern zu erwarten, die einen als lästig empfinden? Optimale Aufmerksamkeit und Fairness wohl kaum. Die Anspannung steigt. Der Zeitungsleser legt die Zeitung zwar zur Seite, liest aber heimlich weiter. Macht er das nun absichtlich? Und warum fragt der Kaffeetrinker jetzt nach dem Speiseplan? An wen ist die Frage gerichtet? Der Kandidat setzt sich, der mit Notizen beschäftigte Prüfer zuckt mit der Braue. War es falsch, sich zu setzen? Hätte man die Aufforderung abwarten müssen? Sind die Prüfer jetzt verärgert? Was ist von verärgerten Prüfern zu erwarten? Objektivität wohl kaum. Die Anspannung bringt die Hände zum Zittern. Alle Prüfer sitzen nun mit verschränkten Armen und steinernen Minen da. Irgendeiner fragt, ob man nun beginnen könne. Der Kandidat bringt seine Zustimmung nur noch stotternd heraus. Er ist in den ersten Prüfungssekunden von »normaler« Anspannung in eine kritische psychische Verfassung geraten, in der ein Versagen in denkbare Nähe gerückt ist. Dabei ist nicht ihm vorzuwerfen, dass er Belanglosigkeiten negativ und gegen sich gerichtet deutet. Vielmehr ist den Prüfern vorzuhalten, dass sie ihre Macht zu einem Verhalten nutzen, das dem Kandidaten diese Interpretation nahe legt. Und wenn es in diesem Szenario tatsächlich zu einem Versagen kommt, tragen sie ihren Teil der Schuld daran.

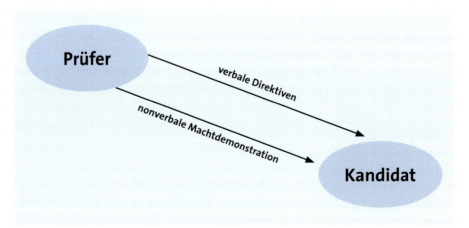

ABB. 2 ▶ Asymmetrische Kommunikation

6.3.5 Die Angst der Kandidaten

Nicht nur die beschriebene Asymmetrie ist eine Quelle der Angst vor Prüfungen. Eine weitere entspringt den Prüfungsinhalten. Während der Vorbereitung ist eine Unmenge von Stoff zu bewältigen und eine Vielzahl von Übungen zu absolvieren. Es ist deshalb höchst unwahrscheinlich, dass ein Kandidat wirklich alles sicher parat hat, was irgendwie verlangt werden könnte. Natürlich ist davon auszugehen, dass seine Kompetenzen die Schwächen weit übersteigen. Ist das aber auch die Perspektive des Kandidaten? Das muss nicht sein, denn es ist dummerweise viel leichter abzurufen, was man nicht weiß oder kann als das Gegenteil. Einem sehr selbstbewussten Menschen mag das nichts ausmachen. Zwar kann auch dieser die Auswirkungen seiner partiellen Schwächen in der Prüfung nicht einschätzen; da aber niemand alles wissen kann, wird es schon gehen. Für die anderen ist es schwieriger. Wenn nämlich angesichts der Prüfung hauptsächlich oder gar ausschließlich an das Nichtwissen und Nichtkönnen gedacht wird, droht das Gefühl, der anstehenden Prüfungssituation in keiner Weise gewachsen zu sein. Die Reaktionen darauf sind unterschiedlich und reichen vom Paniklernen in letzter Minute über Resignation bis hin zu Krankheit. Auf alle Fälle ist die unerbittlich näher rückende Prüfung mit steigender Angst verbunden, weil ihr mit der Gewissheit entgegen gesehen wird, schmählich zu versagen und sich zu blamieren.

Angst kann auch das Ritual von Prüfungen bereiten. Prüfungen sind ja keine zwanglosen Begegnungen von irgendwelchen Menschen, sondern ritualisierte Situationen mit festgelegten Rollen und wechselseitigen Erwartungshaltungen. Den rituellen Rahmen bilden Durchführungsbestimmungen und Prüfungsarrangements. Dennoch gibt es beim konkreten Vollzug des Rituals Spielräume. Weil ein Kandidat verständlicherweise das Beste aus seiner Prüfung machen will, wird er bestrebt sein, diese Spielräume zu seinen Gunsten zu nutzen. Im Voraus ist aber keine Sicherheit darüber zu erlangen, was die Situation tatsächlich begünstigen kann. Das fängt bei der Frage nach einem prüfungstauglichen Outfit an. Ist »das kleine Schwarze« angemessen oder ist Sportlichkeit angesagt? Werden Anzug und Krawatte erwartet oder geht es auch in Jeans? Einige dieser Unsicherheiten lassen sich durch Vorgaben beseitigen, etwa die, dass die Prüfung in Dienstkleidung abzulegen ist. Andere Unsicherheiten dagegen bleiben. Ist etwa ein Piercing in Ordnung oder schadet es? Bringt ein Maskottchen Sympathiewerte oder macht es einen lächerlich? Noch unsicherer ist das richtige rituelle Verhalten beim Vollzug der Prüfung. Ist es beispielsweise zulässig, sich zu seiner Aufregung oder Angst zu bekennen oder wird dies als Schwäche ausgelegt? Welches Maß an Unterwürfigkeit wird erwartet? Ist bei unklaren Fragen oder Aufgaben die Rückfrage erlaubt? Falls ja, wie oft und intensiv darf nachgefragt werden, bevor dies zum Nachteil ausgelegt wird? Ist es besser, Lücken und Schwächen offen einzugestehen, als sie zu vertuschen? Auch hier lassen sich einige Unsicherheiten etwa mit Prüfungssimulationen im Vorfeld ausräumen. Im Ernstfall, d. h. im Vollzug seiner Prüfung, ist der Kandidat dennoch dem Stress ausgesetzt, die konkreten rituellen Erwartungen seiner Kommission zu ergründen und zu erfüllen. Die einzige Informationsquelle dafür ist das Verhalten der Kommissionsmitglieder, das aber nicht unbedingt eindeutig ist. Angenommen, der Prüfer kommentiert die Ausführungen des Kandidaten mit einem Blick zur Decke. Der Kandidat wird diese Geste auf sich beziehen, sofort beginnen, sie zu interpretieren und je nach Ergebnis weitermachen, rückfragen oder ins Stocken geraten. Folgt nun ein zweiter Blick an die Decke, war das gewählte Verhalten wohl falsch. Welches ist aber das richtige? Es kommt zur Neuinterpretation und je nach Ergebnis zu einem veränderten Verhalten. Das Beispiel zeigt, dass der Kandidat bei interpretationsbedürftigem Prüferverhalten zur permanenten Suche nach dem richtigen Ritual gezwungen ist. Und je mehrdeutiger dieses Prüferverhalten ausfällt, desto größer ist das Risiko, das Ritual zu verfehlen und die Erwartungen nicht zu erfüllen. Diese geheime Prüfungsdramaturgie hat ganz und gar nichts mit dem Prüfungsgegenstand, aber sehr viel mit dem Machtgefälle in der Kommunikationssituation Prüfung zu tun.

Neben der Angst, bei dieser geheimen Prüfungsdramaturgie die zugedachte Rolle nicht zu finden, können Prüfer noch weitere Ängste auslösen. Wer bei mündlichen oder praktischen Prüfungen seine Kompetenz beweisen will, muss sich selbst präsentieren. Die Art und Weise dieser Präsentation ist festgelegt. Bei mündlichen Prüfungen müssen Fragen beantwortet, bei praktischen Handlungsabläufe gezeigt werden. Die anschließende Bewertung spiegelt dann den objektiven Gehalt des Gezeigten wider. So ist zumindest der Anspruch. Die Wirklichkeit ist leider etwas komplizierter. Die Bewertung erfolgt nämlich nicht ohne, sondern im ganz konkreten Sinne mit Ansehen der zu bewertenden Person. Und die, die ansehen, tun dies nicht nur als Prüfer, sondern auch als Subjekte mit bestimmten Erfahrungen, Einstellungen, Vorlieben, Abneigungen usw. Diese Eigenarten beeinflussen die Wahrnehmung, die wiederum Grundlage der Bewertung ist. Daher ist es von Vorteil, von den Prüfern als kompetent und gefällig wahrgenommen zu werden. Es geht also nicht nur um die Präsentation von Inhalten, sondern auch um die Art und Weise dieser Präsentation. Wem das von Haus aus leicht fällt, wird damit gute Erfahrungen gemacht haben und machen. Wer diese Rolle jedoch nicht spielen kann, bringt unter Umständen aus früheren Prüfungen die Erfahrung mit, von Prüfern als inkompetent und ungefällig wahrgenommen zu werden. Verdichten sich diese Erfahrungen zum Feindbild Prüfer, ist eine angstfreie Begegnung mit diesen nicht mehr möglich.

Prüfer sind Experten auf ihrem Gebiet, Kandidaten sind das nicht. Es sitzt einem bei der Prüfung also immer jemand gegenüber, der in der Sache weit kompetenter ist. Das kann aus zwei Gründen Anlass zur Furcht sein. Erstens vermag ein Experte so tief in die Materie einzutauchen, dass kein Kandidat mehr zu folgen in der Lage ist. Das wäre zwar eindeutig ein Fehlverhalten des Prüfers, weil er den Kandidaten in die Hilflosigkeit treiben würde, aber ausgeschlossen ist es nicht. Zweitens ist es dem Experten jederzeit möglich, die Kompetenzmängel beim Laien aufzuspüren. Der Kandidat weiß das, und wenn einem Prüfer beispielsweise der Ruf vorauseilt, genau dies mit Systematik zu betreiben, trägt das zur Beruhigung keineswegs bei. Aber auch bei gegenteiligem Ruf bleibt die Frage offen, was denn passiert, wenn ein Prüfer auf einen Mangel stößt. Schlimmstenfalls bleibt er so lange daran hängen, bis der Kandidat als ganz und gar inkompetent erscheint.

Prüfungen und Prüfer können also auf vielfältige Art eine Angst auslösende Wirkung entfalten. Eine gänzlich angstfreie Prüfung ist schon wegen der asymmetrischen Kommunikationssituation kaum vorstellbar. Dennoch sind erfahrungsgemäß die meisten dieser Ängste mit größtmöglicher Transparenz bei der Vorbereitung, mit Prüfungsstandards und

ABB. 3 ▶ Wertschätzung trotz asymmetrischer Kommunikation

Prüferqualifizierungen abzubauen. Wie das konkret aussieht, ist weiter unten beschrieben.

6.3.6 Prüfungsstress und Blackout

Es liegt in der Natur der Sache, dass Prüfungen mit Anspannung und Aufregung verbunden sind. Dagegen ist auch nichts einzuwenden, zumal ein gesundes Maß von beidem die Leistungsbereitschaft und -fähigkeit erhöht. In wenigen Fällen kann es aber passieren, dass sich Anspannung und Aufregung so intensivieren, dass die Leistungsfähigkeit völlig ausfällt. Ein Blackout stellt sich ein, der Kandidat ist gewissermaßen innerlich zusammengebrochen. Welche Erklärung gibt es dafür und was ist zu tun?

Bevor dies beantwortet werden kann, muss zunächst ausgeschlossen sein, dass die Ursache für den psychischen Zusammenbruch bei den Prüfern oder dem Prüfungsarrangement liegt. Ansonsten wäre das totale Versagen von außen herbeigeführt und entweder der Einrichtung oder den Prüfern anzulasten. Hier wird deshalb von Angst lösenden Prüfungsstandards und professionell vorgehenden Prüfern ausgegangen. Wenn es in dieser Situation zu einem Blackout kommt, muss die Ursache in der Vorgeschichte des Kandidaten gesucht werden. Dabei ist anzunehmen, dass dieser auch bei anderen Prüfungen bereits erhebliche Probleme, vielleicht sogar Blackouts hatte. Diese Erfahrung wird sich in deutlichen körperlichen Symptomen wie Stottern, Zittern oder Schweißausbrüchen ausdrücken. Leider lässt sich nicht unterscheiden, ob diese Symptome von einer zwar gesteigerten, aber immer noch normalen Aufregung herrühren oder einen Blackout ankündigen. Auf alle Fälle ist große Vorsicht angesagt, wenn solche Symptome bei Prüfungsantritt festzustellen sind. Vielleicht hilft eine Frage nach früheren Prüfungserfahrungen zur richtigen Einschätzung der Situation. Wenn das nicht möglich ist, weil der Kandidat in seiner Verfassung zu keiner Auskunft fähig ist, kann er die Prüfung nicht antreten. Manchmal hilft es, ihn auf der Liste einige Positionen nach hinten zu setzen, damit er Zeit zur Beru-

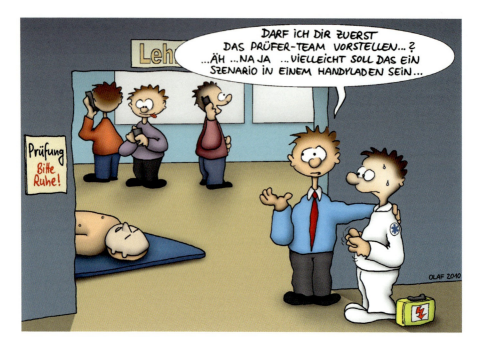

higung erhält. Wenn das nichts nützt, bleibt nur der Weg, ihm zu einem ärztlichen Attest und professioneller Hilfe zu raten.

Wenn die Symptome vor der Prüfung unauffällig waren, sich bei Prüfungsbeginn jedoch erheblich verstärken, ist eventuell ein »Reset« angesagt. Dabei wird dem Kandidaten angeboten, noch einmal ganz von vorn zu beginnen. Wenn er einverstanden ist, verlässt er den Prüfungsraum und wird anschließend oder zu einem späteren Zeitpunkt wieder hereingebeten. Vor diesem Angebot sollte versucht werden, durch einen freundlichen Wortwechsel im Prüfungsraum, aber außerhalb des eigentlichen Prüfungsrituals, die erwünschte Beruhigung zu bringen.

Ein Blackout mitten in einer bis zu diesem Zeitpunkt recht passabel abgelaufenen Prüfung ist zwar vorstellbar, aber sehr unwahrscheinlich. Deshalb gibt es dazu keine Verfahrensvorschläge. Bei optimalen Prüfungsbedingungen und einer wertschätzenden Atmosphäre ist die Gefahr eines Blackout minimiert. Wenn es dennoch dazu kommt, ist damit kein die Situation rettender Umgang mehr möglich. Wenn mit einem Kandidaten, bei dem ein Blackout droht, in beschriebener Weise umgegangen wird, haben die Prüfer das ihnen Mögliche getan.

6.3.7 Die Angst der Prüfer

Ist es nicht ein Widerspruch, die Prüfermacht hervorzuheben und dann von Prüferangst zu sprechen? Das stimmt, sofern innerhalb der Kommission symmetrische Verhältnisse vorausgesetzt werden. Das wird in der Regel auch so sein. Dennoch gibt es Situationen, die auch Prüfern Stress bereiten können.

Angenommen, einer der drei Prüfer war als Ausbilder oder Lehrkraft für die Ausbildung der Kandidaten verantwortlich. Seine Kollegen sind als strenge Prüfer bekannt. Natürlich wünscht er sich, dass alle die Prüfung erfolgreich bestehen. Wenn es aber zu unterdurchschnittlichen Ergebnissen kommt, müssen die anderen ja annehmen, dass auch die Ausbildung unterdurchschnittlich war. Soll er die Kandidaten also vorsorglich etwas schlechter machen, als sie voraussichtlich sind? Was sollen aber die Prüferkollegen von seiner Urteilsfähigkeit halten, wenn dann doch alle ganz gut abschneiden? Vielleicht werden diese absichtlich streng prüfen, um zu zeigen, wo überall Ausbildungsmängel vorhanden sind. Und wenn er selbst prüft, darf auf keinen Fall der Verdacht aufkommen, dass er seine Kandidaten begünstigt oder zu milde bewertet. Soll er also von sich aus eher streng prüfen? Wie würde das aber bei den Kandidaten ankommen, die darauf nicht vorbereitet sind? Das sind alles Fragen, die mit dem eigentlichen Zweck der Prüfung überhaupt nichts zu tun haben. Sie drängen sich aber auf, weil sich der Prüfer selbst als Ausbilder und Prüfer auf dem Prüfstand empfindet. Um vor seinen Kollegen zu bestehen, muss er als »harter Knochen« auftreten. Hat er das Wohl der Kandidaten im Auge, riskiert er den Vorwurf der Begünstigung. Dieses Problem ist nicht zu lösen und bereitet deshalb Angst.

Ein Prüfer kann sich auch aus anderen Gründen von seinen Kollegen geprüft finden. Wenn beispielsweise die Prüfer unterschiedlich hoch fachlich qualifiziert sind, kann von der Möglichkeit, sich fachlich zu blamieren, Angst ausgehen. Oder ein Neuling sitzt mit »alten Hasen« in der Kommission und ist dem Stress ausgesetzt, sich diesen durch besonders gekonnte Aufgabenstellungen als guter Prüfer zu empfehlen. Diese Reihe ließe sich fortsetzen. Gemeinsam ist all diesen Situationen, dass innerhalb der Kommission aus prüfungsfremden Gründen eine Asymmetrie hergestellt wird, die Angst auslöst und damit das Prüferverhalten negativ beeinflusst.

Zwar nicht asymmetrisch, aber ebenso destruktiv geht es zu, wenn die Prüfer einer Kommission in Konkurrenz zueinander stehen. Ob es darum geht, sich fachlich zu übertrumpfen, rhetorisch zu glänzen, am meisten gefürchtet oder am meisten geliebt zu werden, spielt dabei keine Rolle. Entscheidend ist allein, dass sich die Prüfer untereinander im Kampf befinden und die Prüfung zu einer Arena umgedeutet wird. Nicht der Kandidat und seine Leistung sind Prüfungszweck, sondern Selbstdarstellung und der Wunsch, die Kollegen vorzuführen. Die Mittel dazu sind vielfältig und reichen von Unterbrechungen über abwertende Gesten und Kommentare bis hin zur prinzipiellen Opposition. Und wer in diesem Kampf schon den bitteren Geschmack der Niederlage gekostet hat, wird befürchten müssen, dass sich das in der nächsten Runde wiederholt.

Ein Prüfer, der Angst vor der Prüfung hat, weil er sich selbst geprüft fühlt oder den Konkurrenzkampf fürchtet, wird sich während der Prüfung mit vielem beschäftigen müssen, was nicht Prüfung ist. Das ist höchst unprofessionell. Die Kandidaten sind daran völlig schuldlos. Dennoch sind sie die Leidtragenden, weil eine faire und gerechte Prüfung unter diesen Bedingungen nicht zu erwarten ist.

6.3.8 Prüferrückmeldungen

Viel Zündstoff birgt die Frage, ob ein Prüfer während der Prüfung Rückmeldungen geben kann, darf oder muss. Prüfer sollen und wollen normalerweise objektiv sein. Das soll sich auch in ihrem Verhalten und ihrer Sprache ausdrücken. Leider ist das unmöglich, weil es weder objektives Verhalten noch objektives Sprechen gibt. Also versuchen sie, sich diesem Ideal anzunähern, indem sie sich möglichst regungs- und ausdruckslos geben. Bei der Simulation verschiedener Prüfungssituationen ist allen Beteiligten schnell klar, dass ein solches Verhalten in erster Linie streng und abweisend wirkt. Von Objektivität kann nicht die Rede sein. Wird bei solchen Simulationen zusätzlich die Aufgabe gestellt, einem Kandidaten bei seinen mündlichen und praktischen Darbietungen weder sprachliche noch nichtsprachliche Rückmeldungen zu geben, zeigt sich Erstaunliches. Die sprachliche Aufgabe scheint auf den ersten Blick kein Problem zu sein, sie wird mit eisigem Schweigen gelöst. Die Frage nach der Botschaft, die ein eisig schweigender Mensch aussendet, ist schon nicht mehr eindeutig zu beantworten. Einigkeit herrscht lediglich darin, dass dieses Verhalten eine verunsichernde Wirkung hat. Im nichtsprachlichen Bereich war das Vermeiden von Rückmeldungen hingegen völlig unmöglich. Selbst wenn der Akteur sich als so gut wie nicht anwesend empfand, sahen die Beobachter ein Bombardement von für sich genommen zwar kleinen, aber deutlich wahrnehmbaren Prüferreaktionen.

Die einfache Erkenntnis aus der Kommunikationstheorie, dass Menschen nicht nicht kommunizieren können, bedeutet bei Prüfungen, dass ein Prüfer nicht nicht rückmelden kann. Die Bewertung des Gehörten oder Gesehenen findet immer seinen Ausdruck in der Mimik und Gestik des Bewertenden. Befördert wird das zusätzlich vom Verhalten der Kandidaten. Diese gieren ja nach Hinweisen, ob ihre Darbietungen richtig und genügend sind. Ein Kandidat ist in dieser Situation gewissermaßen die verkörperte Fragehaltung, die von Prüferseite Bestätigung oder Missbilligung einfordert. Nun sind diese Reaktionen keineswegs klar und eindeutig, sondern vage und mehrdeutig. Er ist demnach neben dem üblichen Prüfungsdruck dem Zwang ausgesetzt, die Signale der Prüfer permanent zu interpretieren, um zu einer Selbsteinschätzung zu gelangen. Muss dieser Interpretationszwang von Prüferbotschaften sein? Nein. Wenn nämlich gilt, dass Prüferrückmeldungen ohnehin nicht abzustellen sind, sollten diese sowohl im sprachlichen als auch im nichtsprachlichen Bereich möglichst klar und eindeutig ausfallen.

Wenn ein Kandidat etwas weiß oder richtig macht, erhält er die Auskunft, dass es richtig war, damit er unbeschwert fortfahren kann. Wenn er auf der vergeblichen Suche nach dem richtigen Weg ist, wird ihm dieser gezeigt. Ansonsten käme er ja gar nicht dazu, seine Leistungsfähigkeit unter Beweis zu stellen. Wenn er einen Fehler macht, wird er sofort darauf hingewiesen. Um Folgefehler zu vermeiden, wird natürlich auch erklärt, was warum richtig gewesen wäre. Und wenn er etwas nicht weiß oder kann, wird es ihm gesagt oder gezeigt, um eine Fortführung der Prüfung zu ermöglichen. Die einzige Ausnahme sind die weiter oben erwähnten »K.o.-Kriterien«, sofern solche vorhanden und allgemein bekannt sind.

Dem Einwand, dass solche Hilfestellungen dem Sinn von Prüfungen zuwiderlaufen, ist entgegenzuhalten, dass nur dann die Leistung von Kandidaten einigermaßen gerecht bewertet werden kann, wenn diese die Chance haben, ihre tatsächliche Leistungsfähigkeit auch zu demonstrieren. Wenn dazu Hilfestellungen notwendig sind, dann werden sie eben gewährt und fließen hinsichtlich ihrer Anzahl und ihres Umfangs selbstverständlich in die Bewertung ein. Zudem ist die Lernbereitschaft nirgendwo so groß wie bei einer Prüfung. Hier ist der Wunsch, es richtig zu wissen und zu machen, in einem ebenso hohen Maß vorauszusetzen wie der, es richtig wissen und machen zu wollen, falls es nicht auf Anhieb klappt. Warum also nicht die Lernsituation Prüfung ausnutzen, wenn in ihr dem Kandidaten etwas Gutes und Richtiges mit auf den Weg gegeben werden kann? Das ist allemal besser als ihm zwar mit einer mittleren Note zu demonstrieren, dass die Prüfung nicht optimal gelaufen ist, ihn aber dann in Ungewissheit zu lassen, was falsch war oder gefehlt hat.

Diese bewusst eingesetzten sprachlichen Rückmeldungen werden ergänzt von bestimmten nichtsprachlichen Botschaften. Die Erkenntnis, dass Prüfer auf nichtsprachlicher Ebene einem Rückmeldezwang unterliegen, verbunden mit der Beobachtung, dass Versuche, sich neutral darzustellen, streng, abweisend und verunsichernd wirken, lässt an sich nur eine Folgerung zu: Wenn Prüfer schon Signale aussenden müssen, dann sollten diese eindeutig Wohlwollen und Wertschätzung zum Ausdruck bringen. Und wenn diese Botschaften schon in Prüfungsritualen eingebettet sein müssen, dann ist mit einheitlichen Standards dafür Sorge zu tragen, dass auch diese Rituale Wertschätzung transportieren.

Nun zum Feedback, das ja nichts anderes als eine offizielle Rückmeldung an den Kandidaten nach Vollzug der Prüfung und Notenfindung ist. Beim Feedback soll der Kandidat erfahren, ob er es geschafft hat und welche Eindrücke seine Prüfungsleistung bei den Prüfern hinterlassen hat. Das Feedback soll keine Fortsetzung der Prüfung unter neuem Titel sein! Fragen an den ehemaligen Kandidaten sind deshalb ebenso fehl am Platz wie Belehrungen oder gar Vorhaltungen.

6.3.9 Wichtige Prüfungsstandards und Prüfungsrituale

Die hier aufgeführten Rituale und Standards sind Ergebnisse von Prüferseminaren, an denen Experten und langjährige Prüfer aller Fachrichtungen teilnahmen. Bei ihrer Festlegung waren zwei Forderungen maßgebend: Erstens muss jede Prüfung so arrangiert sein, dass sich die Kandidaten zu Recht als Hauptpersonen der Veranstaltung empfinden. Zweitens muss das Prüferverhalten in wesentlichen Punkten der Prüfung in allen Kommissionen gleich sein. Es geht also um Wertschätzung, Gleichbehandlung und Gerechtigkeit. Natürlich sind dies weder die einzig möglichen noch die einzig richtigen Standards und Rituale. Aber mit diesen konnten seitdem bereits gute Erfahrungen gemacht werden. Die wichtigsten Standards und Rituale werden im Folgenden vorgestellt.

Jede mündliche oder praktische Prüfung beginnt mit einem sogenannten Prüfungseingangsritual. Der Kandidat wird vom führenden Prüfer freundlich an der Tür empfangen und begrüßt. Der Prüfer führt den Kandidaten in den Prüfungsraum und stellt ihm bei Bedarf die anderen Kommissionsmitglieder vor. Bei mündlichen Prüfungen wird der Kandidat nun aufgefordert, Platz zu nehmen, bevor ihm das Prozedere noch einmal erläutert wird. Bei praktischen Prüfungen erfolgt diese Erläuterung im Anschluss an die Präsentation der Prüfungsgegenstände. Bejaht der Kandidat seine Prüfungsfähigkeit, wird ihm entweder eine praktische Aufgabe gestellt oder eine Reihe von Themenkärtchen zur Auswahl verdeckt vorgelegt.

Hat der Kandidat sein Thema gezogen, erhält er kurz Zeit, um sich zu sammeln. Danach wird ihm grundsätzlich angeboten, selbst zu beginnen. Wenn er es vorzieht, befragt zu werden, soll die Einstiegsfrage möglichst so offen formuliert werden, dass sie mehrere Zugänge zum Thema bietet. Die offene Frageform soll auch im weiteren Verlauf der Prüfung der geschlossenen vorgezogen werden.

Bei den praktischen Prüfungen wird den Kandidaten das Angebot gemacht, »laut zu denken«, d.h. ihre Handlungen mit eigenen Worten zu erläutern. Fragen des Prüfers zum Gezeigten sind auf die Handlungsabläufe bezogen und dürfen kein neues Themengebiet eröffnen. Dazu unten mehr.

Bei beiden Prüfungsarten gibt der führende Prüfer die gebotenen Rückmeldungen. Sobald innerhalb der vorgesehenen Prüfungszeit die Aufgabe gelöst oder das Thema abschließend behandelt ist, bedankt er sich beim Kandidaten und beendet die Prüfung. Mit Ablauf der Prüfungszeit beendet er sie in jedem Fall.

Die anderen Prüfer haben die Aufgabe, das Geschehen aufmerksam zu verfolgen und zu beobachten. Eigene Fragen oder andere Einmischungen sind während der Prüfung nicht vorgesehen. Dazu gibt ihnen der führende Prüfer am Ende der Prüfung Gelegenheit, von der sie allerdings nur in begründeten Fällen Gebrauch machen sollen. Es versteht sich von selbst, dass die nicht prüfenden Prüfer jede Nebenbeschäftigung zu unterlassen haben.

Zu den Standards der Notenfindung sei zunächst gesagt, dass eine möglichst gerechte Beurteilung nur durch das Zusammenwirken aller Prüfer zu erzielen ist. Sofern ein Feedback vorgesehen ist, verläuft es nach folgendem Muster: Dem Kandidaten wird zunächst gesagt, ob er bestanden hat oder nicht. Danach folgt die Aufzählung und Anerkennung dessen, was gut und richtig war. Erst dann wird aufgeführt, wo etwas als falsch oder noch verbesserungswürdig aufgefallen war.

6.3.10 Praktische Prüfungen

Bei praktischen Prüfungen wird eine Situation gestellt, die ein Kandidat zu bewältigen hat. Er muss die darin enthaltene Aufgabe erkennen, die erforderlichen Maßnahmen ergreifen und demonstrieren, dass er die Ausführung beherrscht. Entscheidend dafür ist, dass er nach dem Eingangsritual alle notwendigen Informationen und Materialien zur Lösung der Aufgabe erhält. Erfahrungsgemäß legt sich dann die anfängliche Aufregung mit dem Einstieg in die Handlungsabläufe, die in aller Regel standardisiert sind. Wenn das Gezeigte nicht eindeutig oder gar unübersichtlich ist, kann der führende Prüfer natürlich nachfragen, um sich zu vergewissern, dass die Standards eingehalten werden. Oft ist es ein Streitpunkt, welche Fragen in dieser Situation angemessen sind. Während in der einen Kommission lediglich Auskunft über das Gemachte verlangt wird, fordert die andere regelmäßig auch eine Begründung ein, und in der dritten eröffnen »Was-wäre-wenn-Fragen« sogar neue Themengebiete. Alle drei Frageformen sind selbstverständlich zulässig und geeignet, die Kompetenz von Kandidaten zu prüfen. Allerdings kann von Gleichbehandlung keine Rede mehr sein, wenn jeder Prüfer selbst entscheidet, welche Frageform er anwendet. Dann reicht nämlich bei den einen die korrekte Demonstration für eine gute Bewertung, während bei den anderen dafür zumindest noch richtige Begründungen oder auch umfassendes Wissen geboten werden müssen. Damit liegen drei verschiedene Prüfungen vor und es kann sein, dass durchaus gleichwertige Demonstrationen zu ganz unterschiedlichen Bewertungen führen.

Welche Frageform die geeignete ist, ergibt sich aus der Überlegung, wo die Grenze zwischen praktischer und mündlicher Prüfung zu ziehen ist. Bei »Was-wäre-wenn-Fragen« ist diese eindeutig überschritten, weil damit Theorie abgefragt wird. Bei der Einforderung von Begründungen befindet man sich in einer Grauzone, da es einerseits Situationen gibt, in denen eine Begründung dem Prüfer Klarheit verschafft, ob der Kandidat weiß, was er tut. Andererseits ist die Grenze zur Abfragerei auch schnell überschritten. Hier sind die Prüfer gefordert, mit solchen Fragen behutsam und nach eigenem Ermessen umzugehen. Wenn trotz des »lauten Denkens« Fragen gestellt werden, haben sich diese also ausschließlich auf die konkrete Demonstration zu beziehen. Das Abfragen von Wissen gehört in die mündliche Prüfung und hat bei der praktischen nichts verloren.

6.3.11 Mündliche Prüfungen

Im Allgemeinen werden mündliche Prüfungen als die unangenehmste Prüfungsform empfunden. Das liegt in erster Linie an der bereits geschilderten asymmetrischen Kommunikationssituation, in der sich ein Kandidat ganz und gar ausgeliefert vorkommen kann. Prüfer, die sich dessen bewusst sind, werden sich um Stress abbauende Verhaltensweisen bemühen. Dazu gehört neben dem Eingangsritual eine Haltung, die Respekt vor der Persönlichkeit des Kandidaten zum Ausdruck bringt und ihm zugleich vermittelt, dass ihm der Erfolg zugetraut wird. Neben solchen Selbstverständlichkeiten wie freundliche Begrüßung, korrekte Anrede, ungeteilte Aufmerksamkeit von allen Kommissionsmitgliedern usw. gehören dazu vor allem die sprachlichen und nichtsprachlichen Rückmeldungen im Verlauf der Prüfung. Das ist insbesondere im nichtsprachlichen Bereich nicht einfach und erfordert sowohl Konzentration als auch Selbstbeherrschung, da die Kandidaten jede auch noch so kleine Geste auf sich beziehen. Deshalb ist es hilfreich, fördernde Gesten wie Nicken oder Lächeln bewusst einzusetzen. Auch sprachliche Rückmeldungen sollten sachgerecht und eindeutig sein, damit der Kandidat nicht in Interpretationszwang gerät.

Mündliche Prüfung heißt Reden. Einem Kandidaten unter Stress fällt aber genau das schwer. In solchen Fällen kann es sehr sinnvoll sein, zwischen Eingangsritual und Prüfung ein paar freundliche und unverfängliche Worte zu wechseln, damit der Kandidat Gelegenheit hat, sich innerhalb des Prüfungsarrangements, aber noch nicht unter Prüfungsbedingungen zu äußern. Sollte ein Kandidat selbst mit den Ausführungen beginnen, ist es mehr als schlechter Stil, wenn er schon nach dem zweiten Satz unterbrochen wird. Er muss ausreden können. Allerdings ist zu bedenken, dass er vorher nicht wusste, zu welchem Thema er befragt wird. Es ist deshalb kaum zu erwarten, dass diese Ausführungen eindeutig, klar strukturiert und folgerichtig ausfallen. Mit hoher Wahrscheinlichkeit aber liefert der Kandidat zentrale Stichwörter zum Thema, die der Prüfer anschließend als richtig bewerten und zum Ausgangspunkt für das weitere Prüfungsgespräch machen kann.

Sollten die Ausführungen klar strukturiert sein, was eher selten der Fall ist, ist Vorsicht angeraten, weil eine Gerechtigkeitsfalle droht: Kandidaten mit klarer Struktur und präzisem Ausdruck können ein Thema in wenigen Minuten abschließend präsentieren. Die Leistung ist überzeugend, die Prüfungszeit aber noch lange nicht um. Die Falle schnappt zu, sobald die noch verbleibende Zeit für weitere Fragen zu ähnlichen oder anderen Themen genutzt wird. Die allgemeine Voraussetzung für die mündliche Prüfung lautet, dass ein Kandidat ein Kärtchen mit einem Thema zieht, das nun sein Prüfungsthema ist. Diese Voraussetzung ist bei weiterer Befragung außer Kraft gesetzt, weil unser Kandidat faktisch nur das Einstiegsthema gezogen hat. Außerdem muss er im Unterschied zu seinen Kollegen nicht nur ein, sondern mehrere Themen präsentieren. Damit steigt die Wahrscheinlichkeit von Lücken, was sich wiederum negativ in der Bewertung niederschlagen könnte, obwohl das eigentliche Thema hervorragend abgehandelt wurde. Dieser Gerechtigkeitsfalle ist nur zu entkommen, wenn mit den abschließend richtigen Ausführungen die Prüfung selbst auch zu Ende ist.

6.4 Das Problem der Bewertung

Prüfer müssen bewerten. Die Bewertung unterliegt dem Anspruch der Objektivität. Prüfer sind aber zugleich Subjekte. Damit ist die Frage nach den Problemen gestellt, die sich ergeben, wenn Subjekte objektiv sein sollen.

6.4.1 Die Objektivität von Subjekten

Wie hoch die Objektivität der Bewertung zu veranschlagen ist, zeigt immer wieder ein kleines Experiment. Erfahrene Prüfer sollen die Lösung einer Standardaufgabe in einer praktischen Prüfung allein für sich nach bestem Wissen und Gewissen bewerten und ihre Entscheidung begründen. Das Prüfungsbeispiel wird allen zur gleichen Zeit vorgeführt. Die Überraschung ist groß, wenn sich dann herausstellt, dass das Notenspektrum von »sehr gut« bis gerade noch »ausreichend« geht. In der Prüfungsrealität muss also davon ausgegangen werden, dass gleiche Leistungen so unterschiedlich bewertet werden, dass unter Umständen Erfolg oder Misserfolg davon abhängen. Gerecht ist das nicht, objektiv schon gar nicht.

Die zweite Überraschung stellt sich bei den Begründungen für die Bewertungen ein. Hier hat gefehlt, was dort als besonders gelungen galt, da war überzogen, was dort kaum vorhanden war und dort hat vollkommen genügt, was hier völlig unzureichend ausfiel. Damit sind zwei im Hinblick auf eine objektive Bewertung wesentliche Schwächen erkannt. Die erste besteht in der mangelnden Verständigung über bewertungsrelevante Sachverhalte. Ohne solche Verständigung bleibt es allein dem Prüfer überlassen, welche Bedeutung er den einzelnen Prüfungssequenzen beimisst. Sobald es aber zur Verständigung und allgemein verbindlicher Einigung kommt, ist diese Schwäche weitgehend überwunden. Das klingt einfach, ist es aber nicht, da gerade Experten ihre unterschiedlichen Standpunkte sehr gut zu begründen wissen. Dennoch führt an dieser Verständigung kein Weg vorbei, weil es ansonsten dem Zufall überlassen bliebe, wie welche Leistung bewertet würde.

Die zweite Schwäche dagegen ist von anderer Natur. Wenn ein Prüfer etwas gesehen hat, was ein anderer vermisste, kann das mit Unaufmerksamkeit oder ungünstiger Perspektive zu tun haben. Wenn aber bei vergleichbarer Aufmerksamkeit und Perspektive dem einen Prüfer vollkommen genügt, was dem anderen als mangelhaft erscheint, ist dafür nicht das äußere Geschehen schuld. Das war für beide gleich. Die Differenz ist eine innerhalb der Prüfer selbst. Die sind nämlich keine objektiven Beobachter, sondern wahrnehmende Subjekte. Als solche geben sie ihrer Beobachtung Bedeutung, die beim einen so, beim anderen eben anders aussieht. Das ist keine Willkür, sondern Folge von Erfahrungen, Vorannahmen oder auch Vorurteilen, die in der jeweiligen Prüferbiografie ihre Wurzeln haben.

Dazu ein Beispiel: Ein Prüfer erwartet bei der Demonstration von Handlungsabläufen geradezu Übergenauigkeit, damit er beurteilen kann, ob der Kandidat die geforderten Maßnahmen beherrscht. Ein anderer Prüfer legt allein Wert darauf, ob die Demonstration auch in der Realität ihren Zweck erfüllen könnte, auch wenn sie nicht in allen Einzelheiten der reinen Lehre entspricht. Beide beobachten einen Kandidaten, der bei der Lösung einer komplexen Aufgabe manche Dinge zwar nicht falsch, aber etwas schlampig ausführt. Dem einen Prüfer reicht das für eine gute Bewertung, dem anderen dagegen nicht. Und beide haben sehr gute Argumente für ihr Urteil. Der eine kann darauf beharren, dass die Darbietung realitätsgerecht, vollständig und richtig war, während der andere anführen kann, dass die Korrektheit der Maßnahmen zu wünschen übrig ließ. Das Dilemma ist, dass beide Recht haben. Es gibt folglich keine Wahrheit irgendwo in der Mitte, sondern allein die Erkenntnis, dass die Einstellung des Prüfers zur Prüfung und zu den Kandidaten als subjektive Komponente in die Beurteilung einfließt. Und wo es keine Wahrheit gibt, muss nach Objektivität erst gar nicht gesucht werden.

Prüfer mögen sich für objektiv halten, sie sind es aber nicht. Dennoch kann es nicht dem Zufall oder der Willkür überlassen bleiben, wie diese oder jene Prüfungsleistung zu bewerten ist. Der erste Schritt in Richtung Objektivität ist gemacht, wenn sich die Prüfer ihrer subjektiven Befangenheit bewusst sind. Das genügt aber noch nicht, denn es muss mit diesem Umstand auch konstruktiv umgegangen werden.

6.4.2 Annäherung an Objektivität und Gerechtigkeit

Wo es mit der Objektivität schwierig ist, kann es auch mit der Gerechtigkeit problematisch werden. Diese ist jedoch ein alternativloser Grundsatz professioneller Prüfungen. Es ist also ein Weg zu suchen, bei dem die Subjektivität von Prüfern hingenommen wird und der dennoch in Richtung gerechte Bewertung führt.

Ein einzelner Prüfer tut sich schwer, diesen Weg zu finden. Selbst wenn er sich seiner Einstellung zu Prüfung und Kandidaten bewusst ist, kennt er noch lange nicht deren konkrete Wirkung beim Vollzug der Prüfung mit diesem oder jenem Kandidaten. Dafür braucht es Dritte, die zwar an der Prüfung teilnehmen, aber eine gewisse Distanz zum eigentlichen Prüfungsgeschehen wahren können. Damit kommen die nicht prüfenden Kommissionsmitglieder ins Spiel. Diese Kollegen sind die einzige Instanz, die diese Wirkung erleben, ohne von ihr betroffen zu sein. Deshalb fällt ihnen die Aufgabe zu, sowohl den führenden Prüfer als auch das Prüfungsgeschehen aufmerksam zu beobachten und genau zu registrieren, wann und wo die Subjektivität des führenden Prüfers im sprachlichen und nichtsprachlichen Bereich zum Vorschein kommt. Das ist keineswegs verwerflich, sondern ausdrücklich erwünscht, sofern solche Signale den Kandidaten fördern. Und wenn alles bestens läuft, braucht weiter kein großes Aufheben darum gemacht werden.

Wenn jedoch widersprüchliche Eindrücke und unterschiedliche Wahrnehmungen vorhanden sind, müssen die Beobachtungen der Prüferkollegen zum Ausgangspunkt einer gerechten Beurteilung gemacht werden. Das beginnt mit der Rückmeldung an den führenden Prüfer über sein Verhalten und die beobachteten Auswirkungen. In aller Offenheit muss dann gemeinsam versucht werden, alle prüfungsfremden Erwägungen auszuschließen und die Prüfung auf das tatsächlich Geschehene zu reduzieren. Ist darüber Einigkeit hergestellt, so ist im nächsten Schritt die Bedeutung des Geschehenen zu ergründen. Die gemeinsame Deutung der Beobachtungen wird dann in eine gerechte, d.h. in eine dem Kandidaten und der erlebten Situation angemessene Bewertung übertragen.

Rückmeldungen geben und ertragen sowie die eigene Subjektivität zu thematisieren, sind hohe Anforderungen. Ihnen ist natürlich nur zu genügen, wenn alle Prüfer bereit sind, sich im Zweifel darauf einzulassen, wenn die Atmosphäre in der Kommission von Kollegialität und wechselseitigem Vertrauen geprägt ist und wenn symmetrische Kommunikationsstrukturen gegeben sind. Eine Garantie gegen ungerechte Bewertungen ist das zwar nicht, aber es ist die einzige Möglichkeit, wie Subjekte der Prüfungsobjektivität und Gerechtigkeit möglichst nahe kommen.

7 Anhang

»Themenausarbeitungen«

Die von uns entwickelten Themenausarbeitungen mit Medienwahl und Mediengestaltung stellen nur eine mögliche Form der Ausführung dar. Selbstverständlich sind auch noch andere Wege vorhanden, den Lehrstoff ansprechend und interessant dem Publikum zu präsentieren.

1. Thema: Blutung – Blutstillung	Themenbegleiter 1 – 3 Folien 1 + 2
2. Thema: Schädel-Hirn-Verletzung	Themenbegleiter 4 + 5 Folie 3
3. Gesundheitsschäden durch ein Übermaß an Stress	Themenbegleiter 6 – 8 Videoprojektion 1
4. Übung englischer Präpositionen mit Satzbildung	Themenbegleiter 9 Folie 4
5. Funktionsweise der EDV-Anlage	Themenbegleiter 10 + 11 Folie 5
6. Möglichkeiten der Steuerung von Reisenden	Themenbegleiter 12 – 16 Folie 6

Themenbegleiter 1 (Thema: Blutung - Blutstillung)

Stoffbereich		Medien	Anmerkungen
1. Was ist eine Blutung?	Hautschichtverletzung mit Blutaustritt	Lehrgespräch mit Arbeitsprojektor, Folie 1	
2. Formen der Blutung			MUSS-Lernziel
a) Ort des Austritts			
- Äußere Blutung	sichtbar	Tafel	
- Innere Blutung	Erkennung durch Schockzeichen		Schockzeichen an die Tafel schreiben.
b) Art des Gefäßes			SOLL-Lernziel
- Arterielle Blutung	pulssynchron spritzend, hellrot		
- Venöse Blutung	fließend, dunkelrot		Unterscheidung für die Praxis nicht notwendig, da meist Mischblutung vorhanden ist; Maßnahmen ändern sich nicht.
- Kapillare Blutung			
3. Durchzuführende Maßnahmen		Arbeitsprojektor, Folie 2	MUSS-Lernziel
a) Arm/Bein			
- Lagerung	liegend, bei Armblutung evtl. sitzend		
- Arm/Bein hochlagern	über Höhe des Herzens	Vorzeigen am Teilnehmer	
- Abdrücken	Oberarm, Leistengegend		Zwischen Herz und Wunde.
- Druckverband	steril, größer als die Wunde, Auflegen in Richtung der Wundränder		In Achtergängen anlegen, nur über dem Druckpolster Zug ausüben. Vorsicht: Stauung!

Themenbegleiter 2 (Thema: Blutung - Blutstillung)

Stoffbereich		Medien	Anmerkungen
- Abbinden	nur in Ausnahmesituationen, wenn Druckverband erfolglos		90 % aller Blutungen sind durch einen Druckverband zum Stillstand zu bringen.
b) am Kopf/Rumpf			
- Lagerung			
- Verbandmaterial aufpressen	Achtung: steriles Material		
- ggf. Druckverband			
c) Teilabriss Arm/Bein			
- Lagerung			
- Hochhalten	über Höhe des Herzens		
- Aufpressen	mit sterilem Material		
- Abdrücken	Oberarm, Leistengegend		
- Abbinden			Technik ansprechen, Abbindung darf nicht mehr gelöst werden (nur vom Arzt).
d) Fremdkörperverletzung	Fremdkörper bleiben in der Wunde, Abbindung notwendig		
e) offener Knochenbruch			
- Aufpressen, falls möglich mit sterilem Material			
- Abbinden	über Höhe des Bruches		
- Wundabdeckung			
- Ruhigstellung			Die beiden benachbarten Gelenke des Bruches mit ruhig stellen.

7 ▶ Anhang

Themenbegleiter 3   (Thema: Blutung - Blutstillung)

Stoffbereich	Medien	Anmerkungen
f) großflächige Wunden oder zahlreiche stark blutende Wunden, die nicht durch Druckverband zu stillen sind - Abbinden		Großflächiges Druckpolster nicht erstellbar bzw. Technik nicht durchführbar.
Was sollte der Ausbilder zusätzlich wissen? • Bestandteile und Funktionen des Blutes • Ablauf der Blutgerinnung • Anatomie und Physiologie Herz und Kreislauf		

Themenbegleiter 4   (Thema: Schädel-Hirn-Verletzung)

Stoffbereich		Medien	Anmerkungen
Gefahren:			
a) Übersehen einer Hirnschädigung		Vortrag mit Arbeitsprojektor, Folie 3	**Fachbegriff: Schädel-Hirn-Trauma**
	Da die starke Blutung meistens sehr ins Auge fällt, kann die gleichzeitig bestehende Hirnschädigung leicht übersehen werden.		Zeichen für Hirnschädigung an die Tafel schreiben!
b) Mitverletzung von Sinnesorganen			
	Häufig sind zusätzlich Augen, Ohren und Geruchsorgan verletzt.		
c) Bewusstlosigkeit	Stärkere Gewalteinwirkung führt neben der Weichteilverletzung des Gehirns (Gehirnerschütterung) auch zur kurz oder lang anhaltenden Bewusstlosigkeit.		Nach Erwachen aus der Bewusstlosigkeit erneute Bewusstseinsstörung möglich.
d) Aspiration	Eine Blutung in den Nasen-Rachen-Raum, z.B. bei Nasenbluten, Zungenbiß, Schädelbasisfraktur, führt insbesondere bei gestörten Schutzreflexen zur Aspiration von Blut und damit zum Ersticken.		Begriff Schutzreflex erklären. Beispiele nennen (Schlucken, Husten, Niesen)!
e) Schock	Bei starken Blutungen besteht außerdem die Gefahr eines Volumenmangelschocks. Durch Nervenschäden kann es zum neurogenen Schock kommen.		**Schockzeichen wiederholen!**

7 ▶ Anhang

Folie 1 (Thema: Blutung - Blutstillung)

Blutungen – Theorie

Blutung?

Formen:

1. Innere Blutung

2. Äußere Blutung
   a) Arterielle Blutung
   b) Venöse Blutung
   c) Kapillare Blutung

Kennzeichen:

Schockzeichen

Pulssynchron, spritzend, hellrot

Fließend, dunkelrot

7 ▶ Anhang

Folie 2 (Thema: Blutung - Blutstillung)

Maßnahmen bei lebensbedrohlichen Blutungen

Am Arm/Bein:

1. Lagerung

2. Extremitäten hochhalten

3. Abdrücken

4. Druckverband

Ausnahmen:

 Kopf/Rumpf

 Teilabriss Arm/Bein

 Fremdkörperverletzung

 Offener Knochenbruch

 Großflächige Wunde

Themenbegleiter 5 (Thema: Schädel-Hirn-Verletzung)

Stoffbereich	Medien	Anmerkungen
Was sollte der Ausbilder zusätzlich wissen? • genaue Anatomie und Physiologie des knöchernen Schädels und des Gehirns • Krankheitsbilder und Verletzungsarten im Bereich des Schädels/ Hirns • allgemeine notfallmedizinische Kenntnisse **Merke:** Der Ausbildungsstand des Ausbilders muss deutlich über dem Niveau des Unterrichts liegen.		

Themenbegleiter 6 (Thema: Gesundheitsschäden durch Stress)

Stoffbereich		Medien	Anmerkungen
Was ist Stress?	Als Stress bezeichnet man die Anpassung des Körpers auf Belastungen. Nervensystem und endokrine Drüsen steuern gemeinsam die Körperaktionen und sorgen dafür, dass Energien freigesetzt und bereitgestellt werden.	**Lehrgespräch und Vortrag kombiniert, Videoprojektoreinsatz**	Beispiele geben aus dem alltäglichen Lebensbereich, Beispiel durch Lehrgespräch erfragen. Ein Übermaß an Stress ist gesundheitsschädigend und führt im Organismus durch ein ständiges „auf Hochtouren laufen" zum Verschleiß.
1. Folgen von Stress? a) Bluthochdruck	Bei ständiger starker Beanspruchung und bei mangelndem Ausgleich in Entspannung.	Videobild 1	Bei der Erklärung aller Gesundheitsschäden stets festen Blickkontakt halten!
b) Herzmuskelschwäche	Das Herz muss mehr arbeiten und wird überlastet.		
c) Blutfette	Fettreserven, die im Stress zum Verbrauch bereitgestellt werden, bleiben in der Blutbahn und begünstigen Ablagerungen in den Gefäßen. Dies kann zu Arterienverkalkung (Herzinfarkt, Hirnschlag) führen.		Voraussetzung: Fett wird nicht verbraucht! → Arteriosklerose
d) Thrombosegefahr	Die erhöhte Gerinnungsbereitschaft des Blutes war für den Steinzeitmenschen sinnvoll, denn sie sorgte dafür, dass sich die Wunden schneller schlossen. Heute bedeutet das für uns jedoch eine Erhöhung der Thrombosegefahr.		

Folie 3 (zum Thema: Schädel-Hirn-Verletzung)

Schädel-Hirn-Verletzung

Gefahren:

- Übersehen einer Hirnschädigung
- Mitverletzung von Sinnesorganen
- Bewusstlosigkeit
- Aspiration
- Schock

Themenbegleiter 7 (Thema: Gesundheitsschäden durch Stress)

Stoffbereich		Medien	Anmerkungen
e) Erschöpfung	Ständige Überforderung führt zur Erschöpfung.		Anzeichen der Erschöpfung erfragen!
f) Immunschwäche	Im Stresszustand wird die Immunabwehr gedrosselt. Bei Dauerstress kommt es somit zu einer vermehrten Infektanfälligkeit.		Auf Blickkontakt achten!
g) Magen-Darm-Geschwüre	Die Magen- und Darmschleimhäute reagieren empfindlich auf Stress. Deshalb bekommen Menschen, die unter Stress stehen, leicht Magen- und Darmgeschwüre.		
h) Kreislaufschwäche, Schlaf- und Konzentrationsstörungen	Diese Störungen werden ebenfalls bei Menschen beobachtet, die unter Stressbelastung stehen.		
i) Krebs	Es wird seit Jahren in einschlägigen Kreisen diskutiert, ob Stress, z.B. wegen der verminderten Immunabwehr, die Entstehung von Krebserkrankungen begünstigt.		Bei allen diesen genannten Erkrankungen gilt Stress als auslösender Faktor.
3. Entspannungsmethoden			
	zur Stressverhinderung		Beispiele geben (autogenes Training, Yoga, Entspannungstraining) mit Anregungen zum Selbermachen.

Themenbegleiter 8 (Thema: Gesundheitsschäden durch Stress)

Stoffbereich	Medien	Anmerkungen
Was sollte der Ausbilder zusätzlich wissen?		
• Kenntnisse über die wichtigsten physiologischen Abläufe im Körper • genauer Ablauf des Stresses im Körper	Benutzung der Lernkartei	

Videoprojektion 1 (Thema: Gesundheitsschäden durch Stress)

(1-11 = Reihenfolge der Einblendung)

¹ STRESS macht krank

² Folgende Gesundheitsschäden können durch ein Übermaß an Stress entstehen:

³ - Blutdruckerhöhung [Bild]

⁴ - Herzmuskelschwäche [Bild]

⁵ - Hohe Blutfettwerte ⟶ Arteriosklerose
    ↪ Herzinfarkt [Bild]
    ↪ Schlaganfall [Bild]

⁶ - Erhöhte Blutgerinnung
    ↪ Thrombosegefahr [Bild]

⁷ - Infektanfälligkeit [Bild]

⁸ - Magen- und Darmgeschwüre [Bild]

⁹ - Nervöse Beschwerden [Bild]

¹⁰ - Krebs [Bild]

¹¹ **Entspannungsmethoden helfen, die Stressauswirkungen zu verhindern**

7 ▶ Anhang

Themenbegleiter 9 (Thema: Übung englischer Präpositionen)

Stoffbereich	Medien	Anmerkungen
1. Grundlagen a) Anwendung von Präpositionen b) Anwendung von Formulierungen einfacher, kurzer Sätze	Übung im Lehrgespräch mit Arbeitsprojektor, Folie 4	Einfacher Schwierigkeitsgrad.
2. Vertiefung a) Anwendung von Präpositionen mit Sinnverbindungen b) Anwendung von Formulierungen einfacher, kurzer Sätze mit Sinnverbindungen		Gehobener Schwierigkeitsgrad, kreativen Ideen sind keine Grenzen gesetzt.
Worüber sollte der Ausbilder zusätzlich verfügen? • gute grammatikalische Kenntnisse der englischen Sprache • einen umfassenden englischen Wortschatz • gutes englisches Sprachgefühl		

Themenbegleiter 10 (Thema: Funktionsweise der EDV-Anlage)

Stoffbereich		Medien	Anmerkungen
1. Eingabeinformationen	Programm und Daten.	Lehrgespräch mit Arbeitsprojektor, Folie 5	Mit früheren menschlichen Arbeiten vergleichen!
2. Eingabegeräte	Lochkarte, Lochstreifen, Magnetkarte, Magnetband, Bildschirm, Drucker, Diskette, CD, DVD, USB-Stick		
3. Zentraleinheit	Hier erfolgt die Verarbeitung der Informationen.		Besteht aus Steuer-, Rechenwerk und Arbeitsspeicher.
4. Externer Speicher	Hier wird die Masse der Daten aufbewahrt und bei Bedarf darauf zurückgegriffen.		
5. Ausgabegeräte	Lochkarte, Lochstreifen, Magnetkarte, Magnetband, Bildschirm, Drucker, Diskette, CD, DVD, USB-Stick		
6. Hardware	Gesamtheit der technischen Komponenten eines Rechnersystems.		Verschiedene Geräteeinheiten und geschichtlichen Entwicklungslauf kennen.
7. Software	Programmbibliothek zur Nutzung der Rechnerkapazität.	Praktische Einführung mithilfe eines Personalcomputers	Unterschiedliche Programme selbst ausprobieren: *Textverarbeitung,* z.B. MS Word *Datenbankverwaltung,* z.B. Dbase

Folie 4 (Thema: Übung englischer Präpositionen)

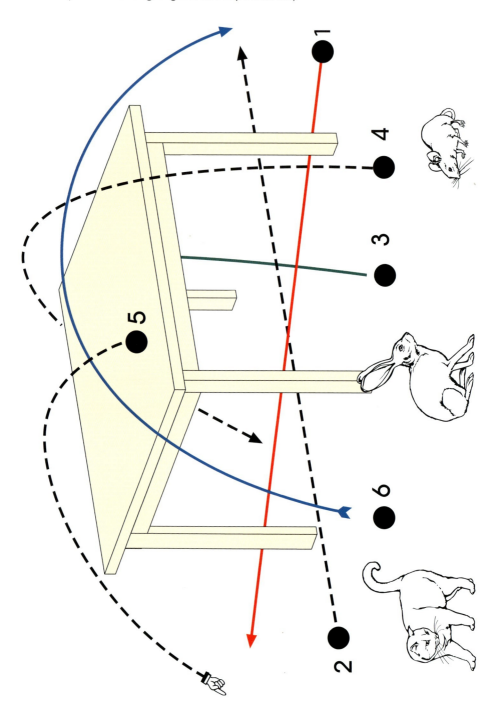

7 ▶ Anhang

Themenbegleiter 11 (Thema: Funktionsweise der EDV-Anlage)

Stoffbereich	Medien	Anmerkungen
Was sollte der Ausbilder zusätzlich wissen? • zusätzliche Kenntnisse im Bereich der einfachen Programmierung • praktische Fertigkeiten und Erfahrungen im Umgang mit EDV-Anlagen (Personalcomputer)		

Themenbegleiter 12 (Thema: Steuerung von Reisenden)

Stoffbereich			Medien	Anmerkungen
1. Direkte Einflussmöglichkeiten				
	a) **Tätigkeitsvorgaben**	Nur, wenn Tätigkeit sich ständig wiederholt, wenn persönlicher Verkauf bei Auftragserteilung nur geringen Anteil hat oder wenn hauptsächlich nur Distributionsmaßnahmen durchzuführen sind.	Arbeitsprojektor, Folie 6, anschließend Ausarbeitung der drei Bereiche durch Gruppenarbeit	Über Dienst- und Weisungsrecht.
	- Tourenplan	Aufstellungen über die zu besuchenden Kunden, Zahl und Reihenfolge der Kundenbesuche werden vorgegeben.		Zeitliche und entfernungsmäßige Minimierung führt zur Erhöhung der effektiven Verkaufszeit.
	- Besuchsrhythmus	Kundenstamm wird nach bestimmten Kriterien unterteilt. Je nach Wertigkeitsklasse erfolgt turnusmäßig eine unterschiedliche Besuchshäufigkeit.		Kriterien können sein: Bedarf, Bonität, Expansionserwartungen, Kosten etc. Meist erfolgt Unterteilung in Umsatzgruppen.
	- Besuchsdauer	Maximale Zeit wird festgelegt, die ein Besuch dauern soll. Nach Wertigkeitsklasse verschieden.		Beispiel: 1 Std. oder 1/2 Std. pro Besuch.
	- Besuchszahlen	Erfüllung eines bestimmten Arbeitspensums = Besuchszahl x Besuchsdauer + Reisezeit + Pausen.		Arbeitspensum pro Tag, Woche oder Monat.
	- Allgemeine Richtlinien und Anweisungen	Allgemeine Verfahrensweisen werden schriftlich fixiert. Sie sind dann Grundlage der Tätigkeit des Außendienstes.		Beispiel: Preisliste, Rabattliste, Lieferungs-, Zahlungs- und Geschäftsbedingungen.

7 ▶ Anhang

Folie 5 (Thema: Funktionsweise der EDV-Anlage)

310

7 ▶ Anhang

Themenbegleiter 13 (Thema: Steuerung von Reisenden)

Stoffbereich		Medien	Anmerkungen
b) Ergebnisvorgaben	Vergrößerung des Handlungs- und Entfaltungsspielraums durch Ergebnissollvorgaben.		Aktive und gezielte Steuerung durch Anweisungen allein nicht möglich.
- Umsatz-/Deckungs- beitrags- und Absatz- vorgabe	Erreichung durch Anreize belohnen. Bei Nichterreichung keine Belohnung oder gar Bestrafung durch Minderver- dienste und Prestigeverluste.		Mögliche Anreize können sein: Incentivereisen in die Karibik, Club der Spitzenverkäufer, Sonderprämien, usw.
- geworbene Neu- kunden	Wichtig, da Expansionsstreben nur über Umsatzausweitung von alten oder Gewinnung von neuen Kunden möglich ist.		
- Anzahl der Distribu- tionsstellen bei Neu- einführungen	Besonders geeignet bei Einführung von Neuprodukten, da innerhalb kurzer Zeit das Produkt bestmöglich platziert wird und die Einführungs- phase im Produktlebenszyklus schnell durchlaufen wird.		
2. Materielle Einflussmöglichkeiten			
a) Fixum / Festgehalt	Gehalt pro Monat unveränderlich und vom Verkaufserfolg unabhängig. Anwendung dort, wo Reisender durch seine Tätigkeit keinen direkten (oder nur geringen) Einfluss auf Verkaufs- erfolg hat.		Das in der Praxis wohl meistgenutzte Steuerungsinstrument. Fixe Kosten des Absatzes.
b) Provision	Gehalt bemisst sich an der Verkaufs-/ Umsatztätigkeit. Anwendung nur dort, wo Verkaufserfolg von der Leistung abhängt.		Variable Kosten, unterliegen Schwan- kungen.

Themenbegleiter 14 (Thema: Steuerung von Reisenden)

Stoffbereich		Medien	Anmerkungen
c) Prämie	Zum normalen Gehalt bei Erreichung von Einzelleistungen und Nebenzie- len.		Sprungfixe Kosten.
d) Kombination			Einzelne Nachteile werden vermieden.
e) Sonstige Entlohnung	Weihnachtsgratifikationen, Jahresab- schlusszahlung, Urlaubsgeld.		Zu unterschiedlichen Zeitpunkten aus- schütten. In der täglichen Praxis meistens Steue- rung durch Tätigkeitsvorgaben und Anreizsysteme. Es ist jedoch eine große Anzahl von Steuerungssystemen anzu- streben.
3. Immaterielle Einflussmöglich- keiten			
a) Motivation	Verstärkung des Beweggrundes zur Leistungsbereitschaft.		Maslow = 5 Schichten der Bedürfnishier- archie.
- Aufstiegs- möglichkeiten	Sind diese sichtbar, dann erfolgt vermehrter Einsatz der Verkäufertätig- keit zur Zielverwirklichung, um sich besonders hervorzuheben.		Reisender, Fachreisender, Bezirksrei- sender, ZbV-Reisender, Repräsentant, Assistent des Gebietsverkaufsleiters, Gebietsverkaufsleiter.
- Tätigkeitsbezeichnung	Durch fein geplante Abstufungen.		
- symbolische Anerkennung	Hebt bedeutende Stellung im Unter- nehmen hervor. Nicht nur berufliche, sondern auch private Hervorhebun- gen möglich.		Z.B: Hervorhebungen (verbal), Urkunden, Anerkennungsschreiben, Familienessen, etc.

Themenbegleiter 15 (Thema: Steuerung von Reisenden)

Stoffbereich		Medien	Anmerkungen
- Betriebsklima	Empfinden und Einstellung wird verbessert. Bei nicht anspruchsvoller Tätigkeit keine Motivation vorhanden. Gute Kontakte zu Kollegen und Vorgesetzten erhöhen die Identifikation mit dem Betrieb und dem Produkt.		Zu erreichen durch kooperativen Führungsstil.
- Statussymbole	Bei Verkäufern Wunsch nach Statussymbolen sehr ausgeprägt, da die erforderliche Wertschätzung in der Öffentlichkeit fehlt.		Verschiedene Autotypen und Autogrößen.
b) Personalauswahl	Beim Bewerbungsvorgang anhand von Zeugnissen und mündlichen Referenzauskünften Qualifikation überprüfen.		Mögliche datenschutzrechtliche Restriktionen beachten.
c) Personalschulung/ Verkaufstagung/ Vertreterkonferenz	Wichtige Daten und Zielvorgaben erläutern.		Angenehme Konferenzatmosphäre schaffen. Abgelegenen Tagungsort vorziehen.
d) Informations- und Berichtswesen	Informationen müssen von innen nach außen und umgekehrt fließen. Man erreicht damit eine qualitative Steigerung der Verkaufstätigkeit.		*Informationen von innen:* Kundenumsatz, Absatzmengen, Marktgegebenheiten. *Informationen von außen:* Kundenbesuchsberichte, Spesenabrechnungen, Fahrtenbuchführung, etc.

Themenbegleiter 16 (Thema: Steuerung von Reisenden)

Stoffbereich		Medien	Anmerkungen
a) Verkaufswettbewerb	Hinweise auf aktuelle Probleme geben mit nachfolgender Zielrealisation. Prämiengewährung und Gewinnmöglichkeit zur Effektivitätserhöhung.		Incentives geben.
4. Zusammenfassung der einzelnen Gruppenarbeitsergebnisse in Form der Gruppenpräsentation		Mit Arbeitsprojektor oder Tafel	Eventuelle Korrekturen und Ergänzungen durchführen.

Was sollte der Ausbilder zusätzlich besitzen?

- praktische Vertriebs- und Verkaufserfahrungen

Folie 6 (zum Thema: Steuerung von Reisenden)

Möglichkeiten der Steuerung von Reisenden

1. Direkte Einflussmöglichkeit

2. Materielle Einflussmöglichkeiten

3. Immaterielle Einflussmöglichkeiten

Literatur

ALLPORT GW (1971) *Die Natur des Vorurteils.* Kiepenheuer und Witsch, Köln

AMMELBURG G (1976) *Sprechen, reden, überzeugen.* Bertelsmann, Gütersloh

ANGERMEIER WF (1976) *Praktische Lerntips für Studierende aller Fachrichtungen.* Springer, Berlin

ARBEITER-SAMARITER-BUND BUNDESSCHULE (Hrsg.) (1980) *Anregungen und praktische Hinweise für die Arbeit mit dem Overhead-Projektor*

BERGIUS R (1971) *Psychologie des Lernens.* Verlag W. Kohlhammer, Stuttgart

BEYER G (1998) *Schnell und erfolgreich lernen – Superlearning.* Humboldt-TB.-Verlag, München

BIRKENBIHL VF (1996) *Sammlung interessanter Veröffentlichungen 1988–1992.* Gabal Verlag, Offenbach

BIRKENBIHL VF (2007) *Stroh im Kopf?* Moderne Verlagsgesellschaft, München

BRAEM H (2009) *Die Macht der Farben.* Wirtschaftsverlag Langen-Müller/Herbig, München

BRANDENBURG AG (1974) *Der Lernerfolg im Erwachsenenalter.* Otto Schwartz, Göttingen

BRUKER MO (2009) *Unsere Nahrung – unser Schicksal,* EMU-Verlag, Lahnstein

BRUNNHUBER P (1995) *Prinzipien effektiver Unterrichtsgestaltung.* Auer Verlag, Donauwörth

CEH J (1991) *Optimales Lernen.* Moderne Verlagsgesellschaft, München

DENNISON PE (1995) *Brain Gym.* VAK Verlag für Angewandte Kinesiologie, Freiburg

DETHLEFSEN T (1998) *Schicksal als Chance.* Goldmann, München

DIAMOND J (2006) *Der Körper lügt nicht.* VAK Verlag, Kirchzarten

EBELING P (1992) *Das große Buch der Rhetorik.* Englisch Verlag, Wiesbaden

ECHELMEYER L, ZIMMER D (1986) *Intensiv-Entspannungstraining (auf Jacobson-Basis).* DGVT Verlag, Tübingen

ELERTSEN H, HARTIG W (1986) *Moderne Rhetorik.* I. H. Sauer Verlag, Heidelberg

ENDRES H (1994) *Das Beste aus dem Leben machen.* Droemer Knaur, München

FOPPA K (1998) *Lernen, Gedächtnis, Verhalten.* Kiepenheuer und Witsch, Köln

FRIELING H (2007) *Mensch und Farbe.* Muster-Schmidt Verlag, Sudheim

FRIELING H (1979) *Farbe im Raum.* Callwey, München

FROMMER H (1978) *Lernpsychologie für die Praxis der Erwachsenenbildung.* Neckar-Verlag, Villingen-Schwenningen

FROMMER H ET AL. (1983) *Kleine Didaktik für die Praxis der Erwachsenenbildung.* Neckar-Verlag, Villingen-Schwenningen

GAGNE RM (1991) *Die Bedingungen des menschlichen Lernens.* Schroedel, Braunschweig

GALLO FP (2000) *Energetische Psychologie.* VAK Verlag, Freiburg

GALLO FP (2007) *Gelöst, entlastet, befreit.* VAK Verlag, Freiburg

GALLO FP (2008) *Handbuch der Energetischen Psychotherapie.* VAK Verlag, Freiburg

GROSS HM (1984) *Biorhythmik. Das Auf und Ab unserer Lebenskraft.* Verlag Hermann Bauer KG, Freiburg

HALBERSTADT G (1979) *Das Freie Wort.* Verlag J.H.W Dietz, Stuttgart

HARRIS TA (2007) *Ich bin o. k. – Du bist o. k.* Rowohlt TB Verlag, Reinbek

HASSELHORN M. ET AL. (1988) *Wirkungsvoller lernen und arbeiten.* Quelle und Meyer, Wiebelsheim

HEBB DO (1975) *Einführung in die moderne Psychologie.* Beltz, Berlin

HEIDEMANN R (1995) *Körpersprache vor der Klasse.* Quelle und Meyer, Wiebelsheim

HELLER E (2004) *Wie Farben wirken.* Rowohlt, Reinbek

HILGARD ER, BOWER GH (1997) *Theorien des Lernens I.* Klett-Cotta, Stuttgart

HILGARD ER, BOWER GH (1996) *Theorien des Lernens II.* Klett-Cotta, Stuttgart

HILLER E (1970) *Vortragstechnik.* Gabler, Wiesbaden

HIRSCHHAUSEN E VON (2009) *Glück kommt selten allein…* Rowohlt, Reinbek

HOFMANN B (2000) *Handbuch des Autogenen Trainings.* Deutscher Taschenbuch Verlag, München

HOHMANN H (1995) *Sprechen und überzeugen.* UVK Verlag, Konstanz

HÜLSHOFF F, KALDEWEY R (1993) *Training – Rationeller lernen und arbeiten.* Ernst Klett Verlag, Stuttgart

HULL R (2002) *Alles ist erreichbar.* Rowohlt, Reinbek

HUTCHISON M (1994) *Megabrain.* Sphinx, München

IVP-INSTITUT (Hrsg.) (1988) *Gesund durch richtige Ernährung*

IVP-INSTITUT (Hrsg.) (1988) *Individuelle Ernährungsanalyse*

KECK RW, SANDFUCHS U (2004) *Wörterbuch Schulpädagogik.* Klinkhardt, Bad Heilbrunn

KELLER G (1999) *Lehrer helfen lernen.* Auer, Heidelberg

KENSINGTON E (2008) *Mary.* Goldmann Verlag, München

KOLLATH W (2005) *Die Ordnung unserer Nahrung.* Karl F. Haug Verlag, Stuttgart

KRATSCHMER T, SCHMIDT A (1997) *Komma-Lexikon.* Humboldt-TB.-Verlag, München

KRECH D, CRUTCHFIELD RS (2006) *Grundlagen der Psychologie.* Weltbild, Augsburg

KROEBER-RIEL W (2008) *Konsumentenverhalten.* Vahlen, München

KUGEMANN WF (2004) *Lerntechniken für Erwachsene.* Rowohlt TB Verlag, Reinbek

LEHR S ET AL. (1984) *Gehirn-Jogging,* Mediteg Verlag, Wehrheim

LEITNER S (2010) *So lernt man lernen.* Herder, Freiburg

LEMMERMANN H (2000) *Lehrbuch der Rhetorik.* Moderne Verlagsgesellschaft, München

LÖWE H (1978) *Einführung in die Lernpsychologie des Erwachsenenalters.* Kiepenheuer und Witsch, Köln

MOHLER A (2000) *Die 100 Gesetze überzeugender Rhetorik.* Wirtschaftsverlag Langen-Müller/Herbig, München

MOLCHO S (1996) *Körpersprache.* Goldmann, München

MOLCHO S (1990) *Körpersprache als Dialog.* Mosaik Verlag, München

MOLCHO S (1999) *Partnerschaft und Körpersprache.* Goldmann, München

MURPHY J (2009) *Die Macht Ihres Unterbewusstseins.* Ariston, München

MURPHY J (2007) *Die unendliche Quelle ihrer Kraft.* Ariston, München

NAEF RD (2003) *Rationeller Lernen lernen.* Beltz, Berlin

NAGEL C VAN (1993) *Mega Teaching.* Metamorphous Press, Portland

NICKLIS WS (1975) *Handwörterbuch der Schulpädagogik.* Klinkhardt Verlag, Bad Heilbrunn

NIGGEMEYER W (1968) *Ausbildungslehre.* Verlag Offene Worte, Berlin

NIGGEMEYER W (1977) *Praxis der Erwachsenenbildung.* Verlag Offene Worte, Berlin

NIESCHLAG R, DICHTL E, HÖRSCHGEN H (2002) *Marketing.* Duncker und Humbolt, Berlin

PEALE NV (2006) *Die Kraft positiven Denkens.* Oesch Verlag, Zürich

REDFIELD J (2004) *Die Prophezeiungen von Celestine.* Ullstein TB, Berlin

REMPLEIN H (1975) *Psychologie der Persönlichkeit.* Ernst Reinhardt Verlag, München, Basel

REUTLER BH (1989) *Kommunikationstraining.* Englisch Verlag, Wiesbaden

RÖHRS H (1971) *Didaktik.* Akademische Verlagsgesellschaft, Frankfurt

▶ Literatur

Roth H (1973) *Pädagogische Psychologie des Lehrens und Lernens.* Schroedel, Hannover

Rückle H (1998) *Körpersprache für Manager.* Moderne Industrie, Landsberg/Lech

Rückle H (1996) *Körpersprache verstehen und deuten.* Falken-Verlag, München

Scheerer H (2002) *Mit Worten führen. Oder: Reden müsste man können.* Gabal, Offenbach

Schiegl H (1996) *Color-Therapie.* Verlag Hermann Bauer, Freiburg

Schiff M (1994) *Redetraining.* Heyne, München

Schuler H (1980) *Das Bild vom Mitarbeiter.* Bratt-Institut für Neues Lernen, Karlsruhe-Goch

Spitzer M (2002) *Lernen.* Spektrum Akademischer Verlag, Heidelberg, Berlin

Textor AM, Morell R (2009) *Sag es treffender.* Verlag Ernst Heyer, Essen

Ullmann F (1990) *101 Tips für erfolgreiche Redner.* Heyne Verlag, München

Vester F (2007) *Denken, Lernen, Vergessen.* Deutscher Taschenbuch Verlag, München

Vester F (2002) *Unsere Welt – ein vernetztes System.* Deutscher Taschenbuch Verlag, München

Watzlawick P (2010) *Wie wirklich ist die Wirklichkeit?* Piper, München

Weller M (1977) *Die schlagfertige Antwort.* Luebbe Verlagsgruppe, Bergisch Gladbach

Weller M (1971) *Ich bitte ums Wort.* Econ, München

Witte A (1973) *Handbuch zur Arbeitsprojektion.* Lempp, Schwäbisch Gmünd

Zimbardo PG (2009) *Die neue Psychologie der Zeit.* Spektrum Akademischer Verlag, Heidelberg, Berlin

Abbildungsnachweis

Sämtliche hier nicht aufgeführten Fotos wurden von den Herausgebern und Autoren selbst zur Verfügung gestellt. Alle hier nicht aufgeführten Grafiken wurden vom Verlag nach Vorlagen der jeweiligen Autoren bzw. der Herausgeber erstellt. Weitere Quellenangaben finden sich direkt bei den Abbildungen und im Literaturverzeichnis.

Dr. Ralf Schnelle
Facharzt für Innere Medizin, Notfallmedizin
Phloxweg 2
70565 Stuttgart
Sämtliche OLAF-Cartoons sowie die Grafiken auf S. 260

Herausgeber und Autoren

Günter Dobler (Hrsg.)
Lehrrettungsassistent, Ausbilder Rettungsdienst, Heilpraktiker
Maienweg 6
89160 Dornstadt-Tomerdingen

Astrid Birkholz (Mitarbeit)
Dozentin in der Erwachsenenbildung, Gesundheitscoach
Weißdornweg 14
89250 Senden

Dr. päd. Wolfgang Grulke
Dozent in der Erwachsenenbildung
Quellenstraße 23
72770 Reutlingen
Kapitel 6

Index

A

Abendunterricht 67, 116
Aha-Effekt 39
Aktivierungssystem 43f.
Aktivität
  , außerberufliche 23f.
  , berufliche 23f.
Allgemeinbildung 22, 92, 119
Altersbesonderheit 18
Andorra-Phänomen 79
Anerkennung 29, 71f., 74–76, 103, 277, 293
Anforderung 91–95, 267, 288–291
Angermeier 33
Angst
  Kandidaten 285
  Prüfer 288
Ansprache, persönliche 108
Antworttechnik 141
Arbeitsprojektor 169, 171–176, 190f.
  Vor- und Nachteile 194
Argumentationstechnik 149, 152
Aufwärmprozess 61
Aura 228
Ausdruckstechnik 211–213
Auslesequote 276
Ausstrahlung 77, 80, 92, 94, 246
Autogenes Training 18, 229

B

Beamer 118, 121, 159, 161, 200
Bedürfnishierarchie 75f.
Beleuchtung 80, 162
Belohnung 71f.
Berufserfahrung 91, 93
Betonung 210f., 225
Bewertung
  Objektivität 277, 294–296
  Übersicht 268
Bewusstseinskapazität 46, 185
Bildfolie 181
Biorhythmus 235–238
Bircher-Benner 233
Birkenbihl 40f.

Blackout 287f.
Blick 245f., 290
Blickkontakt 131, 154, 168f., 192, 206, 210, 215f., 245–250
Blitzlichtmethode 122
Bruker 233, 235

C

Choleriker 242
Chunk 45f.

D

Denkspiel 62
Dennison 259
Dialekt 213
Dialektik
  , negative 144, 226
  , positive 144, 226
Didaktik 13, 90f., 124
Diskussion 35, 64, 104, 121, 148–153, 176
Distanzzone 247, 248
Dodson 70f.

E

Ebbinghaus 51, 55, 86
Edu-Kinästhetik 259
Eignungsvoraussetzungen 91–95
Einarbeitungsphase 87, 109
Eindruck, erster 77, 80
Einfühlungsvermögen 93f., 124, 215
Einleitung 117f., 124, 128f.
Eisberg-Phänomen 208
Engelmayer 56
Entspannung 60f., 206, 229–231, 266
Erfolgsquote 275f.
Erinnern 50f., 258
Ernährung 232–235
Erwachsenenbildung 24, 35

F

Fachkenntnis 10, 77, 92, 111, 129
Fachkompetenz 123, 265
Farapanowa 17
Farbenlehre 161f., 165
Farbwirkung 162f., 165
Film
  Vor- und Nachteile 195

Fließ 235
Flip-Chart 161, 196
   Vor- und Nachteile 196
Fox 210
Frage
   Alternativ- 134
   Angriffs- 137
   Bestätigungs- 137
   Fang- 135
   Gegen- 136
   , geschlossene 138, 292
   Informations- 134, 139
   , motivierende 136, 139, 144
   , offene 138f., 292
   , rhetorische 135
   , sokratische 137
   Suggestiv- 134f.
   -technik 140
   -typ 134 – 137, 139f.
   Verständnis- 60, 140
   Verunsicherungs- 137
   Wiederholungs- 60, 140
Fremdeinschätzung 97, 99
Fremdwort 118, 153, 211, 213
Füllwort 213f.

G

Gedächtnis 35f., 43 – 51, 53, 56, 239 – 240
Gedächtnishemmung, affektive 57
Gedankensprung 39, 118
Gegenwartsdauer 46, 128, 185, 210
Gehirnhälfte 41, 45, 86, 259
Gehirn-Jogging 239 – 242
Gerechtigkeitsfalle 294
Gestik 216 – 219, 250 – 252, 290
Gruppenarbeit 73f., 84, 14f., 155

H

Heinlein 25f.
Hemmung
   , vor- und rückwirkende 57
   Wiedergabe- 57
Hochphase
   , geistige 20

I

Information(s)
  -aufnahme 42f., 158, 257
  -speicherung 43, 47
  -verarbeitung 41 – 44, 47, 257
  -vermittlung 205, 213, 215
Iwanowa 35

J

Jung 244

K

Kinesiologie, angewandte 259
Kleidung 94, 285
K.o.-Kriterien 280
Kollath 233f.
Kommunikation 208, 132, 157, 207
   , asymmetrische 282 – 284, 286
   , symmetrische 282f.
Konditionierung
   , klassische 27
   , operante 29
Konzentration 45, 57 – 60, 67f., 163, 279, 294
Körperhaltung 218, 250
Körpermotorik 131, 216, 252
Körpersignal 208, 245, 249 – 251
Körpersprache 153, 218, 245, 247, 249 – 251
Körperstellung 246f.
Kretschmer 243
Kritikfähigkeit 94, 214, 221f.
Kroeber-Riel 43
Kugemann 30, 36, 39, 71
Kurzzeitgedächtnis 43 – 45, 87
   Ultra- 43f.

L

Lampenfieber 205
Langzeitgedächtnis 43, 46 – 49, 86f.
Lärm 80, 166, 246
Lazanow 40
Lehrgespräch 132 – 134, 136, 139 – 141, 143, 145
Lehrsaal 80 – 82, 265f.
Leistung(s)
  -bereitschaft 64 – 67, 287
  -fähigkeit 27, 236, 78, 287, 290
  -kurve 235
  -motiv 73
  -schwankungen 64
  -vergleich 73

Lernatmosphäre 40, 80, 109
Lernbereitschaft 20 – 24, 103, 117, 291
Lernerfahrung 23f.
Lernerfolg 29, 53, 55f., 72, 82, 87, 105, 119, 133, 168
Lernfähigkeit 18 – 20, 23f., 87
Lernfortschritt 24, 30, 33, 36, 87
Lernhemmung 56f., 87
 , inhaltliche 57
 , zeitliche 57
Lernkartei 85 – 88
Lernkurve 32f., 36, 39
Lernleistung 18 – 20, 40f., 50, 70f., 74, 158
Lernmaterial 33, 36f., 52
Lernpause 57
Lernphase 46
Lernplateau 36
Lernprozess 16, 22, 27 – 29, 34 – 36, 53, 57f., 61, 68, 74, 77, 83, 105, 112, 119, 132f., 146, 161, 263
 Basiskenntnisse 111f.
Lernpsychologie 47, 4f., 83
Lernstoff 17, 33 – 36, 41, 46, 59f., 64 – 66, 72, 85, 110 – 112, 176, 265
Lernstress 57, 61
Lerntempo 34
Lerntheorie 27, 42, 53, 87
Lerntyp 83f.
Lernweg 158 – 161, 184
Lernziel 75, 110 – 112, 118, 154
 -katalog 66
Levy 259
Lob 29, 71f., 103, 143

M

Machtdemonstration 279
Medien 13, 8f., 106, 160f., 200
 -einsatz 80, 160, 190, 216, 223f.
 -vorbereitung 200
 -wechsel 60, 64
Melancholiker 242
Metaplantafel 161, 197
Methodenwechsel 64
Methodik 125, 158, 201
Metzig 45
Mierke 58
Mimik 131, 156, 208, 219, 245, 250, 290
Mindmap 54

Modell 198
 Vor- und Nachteile 199
Moderation 155 – 157
Motivation 67 – 75, 87, 133, 136, 141, 215
 , aktive 67, 69
 , negative 69f.
 , passive 67 – 69
 , positive 70f., 73, 108
Motorik
 Körper- 131, 143, 216, 252

N

Naef 52
Namensschild 108
Nervosität 92, 207, 246, 249, 251
Neurolinguistisches Programmieren 258
Neurophysiologie 259
Niggemeyer 158

P

Pause(n) 57 – 61, 114 – 116, 139 – 142
 Auffrischungs- 61, 114 – 116
 Erholungs- 59, 61, 65, 114 – 116
 -füller 59 – 63
 -gestaltung 58 – 60
 -länge 114, 124
 Mini- 59 – 60, 114 – 116
 -typ 59
Pawlow 27
Pflichtveranstaltung 68, 78, 103
Phlegmatiker 242
Präsentation 117, 181, 200, 286
 Technik 156f.
Praxisbezug 13, 14
Prüfung(s) 274 – 296
 -angst 259 – 262, 284f.
 , mündliche 293f.
 , praktische 293
 -ritual 288, 291
 Sicht der Kandidaten 274, 282
 Sicht der Prüfer 281
 -standards 281, 286f., 291
 -stress 259 – 262, 278, 287
 Vorbereitung 282, 284-286

Q

Qualifikation, fachliche 12, 18

R

Rede
 -angst 204, 205, 230, 259f.
 , freie 129, 141
 -kunst. *Siehe* Rhetorik
 -manuskript 223f.
 -pause 131f., 210
 -stil 130
Rednerpult 192, 218
Referat 126–128, 223
Rhetorik 13, 91, 204, 221
 Instrumentarium 209

S

Sanguiniker 242
Satzlänge 132, 209, 221
Schardakow 34
Schaubild 166, 197
 Vor- und Nachteile 197
Schlussteil 119, 124
Schreibstil 128, 130
Schriftbild 176, 181, 199
Schriftfolie 180f., 183, 199
Schriftgröße 161, 166, 174, 181–183
Schriftstärke 176f., 181, 183, 199
Schulz 229
Schuster 45
Schwerin 70
Selbstbewusstsein 94
Selbsteinschätzung 96–98, 268, 290
Selbstsicherheit 249, 253
Seminarauswahl
 Checkliste 267
Sinnesorgan 13, 44, 158, 216
Sitzanordnung 154, 170–173
Skinner 29
Smirnow 17, 37
Speakman 19
Sprache 128, 131, 145, 204, 216, 218, 226, 290
Spranger 243
Sprechtempo 132, 206, 210
Stecktafel 197
 Vor- und Nachteile 198
Stimme 28, 61, 131, 206, 210, 221
Stimmungsbarometer 120–122
Stoffauswahl 110–112, 118
Stoffumfang 12, 124
Störfaktor 80, 231, 266
Stress 278, 284f., 289, 294
 -auflösung 259–262
 Prüfer 289
Swoboda 235

T

Tafel 80, 163–169
 -typen 163f.
 Vor- und Nachteile 169
Teilnehmer
 -erwartung 103f.
 Funktionstypen 244
 Interessentypen 243
 Körperbautypen 243
 Temperamentstypen 242
 -voraussetzung 104
Thorndike 29
Toleranz 148
Transparentfolie 174–182, 185–188
 Abdecktechnik 186–188
 Deckfolientechnik 188f.
 Ergänzungstechnik 190
 Figurentechnik 190
Typenpsychologie 242

U

Unsicherheit 78, 92, 109, 129f., 182, 245, 247, 249–251, 284
Unterbewusstsein 208, 230f., 249, 255
Unterbrechung 59–61, 114–116
Unterrichtseinheit 111–113, 116–119
Unterrichtszeit 114–116

V

Verantwortungsbewusstsein 91, 93
Vergessen 47, 49–53
Vergessenskurve 51, 86
Vertiefungsfrage 112, 140
Video 161, 195f., 199, 221
 -projektor 184, 199
Videoprojektion
 Vor- und Nachteile 184f.
Visualisierung 86, 160f., 197
Vorbereitung 109, 127, 264
Vortrag 128–131

    Technik 126f., 129
    Bewertung 270f.

W

Welford 19
Wiederholung 46, 55f., 65
Wissensvermittlung, effektive 10–12
Witte 170
Wortschatz 211–213
Wortwahl 211

Y

Yerkes 70f.

Z

Zuflussgeschwindigkeit 45, 46
Zusammenfassung 119, 129, 147, 155, 166